KB247633

에릭 로메르

**Eric Rohmer: Interviews**
edited by Fiona Handyside

# 에릭 로메르

## 아마추어리즘의 가능성

피오나 핸디사이드 엮음

이수원 옮김

마음산책

**옮긴이 이수원**

영화평론가, 전남대학교 교수. 서울대학교에서 불문학을 전공한 후 프랑스 파리3대학에서 영화학 박사학위를 받았다. 10여 년간 부산국제영화제 프로그래머를 역임했으며, 현재 〈르몽드 디플로마티크〉의 필진이자 국제영화비평가연맹(FIPRESCI) 한국본부 국제이사, 제주프랑스영화제 자문위원 등으로 활동 중이다. 지은 책으로 『하루의 로맨스가 영원이 된 도시』, 옮긴 책으로 『스필버그의 말』 『센소』 『발라시네』 『카이에 뒤 시네마』 『오선킹』 등이 있다.

# 에릭 로메르

1판 1쇄 발행      2017년 3월 20일
개정판 1판 1쇄 인쇄   2025년 5월 10일
개정판 1판 1쇄 발행   2025년 5월 15일

지은이       피오나 핸디사이드
옮긴이       이수원
펴낸이       정은숙
펴낸곳       마음산책

담당 편집     이동근
담당 디자인    오세라
담당 마케팅    권혁준 · 김은비 · 최예린
경영지원      박지혜

등록    2000년 7월 28일(제2000-000237호)
주소    (우04043) 서울시 마포구 잔다리로3안길 20
전화    대표 | 362-1452   편집 | 362-1451   팩스 | 362-1455
홈페이지  www.maumsan.com
블로그   blog.naver.com/maumsanchaek
트위터   twitter.com/maumsanchaek
페이스북  facebook.com/maumsan
인스타그램  instagram.com/maumsanchaek
전자우편  maum@maumsan.com

ISBN    978-89-6090-933-5  03680

* 이 책은 『에리크 로메르』(2017)의 개정판입니다.
* 책값은 뒤표지에 있습니다.

내 영화의 유일한 음악은
사람들의 목소리가 내는 음악입니다.

**일러두기**

1  인터뷰는 1971년 것부터 시간순으로 구성했다. 원서에서 일부 인터뷰는 프랑스어를 영어로 옮긴 것이며, 한국어판은 원서를 옮겼다.

2  인명·지명 표기는 가급적 외래어표기법에 따랐다.

3  원서 주와 옮긴이 주는 글줄 상단에 표기하되 원서 주는 '원주'임을 밝혀두었다. 본문에 소괄호로 처리한 내용은 모두 원서의 것이다. 원서에서 강조된 부분은 이탤릭체로 표기했다.

4  영화의 우리말 제목은 국내 개봉 제목, 비디오나 DVD 출시명을 따랐다. 미개봉·미출시 작은 원제를 직역하거나 관용적으로 사용하는 작품명을 썼다. 원제는 「필모그래피」와 「찾아보기」에 병기했다.

5  영화와 잡지, 신문 등의 매체명은 〈 〉, 희곡과 책 제목은 『 』, 논문과 기사명은 「 」로, 영화와 TV 시리즈명은 ' '로 표기했다.

수줍음을 타기로 유명한데도 에릭 로메르는 다양한 스펙트럼의 출판물과 텔레비전을 통해 자신의 영화 이력에 관한 주목할 만한, 통찰력 있고 훌륭한 인터뷰들을 많이 내놓았다. 1978년 길버트 어데어와의 인터뷰에 나타난 것처럼 로메르는 프랑스 영화계에서 다소 고독한 인물에 속한다. 그와 동시대 누벨바그 감독들이 영화에서 할리우드 장르들을 평하고 있을 때 그는 '도덕 이야기'를 기획하고 있었다. 이 연작은 미국 영화의 영향보다는 프랑스 문학의 리베르티나주libertinage. 무종교, 무신앙 전통에 더 많은 빛을 진 것이었다. 그는 1960년대 후반을 풍미했던 마르크스-레닌주의적 이념과 거리를 두면서 영화와 사회의 기능에 관한 자신의 관점을 견지하였고, "모든 점에서 로메르에게 반대한다"라고 주장한 1970년 〈카이에 뒤 시네마Cahiers du Cinema)의 기념비적인 인터뷰(심문)에서 스스로를 "신학적" 영화감독으로 묘사하였다. 당시 근본적인 의견 차이는 영화 자체의 성격에 관한 것이었는데, 〈카이에 뒤 시네마〉는 영화를 리얼리티의 이데올로기적 '생산' 형식으로 보는 시각을 강조하고 싶어 했던 반면, 로메르는 영화가 자신의 외부에 있는 것을 기계적으로 '재생산'한다는 입장을 고수했다. 그들의 불편한 대면은 이 책에는 실리지 않았지만 〈센시스 오브 시네마Senses of Cinema〉 54호에 영어로 번역되어 게재되었는데 양측 모두에게 상처를 남겼고, 로메르는 1970년대 내내 다시는 〈카이에 뒤 시네마〉의 인터뷰에 응하지 않았다. 그러나 아이러니하게도 1980년대, 1990년대, 2000년대에는 프랑스 영화 잡지의 양대 산맥인 〈카이에 뒤 시네마〉와 〈포지티프〉 모두에 로메르의 인터뷰들이 일상적으로 실렸고, 그중 몇 편을 바로 이 책에서 처음으로 만나볼 수 있다. 로메르가 변한 것이 아니라 그를 둘러싼 지적·정치적·영화적 기류가 변한 것이었고, 이는 예술의 발전이 목적론적이라기보다는 순환적이며, 모더니티란 종종 어떤 지점들에서 고전적이고 구식인 것으로 보일 수 있다는 그의 관점을 입증해주는 듯했다.

그가 자신을 모더니스트가 아닌 다른 누군가로 여긴 적은 없는 듯 보인다. 그의 영화들이 밀도 있는 플롯, 복잡한 캐릭터화, 투명한 현실 제시 욕구 등으로 구축되었음에도 말이다. 로메르는 길버트 어데어에게 비서사non-narrative 영화는 '지나가버린passé' 것으로 보이며, 자신의 영화에는 스토리가 있다고 선언한다. 동시에 그의 영화 세계가 지니는 구조적 성격을 강조한다. 카르보니에와 베일리가 창조된 속담으로서 그의 영화들을 요약하려고 시도하자, "기하학" 쪽으로 몸을 돌려 자신의 영화는 안정과 불안정, 부동과 변화 사이의 갈등으로서 읽혀야 한다고 주장한다. 〈갈루아인 페르스발〉 연출에서 로메르는 공간을 중세식으로 구성하고, 상당히 양식화된 평면적 세트와 영화 촬영에 필요한 3차원적 입체감 사이의 긴장감을 창출하는 데 주력했다. 이와 같은 형식에 대한 사랑은 그 후에도 지속되어, 2007년에 이르면 로메르는 〈아스트레와 셀라동의 사랑〉국내 2008년 〈로맨스〉로 개봉의 수학적 패턴에 관해 설명하면서 무르나우, 랑, 히치콕에 대한 자신의 예찬이 그들의 새로운 형식을 발명해내는 능력(미술의 영역에서 피카소와 세잔에 해당하는) 때문이라고 밝히게 된다. 인터뷰를 통해 로메르와 질문자들은 세부 이야기들의 흥미로운 심리적 지점들과 표현적인 연기, 그리고 기하학적으로 추상화된 행위, 몸짓, 세트가 시나리오 테크닉과 어우러지면서 발생하는 로메르 영화들의 구조적 긴장, 시공간 제시에 대한 감독의 관심, 혁신적인 기술 사용, 음악·건축·미술에 대한 감독의 관점, 그리고 조력자들과의 관계에 대해 탐구할 수 있었다.

이 책의 인터뷰에서 특별히 놀라운 것은 감독의 지적인 일관성이나 상당히 인상적인 지식의 폭과 더불어, 그가 발산하는 행복의 매력이다. 로메르는 운명의 아이러니에 대해 웃어넘기는 능력이 있고(일례로 1993년에 진행된 〈카이에 뒤 시네마〉의 인터뷰를 보면 인터뷰어들이 구조주의의 대척점에서 로메르에게 끼친 발자크와 사실주의의 영향력에 대해 논한다) 질문자들은 팔십대에도 생동감 넘치는 젊은이 같은 그의 태도에 대해 증언하고 있다. 이는 로메르가 왜 소수의 배우 및 스태프들에게서 그처럼 충성심을 요구했었는지에 대한 통찰이기도 하다. 로메르의 세계를 영향력과 간텍스트텍스트 이론에서 사용되는 용어로 텍스트들 사이에 있는 텍스트를 의미의 관점에서 고찰한 2007년의 획기적인 출간서 『로메르와 다른 감독들Rohmer et Les Autres』에서 발췌된 두 인터뷰에서 그 점이 특별히 논의되고 있다. 영화제작에 있어서 겸손과 검약의 미덕을 선포한 바 있는 사람에 걸맞게, 그의 인터뷰들은 개인적인 신화 창출이나 명사名士로서 감독 숭배와는 관련이 없다(로메르는 개인사가 평범한 데다 영화와 연관도 없다고 하면서 그에 대한 논의를 일축하고 있으며, 자신의 생일 같은 디테일에 대해서 애매하고 모순적인 태도를 보인다). 로메르가 스스로를 작가로 선언하는 것은 개인적 '천재성'의 과시에 근거한 주장이 아니라 자신의 창작 활동, 즉 영화라는 것이 세계의 아름다움을 발견하게 해주는 도구라는 논지를 옹호하는, 주의 깊게 구축된 일련의 작품 세계를 토대로 한다.

그가 예술형식 중에서 영화를 선호하는 것은 영화가 우리를 자연으로 회귀할 수 있게끔 인도하기 때문이다. 그의 영화 철학에는 신학적이고 생태학적인 관점이 스며들어 있다. 그 관점에 따르면 영화감독의 역할이란(건축가나 화가가 그럴 법하듯이) 세계의 질서정연한 아름다움을 변화시키려 하기보다는 그것을 기록(그리고 보존)하는 데 있다. 영화에 대한 이런 시각하에 로메르는 거의 모든 경우에 현지촬영을 감행했으며, 여러 인터뷰에서 촬영을 위해 소유주가 기꺼이 내놓은 장소를 존중해야 할 필요에서부터 끊임없이 날씨를 체크해야만 하는 필요에 이르기까지, 현지촬영의 복잡함에 대해 논의하고 있다. 그는 자신의 영화를 "날씨의 노예"라고 묘사한다. 날씨를 둘러싼 논의는 영화감독이 겪는 실질적인 도전의 측면에서든 그것이 지니는 상징적이고 서사적인 가능성들의 측면에서든 인터뷰에 자주 등장한다(일례로 로메르는 안개 때문에 촬영을 포기하기로 한 카르네마르셀 카르네 감독의 결정이 자신의 경우에는 일어나지 않았을 것이라고 회상하며, 날씨로 인해 어쩔 수 없이 영화가 스스로 우연성에 적응해야만 하는 방식을 환영한다). 물론 일단 셀룰로이드에 안착되고 포획되고 나면, 불확정적이었던 것이 고정적이고 절대적인 것으로 변한다. 이 역설에 대해서는 루이 노게이라의 〈사이트 앤드 사운드〉 인터뷰 「선택과 운」에 포착되어 있다.

끊임없이 변화하는 풍경을 보존하는 영화의 능력에 대한 이런 관심은 서로 다른 인터뷰에서 상이한 방향성을 띤 채 드러나며, 로메르와 그의 영화 만드는 기술 및 철학의 다양한 관점을 보여준다. 이는 질문자들이 열어주는 것이다. 일례로 1986년 〈포지티프〉 인터뷰에서 이런 보존에 대한 관심은 축적된 필름의 취약한 상태에 관한 논의와 필름 아카이브에 대한 로메르의 관심으로 이끈다.

1993년 〈카이에 뒤 시네마〉 인터뷰의 경우 환경과 정치에 집중되었다. 정치적이면서도 미학적인 이슈로서 환경이 핵심인 영화 〈나무, 시장, 메디아테크〉에 초점이 맞춰졌기 때문이다. 1985년 인터뷰에서 로메르의 풍경에 대한 관심은 건축과 도시계획의 이슈에 비판적인 그의 입장과 연결된다. 로메르는 그에 관한 질문에 기뻐하며, 자기 영화들에서 도시계획에 대한 관심이 엿보인다는 사실에 즐거워한다. 또한 로메르는 자신의 영화들이 연작으로 묶이면서 필연적으로 따라오는 주제의 유사성을 감안해볼 때, 로케이션과 계절이 변화함으로써 다양성이 담보될 수 있으며, 그의 영화들은 일부러 서로 다른 사회적 환경들을 검토한다고 주장한다.

인터뷰에는 주로 등장하는 몇몇 주제들이 있다. 영화와 타 예술(문학, 연극, 그리고 특히 건축과 미술) 간의 관계, 테크놀로지 사용 및 신기술(컬러, 사운드 및 디지털 리코딩 관련)에 뒤처지지 않으려는 욕구, 영화 존재론에 대한 관심 및 앙드레 바쟁의 영화

관점에 대해 지고 있는 빚(바쟁의 플랑-세캉스plan-séquence와 딥포커스 페티시바쟁은 원숏이 원시퀀스가 되는 '플랑-세캉스'와 초점을 중앙에 두어 모든 화면을 선명하게 찍는 기법인 '딥포커스'를 자신의 리얼리즘 이론의 토대로 삼았다를 보수적인 것으로 간주하긴 하지만), 교육 및 정보 전달에 대한 욕구(로메르에게 이는 엔터테인먼트의 일부일 수 있다), 그리고 마지막으로 액션보다 대사와 사고를 우선시하는 스타일상의 원칙을 고수하려는 자세다.

이 마지막 요소는 우리를 로메르의 영화제작 철학의 두 번째 가닥으로 인도하는데, 이 두 번째 가닥은 계절, 날씨, 환경, 공간, 세팅이라는 외적 문제들에 대한 그의 관심과 대조적인 것으로 보일 수 있다. 로메르는 내적인 문제들에도 관심이 있다. 사람들이 특정한 사랑을 선택하게 되는 이유, 그들 스스로 그런 선택을 정당화하는 방식, 새로운 관계를 기존의 우정, 가족 및 우리들 고유의 로맨틱한 과거사들과 더불어 협상하는 복잡함 같은 문제들이다. 로메르의 영화는 캐릭터들의 내적인 사고 과정이 겉으로 보이고 들릴 수 있도록 하는 방법을 찾아야만 한다. 그것은 외양, 몸짓(제스처) 그리고 발화로써 행해진다. 한편으로 이는 배우 선택 및 배우의 행동 방식, 특히 그들의 몸짓에 대한 관심으로 이어진다. 1983년 〈리베라시옹〉 인터뷰와 1990년 〈포지티프〉 인터뷰에는 서로 다른 연기법들을 한데 모으고 서로 다른 방식으로 행동하고 상이한 매너로써 육체적인 표현을 하는 배우들이 함께 일하게 하는 데 대한 로메르의 관심이 입증되어 있다.

그러나 무엇보다도 이는 영화제작 이미지의 대척점에 놓인 '적힌 단어'라는 성가신 문제, 그리고 촬영대본과 완성된 영화 간의 관계로 우리를 되돌려놓는다. 로메르의 '도덕 이야기' 촬영대본들은 실질적으로 단편소설이었다(그 포맷대로 나중에 출간되었을 정도다). 하인리히 폰 클라이스트, 크레티앵 드 트루아, 그레이스 엘리엇, 오노레 뒤르페를 각색한 것이었다. 로메르는 각색 과정이 창작 시나리오를 바탕으로 한 작업과 많이 다르다는 생각을 거부한다. 그에게는 두 과정 모두 일종의 각색을 요한다. 영화 작품과 시나리오의 관계는 단일하며, 그 속에서 준비된 단어들은 영화의 기초를 제공하면서도 그 영화 전체는 아니기 때문이다. 한 영화는 자신의 시나리오만으로 부활될 수는 없는 반면, 연극 대본은 단 한 명의 연기자 없이도 별개의 텍스트만으로 존재할 수 있다.

여기서 그는 영화의 지위를 기계적 재생산으로서 본 자신의 표명을 어느 정도 부정하고 있으며, 각색을 "목표를 위한 수단, 문학에 봉사하는 수단"이라 주장하면서 "결국 그러지 못할 이유가 무엇인가?"라고 선포한다. 이처럼 망각된 텍스트를 부활시키는 수단으로서(그리고 아마도 영화가 미술과 경쟁하기보다는 문학에 봉사하는 무대가 되는) 각색에 대한 1978년의 변호는 2007년에 재등장하는데, 당시 로메르는 오노레 뒤르페의『아스트레와 셀라동의 사랑』을 각색하는 데 있어 자신의 관심은 작품에 새로운 생명을 부여하고 그것을 읽지 않았을 새로운 관객에게 어필하는 것이라고 표명한다. "내 구상은『아스트레와 셀라동의 사랑』을 현대화하지 않고도 그것을 좋아했던 세대가 느꼈던 매력을 사람들이 느낄 수 있게끔 시도하는 것이었다. 나는 오늘날의 관객들이 캐릭터들이 발화하는 것을 이해할 수 있다고 생각하느냐고 사운드 엔지니어에게 물었고, 그는 그렇다, 쓰인 것을 볼 때보다 발화되는 것을 듣는 것이 더 이해하기 쉽다, 라고 말했다. 이것이 바로 내 관심사다. 즉 그 텍스트를 영화 안에서 말하고 연기하는 것은 그것을 오늘날의 관객들에게 더 다가가기 쉽게끔 하는 것이다." 여기서 영화는 보존만큼이나 회춘의 도구가 되고 있다.

로메르의 시나리오와 영화에서 대사의 비중은 자주 언급된다. 로메르는 대사를 흥미진진하고 영화적이라고 간주하며, 대사를 쓰는 것이 시나리오를 위한 시발점이 되는 개념을 찾는 것보다 더 쉽다고 말한다. 빽빽하게 쓴 시나리오는 플롯을 진행시키는 복잡한 대사를 제공하며 심도 깊은 캐릭터화를 가능케 하고 영화 안에서 철학적 토론을 할 수 있게 해준다. 생각(사고)의 위치라는 주제와 그것을 재현하기 위해 우리가 선택하는 방식 자체가 로메르의 영화들을 관통하며 발전해간다. 그는 1990년 〈포지티프〉에서 이에 대해 설명한다. "〈비행사의 아내〉

에서 나는 그것을 순진한 방식으로, 지식인이라고는 할 수 없는 사람들을 통해 표현했다. 지금 나는 그 주제를 《봄 이야기》에서 계속 다루고 있다. 내 영화들이 전진함에 따라 어떤 주제들은 다시 고려되면서 발전되는데, 나는 이것이 정상적이라고 본다. 우리 경험은 우리와 함께하기 마련이다."

자신을 따라다니는 경험이라는 관점에서, 〈카이에 뒤 시네마〉 평론가이자 편집장이라는 로메르의 배경은 강하게 느껴진다. 로메르의 인터뷰에는 르누아르, 무르나우, 히치콕, 카르네, 그리피스, 고다르, 로셀리니 등 다른 감독들에 관한 언급이 녹아 있다. 로메르는 자신의 영화를 그들의 작품과 연관지어 논의하는 동시에 타 감독들의 영화에 대한 가치 있는 통찰을 보여준다. 그는 또한 촬영 일정의 테크니컬한 편성, 대체로 소규모로 한정된 스태프들, 그리고 자신의 작업 방식(아주 초기부터 프랑스 영화에만 적합하다고 그가 간주하는)에 대해 즐겁게 토론한다. 이는 그가 스스로를 '아마추어'로 규정하는 1993년 인터뷰에서 절정에 이른다. 인터뷰에 두드러지게 나타나는 이런 견해의 일관성은 로메르의 영화 세계를 특징짓는 주의 깊게 구축된 조화와 공명하는 것이다. 그럼에도 그런 인터뷰에는 영화가 보다 더 폭넓은 사회적 변화에 부응함에 따라 발생하는 영화의 역할에 대한 감독의 인식 변화, 그리고 당연히 질문자들의 접근 방식의 변화를 읽을 수 있다. 일례로 1973년, 로메르의 영화는 대단히 흥미로운 페미니즘 관점의 철저한 분석 대상이 된다. '자유롭거나' '독립적인' 여성들을 묘사하는 그의 경향에 특별히 집중하는 인터뷰에서였다. 실제로 여성들에 대한 로메르의 공감과 젠더 차이가 발생시키는 영향에 대한 이해가 인터뷰에 자주 드러난다. 1978년 인터뷰에서 초기 여성들이 남성들보다 훨씬 더 엄격한 에티켓 규율에 종속되었다고 주장할 때나, 1971년 질문자인 노게이라에게 자아도취적인 남성 캐릭터들을 자신이 옹호한다고 여겨져서는 안 된다고 말할 때를 예로 들 수 있다. 흥미롭게도 그는 〈봄 이야기〉에 대해 논의하는 1990년 〈포지티프〉 인터뷰에서 '사계절 이야기' 연작이 남녀 간의 관계보다 여자들의 우정에 관한 문제에 더 주목한다고 암시한다(이런 해석은 확실히 〈봄 이야기〉와 〈가을 이야기〉에 적용될 수 있다). 그러나 동시에 상당수가 여성인 스태프들과 촬영 작업을 하는 그의 선택이 영화에 미치는 영향에 대해서는 다소 언급을 피하고 있다. 그런데 2001년 인터뷰를 진행한 오렐리앙 페렌지는 프랑스혁명을 미혼 여성의 시점으로 촬영한 로메르의 결정이 미치는 페미니즘적 영향을 무시하고 있다. 그녀가 로메르에게 묻는 것은 오히려 영화가 관객으로 하여금 전제군주에 동조하도록 격려할 것인지의 문제다(실제로 프랑스혁명에 대한 로메르의 노골적인 군주제적 관점은 가히 충격적이어서 〈영국 여인과 공작〉은 칸영화제 출품이 금지되었다). 지면 부족으로 이 책에 포함시킬 수 없었던 〈카이에 뒤 시네마)의 한 인터뷰에서 〈영국 여인과 공작〉에 대해 같은 비판을 당했을 때, 로메르는 프랑스혁명이 프랑스에서는 축하할 만한 일일 수 있겠지만, 현대사회에 대한 보다 광범위한 정치적 관련성이 있는 공포정치에 대해 망각해서는 안 된다고 말한다. 이런 그의 답변은 로메르 영화가 띠는 또 하나의 패러독스를 지시한다. 즉 그는 거의 으스스할 정도로 총명하게 동시대성을 포착해낸다는 것이다(이 영화는 9·11 테러 바로 열흘 전에 개봉되었다). 그러나 그는 사회주의자라는 라벨을 거부하고 세계, 그의 집착, 관심사, 즐거움에 관한 상당히 사적인 비전을 구축하였다.

이 책에 선별된 인터뷰는 로메르의 영화 이력 전반을 다루고 있다. 그의 세 가지 주요 연작(여섯 편의 '도덕 이야기' '희극과 격언' '사계절 이야기')을 대상으로 한 중요한 인터뷰가 포함되었고, 마찬가지로 그의 '역사' 영화들과 '연작 이외' 제작물 중 일부를 대상으로 한 논의들도 포함되었다. 인터뷰들은 미시시피대학교 출판사의 '감독과의 대화' 시리즈의 전통적인 작업을 충실히 따르면서도 원래 출판된 형태에서 전혀 수정되지 않았다. 그 결과 어느 정도 반복되는 부분들이 있지만, 바로 그런 반복 자체가 40년 이상의 영화 인생에서 구축된 로메르의 놀라운 시각적 일관성을 강조한다. 이 모든 인터뷰에서 로메르는 다양한 주제를 너끈히 오간다. 그것은 어떻게 스태프들이 꾸려졌는지, 어떻게 캐스팅이 결정됐는지에서부터 음악이나 미술, 철학, 문학에 관한 논의에까지 이른다. 영화적인 것과 복잡하게 연관된다는 점에서 그가 큰 관심을 갖는 두 예술인 미술과 건축을 논하는 인터뷰도 있다.

이 책의 목표는 로메르의 인터뷰가 지니는 폭과 깊이에 대한 바람직한 개요를 제공하는 데 있다. 그리고 인터뷰는 신문, 발행 부수가 상당히 제한적인 저널 그리고 세계적으로 가장 영향력 있는 일부 영화 저널 등 광범위한 출처에서 선별되었다. 프랑스어와 영어로 된 모든 주요 인터뷰들의 목록과, 프랑스어 인터뷰들의 영어 번역본이 있는지에 대한 정보도 뒤쪽에 함께 수록했다. 이 인터뷰집은 20, 21세기 프랑스에서 제작된 가장 괄목할 만한 영화 창작 중 하나에 대한 훌륭한 통찰력을 제공할 뿐만 아니라, 영화와 영화가 지닌 가능성을 둘러싼 폭넓은 이론적·비평적 통찰을 선사한다.

이 시리즈의 편집장이자 지금은 고인이 된 피터 브뤼네트에게 이 책을 맡겨준 데 대한 감사의 말을 전한다. 나는 오래전부터 로메르의 빛나는 영화 작품의 경배자였다. 그럼에도 이번 인터뷰집을 통해 그를 알아가고, 영화에 대한 그의 통찰력 및 프랑스 문화계 내에서 영화가 차지하는 위상에 대해 중요한 통찰력을 음미할 수 있었던 것은 또 다른 기쁨이었다.

피오나 핸디사이드

# 차례

나는 미술을 통해 재현된 것을 보는 것보다
실제 풍경을 보는 것이 더 좋아요.
내가 영화를 사랑하도록 인도한 것은 자연이며,
그런 이유로 나는 다른 모든 예술보다
영화를 더 좋아합니다.

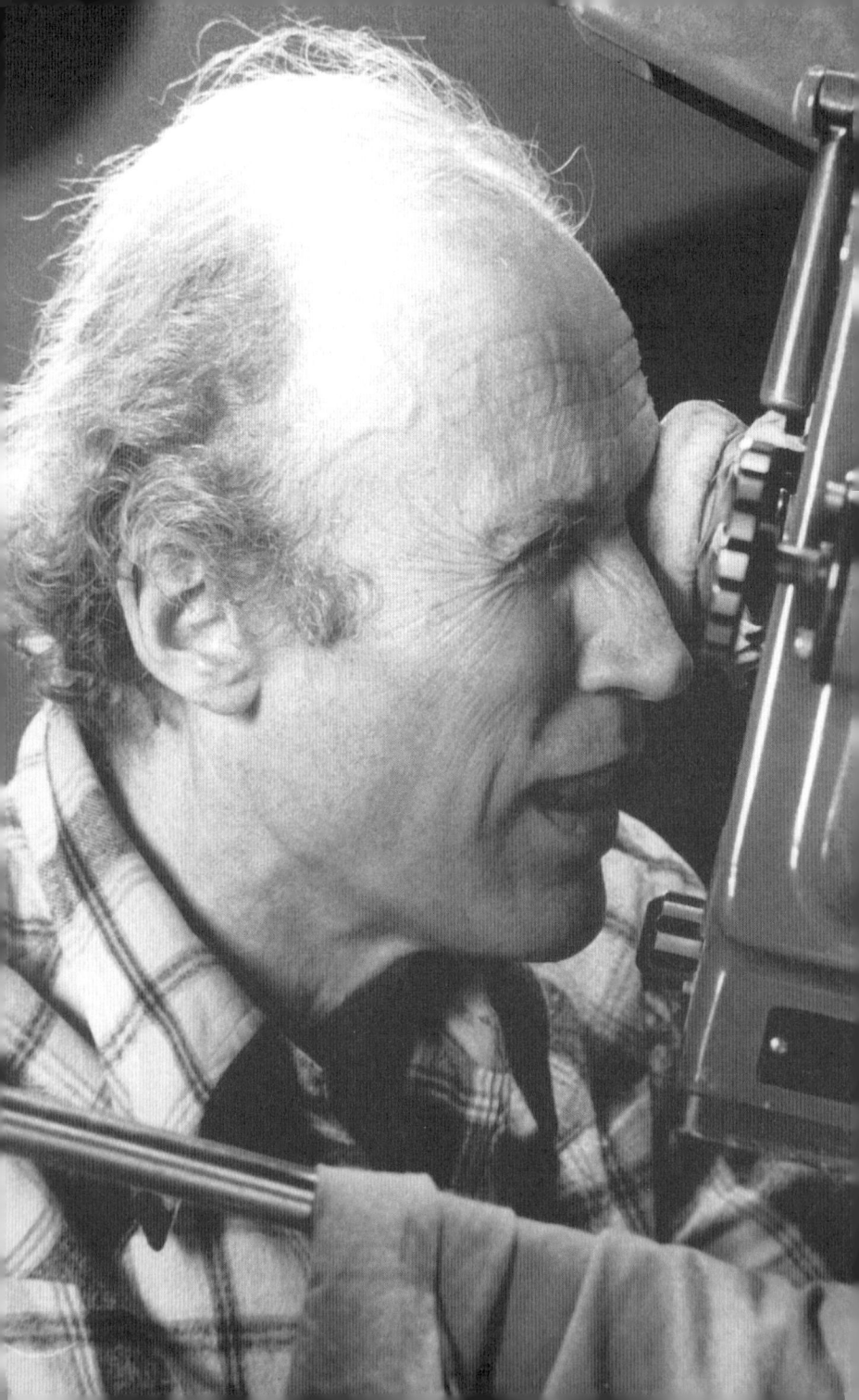

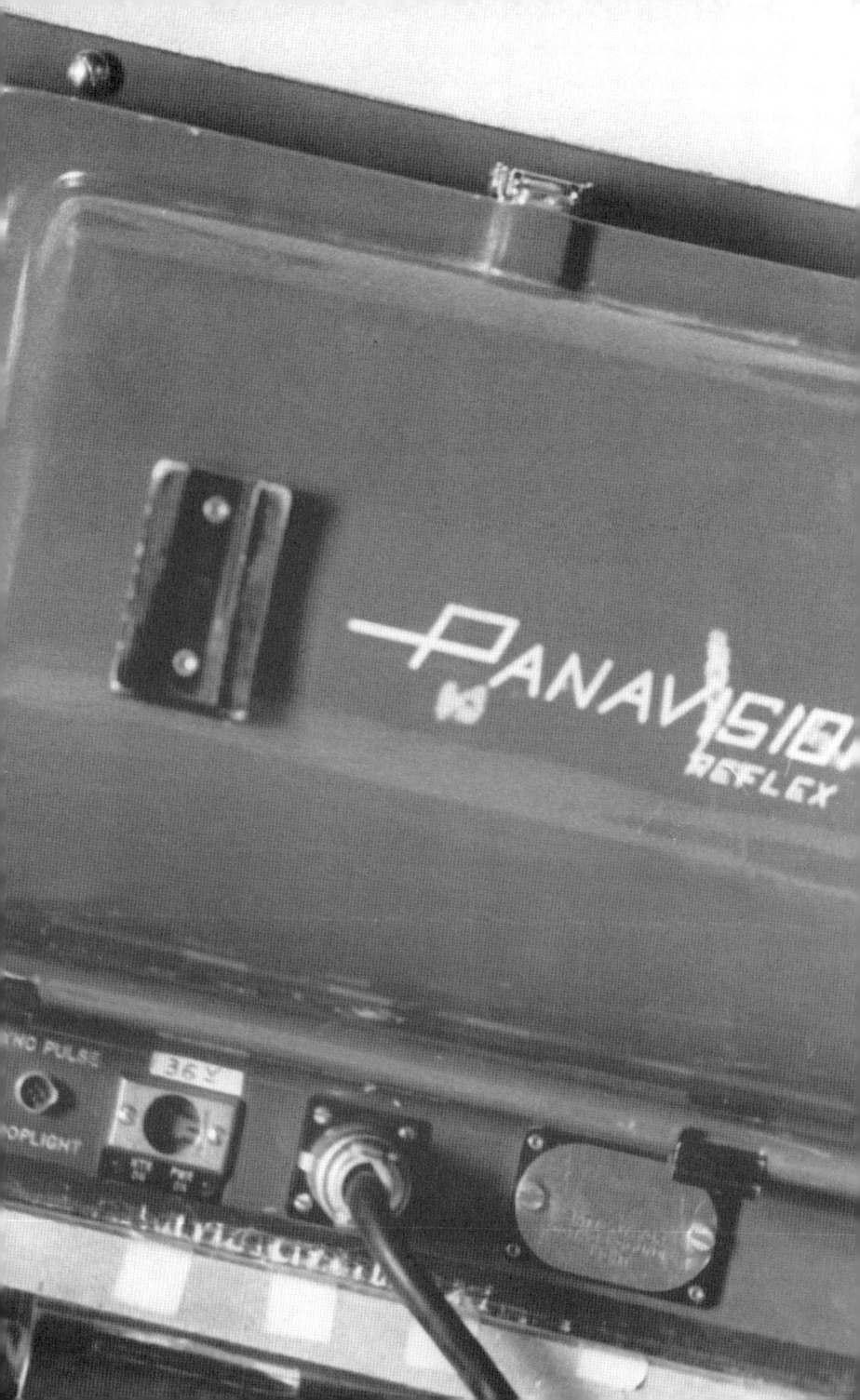

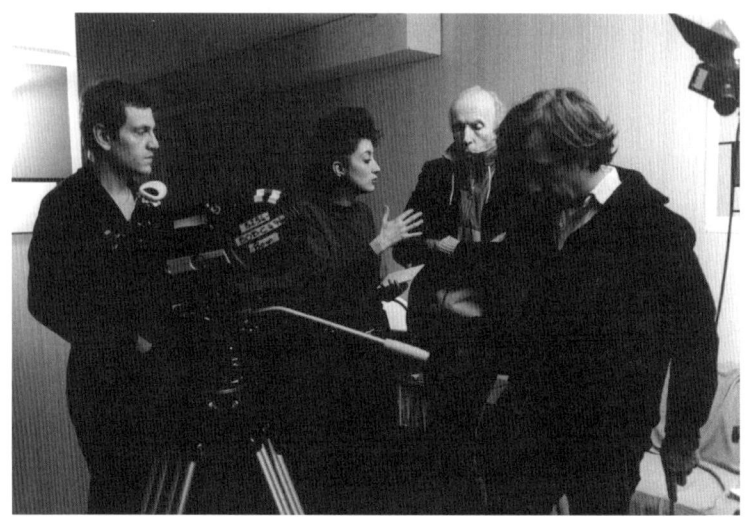

〈만월의 밤〉 촬영 현장

1984

# 누벨바그, 시작

**그레이엄 페트리 ─ 1971**

**언제 어디서 태어났나요?**

주로 내 버전─그게 사실이라는 데 목숨을 걸고 싶지는 않지만─은 1923년 4월 4일 낭시에서 태어났다고 말하는 겁니다. 가끔 다른 날짜를 대는 적도 있지만, 이날이라고 하면 다른 전기 작가들이 말하는 것과 동일할 거예요. 1923년인 것만은 확실해요.로메르는 사실 1920년에 태어났다─원주.

**늘 영화에 관심이 있었나요?**

아뇨, 그렇게 말할 수는 없을 거예요. 아주 늦게, 학생 시절에

---

⟨필름 쿼털리Film Quarterly⟩ 1971년 여름 호(vol.24, no.4) 34~41쪽. University Press of California의 허가를 받아 옮겨 수록함.

야 비로소 관심을 갖게 되었습니다. 그 전까지는 영화를 멸시했고 좋아하지 않았어요. 독서와 미술, 그리고 시간이 더 지나서는 음악을 좋아했을 뿐이죠. 연극에는 참여한 적이 없고 보러 간 적도 많지 않아요. 라신, 코르네유, 몰리에르 같은 프랑스 고전 희곡을 좋아했지만 보는 것보다 읽는 것을 좋아했죠. 영화는 시네마테크를 통해 알게 됐습니다. 무성영화들을 좋아해서 영화를 좋아하게 됐지만 단지 극장에 가는 것만으로 영화를 발견한 건 아니었어요.

**그러고는 〈카이에 뒤 시네마〉에 글을 쓰기 시작하신 건가요?**

무성영화를 알게 되면서 영화를 만들고 싶어졌죠. 아마추어 작들을 찍어보려 시도했으나 돈이 전혀 없었고 장비도 전혀 없었고, 뭐 하나 있는 게 없어서 난관에 봉착했습니다. '필름 소사이어티스Film Societies'에 합류해서 조직을 만드는 데 참여했고, 그곳에서 친구들도 생겼고, 그 친구들과 함께—당시 우리는 아주 젊었어요—〈필름 소사이어티스〉 회보를 발간할 생각을 해냈고, 이어서 비평 전문지를 시작하고 싶은 마음이 생겼죠. 〈레크랑 프랑세L'Ecran Français〉가 막 폐간된 때여서 영화 주간지가 하나도 없었어요. 그래서 우리는 아주 소규모의 영화 저널을 창간해보려고 했어요. 돈이 많이 없어서였죠. 이 저널은 총 다섯 호가 한 달에 한 번씩 발간됐습니다. 〈가제트 뒤 시네마Gazette du

Cinéma〉라는 이름이었고 당시 〈콩바Combat〉의 판형과 동일했어요. 이 잡지의 필진 중에는 나 외에 자크 리베트가 있었는데 그는 자신의 첫 번째 글을 거기에 발표했고, 장뤽 고다르도 마찬가지였습니다. 트뤼포는 이 잡지에 글을 쓰진 않았던 것 같지만, 우리의 동지 중 한 명이었죠. 샤브롤도 글을 쓰진 않았어요. 그 무렵쯤 알고 지내기는 했지만요.

〈가제트 뒤 시네마〉 이후 등장한 잡지 중 전후의 〈르뷔 뒤 시네마Revue du Cinema〉라는 게 있었는데 이 잡지는 여러 단계를 거쳤어요. 1930년대에 첫 호가 발간됐죠. 장 조르주 오리올이라는 평론가가 창간한 후 폐간됐다가 전후 갈리마르 출판사가 재출간했는데, 앙드레 바쟁이 〈르뷔 뒤 시네마〉에 글을 썼죠. 편집장은 자크 도니올발크로즈였습니다. 그후 갈리마르는 잡지 발간을 중단했고 설상가상으로 장 조르주 오리올이 사고로 죽었어요. 그래서 자크 도니올발크로즈와 앙드레 바쟁은 레오니드 드 케젬Léonide de Quézème이라는 파리 소재 배급사를 익명의 동업자로 삼아 새 영화 전문지를 발간하기로 결정했습니다. 그래서 〈카이에 뒤 시네마〉가 시작된 것이죠. 그들은 '르뷔 뒤 시네마'라는 타이틀을 유지하고 싶었지만 갈리마르가 여전히 그 제목을 소유하고 있어서 불가능했어요.

처음에는 상당히 다양한 부류의 사람들이 잡지에 글을 쓰기 시작했죠. 일군의 몇몇 젊은이들이 핵심을 이루었는데, 이들은

'젊은 터키인들Young Turks'로 불렸어요. 생각이 다소 격했기 때문이에요. 프랑수아 트뤼포, 자크 리베트, 장뤽 고다르, 클로드 샤브롤 그리고 내가 거기에 속했고 앙드레 바쟁은 우리를 '히치콕-호크스파'라고 불렀어요. 우리가 히치콕과 하워드 호크스 모두를 존경했거든요. 나는 이 작은 그룹의 평론가 중 한 명으로 데뷔를 했습니다. 우리는 대체로 취향이 참 비슷해서 통일성이 있었어요. 그때 트뤼포가 〈카이에 뒤 시네마〉에 오탕라라, 르네 클레망 등 프랑스 '품질' 영화1950년대 프랑스 영화의 주된 경향으로, 이 영화들은 감독의 역량보다 문학작품 각색과 시나리오, 화려한 스튜디오 및 세트 제작을 중시했다를 공격하는 아주 강력한 글을 썼죠. 〈아르Arts〉라는 이름의 주간지에서 이 글을 보고 프랑수아 트뤼포에게 영화평론을 맡아주거나 적어도 글을 몇 편 써달라고 부탁했어요. 트뤼포는 당시 스물한 살 내지 스물두 살로 아직 많이 어렸는데 〈아르〉의 영화평론가가 되자 글을 써야 할 영화 편수는 너무 많고 자신이 다 다룰 수는 없었기 때문에 동지들에게 도움을 요청했어요. 특히 나를 포함하여 〈카이에 뒤 시네마〉의 평론가 대부분이 그에 응했고, 한동안 트뤼포와 나는 〈아르〉에서 영화 리뷰를 맡아 썼어요. 그 당시 '카이에'파는 모든 잡지들로 퍼져나가고 있었습니다. 앙드레 바쟁은 〈누벨 옵세바퇴르〉에 글을 썼죠.

에릭 로메르

**그 시기에 여전히 영화를 만들고 싶었나요?**

머릿속에서 그 생각을 포기하지 않았고 우리 모두가 때로 시도를 했지만, 영화를 만든다는 건 아주 어려웠어요. 수중의 모든 수단을 총동원하여 아마추어 영화들을 찍었지만 대개 그런 영화들은 그다지 성공적이지 못했죠. 심지어 카메라도 없을 정도로 가진 게 없었기 때문입니다. 사람들한테 카메라를 빌려달라고 하면 본인들이 직접 촬영을 담당하겠다고 했고, 그 결과 때로 영상이 굉장히 안 좋았어요. 우리는 문제에 봉착했죠. 그 후부터 내 개인사는 누벨바그의 역사, 최소한 누벨바그의 가장 중요한 부분과 연결이 됩니다. 누벨바그에 속한 대부분의 사람들이 동시에 '카이에'파이기 때문이기도 했죠. 우리들이 스스로 그렇게 부른 것은 아니고 언론에서 어느 해 '누벨바그'가 존재한다고 결정지은 겁니다. 샤브롤이 그 시발점이었어요. 경험이 하나도 없었던 그는 오직 혼자 힘으로 자기 제작사를 차려 영화 한 편(《미남 세르주》)을 만드는 데 성공한 터였습니다. 개봉이 제대로 진행이 안 돼서 매우 걱정했는데, 만약 그 영화가 개봉되지 않았더라면 누벨바그의 모험은 거기서 중단됐을 수도 있었겠죠. 하지만 그는 영화를 만드는 데 성공했고 심지어 또 한 편(《사촌들》)을 찍는 데도 성공했습니다. 첫 영화가 보조금을 결정하는 '위원회'에 깊은 인상을 남겨서 다음 영화의 보조금을 지원받았고, 이어서 첫 영화가 개봉해서 크게 성공했죠. 그 후 조금 지나 트뤼포의

〈400번의 구타〉가 나왔어요. 35밀리 영화로 단편 〈개구쟁이들Les Mistons〉을 전에 찍은 바 있기에 트뤼포의 첫 영화는 아니었지만 요. 그리고 나서, 아니면 그보다 조금 전일 수도 있는데, 필름 말고는 돈이든 뭐든 가진 게 없었기에 거의 절박한 시도로 리베트가 〈파리는 우리의 것〉을 찍었습니다. 그러나 리베트도 마찬가지로 〈양치기 전법〉이라는 단편을 이미 만들어본 적이 있었어요. 나도 16밀리 몇 편을 이미 만들었었지만, 실질적인 첫 영화는 〈사자자리〉라는 작품이었습니다. 1959년 설립된 샤브롤의 회사에서 〈사촌들〉이 나온 지 1년 후 제작된 것이었지요. 그리고 동시에 고다르가 〈네 멋대로 해라〉를 찍었는데, '카이에'파에 속하지 않은 조르주 드 보르가르라는 제작자와 협엽했고 그렇게 해서 라울 쿠타르고다르의 영화 〈네 멋대로 해라〉의 촬영감독를 만나게 된 거예요. 이런 식으로 향후 누벨바그라 불리게 될 것이 시작됐고, 그와 더불어 저도 시작하게 된 겁니다.

**최근 〈사자자리〉를 재편집하셨다고 들었어요. 처음 개봉했을 때 제작자가 삭제한 부분이 있었던 영화죠.**

아뇨, 사실 저는 만들고 싶은 대로 영화를 만들었어요. 샤브롤이 제작자였는데 가족 문제로 제작사를 다른 사람에게 넘겨야 했어요. 새 회사의 경영자가 내 영화를 좋아하지 않았고 너무 길다고 생각해서 잘랐어요. 그래서 〈사자자리〉의 짧은 버전

에릭 로메르

이 존재하는 건데, 저는 여기에 반대했지만 법정까지 그 문제를 가져갈 수는 없어서 타협을 했죠. 그 짧은 버전은 지방에는 배급될 수 있지만, 아트하우스 영화관과 해외에서는 오직 내 오리지널 버전을 보여주는 걸로 말입니다. 그런데 이 영화는 사실상 아트하우스 영화관들에서만 상영됐기 때문에 내가 승리자였죠. 이제는 '레 필름 뒤 로상주Les Films du Losange'에릭 로메르의 제작사에 영화 판권이 있고, 짧은 버전의 프린트가 발견되면 그것을 폐기 처분할 권리가 우리에게 있습니다. 그러니 〈사자자리〉의 유일하게 유효한 버전은 루이 사게르Louis Saguer가 음악을 담당한 1시간 40분짜리 버전인 거죠. 그러나 누가 그러더군요, 우리의 합의와는 다르게, 런던에서 상영된 버전이 1시간 25분짜리에 브람스의 교향곡이 들어갔다고. 그건 내 버전이 아니라 제작자의 버전이죠.

**그러고 나서 16밀리로 찍은 두 편과 더불어 '도덕 이야기'를 시작하신 건가요?**

네, 첫 두 편은 16밀리로 찍었어요. 누벨바그가 자리를 잡게 되면서였죠. 영화가 잘된 사람들은 커리어를 성공적으로 시작하고 있었지만, 〈사자자리〉를 찍은 나처럼 그다지 주목받지 못한 이들은 계속 작업하기가 어려웠습니다. 그래서 저는 어떻게 되든 영화를 계속 찍겠다고 결심하고, 대중이나 제작자에게 어필할 만한 소재를 찾기보다 내가 좋아하고 제작자가 거절할 만한 소재를 찾기로 결심했어요. 따라서 하고 싶은 것만 하게 된 거죠. 그런데 그걸 35밀리로는 할 수가 없었기에 영화들을 16밀리로 찍은 겁니다. 비용이 그다지 많이 들지 않았고 단지 필름값만 내면 됐죠. 우정 때문에 나와 함께 일하고 싶어 하는 사람들—기술 스태프든 배우든—을 찾았어요. 첫 영화는 아주 짧아서 25분밖에 안 됐고, 두 번째 영화는 그보다 약간 길었죠. 그러고 나서 세 번째 영화를 만들기로 결심했는데 그게 〈수집가La Collectionneuse〉였어요. 필름을 절약한다면 35밀리로 찍어도—특히 컬러를 쓰면—그다지 큰돈이 안 들거라는 사실을 깨달았어요. 운 좋게도 내게 필름값을 가불해줄 친구를 만났고, 5000미터 분량을 찍은 후 최종 2500미터 길이의 영화가 완성됐습니다. 거의 2:1의 비율이라는 뜻이죠. 이렇게 해서 돈 없이 〈수집가〉를 만들게 된 거예요.

**그 초창기 두 영화의 소재에 대해 소개해주시겠어요?**

'도덕 이야기'의 첫 두 편은 한 여자를 찾고 있던 젊은 남자가 다른 젊은 여자를 만나는 이야기들입니다. 이 아이디어는 첫 번째 영화에서 아주 분명하게 드러나죠. 소년이 거리에서 소녀를 보고 사랑에 빠지지만 어떻게 그녀와 사귈 수 있을지를 모릅니다. 그는 소녀가 사는 곳을 알아내기 위해 미행을 시도하지만 중간에서 그녀를 놓치죠. 그래서 조직적으로 그녀를 찾아내기로 마음먹습니다. 소년은 보통 학생들이 자주 가는 식당에서 밥을 먹는데, 저녁을 먹지 않은 채로 밖에 나가 근방에서 그녀를 찾는 데 시간을 쓰기로 결정합니다. 그러고는 배가 고파져서 매일 빵집에 들르기 시작하고 근처를 살필 동안 먹을 케이크들을 사요. 소년은 빵집 점원이 자신에게 관심을 보이고, 나아가 어쩌면 사랑에 빠져드는 것 같다는 걸 눈치채고는 자신도 조금 지겨워지던 터라 그 여점원과 시시덕거리기 시작합니다. 그러고는 그녀와의 게임에 말려들어가 결국 데이트를 하기로 합니다. 그저 어떤 일이 일어나나 궁금해서 말이죠. 그러나 그녀를 만나러 가는 바로 그 순간 그는 첫 번째 여자, 초반에 만났던 소녀와 마주칩니다. 그 소녀는 빵집 바로 건너편에 사는데 발목을 접질러서 외출할 수 없었고, 그래서 그는 그녀를 볼수 없었던 거예요. 그녀는 그가 매일 그곳에 오는 걸 봤지만 자기가 사는 곳을 그가 안다고 생각했고, 그저 그녀의 눈에 띄기위해 그 근처를 드나든 것이라고 추측했죠. 그녀는 빵집 소녀에대해서는 아무것도 모릅니다. 이건 아주 가벼운 이야기, 정말일화적인 것이죠.

두 번째 영화는 더 길기 때문에 조금 더 복잡합니다. 학생인친한 형을 엄청 존경하는 한 소년에 대한 이야기예요. 이 어린소년은 그 형에게 어느 정도 지배당하고 있죠. 동시에 그는 제눈에 탐탁지 않은 소녀들을 형이 많이 만나고 다니는 걸 비판합니다. 예를 들어 그 형은 좋아하지도 않으면서, 학생도 아니고 사무실에서 일하는 여자와 사귀는데 그는 그런 걸 다소 저속하다고 여기죠. 그 형은 소녀를 무시하고, 소년은 소녀를 적당히 처리하려고 하고, 형을 사랑하는 소녀는 오히려 소년에게 달라붙어 치근덕대기 시작합니다. 단지 자신이 진정으로 좋아하는 남자와 친하다는 이유 때문이죠. 소년 또한 그녀를 떼어버리고 싶어 하지만 잘 안 됩니다. 따라서 이 영화는 자꾸 다가오려고 애쓰는 이 소녀 때문에 자기 시간을 저당 잡히는 소년의 이야기예요. 동시에 그 친한 형은 소녀를 비웃고 조롱하는 데서 재미를 찾고 심지어 자신을 잡기 위해서라면 무엇이든 할 준비가 된 그녀의 전 재산을 가져갑니다. 소년은 이 모든 것을 수치스럽게 여기지만 동시에 그 형을 너무나 찬미하기 때문에 감히 어떤 반대도 못 합니다. 정리하자면, 소년은 친구의 형이 즐기는 게임에 가담하는 게 부끄럽지만 솔직하게 비판하고 거절할 엄두를 못 내는 거죠. 또 다른 여자가 이 이야기에도 나옵니다. 매력적인 소녀예요. 주인공 소년은 그녀를 좀 좋아하지만, 그녀는 그를 단지 어린애로만 보고 관심이 없습니다. 이 영화에는 정말 실패밖에 없어요. 소년은 좋아하지도 않는 여자애를 만나느라 시간을 온통 허비하는 반면, 정말 사귀고 싶은 여자애한테는 접근할 수가 없습니다. 그녀를 볼 때마다 무슨 말

에릭 로메르

을 해야 할지 모르고, 그러면서도 그녀는 어찌 되든 자기를 거절하리라는 것은 알고 있어요. 캐릭터들은 모두 아주 어렵습니다. 소년은 열여덟 살, 친한 형은 스물한 살이죠.

**이 영화들은 개봉할 계획이 있나요?**

아뇨, 16밀리로 찍었으니까요. 혹시라도 상영해야 한다면 아주 작은 영화관이어야 하겠죠. 그렇더라도 관객들이 너무 아마추어적이라고 치부해버릴 거예요.

**두 여자 사이에서 주저하는 남자라는 개념이 '도덕 시리즈'의 모든 영화들 간의 연결 고리라고 생각하십니까?**

남자는 사실 주저하는 게 아니에요. 단지 그가 선택을 하고 마음을 먹은 바로 그 순간, 다른 여자가 등장해버린 겁니다. 어떤 종류의 갈등도 실제로는 없고, 그런 상황은 남자의 선택을 확고하게 해줄 뿐이에요. 일례로 〈수집가〉에서 남자는 단지 여자와 일주일을 지낸 후 떠납니다. 〈모드 집에서의 하룻밤〉에서도 남자에게는 그 모든 일이 모험일 뿐, 한 여자와 다른 여자 사이에서 주저하지는 않아요. 만약 그가 모드와 관계를 맺었다면 일주일 지속된 후 끝났을 겁니다. 내 최근작에서도 주인공의 선택은 이미 끝났고 그는 결혼을 할 겁니다. 그가 모험을 즐긴다면 그건 모험 외에 아무것도 아닌 거죠.

**이 연작을 시작할 때 소재에 대해 정확한 개념들을 갖고 있었나요?**

네, 오랫동안 마음속에 이야기들을 간직하고 있었고, 연작을 시작했을 때 각 '이야기conte'의 주제가 뭐가 될지 알고 있었죠. 그러나 발전시키지 않은 상태였고, 아직 극히 희미한 상태였습니다.

**어떤 건 컬러, 또 어떤 건 흑백으로 찍었는데요…….**

세 편이 흑백이고 그중 두 편이 16밀리, 〈모드 집에서의 하룻밤〉이 35밀리로 촬영됐죠. 〈수집가〉와 〈클레르의 무릎〉은 컬러로 찍었고, 아직 제목을 정하지 못한 마지막 영화 또한 컬러가 될 겁니다. 아직 시나리오를 쓰지 않았고 여전히 생각 중입니다.

**어떤 이유로 흑백을 선택했나요?**

〈모드 집에서의 하룻밤〉의 경우에는 소재의 특징에 맞았기 때문입니다. 컬러 사용이 영화에 어떤 긍정적인 면도 더해주지 못했을 거예요. 오히려 영화 분위기를 망치고 쓸모없이 분산적인 요소들만 더했을 겁니다. 내게 이 영화는 흑백이었어요. 그 안에 어떤 색도 보이지가 않았죠. 영화 안의 그 무엇도 마음에 색채를 불러일으키지 못해요. 실제로 내가 촬영한 것에는 어떤 색도 존재하지 않아요. 예를 들어 마을을 하나 찍었는데, 그곳의 집들은 회색이었어요. 물론 몇몇 색깔 있는 판자와 도로표

에릭 로메르

지판들이 있었지만 난 그것들을 피했고, 그래서 영화에 나오지 않아요. 흥미롭지 못한 것들이니까. 벽돌로 지은 교회가 있지만 그 내부에는 색이 없어요. 그리고 눈이 있지만, 거기에도 마찬가지로 색은 없어요. 사람들은 실제로 검정이나 회색으로 차려입었죠. 색이 들어간 건 전혀 입지 않았어요. 집도 내부에 색이 들어 있지 않았어요. 미리 회색으로 인테리어를 했죠. 내가 무엇보다 주안점을 둔 것은 검정과 하양, 빛과 그림자 사이의 대비를 탐험하는 것이었습니다.

어떤 면에서는 이 영화를 컬러 영화라고 할 수 있어요. 단지 그 컬러들이 검정과 하양이라서 그렇지. 하양 시트가 나오는데 거기엔 색이 없어요. 그것은 눈이 하얀 것과 동일한 의미에서, 긍정적으로 하양죠. 만약 컬러 영화였다면 시트는 더 이상 하얗지 않고, 얼룩이 졌을 거예요. 그런데 난 진짜 하양을 원했거든요.

**그렇다면 흑백으로 영화를 만드는 것은 더 이상 불가능하고 모든 영화는 컬러여야 한다고 말하는 안토니오니**이탈리아 출신의 감독 미켈란젤로 안토니오니를 말함 **같은 영화감독들에 동의하지 않는 건가요?**

오늘날에는 영화를 컬러로 찍는 것이 일상화되었고 흑백으로 만들면 다소 구시대적으로 보일 수 있다는 데 동의해요. 그러나 실제로 그 진의에 동의하지는 않습니다. 난 인간이 흑백에 대해 매우 강렬한 느낌을 갖는다고 생각해요. 그것은 단지 사진에만 존재하는 것이 아니라 데생이나 판화에도 존재해요. 화가들은 그림을 컬러로 그렸지만, 데생과 판화에서 특정 효과를 노리면서 흑백으로도 작업했어요. 그 결과 이제 흑백은 대중에게 받아들여졌다고 생각하고, 그래서 사람들이 오늘날 흑백이 불가능하다고 말하는 것은 틀렸다고 봐요. 매우 흥미로운 현상이죠. 난 흑백이 언제까지고 존재할 거라고 생각합니다. 흑백이란 예외적이며 컬러 사용이 표준화되는 게 사실이라고 해도 말이죠.

그런데 현재 영화감독들이 특별히 컬러에서 영감을 받지 못한다는 건 확실해요. 대부분의 컬러 영화들이 똑같이 평범한 외양을 하고 있어서 흑백이 차라리 나을 것 같아요. 컬러가 영화에 더해주는 게 전혀 없어요. 난 컬러란 모름지기 영화에 뭔가 기여해야 한다고 생각하고, 만약 그렇지 못하면 흑백을 선호해요. 왜냐하면 그 모든 것에도 불구하고 흑백은 일종의 기조, 통일성을 부여하며, 이는 컬러를 잘못 쓰는 것보다 영화에 훨씬 더 유용하거든요.

**〈수집가〉와 〈클레르의 무릎〉에서 컬러가 기여하는 바는 뭘까요?**

몇몇 영화감독들이 그러듯이 컬러를 극적 요소로 쓰지는 않았습니다. 내게 색이란 전체로서의 영화에 내재하는 그 무엇이에요. 〈수집가〉에서는 무엇보다 리얼리티의 감각을 높여주고 세팅의 직접성을 강화시켜준다고 생각해요. 이 영화에서 색은 간

에릭 로메르

접적으로 작동합니다. 직접적이지 않은 데다 베리만스웨덴 거장 잉마르 베리만을 말함의 최근작에서와는 달리 색이 가져오는 효과가 전혀 없습니다. 이 베리만의 두 번째 컬러 영화에서는 색이 매우 의도적으로 계산되었고 감독은 주로 빨강을 어떻게 사용하는가에 따라 효과를 얻어내고 있어요. 난 이런 종류의 극적 효과들을 시도해본 적이 전혀 없지만, 예를 들어 시간의 감각(저녁, 아침 등)은 색을 통해 훨씬 더 정확하게 창출될 수 있죠. 색은 또한 온기와 열기를 보다 강하게 느끼게 해줍니다. 영화가 흑백이면 하루의 서로 다른 순간들에 대한 느낌이 덜 살며, 그것에 대한 촉각적 인상이라고 부를 만한 것도 덜 느껴지죠.

〈클레르의 무릎〉에서는 색이 그런 동일한 방식으로 작용한다고 봅니다. 즉 호수와 산의 존재감이 흑백에서보다 컬러일 때 더 강하고, 난 이 영화를 흑백으로는 상상할 수 없었죠. 초록색은 이 영화에서 내게 극히 중요하게 여겨집니다. 초록색 없이는 영화를 상상할 수 없었어요. 파란색도 마찬가지죠. 모든 차가운 색들이 그래요. 이 영화가 흑백이라면 내겐 아무 가치가 없을 겁니다. 설명하기가 매우 어려워요. 그것은 논리적 추론이 불가능한, 내 느낌에 더 가깝습니다.

**'도덕 이야기'에서 '도덕'이라는 말이 정확하게 의미하는 바는 뭔가요?**

프랑스어에는 영어로 정확히 번역되기 힘든 '모럴리스트mor-

aliste' 인간성을 탐구하는 사람라는 단어가 있습니다. '모럴(도덕/교훈)'
이라는 말과는 그다지 관련이 없는 '모럴리스트'란 인간의 내
면에서 일어나는 일을 묘사하는 데 흥미가 있는 사람을 의미해
요. 마음 상태와 느낌에 관심을 갖죠. 예를 들어 18세기 파스칼
이 모럴리스트였습니다. 특별히 프랑스 작가들 중에서 라브뤼
예르나 라로슈푸코 같은 사람들을 일컬어 모럴리스트라고 하
고, 스탕달 또한 사람들이 느끼고 생각하는 것을 묘사하므로
모럴리스트라고 부를 수 있을 겁니다. 그래서 '도덕 이야기'는
영화에 꼭 교훈이 들어가 있다는 걸 의미하지는 않아요. 하나
정도 있을 수는 있겠지만요. 그리고 이 영화들의 모든 캐릭터들
은 매우 분명하게 계산된 몇 가지 도덕적 개념에 따라 행동합
니다. 〈모드 집에서의 하룻밤〉에서 이 개념이 매우 구체화돼 있
어요. 다른 영화의 캐릭터들은 모두 더 애매하며, 도덕성(모럴리
티)은 매우 개인적인 사안으로 나옵니다. 그러나 그들은 자신의
행동에 있어서 모든 것을 정당화하려고 노력하며 이는 가장 협
소한 의미에서의 '모럴'이라는 단어에 부합되죠. 하지만 '모럴'
은 또한 그들이 자신의 행동 동기, 이유들을 드러내고 싶어 하
는 사람이라는 것, 그것들을 분석하려고 시도한다는 것을 의미
할 수도 있어요. 그리고 캐릭터들은 자신들이 무엇을 하고 있는
지 생각 없이 행동하는 사람들이 아닙니다. 중요한 것은 그들의
행위 자체보다 그들이 자신의 행위에 대해 어떻게 생각하느냐

예요. 이 '도덕 이야기'는 액션 영화도 아니고, 물리적인 행동이
일어나거나 매우 극적인 무엇이 존재하는 영화들이 아닙니다.
특정한 느낌이 분석되고 캐릭터 자신들조차 그들의 느낌을 분
석하는 매우 자기 성찰적인 영화들이에요. 이것이 바로 '도덕
이야기'가 의미하는 바입니다.

**특히 〈모드 집에서의 하룻밤〉과 〈클레르의 무릎〉의 경우 35~40세 정도된
사람들과 동시에 훨씬 더 젊은 사람들도 몇몇 등장합니다. 현재 이 두 연령
층 간에 실제로 차이가 존재한다고 생각하시나요? 사람들이 종종 신세대는
완전히 다른 관습과 도덕적 가치들을 갖고 있다고 말할 때의 그런 차이 말입
니다.**

내 영화들은 순전히 허구의 산물이고, 난 사회학자를 자처하
지 않아요. 조사를 하거나 통계를 수집하는 것이 아니에요. 단
지 나 자신이 창조해낸 특별한 케이스들을 선택하는 것이고, 그
것은 과학적이려는 의도가 배제된 상상의 산물들입니다. 개인
적으로 연령층 간의 차이라는 생각을 그다지 신뢰해본 적이 없
어요. 그 차이가 크다고 생각하지 않고, 한 그룹과 다른 그룹 사
이의 대립은 분명 아니에요. 그리고 그것이 과거보다 오늘날 훨
씬 더 커졌다고 생각하지도 않아요. 심지어 그렇다고 해도 그다
지 관심도 없고요. 별로 흥미를 가지는 부분이 아닙니다.

1971년 현재 젊은 세대가 전체적으로 어떤 특정한 종류의 사

고방식을 갖고 있다는 사실은 내 관심사가 아니에요. 나는 현재 젊은이들을 있는 그대로 보여주는 것, 그리고 그들이 50세나 100세가 됐을 때 가능할 법한 모습을 보여주는 데 관심이 있어요. 그리고 영화 안의 사건들은 고대 그리스에서도 일어날 수 있었을 거예요. 상황은 그다지 많이 변하지 않았거든요. 내가 인류에 대해 관심을 갖는 부분은 변하는 것보다는 영속적이고 영원하고 변하지 않는 것이며, 그 점이 내가 보여주고 싶어 하는 것입니다.

**〈레 누벨 리테레르Les Nouvelles Litteraires〉프랑스 문예지와의 인터뷰에서 일단 이 시리즈를 끝내면 완전히 다른 영화를 만들 계획이라고 읽었는데요, 혹시 역사극인가요?**

아뇨, 그런 의미는 아니었어요. '도덕 이야기'를 끝내면 뭔가 다른 걸 하고 싶다는 것은 물론 확실합니다. 변화를 꾀하고 싶지 계속 이어가고 싶지는 않아요. 여섯 편을 만들면 완성될 것이며 현재 아직 한 편이 남아 있어요. 그러나 그다음에 무엇을 할지는 모릅니다.

**TV 쪽에서 예전에 일한 것으로 알고 있는데, 아닌가요?**

아니에요, 교육방송에서 일한 적은 있지만 그건 상당히 달라요. TV 자체는 어마어마한 시청자를 대상으로 하는 것이지만

에릭 로메르

교육방송은 극히 제한된 대중을 대상으로 해요. 지금도 시청자를 확보하는 데에서조차 큰 어려움을 겪고 있어요. 학교에 설치된 TV 세트의 수는 극히 미미해서 모든 교실에 배치된 게 아니었어요. 이제 비디오테이프의 등장으로 상황은 변할 겁니다. 난 다른 이들이 다큐멘터리를 만들듯이 다양한 소재들을 다룬 교육영화들을 만들었는데, 많은 것을 배우고 원하는 것을 자유롭게 할 수 있다는 점이 상당히 흥미로웠죠. 혼자서 작업했어요. 시나리오를 썼고 그걸로 촬영했죠. 매우 흥미로운 경험이었어요. 그러나 그 영화들이 보다 폭넓은 시청자들의 주목을 받을지는 모르겠습니다.

**지금 현재 영화들films에서 벌어지고 있는 일에 대해 어떻게 생각하세요? 새로운 종류의 영화cinema가 태어나고 있다고 보시나요?**

모르겠습니다. '새로운' 종류의 영화를 창조해내고 있는 사람들이 있을지는 모르겠으나, 그것이 얼마나 새로운지, 종종 이미 수년 전에 아방가르드였던 아이디어들을 재발견하는 데 그치는 소위 '영원한 아방가르드'의 일부는 아닌지 질문을 던져야 합니다. 내게 진정으로 새로운 것이란 시간이 지나도 시대에 뒤처지지 않는 것입니다. 그러나 명백한 건 많은 새로운 아이디어들이 관객이 절대 보러 가지 않는 영화들을 통해 표현된다는 것이죠. 완전히 성공적이진 못했더라도 영화계에서 만들어내는 모든 것을 젊은이들이 볼 수 있다면 바람직하지 않을까 생각합니다. 그리고 프랑스는 수많은 영화들을 볼 수 있는 나라이자 유럽에서 전문 영화관들이 가장 많이 있는 나라로 알고 있는데, 진정 새로운 것을 볼 기회는 주어지지 못해왔던 것 같아요. 시네마테크시네마테크 프랑세즈를 의미 외에는 진정으로 실험적인 영화들을 보여줄 만한 공간이 없습니다. 그래서 난 소위 이 새로운 영화라는 것에 대해 판단할 수가 없어요. 나 자신이 만든 영화들이 아방가르드라 불리는 특징이 없긴 하지만요. 그리고 난 이 '전통적 아방가르드'가 영화가 추종해야 할 길은 아니라고 느낍니다.

그러나 이 새로운 영화, 특히 젊은 미국 영화에 대해서는 아는 것이 그다지 없어요. 그에 대해 판단을 내리고 싶지 않습니다. 나는 내가 옳다고 보는 영화들을 만들고, 다른 이들은 스스로 따라야 할 길이 있는 것이죠. 내가 원하는 바는 모두가 자신의 길을 택하고 자신의 관객을 찾아내는 거예요. 그러나 나는 영화관에 거의 가지 않고, 더 이상 평론을 쓰지 않는 데다, 당신의 질문에 적절하게 답할 만큼 충분한 지식을 갖고 있지 않습니다.

**미국에서 영화를 만들고 싶다고 생각하신 적이 있나요?**

아뇨. 우선 나는 영어를 못하는데 언어를 모르는 나라에서

에릭 로메르

일할 수는 없을 거예요. 그리고 프랑스 국내 삶의 현실을 보여주고 싶지 내가 이해 못 하는 삶의 방식을 다루고 싶지는 않습니다. 꼭 해야 한다면 외국에서의 삶에 관한 다큐멘터리를 만들 수는 있겠지만 그건 다른 문제예요. 또한 내 작업 방식은 매우 사적인데 프랑스에서는 이런 측면에서 상당히 큰 자유를 누리고 있습니다. 극히 적은 수의 스태프와 일해요. 조감독, 스크립터가 없을 뿐 아니라 콘티도 직접 씁니다. 내가 실수를 해서 저기 있어야 할 재떨이가 여기 있을 수도 있겠지만 어쩔 수 없는 일이죠. 그리고 대개는 배우들의 특별한 의상도 없고 특별히 중요한 소품도 거의 없어요. 결국 이렇게 작업하는 데는 아무런 문제가 없죠.

내 영화에는 카메라 무브먼트가 거의 없기 때문에 기술 스태프의 수도 많지 않아요. 그러나 수는 적더라도 내 기술 스태프들은 탁월하죠. 다른 나라의 스태프 상황은 상당히 끔찍합니다. 난 5, 6명 정도와 일하는데 그들은 60명이나 되죠. 그건 좀 겁나는 상황이고 나는 그런 식으로는 작업하지 못할 거예요. 난 다른 사람들을 지배하는 보스가 되는 걸 좋아하지 않아요. 모두와 가까이 지내고 싶은데, 미국에서 어떻게 이런 조건에서 일할 수 있을지 잘 모르겠습니다. 그건 명백히 전통적인 영화제작 방식이라고 봐요. '언더그라운드' 영화들은 다른 문제겠죠. 하지만 난 스크린상에 내가 아는 것만을 보여줄 수 있고, 프랑스 내에 여전히 다뤄야 할 것들이 많다고 생각합니다.

언어의 문제도 있어요. 난 대화, 스타일, 음질, 억양에 많은 중점을 두고 그것은 매우 중요해요. 프랑스어는 내 영화들에서 굉장히 중요합니다. 난 작가이기도 하며 시나리오를 직접 쓰고, 작가로서 프랑스어는 내게 중요해요. 뭔가를 쓴 후에 다른 누군가에게 번역을 맡길 수는 없을 것 같습니다. 내가 내 영화의 저자이기 때문이죠. 그래서 난 프랑스에서만 영화를 만들 수 있을 거예요.

**스타일이나 주제 면에서 가장 큰 영향을 받은 작품이나 감독이 있나요?**

그 영향이 얼마나 직접적이었는지는 모르겠지만, 무성영화들입니다. 내 영화들에 대사가 많고, 이미지보다는 대사를 통해 나 자신을 표현한다는 말을 듣곤 하는데, 사실을 말하자면 그리피스, 스트로하임, 무르나우 그리고 심지어 무성 코미디들을 보면서 영화에 대해 배웠습니다. 그렇게 영화에 대해 배운 거예요. 무성영화 시기 이후의 감독 중에서 굉장히 좋아하는 두 명이 있는데, 장 르누아르와 로베르토 로셀리니입니다. 내게 가장 큰 영향을 준 사람들입니다. 또 다른 예로 히치콕 같은 미국 감독들을 존경하지만 그들에게서 실제로 영향을 받았다고 생각하지는 않아요. 만약 영향을 받았다면 그건 상당히 무의식적인 것입니다. 내가 누구를 존경하는지는 말할 수 있으나, 영향력이라는 것은 다른 문제예요. 왜냐하면 때로는 나 자신조차 누가 나한테 영향을 끼쳤는지 알지 못하거든요. 이 사안에 대해 말하기에 내가 적합한 사람이 아닐지도 모르고요.

**광범위한 대중보다는 감독님의 작업을 제대로 평가할 수 있는 한정된 관객을 위해 영화 만드는 걸 선호하시나요?**

네, 물론입니다. 혼자 결정할 수만 있다면 내 영화를 보라고 사람들을 끌어들이기보다 그들을 쫓아버리려고 할 거예요. 실제보다 영화들이 더 어렵다고 말할 거예요. 사람들을 실망시키고 싶지 않고, 내 영화들의 가치를 알아볼 수 있는 이들에게 영화를 보여주고 싶기 때문이죠. 난 관객 수에는 관심이 없어요. 그렇긴 하나 영화가 상업적인 프로젝트고 들인 돈이 환수되어야 하는 것은 사실이에요. 그러나 내 영화들은 저예산이기 때문에 그다지 많은 관객이 필요하다고 생각하지 않고, 나는 늘 내 영화들이 너무 크지 않은 극장에서 상영되어야 한다고 생각해왔어요. 내 영화 안의 내밀한 캐릭터는 너무 큰 극장과도, 많은 관객 수와도 맞지 않습니다. 그리고 군중의 반응이나 집단적 반응에 적합하다고 생각하지 않아요. 관객이 영화를 보면서 완전히 개인적인 반응을 하고 있다고 느낀다면 그게 낫습니다. 각자의 반응은 유일하고 개인적이며 서로 달라야 합니다. 난 관객들이 서로 너무 가까이 앉지 않고 극장이 너무 꽉 차지 않고 서로가 서로를 모를 때 영화를 더 잘 즐길 수 있다고 생각합니다. 그럴 때 각자 상이한 반응을 하게 돼요. 그것이 획일화된 반응이 일어나는 극장보다 낫습니다. 난 대중과 함께 내 영화를 보는 것을 좋아하지 않고, 모두 같은 지점에서 웃으면 고통스러워요. 그런 의도를 갖고 만든 게 아니거든요. 내가 단지 모두를 동시에 웃기려고 뭔가를 쓴 건 아니라는 거죠. 누군가 미소 짓는 건 괜찮지만 영화의 정확하게 똑같은 데서 그런 일이 일어나서는 안 됩니다. 아마 내 영화들이 공연을 관람하는 것보다 독서와 더 유사하기 때문인지도 모릅니다. 무대 위의 뭔가를 보는 것보다 책처럼 읽히기 위해 만들어졌다는 거죠. 그래서 집단적인 반응을 보면 속이 상합니다.

**영화 엔딩이 다소 슬픈 경향을 띤다는 데 동의하시나요?**

사람들이 기대하는 엔딩이 아니라, 어느 정도 인물에 반하는 엔딩이죠. 캐릭터의 희망과 대치되는 상황이 발생하고 그것은 일종의 환멸, 갈등입니다. 인물이 겪는 것은 실패라기보다는 환멸인 거죠. 캐릭터는 실수를 한 것입니다. 그는 자기 자신에게 환상을 심어줬다는 것을 깨닫습니다. 자신이 중심에 위치한 일종의 스스로를 위한 세계를 창조했던 것이며, 자신이 그 세계의 통치자나 신이 되어야 하는 게 완벽히 합리적인 양 여겨졌던 것입니다. 모든 것이 아주 단순해 보였고, 또 모든 캐릭터들은 합리성에 다소 강박증을 보입니다. 그들은 체계와 원칙들을 갖고 있고, 그 체계로 설명할 수 있는 세계를 건설합니다. 그러고 나서 영화의 결말이 그들의 체계를 무너뜨리고, 그들의 환영은 붕괴합니다. 행복하다고 할 수는 없겠지만, 그것이 내 영화들이 말하고자 하는 전부입니다.

# 선택과 운

**루이 노게이라 — 1971**

〈카이에 뒤 시네마〉의 동료들과는 달리 나는 다소 늦게 영화를 접했습니다. 16세가 되기까지 전혀 본 영화가 없었어요. 전쟁이 끝난 후에야 실상 영화에 관심을 갖게 되었고 당시 '영화클럽 Le Cercle du Cinéma'으로 불렸던 '시네마테크'에 드나들기 시작했죠. 그 후 가장 매력을 느꼈던 것은 무성영화들이었습니다. 무르나우가 커다란 발견이었어요. 그 당시 이 감독은 그리 높이 평가받지 못했어요. 심지어 바쟁도 그의 작품을 구시대적인 것으로 간주했죠—물론 스트로하임에 대해서는 그렇게 생각하지 않긴 했지만요. 무르나우의 영화 가운데 실질적으로 평가를 받은 것은

---

〈사이트 앤드 사운드Sight and Sound〉 1971년 호(vol.40, no.3) 118~122쪽. British Film Insitute의 허가를 받아 옮겨 수록함.

에릭 로메르

〈노스페라투〉뿐이었던 것 같습니다—물론 〈타부〉도 있었죠. 비록 플래허티가 감독한 것으로 알려져 있었기 때문이긴 하지만요. 그러니까 〈일출〉〈파우스트〉〈타르튀프〉〈마지막 웃음〉은 내게 신선한 발견이었죠. 어디엔가 내가 무르나우가 모든 영화감독 중 가장 위대하다, 가장 상상력이 풍부하다고 썼죠. 여전히 그렇게 생각합니다.

**첫 장편 극영화인 〈사자자리〉는 상업적으로 실패했습니다. 그 이유가 뭔지 이제 알 수 있을 것 같으신지요?**

평단에서는 이 영화를 높이 평가했지만 사람들이 보러 가고 싶게 만드는 평가 방식은 아니었어요. 반면 〈수집가〉〈모드 집에서의 하룻밤〉〈클레르의 무릎〉은 정말 사람들이 보고 싶게끔 만들었죠. 〈사자자리〉는 고유의 관객을 결국 찾지 못했어요. 요즘 내 영화 같은 영화들은 추종자들이 있고 그들은 어떤 종류의 영화가 제시되는지를 아는 정선된 대중입니다. 선택, 차별—나쁜 의미의 단어라고 해도 난 개의치 않습니다!—의 과정이 존재하겠죠. 다양한 그림, 음악, 책에 맞춤한 다양한 대중이 있습니다. 그런데 왜 여전히 영화 분야에만 유독 하나의 일반화된 거대한 대중이 존재한다고 간주돼야 할까요? 일반 대중은 TV, 버라이어티, 모험을 재미있어합니다. 그게 맞죠. 그들이 원치 않는 것을 강요하려고 하는 것은 바보짓이에요. 내 영화 같은 영화들은 일정 정도 영화적 혹은 문학적 배경이 있는 이들에게 어필합니다. 이제 알겠는데, 예전에 생각했던 것보다 훨씬 많은 수의 관객이 그에 해당해요. 물론 시네마테크 밖에 자기만의 관객층을 여전히 찾지 못한, 내 영화보다 훨씬 더 어려운 영화들이 존재합니다.

**TV물도 작업하셨습니다. 텔레비전에 대해 어떻게 느끼세요?**

프랑스 텔레비전의 '우리 시대의 시네아스트Cinéastes de Notre Temps'라는 시리즈를 위해 두세 편을 연출했습니다. 평론가로서 작업의 연장선이었지 영화를 만든다는 의미는 명백히 아니었어요. 교육방송의 경우에는 달랐는데, 그들을 위해 만든 단편 다큐멘터리 중 몇 편은 진짜 영화였고 내가 아주 좋아하죠. 혹은 다른 곳에서 했던 작업만큼이나 좋아한다고 말할 수 있겠네요. 또한 교육자와 협력하여 단지 '연출가director'로서 일한 적이 가끔 있지만 그저 생계를 위한 작업이었어요. 텔레비전은 '읽을 만한' 이미지들을 제작하도록 가르칩니다. 그럼에도 아주 이상하게도, 텔레비전을 위해 제작된 재료들보다 일반 개봉관을 염두에 두고 제작된 영화들이 실제로 종종 더 '읽을 만하다'는 것을 깨달았습니다. 어쩔 수 없는 손실이 있는데도 말이죠. 왜냐하면 영화를 TV에서 상영하게 되면 프레임이 무너지고 직선은 휘고 무대는 더 이상 견고하거나 3차원으로 보이지 않거든요. 〈수집가〉 같

에릭 로메르

은 영화에서 핵심적인 '즉각적인 시간'의 느낌을 위해서는 전적으로 상관없어요. 어떤 소녀가 예쁜지 평범한지를 결정하는 문제가 관건인 〈수잔느의 경력〉 같은 영화를 예로 들어보죠. 표준적인 TV 세트에서는 화질이 너무나 나빠서 어떤 식으로도 분간을 할 수 없을 겁니다. 한 인물의 매력은 텔레비전상에서 거의 전적으로 클로즈업을 통해 제공됩니다. 그러나 그런 경우일지라도 음성의 도움을 자주 받아요. 그리고 음성은 실제로 잘 전달되고요. 그러나 사람들이 서 있거나 걷거나 움직이는 방식, 전체적인 신체적 차원 같은 것을 모두 살리지는 못하죠.

개인적으로 난 텔레비전이 내밀한 미디어라는 시각에 동의하지 않습니다. 작은 공연일지는 몰라도 그래도 여전히 공연이라고 봐요. 텔레비전은 정말 영화보다 연극에 더 가까워요. 텔레비전을 볼 때는 외부 세계와 단절된 채 완전한 어둠 속에 앉아 있지 않으니까요. 스크린을 마주 보고 있지만 그 속에 들어가 있지는 않습니다. 반면 영화는 부단하고도 지속적인 몰입이라고 봐요.

**감독님 작품들에 대해 이야기 나누기 전에, 수십 번은 답하셨을 질문을 드려도 괜찮을지 모르겠습니다. '도덕 이야기'에 대한 아이디어는 어떻게 얻으셨나요?**

답을 시도해볼게요. 한편으로는 여러 영화들을 통해 동일한 아이디어를 추구하고 싶었기 때문이며, 또 한편으로는 다른 형식보다는 이런 형식을 취할 때 관객과 제작자 들이 내 아이디어를 잘 받아들일 것 같다고 생각했기 때문입니다. 어떤 소재가 관객에게 가장 어필할지를 계속 자문하는 대신, 동일한 소재를 여섯 번 다루는 것이 최선이라고 나 자신을 설득했죠. 여섯 번째가 되면 관객들이 찾아올 것이라고 희망하면서요. 나는 여전히 10년 전 나 자신을 위해 계획했던 프로그램을 수행하고 있습니다. 융통성 없이 고지식해지리라고 마음먹었었는데, 한 가지 아이디어를 계속 고집하면 결국 지지자들이 생길 것이라 여겼기 때문이죠. 심지어 배급사조차도……. 독립된 한 편의 시나리오보다는 여섯 편으로 구성된 연작의 시나리오를 문제 삼거나 비판하는 게 훨씬 더 어려워요. 예를 들어 그 누구도 〈클레르의 무릎〉에 약간의 범죄 이야기를 넣으라고 요구하지는 않을 겁니다. '도덕 이야기'의 다섯 번째 작품이고 이 연작은 탐정물이 아니니까요. 그러니까 진정 내 목표는 이런 스타일의 영화를 받아들이도록 사람들을 설득하는 것이었어요—이런 영화는 새롭지 않아요. 소설과 마찬가지로 영화에서 진정으로 새로운 것은 없으니까요.

내가 '도덕 이야기'라고 일컫는 것은 교훈을 담은 콩트가 아니라, 사람들이 무엇을 하느냐 하는 것보다 그들이 그러는 동안 마음에 일어나는 게 무엇이냐에 더 치중하는 이야기예요. 행위

(액션)의 영화라기보다 사유의 영화죠. 내 영화의 인물들은 추상적인 개념을 표현하는 것이 아니라 남녀 관계, 우정, 사랑, 욕망, 삶의 의미, 행복—차기작에서 행복에 대해 보다 더 이야기하게 될 수도 있어요—, 권태, 일, 여가 등에 대해 생각하는 바를 드러내고 있죠. 물론 영화 분야에서 예전에 이미 다뤄졌던 것들이지만 단지 간접적으로, 극적 플롯의 맥락에서 다뤘을 뿐이에요. 반면 '도덕 이야기'에서는 이런 플롯의 맥락 자체가 존재하지 않고, 특히 비극이나 희극이냐를 가르는 명백한 선이 존재하지 않습니다.

내 작업은 연극과 같은 다른 형식의 엔터테인먼트보다는 소설—현재 영화가 바통을 이어받은 특정한 어떤 고전 스타일의 소설—에 가깝다고 말할 수 있어요. 그리고 내게 그것은 큰 의미가 있어요. 나는 영화가 이미 연극에서부터 나아간 것보다도 더 멀리 영화를 끌고 가는 데 기여했다고 생각합니다. 내 캐릭터들이 말이 많을지 모르지만 연극이 성립되려면 대사만으로는 안 돼요. 내 캐릭터들은 전혀 연극 속의 인물들처럼 말하지 않아요. 적어도 그들이 그렇지 않기를 바라죠.

**왜 '도덕 이야기'의 편수를 한정하셨나요?**

일단 이야기 연작을 하기로 결정하고 나면 그것이 어디에선가 끝나야 하기 때문입니다. 예를 들어 에드거 앨런 포가 '기이

한 이야기Extraordinary Stories의 남자'로 회자되는 의미로 내가 '도덕 이야기의 남자'가 되고 싶지는 않아요. 판타지, 스릴러, 역사 소설도 쓸 수 있어요. 그리고 언젠가 원하면 만들 겁니다. '도덕 이야기'는 내게 하나의 단계이면서 동시에 주어진 주제의 변주인 거죠. 이전 작들과 마찬가지로 〈클레르의 무릎〉도 한 여자에게 충실하려고 하는 바로 그 순간 다른 여자를 만나게 되는 남자의 이야기예요. 〈클레르의 무릎〉에서는 그 여자의 수가 두 배 혹은 심지어 세 배—오로라를 단순한 절친 이상으로 본다면—가 됩니다. 남자는 이런 만남이 자신의 삶을 분열시키지 않을 것임을 잘 알고 있어요. 전혀 극적인 것이 없고 결정을 내려야 할 순간도 없습니다. 문제가 되는 것은 그의 행동 여정이라기보다는 그의 사고방식, 삶을 바라보는 방식입니다. 그 전 작품에서 모드와의 만남은 엔지니어를 도덕적으로 풍부하게 해줍니다. 〈클레르의 무릎〉에서 남자는 두 젊은 여자와 만남으로써 아마도 루신다와 결혼하기 전에, 생각에 다소 변화가 올 수도 있습니다. 그것이 기존의 의견을 굳건하게 해주든 무너뜨리는 것이든.

**거의 그 만남이 남자로 하여금 일종의 내적인 대차대조표를 작성할 수 있게 해준다고 말할 수 있을 것 같은데요⋯⋯?**

네. 남자에게 그것은 일종의 정지, 일시적 중단, 한숨 쉬어가는 공간, 인생의 예외, 재고, 점검의 순간입니다. 내가 관심을 갖는 것은 바로 그 특정 순간에 그의 마음을 채우는 생각들입니다. 그리고 영화를 통해 그 생각을 보여주고 싶었어요. 비록 객관적이고 외적인 이미지의 예술로서 영화가 그런 작업에 가장 적합하지 않을 수도 있겠지만요.

**자신의 결정이 굳건한데도 〈모드 집에서의 하룻밤〉의 트랭티냥은 모드에게 프로포즈하는 것을 멈출 수가 없습니다.**

하지만 그는 즉흥적이에요. 진지하지 않습니다. 이미 마음의 결정이 내려진 후라도 모든 것이 문제로 남는다는 사실은 여전합니다.

**다시 〈수집가〉로 돌아가볼까요? 이 영화는 배급 지분이 없었다고 알고 있는데 대담한 투자였네요. 어디에서 돈을 구했나요?**

그 어디도 아니었어요. 우리에겐 돈이 없거나 있다고 해도 아주 적었어요. '도덕 이야기' 시리즈에 속하는 전작 두 편을 텔레비전에 팔아서 생긴 현금이 있었는데, 영화필름값을 지불하고 생트로페에—임대료가 낮아지는 6월에—집을 하나 빌리고 요리사 한 명을 쓸 수 있을 만한 딱 그 정도였습니다……. 배우와 기술 스태프들은 나중에 수익을 나눈다는 조건으로 월급 없이 일하는 데 동의했어요. 나는 모든 숏을 한 테이크로만 간다는 규칙을 만들었고, 필름을 5킬로미터도 안 되게 썼습니다.

이런 종류의 엄격한 규율에는 장점이 있어요. 배우들이 일단 이런 데 익숙해지면 연기를 할 때 더 여유와 일관성을 가질 수 있습니다. 완벽함은 단계적으로가 아닌 한 번에 다다르는 게 훨씬 쉬워요. 높이뛰기와 같죠. 한 번 이상 시도하는 게 소용이 없어요. 어떤 감독들의 경우에는 배우들에게 일체 자율성을 허락해서는 안 돼요. 그리고 그런 종류의 감독은 자신이 의도한 효과를 얻어내기 위해 몇 번이고 테이크를 새로 가야 합니다. 그러나 나처럼 배우의 자발성이 테이크마다 표현되어야 한다고 생각한다면 가능한 한 적게 찍는 게 가장 이익이죠.

**하지만 〈수집가〉에서 매번 테이크 들어가기 전에 리허설을 안 했나요?**

물론 했죠. 리허설 없이는 완성 못 했을 겁니다. 특히 영화가 매우 주의 깊게 계획된 데다 전혀 즉흥적이지 않았으니까요. 대사는 내가 직접 배우들과 썼는데, 때로는 저녁이나 그 장면을 촬영하기 직전 아침이었어요. 그러나 어쨌든 대사는 썼다는 거죠.

**〈모드 집에서의 하룻밤〉의 경우 배우들과의 작업 방식과 대사 면에서 다소 차이가 있었는데, 이후 〈클레르의 무릎〉에서 다시 〈수집가〉의 테크닉으로 회귀하셨던데요.**

네, 〈모드 집에서의 하룻밤〉은 영화 만들기 2년 전에 내가 전체 시나리오를 썼어요. 앙투안 비테즈의 '마르크스주의적' 연설만 예외였는데 그건 함께 창작해냈죠. 〈클레르의 무릎〉에서 브리알리가 맡은 배역은 두 가지 예외 말고는 처음부터 끝까지 시나리오가 미리 준비됐습니다. 두 소녀의 경우, 대사의 반은 먼저 썼고 나머지는 훨씬 뒤에 토의와 대화를 거쳐 썼어요. 이는 특히 베아트리스 로망(로라 역)의 대사에서 명백하게 드러나 즉흥적이라는 게 느껴지죠.

　〈클레르의 무릎〉은 정말 모든 게 섞여 있습니다. 내가 먼저 써놓았던 장면들과 나중에 배우들과 함께, 때로는 촬영 일주일 전, 때로는 겨우 하루이틀 전에 만들어낸 장면들 등. 우리는 함께 모여서 카세트 녹음기를 가운데 두고 말을 했고, 그렇게 해서 나는 무엇이 자연스럽고 무엇이 덜 자연스러운지를 알고 선택할 수 있었습니다. 심지어 브리알리가 자기 배역의 대사를 직접 쓴, 완전히 즉흥적으로 만들어진 장면들도 몇몇 있습니다. 그의 영화 이력상 처음이었을 거라고 믿어요. 물론 나는 그에게 무슨 말을 해야 하는지 이야기해줬지만 실제 사용된 단어들은 내 것이 아니에요. 일례로 캠프장에서 구조대원과 다투는 장면을 들 수 있습니다. 나는 진정성이 담긴 살짝 일관성 없는 품질을 담으려고 애쓰고 있었는데, 미리 준비된 시나리오로는 그걸 살리지 못할 거였죠. 그때 사정상 장면을 촬영하던 중 다소 긴장감이 있었습니다. 촬영 후 우리는 모두 물로 뛰어들었어요. 즐거워하면서였다고 말해도 될 것 같네요. 원테이크로 갔는데, 딱 맞는 결과가 나왔습니다.

**〈클레르의 무릎〉에서 가장 인상 깊었던 것은 배우들의 억양이 섬세하다는 점이에요. 굉장히 의식적인 것으로 보이면서도 그 결과물은 완전히 자연스럽게 들리거든요.**

나는 그런 종류의 음조 변화나, 억양을 다양하게 쓰는 것을 장려했어요. 명령하거나 강요했다고 말할 수는 없고 계속 옆에서 도왔죠. 그리고 이는 전문성이 망쳐놓지 않은 배우들을 쓰는 이점 중의 하나입니다. 일례로 오로라의 목소리는 그녀 스스로 지나치다고 생각하는 거친 경향을 띠었죠. 그녀를 제지하는 대신 자기 목소리가 걱정된다는 말을 들을 때마다 나는 칭찬을 해줬습니다……. 나는 정말 이런 작업을 좋아합니다. 내 영화들의 음악적 측면이죠. 주지하다시피 나는 음악 자체를 전혀 안 쓰니까요. 내 영화의 유일한 음악은 사람들의 목소리가 내는 음악입니다.

나는 배우들을 '지도'한다는 개념이 다소 논쟁적이라고 생각해요. 실행에 옮기기에 위험한, 아니면 적어도 민감한 개념이에요. 특히 동시대 영화에서는요.

채플린의 〈홍콩에서 온 백작부인〉을 보면 배우들은 놀라운 수준으로 '지도'되고 있어요. 그러나 젊은 영화감독이 그 수준으로 할 수 있거나 해야 된다고 생각하지 않습니다. 채플린은 같은 테이크를 말 그대로 수십 번 반복할 능력이 있습니다. 나는 한 테이크 이상 가는 적이 매우 드물고, 어떤 테이크를 반복한다고 해도 배우들 탓인 경우는 거의 없어요. 이는 채플린과는 완전히 다른 '액팅' 개념을 암시하죠. 비록 그가 자신의 시대를 기준으로 옳았고 여전히 스스로에게 비추어 옳긴 하지만……. 아시겠지만 〈홍콩에서 온 백작부인〉은 극도로 모던한 영화입니다. 아이디어가 샘솟고 진정 새로운 뭔가를 제공하죠. 반면 소위 '새로운' 영화로 일컬어지는 그 모든 것들이 내게 보여주는 것은 영향력들이 제대로 소화되지 못한 채 뒤섞인 잡탕일 뿐이죠.

**영화를 찍을 때 직접 프레임이나 편집을 감독하나요?**

반드시 합니다. 모든 것을 면밀하게 보죠. 편집은 늘 핵심 요소예요. 〈수집가〉의 경우 내가 직접 편집을 담당하고 단지 사운드를 위해서만 편집기사를 데려왔어요. 동시녹음을 할 때는 내가 직접 영화를 다루지는 않지만, 절대 편집실에서 나오는 법은 없습니다. 프레이밍도 지극히 중요하죠. 나는 늘 뷰파인더를 들여다보는데, 네스토르 알멘드로스촬영감독에게 상당히 독립성을 주는 건 수년간의 협업 이후 우리가 사물을 같은 방식으로 바라보게 됐기 때문이에요. 게다가 그는 시각문화에 대한 교양과 수준 높게 발달된 회화적 감각을 갖고 있고, 그건 프랑스에서 극히 드문 경우죠.

**〈수집가〉가 우리 시대의 젊은이들에 대한, 말하자면 그런 종류의 세팅을 사용한, 최초의 논평 중 하나라고 생각하세요?**

필연적으로 그럴 수밖에 없습니다. 각 영화는, 사물을 있는 그대로 보여주는 순간, 자신의 시대에 대한 증인입니다. 영화에서 존재하는 것을 보여주는 것보다 쉬운 일은 없어요. 단지 주변을 바라보기만 하면 되죠. 나는 존재하지 '않는' 것 혹은 더이상 존재하지 않는 것을 보여줄 수 있는 이들을 보면 진정으로 감탄해요……. 하나의 업적을 달성하는 거죠!

그러나, 특히 프랑스에서는, 여전히 정말 망연자실케 하는 비현실적인 영화들을 종종 보게 됩니다……. 영화가 존재하는 것을 보여주는 데 능숙하다고 내가 말할 때는 삶 속의 존재를 의미해요. 잡지기사나 TV 화면상으로 존재하는 게 아니라요. 영화는 언론이나 여론조사 혹은 대중 신화에 의해 평이해진 것이 아닌, 날것의 현실을 위한 매개입니다. 엄밀히 말해, 영화의 역할은 채플린 시대에 그랬던 것처럼 신화를 창조해내는 것이지, 자신의 바깥에서부터 모든 영감의 원천을 찾는 것이 아니에요. 예를 들어 영화는 신문 연재만화에 주제를 제공하곤 했어요.

에릭 로메르

지금은 정반대가 되었죠.

**〈수집가〉에서 특별히 인상 깊었던 것은 특정한 디테일에 대한 감독님의 관심이에요. 예를 들어 인물들이 읽고 있는 책은 루소 전집과 독일 낭만주의에 관한 서적입니다……**

내 인물이 세계문학의 기념비적인 작품, 휴가 떠날 때 우리가 가져갈 만한 그런 종류의 위대한 책을 읽기를 바랐습니다. 파트리크 보쇼(아드리앵 역)는 루소를 다시 읽고 싶다고 했죠. 비록 『돈키호테』도 무방했을 것이라고 말하긴 하지만요. 『독일 낭만주의』는 다니엘 폼므뢸이 갖고 있던 건데, 스크린상에서 그러는 것처럼 아이데가 훑어보고는 한쪽으로 제쳐놓았던 책이에요. 나는 폼므뢸이 맡은 인물의 진정성에 대해 굉장히 신경을 쓰고 있었죠. 진짜 화가가 아닌 그 누구도 이 화가 역을 연기하도록 하고 싶지 않았어요. 그리고 그의 작품 중에서 면도날이 있는 그 페인트 통을 골랐는데, 이유는 그 자신이 좋아했고 그에 대해 이야기했기 때문입니다. 영화 안의 페인트 통이 상징적 의미를 갖는다고 볼 수도 있어요. 그러나 비록 거기에 동의하지 않는 것은 아니지만, 그 의미는 나에게서가 아니라 인물 그 자체에서 나오는 거죠.

**또한 〈모드 집에서의 하룻밤〉에는 실제 마르크스주의자(앙투안 비테즈)가**

**연기하는 마르크스주의자가 나오고, 〈클레르의 무릎〉에는 소설가(오로라 코르뉘)가 연기하는 소설가가 나옵니다.**

네, 사상가나 작가 혹은 예술가는 그 부류 외의 다른 사람이 연기할 수 없습니다. 일꾼도 자신의 일에 관해서만큼은 마찬가지고요.

**〈수집가〉의 인물들을 배우들과 동일시할 수 있나요?**

아뇨. 그들은 말하는 방식이나 겉으로 보이는 방식 등 스타일을 제외하고는 공통점이 전혀 없습니다. 내가 만들고 싶었던 것은 사이코드라마가 아니라 배우들의 의식적인 협력이 따르는 순수한 허구였어요. 단 한 번도 그들 모르게 촬영을 시도하지 않았고, 대신 최고의 모습을 보여달라고 요구했어요.

**계속해서 〈수집가〉의 '보이스 오프voice off' 프레임 밖에서 들리는 목소리 장면들을 보면, 아드리앵이 매우 형식적인 18세기 방식을 사용하고 있어요. 반면 대사는 항상 매우 현대적인 스타일을 띠죠. 사고와 말 사이의 이분법을 암시하려고 한 것인지 아니면 다른 이유가 있는지요?**

물론 코멘트가 '문학적' 스타일이긴 하지만 '18세기적'이라고는 전혀 생각하지 않습니다. 실제 대화할 때는 아무리 속어를 많이 쓴다 해도, 그 남자가 서면상으로 쓸 법한 스타일로 작성한 일기의 발췌라고 하면 되겠네요. 그렇다 해도 그것은 멋을

에릭 로메르

잔뜩 낸 속어일 거예요……. 그러나 이분법은 확실히 의도된 겁니다. 옳든 그르든 나는 톤에서 그런 차이가 나기를 바랐어요.

**그러나 〈모드 집에서의 하룻밤〉의 화자인 트랭티냥에게서는 그런 차이가 없습니다. 그가 일기에 적는 짧은 메모들은 그가 말하는 방식과 딱 맞아떨어져요.**

하지만 이 영화에서는 더 이상 개인적인 일기가 아니라서 그래요. 단지 그 자신이 몇 가지 관찰을 할 뿐입니다. 그리고 난 그것들을 가능한 한 짧고 중립적으로 표현하고 싶었어요.

**〈클레르의 무릎〉의 배우들은 어떻게 선택했나요?**

오랫동안 장클로드 브리알리를 알고 지냈어요. 그 배역에 발탁한 것은 내가 느끼기에 그가 항상 자신의 잠재성에 훨씬 못 미치는 일련의 배역에 갇혀 있던, 아주 좋은 배우이기 때문입니다. 그는 명석하고도 마음이 섬세한데, 항상 경망하고 다소 유치한 젊은이 역할을 맡고 있었어요. 턱수염을 기른 것도 도움이 됐어요. 아주 약간만 나이 들어 보이게 했고 내가 원했던 성숙함을 부여했거든요. 다른 배우들의 경우…… 소설가인 오로라는 수년간 친구 사이로 지내왔죠. 파리에서 그녀를 처음 만났는데 그녀를 보자마자 배역을…… 이 배역을 맡겨야겠다는 생각을 했어요. 베아트리스는 다소 어렵게, 몇몇 사진 찍는 친구들이 발굴했어요. 그들은 내가 영화를 준비하고 있다는 소문을 퍼뜨렸죠. 그녀는 십대용 패션지의 모델을 하고 있었어요. 그리고 로랑스(클레르 역)는 학생이었습니다.

**로라를 연기한 베아트리스 로망은 정말 굉장합니다. 스타 탄생이라고 할 수 있죠…….**

모두 내게 그렇게 말하고, 그녀를 선택하면서 내가 생각했던 바이기도 합니다. 그녀에게는 뭔가 있어요……. 그런 소녀는 매일 만날 수 있는 게 아니죠. 5년 혹은 10년에 한 번 정도 만날까 말까예요. 그녀를 발견하지 못했다면 어떻게 그 캐릭터가 나왔을지 모르겠어요. 로라가 덜 흥미로웠을 것이라는 점은 알죠. 나는 그녀를 위해 그 캐릭터를 발전시켰어요. 그리고 그녀는 이 영화에서 내가 맡긴 역할과는 매우 다른 유형의 역할도 연기할 수 있을 게 확실합니다. 실제 삶에서는 영화에서보다 일반적인 미인에 가까워요. 영화에서는 약간 더 어려 보이게 만들어야 했거든요. 내게는 아마 도스토옙스키나 체호프의 여주인공—매우 감동적인—에 적합해 보입니다. 하지만 그녀는 어떤 역할이라도 맡을 수 있고, 무엇을 연기하든 배역에 놀라운 힘을 부여할 것입니다.

**〈모드 집에서의 하룻밤〉은 어땠나요?**

그 영화에서는 모두 전문 배우였는데, 기적처럼 인물들과 동화되었죠. 이미 말한 것처럼 캐스팅을 하기 훨씬 전에 시나리오가 완성됐었기 때문에 더더욱 놀라웠습니다.

**감독님 영화에 대해 말할 때 남자들보다는 여자들에 대해 더 많은 이야기가 오가는 경향이 있습니다. 아마도 여자들이 항상 배후를 조정하고 있다고 보이기 때문인 것 같아요. 남자들은 종종 얼간이들이고······.**

내 영화들의 중심 인물은 무엇보다도 자아도취적인 경향이 강합니다. 끊임없이 자신만의 철학과 자기정당화에 빠진다고 말할 수 있을 거예요. 그에 대한 내 시각은 다소 비판적이에요. 그의 자아도취성은 항상 다른 캐릭터들에게 공격받습니다. 내 여성 인물들이 그렇다고 반드시 더 호의적인 것은 아니지만, 그들은 더 맑은 정신을 갖고 있죠. 절대로 나를 내 인물들의 옹호자로 생각하면 안 됩니다. 심지어—그리고 특히—그 인물이 자기 자신의 옹호자로 행세할 때조차 말이죠. 그 반대예요. 내 영화 안의 남자들은 특별히 호의적인 인물로 만들어지지 않았습니다.

**클레르는 제롬에게 있어서 상실된 가능성을 대변하나요?**

그녀는 가장 정련된 의미에서 순수하게 에로틱한 끌림을 대변합니다. 제롬에게는 프루스트적인 측면이 있어서 난봉꾼이 아니라 '애호가(아마추어)'예요. 그는 그녀 신체의 단 한 부위에 매혹됩니다. 그는 특별한 종류의 가벼움과 호리호리함 그리고 연약함을 가진 여자를 꿈꿉니다. 그러나 그것은 정확하게 그와는 맞지 않는 부류의 여자예요. 우리는 그가 더 강하고 개성이 있는 여자와 훨씬 잘 어울릴 거라는 인상을 갖게 됩니다. 루신다의 사진을 보고 말한다면요. 그러나 그의 욕망은 육체적으로나 정신적으로 뭔가 더 연약하고 더 겸손한 소녀 쪽으로 그를 향하게 합니다. 남자들에게 통상적인 상황이죠. 순전한 욕망의 대상이자 단지 욕망의 대상인 것과, 소유되는 것 사이의 모순─심지어 욕망 자체 내의 모순─말입니다. 욕망의 대상이 꼭 소유의 대상은 아닙니다. 내가 보여주고 싶었던 것이 바로 그거예요. 물론 프루스트는 이를 훌륭하게 묘사했어요. 그것은 18세기의 관심사라기보다 20세기의 관심사예요. 그리고 현대에 에로티시즘이 만연하기는 하지만, 우리는 보통 남자가 잡지에 나오는 여자들을 소유할 수 있다면 정말로 만족할지에 대해 의문을 품습니다. 내 생각에는 바라보기 위한 유형의 여자와……만지기에 적합한 또 다른 유형의 여자가 존재해요. 모든 감각이 동일한 대상으로 만족될 수는 없고, 오늘날에는 시각적 에로티시즘이 너무나 일반화되었기에 이런 모순은 그 어느 때보다도 명확해졌습니다. 어쨌든 제롬의 경우가 그래요. 그는 시각적으로 가장 욕망하는 여자에게서 아무것도 원하지 않거나 단지 극도로 상징적인 그 무엇만을 원합니다. 결국, 그녀의 무릎을 만지는 것은 아이들이 술래잡기를 할 때처럼 '잡았다'라고 말하려는 것에 지나지 않아요……. 그에게 있어 소유는 욕망에 그무엇도 더해주지 못합니다. 반대로 그의 욕망은 소유의 부재를 먹고 자라나죠. 그것이 그를 만족시킵니다. 특별한 상태가 아니며, 전혀 병적인 면도 없어요.

더구나 나는 제롬이 단지 소설가에게 깊은 인상을 심어주고 사람들이 자신에 대해 떠들게끔 해줄 뭔가를 하고 싶어 한다고 생각합니다. 그는 그녀에게 말하죠. "소설의 윤곽을 잡고 있는 것은 더 이상 당신이 아니라 나예요." 하지만 잘 모르겠어요. 사실 이런 질문에 제대로 답할 수 없어요. 주인공이 자신에게 이런 종류의 질문을 하는 한 관객도 똑같이 자문할 수 있기 때문이에요. 내 영화에는 여러분이 듣는 것과 보는 것이 있으며, 나머지는 가정입니다.


**제롬이 자신의 선행에 대해 이야기함으로써 자신의 행위를 정당화하는 것은 단지 난봉꾼의 도덕적 위장인가요?**

절대 아닙니다. 제롬은 그의 행위가 다소 불쾌하긴 했어도 전혀 난봉꾼은 아니에요. 소녀를 아무런 이유 없이 울린 것은 혐오스럽지만, 다른 소년을 마음속 깊이 진정으로 경멸한 게 그의 동기였습니다. 내 '도덕 이야기'의 인물들은 냉소적인 법이 없어요. 그들은 실제 삶에서 늘 사람들이 그러듯이 항상 자신들의 행위를 정당화하려고 합니다……. 물론 그들이 틀릴 수 있고…… 종종 가짜 이유들을 댈 수 있지만, 적어도 그들에게는 늘 이유가 있어요. 그리고 진정한 이유죠. 영화 말미에서 소설가는 제롬이 떠난 후 소년, 소녀의 화해를 보고 조용히 웃죠. 제롬이 잘못 생각했다는 것을 깨닫기 때문이에요. 그는 무감각하다기보다 순진합니다. 적어도 그게 나의 해석이지만, 그렇다고 반드시 옳은 해석이라는 것은 아닙니다…….

**소년이 그다음 날 클레르를 찾아와서 완전한 진실을 이야기하는 것은 제롬이 상상했던 이야기 전체를 파괴할 뿐 아니라 그의 행위를 무용지물로 만들어버리는데요…….**

네, 그러나 그 소년도 거짓말하는 것일 수 있어요. 소년이 말하는 바가 정확한 진실임을 증명할 그 무엇도 없죠. 그 설명은 매우 어색해 보여서 그가 전적으로 결백하지 않다는 인상을 받게 됩니다. 네, 아니에요. 그래서 클레르가 그에 반대하는 것은 옳죠. 그래서 이 이야기에는 사실 끝이 없어요…….

모든 '도덕 이야기' 영화에서 느낌을 너무 정확하게 규정하려고 하는 것은 잘못된 거예요. 늘 다소 혼탁하고 애매하거든요. 설명을 찾아내면—그리고 항상 찾아낼 수 있죠—그 뒤에

에릭 로메르

또 다른 설명이 늘 존재합니다. 나는 내 이야기들을 진짜로 끝내지 못해요. 내가 찾아내는 엔딩들이 모두 여러 개의 반향을 지니기 때문이죠. 메아리처럼요. 〈모드 집에서의 하룻밤〉에서처럼 끝이 다시 이야기를 돌아보는 수단이라고 말할 수 있겠습니다. 공이 바닥에서 튀어오르고 스토리 주변을 돎으로써 우리는 그것을 다른 각도에서 바라보게 되는 것이죠. 〈수집가〉에도 다소 그런 면이 있었습니다. 끝에 에데는 도로상에서 아드리앵을 떠나고, 그럼으로써 우리는 처음부터 모든 것을 재고할 수밖에 없습니다. 이는 모든 '도덕 이야기' 영화에서 내가 사용한 장치이지만, 동시에 주제의 본질적인 부분, 혹은 주제를 구성하게 되는 화학적 요소들이기도 합니다. 메아리치는 엔딩의 방식 말이죠.

**〈클레르의 무릎〉은 일기 형식으로 진행됩니다. 왜죠?**

소설가가 적어놓은 메모라고 가정할 수 있습니다. 분홍 종이에 쓴 날짜들은 그녀의 필체죠.

**언덕배기에서 한 키스와 관련하여, 왜 이 특정 장면을 산자락 중간에 세팅했나요?**

이 영화의 경우 써놓은 이야기에 맞춰 로케이션을 찾으려고 하지 않았어요. 우선 장소를 찾아낸 후에 비로소 시나리오를

선택과 운 73

썼죠. 세팅은 어떤 아이디어를 내게 제공했는데, 편집 단계에 가서야 그에 대해 온전히 인식하게 됐어요. 다름 아니라 나의 전체적인 미장센이 하나의 지배적인 선을 따라 조직됐다는 것을 깨달은 것이죠. 그것은 호수의 표면에서부터 산꼭대기까지 흐르는 대각선이에요. 로라는 제롬을 올려다볼 때 이 대각선을 따라가며 바라봅니다. 그리고 그의 팔이 클레르의 무릎으로 접근할 때도 이 선을 따라가요. 지금 질문하신 장면에서 이것이 매우 명확하게 규정되는데, 모든 움직임이 산이 이루는 원형을 향해 모여듭니다.

나는 또한 내가 사랑의 장면을 자연적인 원형경기장으로 묘사될 만한 곳에 세팅하는 경향이 있다는 것을 발견했어요. 〈수집가〉의 작은 만, 〈모드 집에서의 하룻밤〉에서 마을을 내려다보는 눈 덮인 언덕들이 그렇죠. 상징이 존재할 수도 있습니다. 난 원칙적으로 상징을 피하지만, 그런데도 이 경우는 절로 상징이 생겨났어요. 상징성은 실제적으로 로라의 의지에 따른 것이었는데, 그녀는 전날 "산이 우리를 보호하고 있어요"라고 말했죠. 이 장면에서 그녀가 즉흥적으로 연기하도록 했기 때문에 그 대사는 여배우 자신의 것이었어요. 로라, 제롬 커플과 산의 관계는 사춘기 소녀와 중년 남자의 관계에 대한 일종의 상징적 반향이에요. 그녀는 그에게 기대서, 그를 향해 상체를 뒤로 젖히는데, 그들 모두 산을 기대고 있으니까요. 그래서 사실 산들

에릭 로메르

로 이뤄진 원은 이 장면의 이상적인 프레임, 이상적인 그릇으로 판명됩니다. 그리고 심지어 특정한 상징이 부재한다 할지라도 형식 간의 놀라운 유사성이 여전히 존재해요.

내게 중요한 건 내 인물들이 가장 명백한 자국을 남길 수 있는 세팅 안에서 발전해야 한다는 것입니다. 그러나 이미 말한 것처럼 이 특별한 관계는 단지 뷰어로 영화를 보게 됐을 때에야 머리에 떠올랐어요. 그 특정한 시골 배경은 아주 단순하게 선택됐죠. 돌아다니던 중 발견했고 그 아름다움에 매혹됐거든요.

**영화 안에서 물의 역할도 마찬가지겠네요. 모호하고 자유롭게 흐르는…….**

네, 물도 그렇다는 데 동의합니다. 물은 첫 번째 요소, 눈물과 비의 개념이에요……. 그리고 내 유년기의 기억과 관련될 수도 있어요. 꽤 이른 시기의 기억 중 하나인데, 밖에 비가 내리는 가운데 어떤 어린 소녀가 헛간인지 오두막에서 울고 있고, 소녀의 언니가 그녀를 달래고 있는 심상이 있어요. 남자가 그녀의 무릎을 만지는 장면은 늘 비가 오는 배경으로 계획했던 것으로 추정해요. 그것이 첫 번째 구상이었죠. 호수는 더 늦게 떠올랐고, 약간 피상적이었지만, 내가 워낙 물을 좋아하기 때문에 영화에 많이 나옵니다. 나는 물을 보고 만지는 것을 좋아해요. 〈클레르의 무릎〉〈수집가〉〈사자자리〉에 물이 나와요. 〈모드 집에서의 하룻밤〉에는 대신 눈이 나오고요. 그리고─아주 맞는 말을 하셨네요─영화 끝에는 바다가 나옵니다.

나는 〈수집가〉의 무대인 메마른 지중해 풍경은 그다지 좋아하지 않습니다. 가장 좋아하는 지방은 프랑스 중부의 온화한 지역이에요. 영화에 나무도 나오길 원했어요. 그다음으로는 벚나무와 과일, 꽃들도요. 모두 굉장히 기분 좋게 하는 것들이죠. 내 영화에는 공산품이 극히 소수예요. 물론 가구가 있지만 옷이나 물건에 대한 페티시즘이 전혀 발견되지 않을 겁니다. 적어도 발견될 것이라고 생각지 않아요. 어제 스트로하임의 〈즐거운 과부〉를 다시 봤어요. 대단한 영화죠. 본 지 오래됐는데 이번에 다시 보면서 의상과 세트가 엄청나게 요란해서 놀랐죠. 개인적으로 나는 스트로하임과 스턴버그류의 바로크에 속하지 않아요. 그들은 인공물에 극도의 중요성을 부여하죠. 나는 인공을 좋아하지 않습니다. 자연을 선호하죠.

**하지만 프레임워크는 매우 중요해 보입니다. 감독님이 선택한 것 이외의 세팅에서 인물들을 상상할 수는 없거든요. 인물들과 세팅을 절대 분리하지 않으시더군요.**

정확하게 그래요. 그리고 네스토르 알멘드로스의 카메라워크가 인물들을 풍경과 연결하는 데 크게 기여하죠. 윤곽(아웃라인)보다는 형상을 부각하는 것과(모델링) 더 관련이 많은 카메

에릭 로메르

라워크 유형입니다. 나는 진정으로 빛을 사용하는 화가들, 대상들 각각을 고립시키기보다는 빛에 빠뜨리는 화가들을 좋아합니다. 예를 들어 대상을 분리하고 에워싸고 일종의 독립체로 만들어버리는 초현실주의적 트릭을 싫어해요. 내가 선호하는 화가들은 렘브란트나 터너 혹은 세잔입니다.

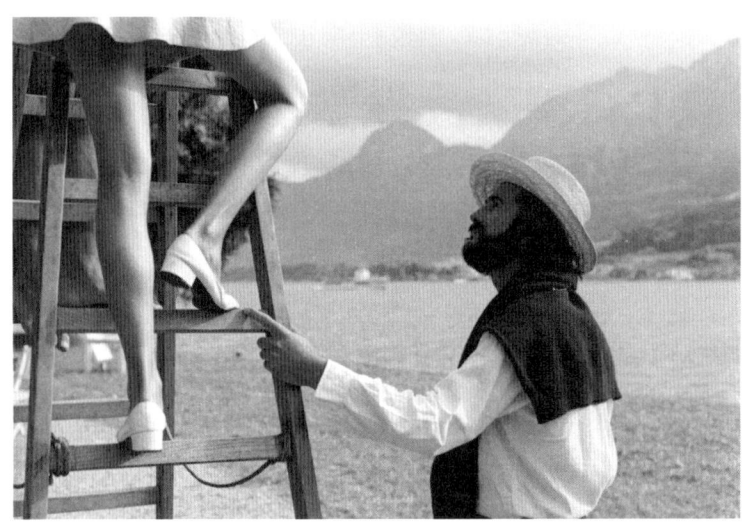

클레르의 무릎

1970

# 도덕 이야기

**비벌리 워커 ― 1973**

 

4년 전 〈모드 집에서의 하룻밤〉이 영화계를 강타했을 때, 나는 내가 자발적으로 동일시할 수 있는 캐릭터를 마침내 누군가 창조해냈다는 데 안도의 숨을 내쉬었다. 환상적인 모드는 그야말로 완벽했다. 고등교육을 받은 데다가 스스로 경제력을 갖춘 여자―직업이 의사―였다. 자신이 딸을 둔 엄마라는 것을 즐기면서도 이혼녀라는 처지에 대해 미안해하지 않았다. 그녀의 아름다움과 섹스어필은 할리우드가 만드는 표면상의 술책이 아니었다. 그녀의 성격과 인격에 전적으로 통합된 것이었다. 수동적인 '성적 대상'이 아닌 그녀는 남자에게 자신이 그를 욕망한다는 사실을 완벽히 알게 했다. 프랑수아즈 파비앙이 눈부시게 연기한 모드는, 여자들

---

〈우먼 앤드 필름Women and Film〉 1973년 호(vol.1, no.3~4) 15~22쪽.

뿐 아니라 남자들까지 모두 매혹시켰다. 에릭 로메르라는 무명의 프랑스 영화감독은 매우 예외적인 것을 해냈다. 성격을 전혀 어둡게 암시하지 않은 채, 비전통적인 여자를 제시한 것이다. 그녀는 일반 커플과의 대척 지대에 홀로 섰다. 그리고 로메르는 자신의 편향성을 보여줬다. 결혼은 멍청하고 겁내는 사람들을 위한 도피처로 그려진 것이다.

플롯은 단순했다. 한 엔지니어(장루이 트랭티냥 분)가 우연히 모드를 만난다. 눈보라 때문에 하룻밤을 그녀의 집에서 보내야만 하게 되고, 둘은 밤새 그들의 대립되는 인생철학에 대해 토론한다. 모드는 그를 유혹하려 하나 그는 이미 교회에서 어떤 소녀를 봤고 그녀와 결혼하려 한다고 말한다. 이미 마음속으로 그녀와만 함께하기로 결정했기 때문에 충실해야 한다는 것이다. 그들은 헤어져 각자의 길을 가고, 남자는 결국 용케 그 소녀를 만난다―금발머리 학생인 그녀(마리크리스틴 바로 분)는 그와 마찬가지로 가톨릭 신자다. 둘은 결혼하고 아이를 낳는다. 몇 년이 지난다. 짤막한 에필로그에서 그 소녀가 일군 행복한 가족과 모드 간의 뜻밖의 만남이 이뤄진다. 두 여자 사이의 날카로운 눈초리는 그의 아내가 된 소녀가, 과거에 모드가 결혼을 청산할 무렵 전남편의 내연녀였던 여학생임을 시사한다. 그러나 둘은 입을 굳게 다물 것이며, 소녀의 남편은 결코 이 사실을 알지 못할 것이다. 그는 모드에게 안녕을 고하고 아이들과 함께 모래성을 짓기 위해 해변가로 날쌔게 달려 내려간다.

이 영화의 실질적인 핵심은 섬세한 캐릭터화가 자아내는 분위기와 정취에 있다. 모드는 자유롭고 개방적인 데다 펼쳐지는 삶을 받아들일 준비가 되어 있었다. 엔지니어는 미리 구상된 틀, 전통과 가톨릭, 두 가지 원칙을 따라 살았다. 한편 과거 연애사에 대한 죄의식에 짓눌린 그의 아내는 결혼을 유혹에서 벗어날 탈출구—그리고 아마 속죄?—로 봤다.

〈모드 집에서의 하룻밤〉에 대한 나의 열정은 상당 기간 지속됐다. 여자란 결혼과 출산의 길을 걷지 않으면 비난의 대상임을 영화와 텔레비전에서 늘상 굳이 상기시키지 않더라도, 독불장군으로 살아가기란 충분히 힘들었다. 에릭 로메르는 나의 영웅이 되었다. 그러던 어느 날 영화평론가이자 수필가인 한 친구가 의혹의 씨앗을 심어줬다. 우리의 대화는 이렇게 진행됐다.


그    로메르 감독이 결혼에 반대한다고 생각하다니 미쳤어.
      영화를 잘못 본 거야.


나    그렇지는 않을 텐데. 모드는 그 초조해하는 부부보다 완
      전 낫지. 교회 미사에서 아내 될 여자를 픽업하는 남자
      를 상상해봐. 말 사육자가 일렬로 선 말들 중에서 멋진
      암말을 선택하는 방식으로 말야. 불합리해. 그 남자는

너무나 안전한 선택을 하면서 삶의 가능성을 누리지 못하는 반면, 모드는 삶의 모든 가능성들에 응하지.

그 에필로그를 잊었나 보군. 모드는 그곳에 홀로 서 있고 그동안 썩 잘 지내지는 못했다고 고백하잖아. 엔지니어는 아내와 아이들과 함께 종달새처럼 행복하지.

나 아니, 잘못 봤어! 모드는 용감해. 너무나 굳건하기에 전멸당했다고 안 느끼고 자기 실수를 인정할 수 있는 거야. 그리고 적어도 그녀는 자신이 불행하다는 것을 '알아'. 엔지니어는 자기감정을 너무나 못 보는 나머지 자신이나 아내의 불만을 인정하려 들지 않을 거야. 그가 어떻게 즐거움을 누릴 수 있겠어? 그는 오직 재해만이 자신의 배를 뒤흔들 수 있을 만큼 묶인 인생인 셈이야. 그리고 주변인들조차 그를 현실에서 보호하려다 보니 그의 의기양양함은 바보 같아 보이지. 모드도 그의 아내도 모드의 결혼이 깨진 게 그의 아내 탓이었다는 사실을 절대 밝히지 않을 거거든.

그 (인내심이 한계에 달하여) 난 그 감독을 알아. 처자식에게 절대적으로 헌신하는 신실한 가톨릭 신자야. 수도자 같

에릭 로메르

은 삶을 살고 지금까지 다른 여자와는 깊이 엮인 적이 한 번도 없었어.

그럼, 네 말이 맞을 수도 있겠네, 라고 확신하지 못한 채 나는 말했다. 희망이란 쉽게 수그러들지 않는 법.

로메르에 대한 나의 호기심은 커졌다. 그에 대한 것이라면 할 수 있는 한 모든 것을 읽고 그를 아는 사람을 만나면 꼭 질문함으로써 로메르의 삶 구석구석을 파고들었다. 그가 이미 50세에 가깝고 〈카이에 뒤 시네마〉의 창립자 중 한 명이라는 것을 알게 됐다. 〈모드 집에서의 하룻밤〉은 '도덕 이야기'라고 그가 이름 붙인 연작의 세 번째 작품이었다. 시나리오는 20년 전에 쓴 것이고 각 이야기는 유혹의 절제라는 동일한 주제순으로 예정됐다. 또 각 이야기는 공통의 대칭 구조를 지녔는데, 한 여자를 사랑하는 남자가 다른 여자를 만난다는 것이다. 잠시 쉬는 틈을 타서 남자는 장난 삼아 외도를 생각해보지만, 결국 그는 그런 생각을 접고 처음의 여자에게로 돌아간다. 이는 영원한 삼각관계의 변주에 해당한다.

파리 영화계에 떠도는 소문을 통해 로메르가 사생활과 일을 완벽히 분리해왔다는 것을 알게 됐다. 그의 처자식을 만나보거나 집에 초대받아본 사람은 거의 아무도 없었다. 그의 아내는 그가 영화감독이라는 것조차 모른다는 추측—그리고 당연히 그의 엄마도 마찬가지라는 추측—이 돌았다. 그는 가명으로 수년간 교사 생활을 해왔다고 했다. 학생들에게 어찌나 헌신적인지 영화 찍느라 학생들과 너무 오랜 시간 떨어져 있어야 한다는 걸 알게 되자, 첫 번째 영화의 촬영을 중단한 바 있다. 그 영화는 결국 완성되지 못했다. 이런 정보는 단지 그를 더욱 흥미롭게 만들어줄 뿐이었다. 진정한 도덕적 신념을 가진 남자. 그동안 내가 만나본 모든 영화감독들은 영화를 완성하기 위해서라면 할머니라도 노예로 팔아넘겼을 인간들이었다.

로메르의 영화가 상당수 세상에 나오면서 그의 근황에 대해서는 덜 명백해졌다. 〈수집가〉—'도덕 이야기' 4편에 해당하지만 〈모드 집에서의 하룻밤〉보다 먼저 완성됐다—는 이 연작 중에서 가장 단순하다. 제목 '수집가'에 해당하는 에데라는 이름의 문란한 소녀(에데 폴리토프 분)가 어느 여름 생트로페에서 지식인 댄디 두 남자의 넋을 빼놓는다. 한 명(다니엘 폼므뢸 분)은 그녀와 잠자리를 가짐으로써 마침내 자신의 체계에서 그녀를 쫓아버리지만, 다른 한 명인 아드리앵(파트리크 보쇼 분)은 완전히 정신을 잃고 헤어나지 못한다. 그는 그녀의 행동에 대한 분노와 그녀의 자유로움에 대한 부러움 섞인 황홀 사이를 오간다. 결국 그는 그녀를 원하는 자신의 욕망을 진정으로 대면해보지 못한 채 떳떳하게 약혼녀를 향해 떠남으로써 겨우 그 상태에서 탈출한다.

〈클레르의 무릎〉—'도덕 이야기' 5편—은 안시 주변에서 바캉스를 보내던 중 우연히 옛 친구(오로라 코르뉘 분)를 만나는 작가 제롬(장클로드 브리알리 분)에 관한 이야기다. 오로라를 방문하면서 그는 집주인의 딸인 아름다운 소녀 클레르(로랑스 드 모낭 분)에게 강한 호기심을 느낀다. 이미 결혼을 앞둔 그는 이 소녀에게 끌린다는 점에 죄의식을 느낀다. 오로라는 그가 불편해하는 것을 재미있어하면서 그에게 클레르를 쫓아다녀보고 어떻게 될지 보자고 부추긴다. 시인인 그녀는 캐릭터들뿐 아니라 사람들을 조종하기를 즐긴다. 클레르의 이복자매 로라(베아트리스 로망 분)도 그곳에 산다. 클레르보다 아름답지는 않지만 더 매력적인—모드의 계보에 속하는—그녀는 제롬에게 반한다. 그러므로 유혹은 두 배가 된다. 그에게 로라는 좋은 말상대이지만 그녀에게 욕망이 생기지는 않는다. 그는 클레르에게 더 큰 관심을 갖지만, 그녀의 무관심에 좌절해 클레르와 그녀의 남자친구의 관계를 깨버리려고 시도한다. 그의 술책들은 실패하나, 클레르가 고민하는 틈에 자신의 강박—그녀의 무릎 만지기!—을 충족시킬 만한 기회를 갖는다. 그가 떠나기 직전 오로라는 자신의 약혼 사실을 알린다. 그는 그 사실을 좀 더 일찍 알려주지 않았다는 데 불쾌해하면서도, 그런 건전한 결정을 내린 것을 축하한 후 배를 타고 약혼녀가 있는 스위스로 떠난다.

〈클레르의 무릎〉은 '도덕 이야기' 중 가장 복잡한 구조를 보인다. 삼각관계의 두 변이 이중으로 돼 있다. 화자의 역할은 남자와 그의 친구인 오로라로 양분된다. 영화가 시작되기 전, 둘은 각자 이미 결혼해서 평범한 삶을 살기로 마음을 먹은 상태다. 제롬의 위기를 마주한 그녀의 대리만족은 그녀가 이미 유사한 유혹을 통과했음을 시사한다. 이를 더 복잡하게 만드는 요소는 둘의 관계다. 둘은 과거에 연인 사이였을까? 그녀는 그가 놓쳐버린—예전에 그녀가 독립적이었기 때문일 수도 있다—유혹이었을까? 따라서 오로라도 마찬가지로 그의 과거에서 온 유혹하는 여자로 간주될 수 있으며, 그러면 삼각형의 그 부분은 세 겹이 된다. 그러나 영화에서 그녀는 이미 젊은 시절에 한껏 도락을 즐긴 후, 결혼의 안전 및 고요와 타협한 상태인 것으로 보인다. 그녀는 다소 지루한 남자를 약혼자로 택했다.

삼각형의 '유혹하는 여자' 혹은 '자유로운 여자'의 한 변도 마찬가지로 두 어린 소녀가 분담하고 있다. 클레르는 〈모드 집에서의 하룻밤〉의 아내와 유사하기에 경솔한 '유혹하는 여자'에 해당한다. 우리는 그녀가 곧 정착하여 좋은 아내가 될 것임을 안다. 둘 중 보다 인습에 얽매이지 않는 로라는 제롬에게 거절당한다.

그 두 편의 영화를 추가로 보고 나자 내 친구가 옳았던 게 아닌가 하는 의문이 들기 시작했다. 내가 로메르를 잘못 읽은 것일 수도 있었다. 로메르는 색다르고 자유로운 영혼의 여자들을 계속해서 창조하고 있었다. 그러나 그들에 대한 일종의 섬세한 심판이 행해지는 것으로 보였다.

에릭 로메르

a) 그들은 늘 '유혹'으로서 그려졌다.

b) 그들은 늘 더 인습적인 여자와 맞붙었다.

c) 그들은 늘 남자를 잃었다.


독립적인 여자는 '진정한 행복'을 절대 찾을 수 없을 것—어쨌든 '이' 지구 상에서는—이라는 암시가 있는 것 같았다. 그녀들이 늘 아내나 약혼녀보다 훨씬 더 흥미로웠기에—심지어 아내나 약혼녀가 영화에 등장할 때조차—, 혼란스러웠다. 〈수집가〉와 〈클레르의 무릎〉에서는 단지 아내나 약혼녀들의 사진만 볼 수 있다! 각 영화가 독립적인 여자의 이름에서 제목을 따긴 했으나 주인공은 늘 남자였다. 그의 이야기, 그의 위기였다. 그는 외도를 할 것인가 아닌가? '그것'이 에릭 로메르가 자신의 여섯 편의 '도덕 이야기'에서 말하고 있는 '도덕'이라고 할 수 있을까?

이 연작의 마지막 편인 〈하오의 연정〉에서는 전선이 명확해서 삼각형의 모든 점들이 이야기에 드러났다. 처음으로 아내가 스크린상에서 동등한 시간을 할애받았다. 상황은 이전 영화들에서와 다름없었다. 즉 한 여자와 이미 약조를 한 남자—〈하오의 연정〉에서는 이미 남자가 결혼한 상황이다—가 우연히 다른 여자를 만난다. 그는 장난삼아 외도를 생각해보지만 결국 유혹을 극복하고 아내에게로 돌아간다. 로메르는 이번에 약간 상황을 불리하게끔 돌려놓았다. 남자의 아내 엘렌(프랑수아즈 베를레 분)은 교육 수준이 높고 완벽한 매무새를 하고 있으며, 위엄 있고 우아하게 스스로를 안심시킨다. 매우 공감 가는 인물이다. 독립적인 여자인 클로에(주주 분)는 문란하고 한 직장에 오래 못 있는 '흐트러진 히피'다. 설상가상으로 그녀는 남자가 명백히 저항하는데도 그를 유혹하리라 결심한 채 일을 꾸미고 배신한다. 프레데리크(베르나르 베를레 분)는 로메르의 모든 주인공 중 가장 나약하다. 그는 입에 차마 담기 힘들 정도의 행동을 실현하기 위해 그 어떤 남자보다 더 멀리 치닫는다. 클로에가 알몸으로 침대에서 그를 기다리는 동안 그는 목욕탕에서 옷을 벗기 시작한다. 그러다가 갑자기 몸을 추스르더니 옆문으로 달려나가며 급하게 수도꼭지를 틀어 자신이 탈출할 때 나는 소리를 숨기는 것이다! 클로에를 마지막으로 담은 숏은 앵그르식으로 몸을 뻗고 침대에 누워 있는 그녀를 보여준다. 프레데리크는 오후에 집에 있는 아내에게로 달려가 꼭 그녀를 봐야만 했다는 핑계를 댄다. 그동안 뭔가 심상치 않은 일이 벌어지고 있다는 것을 알고 있던 아내는 남편이 그녀의 옷을 벗기고 침대로 인도함으로써 결혼이 참으로 훌륭하게 유지되고 있음을 보여주자 눈물을 터뜨린다. 훼손되지 않은 미덕. 승리한 결혼. 독립적인 여자의 굴욕.

나는 지난 8월 파리에서 에릭 로메르를 인터뷰했다. 〈하오의 연정〉이 그곳에서나 미국에서나 모두 개봉되기 전이었다. 그는 자기 영화의 어떤 남자 주인공과도 닮아서, 그들의 나이 든 버전으로 보이고 또 그렇게 행동하며, 특히 〈모드 집에서의 하룻밤〉의 엔지니어를 연상시켰다. 그가 스크린상에서 다룬 문제들이 개인적인 것이며 그에게 깊은 의미를 띤다는 것이 감지됐다. 도처에서 영화들이 점점 도식화되고 몰개성화되고 있기에, 그런 용기를 내는 그를 존경하지 않을 수 없었다. 나는 그에게 더욱 깊어진 존경심을 품고 인터뷰에서 돌아왔다. 그의 결론에는 동의하지 않으면서도, 나는 자신과 조화롭게 살기 위한 방법을 찾아내려 하는 그의 관심사에 공감했다. 남녀 간의 다툼이 거의 극복 불가능한 것으로 보이는 이 시대에, 그토록 정직하게 그 문제를 마주하는 예술가가 있다는 것은 실로 다행이다. 모더니즘적(현대적)인 인식은 20년 전 그가 이야기들을 구상할 당시에는 결코 예견치 못했을 차원을 그의 작품에 부여했다. 그가 자신의 영화에서 옹호하는 가치는 십중팔구 영화관을 찾는 대중의 상당수가 업신여기는 것들이다. 그러나 모든 캐릭터들에 대한, 그리고 특별히 내가 보기에 감히 남과 다르기를 무릅쓰는 여자에 대한 그의 사랑은, 현대 영화에서 그의 작품에 유일무이한 깊이를 부여했다. 이는 오직 예외적인 진실성을 겸비한 그의 무자비하고도 의심할 바 없이 고통스러운 자기반성 덕에 가능하다.

다음은 세 시간 남짓한 인터뷰를 편집한 것이다. 로메르는 유럽 지식인의 정수로서, 인터뷰에서는 길고 난해한 진술들이 이어졌고, 그는 지속적으로 각 진술을 정련하였다. 내 질문에 대한 답변은 그의 불굴의 프로듀서이자 친구인 피에르 코트렐이 즉석에서 통역했기에 모든 단어들을 포착하는 것이 종종 불가능할 때도 있었다. 또한 일부 진술에 대해서는 그에 반박하는 것이 어려웠다.

**로메르 감독님, 네스토르 알멘드로스―로메르의 모든 영화의 촬영감독―씨가 감독님을 일컬어 자신이 본 가장 의식 있는 감독이라고 하더군요. 영화 속의 어떤 요소도 감독님이 완전하게 컨트롤하지 않는 게 없다고도 들었습니다. 정말인가요?**

네!

**그렇다면 감독님의 영화는 항상 감독님이 시나리오를 쓰면서 마음속에 그리던 것에 들어맞는다는 뜻인가요?**

촬영 첫날은 생각한 것과 맞아 들어갑니다. 그러나 촬영이 하루하루 진행됨에 따라 리듬은 다른 요소들의 지배를 받게 돼요. 그리고 기술에 배신당한다는 느낌이 들죠. 하지만 점차 그 버전에 익숙해져가고, 내 마음의 눈으로 상상했던 방식에 따르는 대신 스크린상에 보이는 것으로서 그 영화를 보기 시작합니다. 끝나고 나면 그 결과는 어느 정도 처음에 했던 생각…… 혹은 촬영 과정을 거치면서 달라진 생각에 맞아떨어집니다. 〈하오의 연정〉의 경우에는 쓰여 있는 시나리오에 극도로 충실했죠.

**놀라는 적은 절대 없나요?**

가장 큰 차이는 배우들의 연기 방식에서 옵니다. 그건 내 의도를 더 명백하게 해주면서도 어느 정도 수정하게 하기도 해요. 예를 들어 소설을 읽을 때에는 항상 문학적 묘사에서 인물을 상상해볼 수 있는 자유를 일정 정도 누리는 반면, 영화에서는 불가능하죠. 인물은 스크린상에 나오는 바로 그대로입니다. 동일한 대사라도 만약 주주 외의 다른 배우가 발화했다면 캐릭터는 달라질 겁니다. 그녀(주주)는 자신의 개인적인 색을 더했고, 바로 이런 점, 즉 존재하는 것들과 우리가 완전히 지배하지 못하는 것을 함께 조립하는 것이 영화에서 내가 흥미를 느끼는 부분이에요. 나는 배우들이 내게 뭔가 가져다주는 것을 좋아해요. 그들이 해석하기를 원합니다. 이런 식으로 영화는 항상 나를 놀라게 하며, 그 점이 내가 원하는 바입니다. 촬영 중간에 뭔가 일어나야 해요. 내 경우처럼 시나리오의 완성도가 높은 영화들일지라도 말이죠. 그리고 바로 이런 점이 영화를 흥미롭게 만들어준다고 덧붙이고 싶어요. 내가 책을 쓰는 대신 영화를 만드는 이유입니다.

**시나리오를 쓰는 것과 촬영하는 것 중에 어떤 것을 더 즐기세요?**

둘 다 똑같이 재미있어요. 나는 각색에는 관심이 없습니다. '도덕 이야기'를 하면서 나 자신을 단지 '연출가metteur en scène'로 여긴 적은 한 번도 없어요. 둘을 분리해서 구상할 수 없었어요. (잠시 침묵) 요즘 들어 영화계에 점점 더 '작가들auteurs'이 많아지고 있는 게 보입니다.

**'도덕 이야기'의 기원은 어떻게 되나요?**

두세 편은 내가 아주 젊었을 때 출간을 생각하며 썼던 짤막한 이야기에서 비롯됐습니다. 그러나 그건 완전히 수정됐고 출판은 되지 않았어요. 영화에 관심을 갖게 되었을 때, 그 이야기들을 영화화할 수 있으리라고 생각지는 않았습니다. 그러던 어느 날 영화 한 편《몽소 빵집의 소녀》을 구상했어요. 상세히 시나리오를 쓰지는 않았죠. 그런데 그 짧은 시나리오가 내가 예전에 썼던 단편들과 뭔가 공통점이 있다는 것을 깨달았습니다. 상세히 따져보니 이야기에 공통된 주제가 있다는 것이 보였고, 그 주제를 짚어내어 여섯 편의 이야기를 만들기로 결정한 거죠. 영화를 만들기 전에 제작자를 구하는 대신, 영화 한 편을 만들고 '그 후에' 제작자를 찾는 게 나을 거라고 생각했습니다. 제작자와 관객은 나중에 찾아올 거라고 느꼈어요. 그리고 결국 그들은 찾아왔죠!

**이야기 순서는 어떻게 정해졌나요?** 로메르는 〈모드 집에서의 하룻밤〉을 세 번째로 꼽지만, 이 영화는 연작의 네 번째 편 〈수집가〉 이후에 촬영되었다.

에릭 로메르

촬영이 가장 쉬운 순서를 따랐어요. 동시에 첫 편은 단순한 이야기, 마지막 편은 그 이전 이야기들을 통해 풍부해지는 것이어야 했어요. 〈몽소 빵집의 소녀〉(1편)와 〈하오의 연정〉(6편) 두 편에서 주제는 분명합니다. 그것은 마치 음악 작곡에 있어서 주제가 마지막 장에 들어 회귀하는 것과 같습니다. 나는 또한 마지막 세 편은 컬러로 찍어야 한다고 느꼈기에, 컬러 촬영이 가능할 때(예산이 충분할 때를 의미함) 영화가 나와야 했죠. 늘 흑백으로 구상됐던 〈모드 집에서의 하룻밤〉만 예외였습니다. 그리고 물론 첫 영화들은 젊은 사람들과 작업하는 것이 더 수월했어요. 일이 없어 노는 사람들이 많아 돈을 받지 않고 영화에 임할 수 있었죠. 첫 영화들은 또한 비전문 배우들과 작업하는 게 더 나았던 반면, 마지막 세 편에는 중견 배우들이 필요했습니다.

**이 연작을 위한 이야기들을 20년 전에 구상했는데 거의 변화 없이 영화로 찍으셨다는 게 놀랍습니다. 다시 말해서 감독님이 인간으로서, 예술가로서 변하지 않았기에 시나리오를 수정해야 할 필요가 없었다는 뜻인데요. 감독님께서 본인 스스로와 상충된다고 느낀 적은 없으세요?**

내 시나리오를 읽어보면 내가 항상 스스로에게 충실해왔다고 판단할 수 있을 거예요. 수정된 부분이 조금 있습니다. 예를 들어 〈모드 집에서의 하룻밤〉은 전후에 시나리오를 썼던 건데 당시 주인공이 여자의 집에 머물게 된 것은 눈 때문이 아니라

통금 때문이었죠. 그럼에도 한 번 봤던 여자와 이미 결혼하기로 마음먹은 상황은 그대로였어요. 그리고 원래 시나리오에는 종교가 없었습니다.

**왜 그 요소를 추가했나요?**

'도덕 이야기'에서 내가 정한 콘셉트는 명백한 철학…… 나의 것이 아닌, 인물의 철학이 설명될 수 있게끔 하는 것이었어요. 비록 그것이 영화에서 힘든 일이고 강한 주장이 들어 있는 영화로 만들어질 위험이 도사리고 있긴 하지만요. 모더니즘 문학의 특정 개념에 대한 반발이었죠. '도덕 이야기'로 귀결된 이야기를 쓰고 있을 무렵, 나는 '행동주의 문학'이라 일컬어지던 양차 대전 사이의 미국 문학을 발견하고 있었습니다. 상황을 묘사하는 특징이 있었어요. 사람들이 말하는 바가 그보다 먼저 존재하는 문학보다 덜 중요하다는 흐름이었습니다. 결국 프랑스의 '누보 로망'으로 이어졌죠. 나는 영화가 문학과는 상이한 무엇인가를 해야 한다고 느꼈고, 그래서 그런 경향에 반대했어요.

나는 삶에서—우리 서구 사회의 삶 말이죠. 다른 사회에 대해서는 아는 것이 거의 없어서—종종 대화란 하찮지 않은 것을 소재로 삼는다고 생각합니다. 개념과 느낌 같은 것들 말이죠. 그런 것이 내가 영화에서 보여주고 싶었던 소재입니다. '도덕'은

에릭 로메르

각 인물이 자신의 삶의 철학을 표현하는 것을 의미해요. 내가 너무 허세 부리는 것으로 들리지는 않았으면 하는데…….

물론 〈수집가〉의 젊은 남자(파트리크 보쇼), 〈클레르의 무릎〉과 〈하오의 연정〉의 여자들은 매우 다른 삶의 개념을 갖고 있습니다. 그리고 그것을 다르게 표현하고요. 실제 삶에서 사람들이 바로 그래요. 그리고 영화란 삶을 보여주는 것이죠. 내가 그렇게 하는 것은 나 자신의 철학을 표현하기 위해서가 아니라 내가 사실주의자이기 때문입니다. 내가 보는 세상에서 상황이 그렇게 굴러가요. 어려운 점은 이런 철학이 단지 오르되브르(전채 요리)가 아니라 이야기에 통합되어야 한다는 데 있죠. 그러나 내 경우에는 이야기와 이야기의 철학이 하나였기 때문에 아주 어렵지는 않았습니다. 이는 〈클레르의 무릎〉에서 특히 명백히 나타나지만 〈하오의 연정〉에서도 드러나요. 〈하오의 연정〉의 캐릭터들은 보다 평범한 이야기들을 나누지만, 그래도 여전히 자신들의 삶의 개념에 따라 행동합니다. 그것은 말로 자세히 설명되지는 않을지라도 그들의 행동을 통해 명확해져요.

도덕(모럴)은 사람보다 덜 변합니다. 최소한 나의 영역에서는요. 피상적인 일은 변하지만 깊이가 있는 것은 그렇지 않습니다. 그래도 수정하기는 했어요. 영화들을 이야기가 펼쳐지는 시대에 맞도록 손을 봤죠. 애초 내 아이디어는 매우 오래된 것이긴 했어도, 최종 시나리오 작업은 촬영이 시작되기 바로 전에야 이루어졌습니다.

**20년 전이라면 〈하오의 연정〉과 〈모드 집에서의 하룻밤〉의 캐릭터에 대한 관객 반응이 상당히 달랐을 것 같은데요. 덜 동조했을 것 같습니다.**

보헤미안 전통은 항상 존재해왔고, 그런 캐릭터는 심지어 지난 세기(19세기를 말함에도 구상될 수 있었을 겁니다. 단지 몇 가지만 변화시키면 이 이야기를 모파상이 살았던 1890년을 배경으로도 할 수 있을 거예요.

**맞아요. 그러나 지난 세기의 문학을 읽은 대중이 오늘날 영화를 보는 무리와 동일하지는 않잖아요. 심지어 10년 전이라도 관객들이 클로에에게 그만큼 공감하는 반응을 보였을지 상상이 안 가요. 당시라면 클로에, 모드, 에데(〈수집가〉에 등장하는) 같은 여자들이 결코 지금과 같은 성원을 얻지는 못했을 거예요.**

사회 풍습이 변화했다는 것은 사실이며, 그 시기는 내가 〈수집가〉를 만든 1965년 정도였던 것 같습니다. 대중은 낡았다고 여길지 모르겠지만, 난 이런 변화가 일어나기 전에 존재했던 그런 관습에 대해 썼어요. 내가 클로에 캐릭터를 구상했을 무렵은 실존주의자들의 시대였습니다.

그러나 이런 사회적 관습이라는 것은 매우 외적인 거예요. 관습이 좀 자유로워졌다고 해서 남녀 관계의 토대가 그리 크게 바뀌지는 않습니다. 내가 다루는 소재가 유행에서 자유로운 것은 내 캐릭터들이 사회의 원칙에 반하는 그런 자유를 요구하지 않기 때문입니다. 그들은 사회적 압력에서 자유로워지려고 시도하지 않아요. 개인과 사회 간에 마찰이 없어요. 갈등은 오히려 캐릭터의 자유와 그가 자신에게 부과하는 규칙 사이에 더 존재합니다. 프레데리크(〈하오의 연정〉에 등장하는 남편)는 좋은 남편이어야만 한다는 원칙을 갖고 있어요. 클로에는 결혼하지 않는다는 원칙이 있고요. 어떤 사회라도 원칙—그것이 무엇이든—이 있다는 점을 고려한다면 이런 소재는 유효합니다. 부르주아의 윤리가 아니라면 안티 부르주아의 윤리겠죠. (잠시 침묵) 관습이라는 개념 자체가 과거의 유물이라고 말하는 사람들도 있지만 나는 그렇게 느끼지 않습니다.

**관객들은 늘 감독님의 남자 주인공을 싫어할까요?**

남자 캐릭터는 자신의 품행을 돌아보며, 스스로를 가장 호의적인 시각에서 바라보지 않아요. 나는 내 남자 주인공이 공감을 불러일으키길 원하지 않고 오히려 반대죠. 그는 특정 신념을 갖고 있던 중, 자신과 신념이 다른 여자에게 흥미를 느끼는 사람입니다. 여자들의 신념이 틀리긴 하지만 자신의 것보다 낫다고 생각해요. 그래서 관객도 그렇게 되는 거예요. 다른 쪽을 옹호하는 것이죠.

**하지만 그가 관심을 갖는 여자와 결코 함께 떠나기로 결심하는 법이 없는 것을 보면 감독님은 남자 주인공에게 확실히 동의하시는 거네요.**

결국, 그가 여자1(아내나 약혼녀)이 추상적으로 여자2(유혹하는 여자)만큼의 가치가 없다고 생각함에도, 그녀(여자1)는 실제로 더 가치가 있습니다. 둘은 서로에게 맞습니다. 남자와 여자2는 좋은 커플이 못 돼요.

**창조주인 감독님이 그들을 '좋은 커플'로 만들고 싶지 않은 거네요.**

실제 삶에서 커플이 서로에게 잘 맞기 때문에 그들이 스크린상에 함께 있다는 것을 비난할 수는 없어요. 〈수집가〉에는 보쇼 커플—파트리크 보쇼의 실제 여자친구가 사진의 여자였죠—, 〈하오의 연정〉에는 베를레 커플(베르나르 베를레와 그의 실제 아내인 프랑수아즈)이 있었어요. 그런데 항상 여자 배우2와 남자 배우 사이에 일종의 적대감이 존재한다는 것을 알았죠. 내 모든 영화의 촬영 과정에서 남자 캐릭터와 유혹하는 여자가 사랑에 빠졌다는 나쁜 소식은 한 번도 들은 적이 없어요. 반대로, 다소 지분거리는 게임이 늘 벌어졌죠. 독립적인 여자와 화자는 서로에게 맞지 않습니다.

**결혼 전도사이십니까?**

아뇨, 이 이야기들은 단지 삶에서 존재하는 상황을 분석할 뿐입니다. 관습적인 도덕 가치가 영화의 전개 과정에서 비판되지만 그럼에도 결국 승리하는 것처럼 보입니다. 그래서 주주가 나를 반동파(수구파)라고 했죠. 그러나 배역들과 싸우거나 옹호하는 것이 나의 역할이라고 느껴지지는 않습니다어느 쪽의 선전원도 아니라는 의미로 말한 것으로 생각한다—원주.

그래도 여전히 도덕은 중요하다고 생각해요. 도덕적 판단은 여전히 의미가 있어요. 사람들의 도덕적 측면을 보여주는 대신 동물을 보여주는 문학과 영화는 덜 흥미로운 법입니다…….

**감독님께 말인가요?**

아뇨, 관객에게요. 현대문학과 영화는 비판적이고 조소 섞인 경우가 많고 등장하는 사람들을 비웃죠. 그런 방향으로는 말할 것이 별로 없다고 생각해요. 시시한 소재죠. 내게 인간이 동물과 차별되는 점은 인간이 스스로에게 의무를 부과한다는 데 있습니다. 인간은 일정한 삶의 규칙을 찾고 있어요. "유머를 갖고 영웅수의로 향할 수 있는 자"라고 〈수집가〉의 댄디는 말합니다. 내 캐릭터들은 영웅주의를 거부해요. 그들은 하루하루의 삶 속에서 살아가길 원하며 영웅주의는 일상적 삶의 일부가 아니에요. 이것이 내게는 흥미로운 문제입니다. 모두—특정한 개념을 따르며 날마다 어떻게 살아가는가의 문제—와 관련되기 때문이죠. 현대 삶의 비극은 삶의 개념이 상실된 경우를 말하죠.

**영화 안에서 여자들에 대한 시각이 모순적입니다. 어떤 사람들은 감독님이 독립적인 여자를 못마땅해한다고 느낍니다.**

이 이야기가 도덕적인 것은 캐릭터들이 여느 일상적 상황에서일지라도 특정한 개념을 따르기 때문입니다. 여자1이 여자2만큼이나 강한 삶의 개념을 갖고 있다는 사실을 깨달아야 해요. 대중이 여자2의 삶의 개념에 더 공감한다면, 이는 아마 그것이 남자의 것보다 덜 체제순응적으로 보이기 때문일 것입니다. 그러나 그것(여자2의 삶의 개념) 또한 동등하게 순응적일지도 모릅니다.

대중은 내 캐릭터들을 자유롭게 비판하지만 나는 그렇지 못합니다. 반대로 나는 숭배자예요. 나는 내가 좋아하는 것들만 보여줍니다. 유혹하는 여자들을 좋아하는 이유는 그들이 아름답다는 추상적인 개념 때문이 아니라, 그들이 삶의 다양성, 풍부함을 갖고 있기 때문이에요. 그 여자들이—그리고 삶의 모든 것이—좋은 것은 그들이 유일무이하다는 사실 때문입니다. 그리고 모든 예술 중에서 영화는 인간의 유일무이한 측면을 가장 잘 보여주지요.

'도덕 이야기'에서 야심차게 계획했던 바는 매일매일의 상황으로 특별해 보이는 이야기들을 만드는 것이었습니다. 나는 나 자신의 모습을 발견할 수 있는 상황을 찾아내기를 좋아합니다……. 내 도덕 이야기가 대중에게 다소 어필한다면, 그건 삶이란 잡지나 통계를 읽는 것만큼 지루하지 않다는 것을 보여주

에릭 로메르

기 때문일 거예요. 그리고 그런 열정과 감정은 수치나 퍼센트로 환산될 수 없어요.

**영화 안의 여자들에 대해 조금 더 묻는 것을 양해해주셨으면 해요. 왜 모든 영화에서 독립적인 여자들은 항상 남자를 잃나요?**

'도덕 이야기'는 과거에서부터 시작돼요. 이야기가 시작되기 전, 남자는 이미 자기 여자를 선택한 상황입니다. 그가 독립적인 여자에 대해 궁금해할 수는 있어요. "내 아내 대신 다른 여자와 결혼했더라면……" 그러지 못할 것도 없죠. 결혼할 수 있었을 수백만 명의 여자들이 있을 수 있어요. 그러나 나는 그가 한 여자 혹은 다른 여자를 선택하는 것을 정당화하기 위해 시나리오를 쓰는 것은 아닙니다. 사람들의 머릿속에 무슨 일이 벌어지는지 보여주려고 쓰는 거죠.

**어느 한쪽 편을 들지 않는 건 어렵습니다. 감독님의 독립적인 여자 혹은 유혹하는 여자는 항상 아내보다 훨씬 더 흥미로워요. 프랑수아즈 파비앙은 이 영화로 성공했죠.**

두 여자의 장점을 어느 정도 똑같이 만들 필요가 있습니다. 영화가 완성되고 난 후 관객들이 두 여자 중 어느 한쪽에 더 공감한다는 것을 알았어요. 당신과 반대로 많은 이들이 〈모드 집에서의 하룻밤〉의 마리크리스틴 캐릭터를 좋아했어요. 남자 배우도 좋아하고. 이와 동일한 이유로 어떤 이들에게 클로에라는 인물은 끔찍함의 절정이었죠.

나는 남자 캐릭터가 두 여자 사이에서 망설여야 한다는 사실이 마음에 듭니다. 그리고 관객들이 어느 한쪽을 지지한다는 사실이 좋아요. 그러나 남자가 한 여자와 이미 결혼했다는 사실에서 출발해야 하지 왜 다른 여자와 결혼하지 않는지를 의문시해서는 안 됩니다.

**감독님이 유혹하는 여자라고 말하는 독립적인 여자가 절대 결혼의 행복을 얻을 수 없다는 뜻인가요?**

이렇게 말할 수 있을 거예요. 나는 내가 관심이 가는 여자를 두 명 고릅니다. 나는 영화에 오직 한 유형의 여자만 보여주는 감독은 아니에요. 클로에가 내게는 더 흥미롭습니다. 그녀가 스크린상에 더 오래 나온다는 사실로 증명되죠. *그러나 흥미와 공감은 다릅니다.* 아내 캐릭터들은 유혹녀 캐릭터들보다 발전되지 못하는데, 이는 영화의 소재 자체가 자신의 개념에 맞지 않는 여자에게 한 남자가 쏟는 관심과 시간에 있기 때문이죠. 누군가 나의 화자가 독립적인 여자와 사랑에 빠지지 않는다고 해서 경멸해도 괜찮습니다. 그의 겸손에 대한 반증일 수도 있겠죠.

에릭 로메르는 수줍어하고 비밀스러운 사람으로, 그에 대해서

에릭 로메르

는 수년간 알려진 바가 거의 없었다. 그는 가명으로 작업하고 있으며 또 다른 세 번째 이름으로 소설을 출간한 적도 있다. 현재 파리에서 아내, 두 아이와 함께 조용히 살고 있다. 그는 1920년 낭시에서 태어났다고 주장한다. 그럼에도 로메르의 경력은 잘 차트화되어 있다. 그는 수년간 문학을 가르쳤으며 동시에 여러 매체에 영화평론을 썼고 종국에는 〈카이에 뒤 시네마〉 편집장이 되었다. 이 영향력 있는 프랑스 잡지의 동료 중에는 고다르, 샤브롤, 트뤼포, 리베트 등이 있으며, 이들은 함께 '작가 정책'을 주조했고 영화감독으로서 각자의 커리어에 있어서 상호 협조했다. 로메르는 〈샤브롤과 함께〉 히치콕에 관한 책을 썼는데, 히치콕은 호크스, 무르나우와 더불어 그가 가장 좋아하는 영화감독으로 꼽는 사람이다. 〈하오의 연정〉을 준비하던 중 그는 박사학위 논문 「무르나우의 〈파우스트〉의 공간 구성」을 완성했다.

저널리스트로서의 활동에 더해 로메르는 여러 편의 단편영화를 만들었고 TV에서도 광범위하게 작업했다. 포와 파스칼, 건축에서 콘크리트 사용에 관한 연구 등에 이르기까지 폭넓고 다양한 소재를 다룬 교육적 성격의 다큐멘터리를 여러 편 만들었다. 이런 작업은 '도덕 이야기'의 스타일에 영향을 끼쳤다. "내게 텔레비전은 텍스트와 이미지의 관계를 연구하는 방법이었다. 텔레비전은 내게 사람들이 반응하는 법을 가르쳐줬고, 나는 지나치게 효과를 많이 사용하지 않는 법, 말하는 사람의 앞에 카메라를 고정시키는 법을 배웠다."

로메르는 '도덕 이야기' 이전에 장편영화 두 편을 만들었다. 미완성으로 남은 〈모델들〉(1952)과 〈사자자리〉(1959)다. 1962년 그는 '도덕 이야기'의 첫 편 〈몽소 빵집의 소녀〉를 만들었다. 16밀리로 흑백 촬영한 이 영화는 26분짜리였고 로메르의 차후 모든 영화의 제작자를 맡은 바벳 슈로더가 주연이었다. 이듬해 그는 연작의 두 번째 편 〈수잔느의 경력〉을 만들었다. 이 영화는 마침내 프랑스 방송국에 팔렸고, 그럼으로써 〈수집가〉의 제작 자본을 마련할 수 있었다. 로메르의 영화는 모두 각각 다음에 오는 영화의 자금줄이 되었다.

로메르는 영화 준비에 많은 시간을 들인 후 6주 만에 촬영을 마치며, 한 테이크를 여러 번 가는 적이 드물다. 준비 시간은 자료 조사와 배우들과 호흡을 맞추는 것으로 이뤄진다. 로케이션은 매우 주의 깊게 선택되며, 각 장소에서 하루 중 최고의 빛을 얻어내는 데 각별한 주의를 기울인다. 로메르는 특정 화가들의 영향을 받았고 그들의 작품을 주의 깊게 연구한다. 〈하오의 연정〉에서는 앵그르의 터치를 발견할 수 있다. 그는 항상 촬영감독 네스토르 알멘드로스와 함께 작업한다. "로메르는 손쉬운 아름다움을 피하면서도 모든 숏이 아름답기를 원한다"라고 그는 말한다. 로메르는 극도의 주의를 기울여 배우들을 선택하며 특별한 인격을 알아보는 눈이 있음을 증명했다. 특히 여자들의 선택에서 그렇다. 그는 주연 배우 개개인과 많은 시간을 보낸다. "감독님은 캐릭터에 대해 생각하도록 이끈다. 그래서 막상 촬영을 시작할 때면 치우치지 않고 생각을 아주 폭넓게 하게 된다"라고 베르나르 베를레는 말한다. 로메르는 종종 대사를 특정한 배우에 맞도록 조절한다. 이는 장면 촬영 며칠 전에 미리 남녀 배우에게 대사를 전달함으로써 이루어진다.

스포츠광인 로메르는 매일 5킬로미터를 달리며, 30년간 환경오염 반대주의자로서 자동차 소유를 거부하고 있다. 가끔씩 즐기는 시가나 한 잔의 포도주가 유일한 그의 비행非行이다. 차는 매일 저녁 5시에 촬영 현장으로 즉각 서빙된다.

로메르는 향후 '도덕 이야기'를 출간하고 1975년에는 신작 영화를 만들 예정이다.

# 로메르의 페르스발

**길버트 어데어** — 1978

에릭 로메르는 항상 다소 고독한 사람이라는 인상을 풍겼다. 그의 동시대 누벨바그 동료들 대부분이 자유롭게 비주류 미국 스릴러들을 뒤집어엎고 있을 때, 그는 평온하게 '도덕 이야기'의 여정을 구상 중이었다. 이 연작은 문학에서 18세기 서간체 소설에 비견될 만한 것으로, 하나의 주제를 쿨하게 풍자시체로 변주한 여섯 편으로 구성됐다. 스크린상의 노골적인 성적 묘사가 이미 지루하고도 흔한 일이 돼버린 시대에, 로메르 영화의 가장 충격적인 순간은 우리가 마침내 장클로드 브리알리가 애무하는 클레르의 훤히 드러난 매력적인 무릎을 마음껏 바라

---

〈사이트 앤드 사운드〉 1978년 호(vol.67, no.4) 230~234쪽. British Film Institute의 허가를 받아 옮겨 수록함.

　　　　　　　　　　　　　　　　　　　　　에릭 로메르

볼 수 있게 됐을 때였을 것이다. 프랑스 영화가 '영감의 위기'를 거치고 있는 지금, 로메르는 그 어느 때보다도 의도를 확신하며 또 다른 연작에 올라탔다. 이번에는 야심찬 문학작품 각색이다. 첫 편은, 당연히, 독일어로 촬영된 〈O 후작부인〉이었다. 마지막 편은 크레티앵 드 트루아Chrétien de Troyes의 12세기 서사시에 기초한 〈갈루아인 페르스발〉로, 아직 믹싱이 끝나지 않은 상태였다. 때는 바벳 슈로더와 함께 로메르가 설립한 제작사인 레 필름 뒤 로상주에 있는 그의 사무실에서 이 인터뷰를 녹취할 무렵이었다.

**〈갈루아인 페르스발〉 자체에 대해 다루기 전에 연작으로 영화를 만드시는 습관에 대해 묻고 싶습니다.**

〈갈루아인 페르스발〉이 연작의 일부라고요? 그럴지도 모르겠네요. 그렇다고 할지라도 '도덕 이야기'보다는 연작으로 덜 의도됐어요. 그런데 연작이란 결국 영화에서만 특이한 것이죠. 문학에는 많은 예들이 있습니다. 공통된 주제를 중심으로 컬렉션으로 출간되는 시들, 단행본으로 묶여 나오는 단편소설들이 그렇죠. 영화는 길이의 측면에서 소설보다 단편에 더 가깝습니다. 소설을 스크린으로 옮기려고 시도할 때는 항상 엄청난 문제점들을 마주하게 돼요.

이에 반해…… 〈O 후작부인〉은 수월했습니다. 클라이스트

독일의 극작가, 소설가의 **노벨라**짧은 이야기. 보통은 중편는 40쪽이 채 안 되면서도 90분짜리 영화가 되기에 충분한 재료를 담고 있었죠. 영화관에서의 1시간 30분과 소설의 250여 쪽이 어떤 마법처럼 상응한다는 생각은 통념이면서도 전적으로 거짓입니다. 그러나 짧은 이야기들의 필자만큼이나 영화감독은 자신을 표현하기 위해 단 한 편의 영화가 제공하는 공간보다 더 많은 공간을 요구할 수 있어요. 그러니 연작의 유용성을 아시겠죠.

그럼에도 최근 '도덕 이야기'가 출간됐을 때—안 그래도 단편 형식으로 출간됐죠—서문에 다른 이유를 덧붙였어요. 영화감독에게 사적 영감이란 거의 불가능한 것이고 '작가영화'란 신화일 수도 있다고 주장했습니다. 시나리오를 쓰는 것과 영화를 찍는 것은 영화 만드는 과정의 상이한 단계에 그친다기보다 상당히 분리된 두 가지 창작 행위입니다. 일반적으로 창작 시나리오의 경우, 먼저 시나리오가 쓰이고 나서, 그 결과가 좋으면 인쇄되는 것 또한 무리가 아니죠. 연극에서는 달라요. 공연이 아무리 나빴다고 해도 희곡 고유의 장점들이 인쇄된 종이에 남고, 만약 희곡이 유명하면 관객은 그 점을 염두에 두죠. 그러나 영화에서는 텍스트를 쓰고 어느 수준까지 그 완성도를 높였다고 해도 영화화를 통해 그것이 상실되는 게 당연시됩니다. 영화로 가면 반드시 더 좋아지는 것이 아니라 뭔가 다른 것으로 각색이 돼버리는 것이죠. 심지어 자기 자신이 쓴 텍스트라고 해도 말이죠.

에릭 로메르

그래서 영화감독은 두 가지 역할을 나누어 하게 됩니다. 문학적 의미에서 작가의 역할과 감독(연출가)의 역할. 나는 이런 게 소위 '오퇴르auteur'누벨바그는 감독이 영화의 모든 단계를 책임진다는 의미에서 '오퇴르(작가)'로 볼 것을 주창한다와 맞아떨어지는지에 대해 전혀 확신이 없습니다. 아무리 자의적일지라도 일종의 통일성이 자리 잡지 않는 한 말이죠. 어쨌든 연극연출가는 셰익스피어, 그리고 나서 체호프, 그리고 나서 베케트에 착수할 수 있죠자신이 쓰지 않은 희곡들을 연출한다는 의미. 실제로 많은 이들이 그러고 있고, 이론적으로 영화감독이 그처럼 못 할 이유는 없어요. 매우 흥미로울 거예요……. 아뇨, 영화감독은 그 이상이어야 한다고 느낍니다. 오케스트라 지휘자보다는 작곡가여야 하죠. 그리고 내 경우, 연작이라는 틀은 제약이긴 하지만 예술적 구속이 보통 그러하듯 상상을 자극해주고, 필요한 통일성을 제공해줍니다.

**영화를 준비하는 프리프로덕션 때와 촬영할 때 이런 역할들을 의식적으로 구분하세요?**

'도덕 이야기'의 경우 나는 무엇보다 작가였고 미장센의 문제들은 덜 중요해 보였습니다. 〈O 후작부인〉과 〈갈루아인 페르스발〉에서는 보다 진정한 메퇴르앙센연출가이었어요. 그런데 지금 방금 내가 한 말이 완전히 거짓인 것처럼 다시 나를 강타하네요…….

## 왜 여섯 편의 '도덕 이야기'인가요?

한 가지 생각, 보잘것없지만 매우 구체적인 생각이 떠올랐습니다. 그것을 발전시켰어요. 상상의 컴퓨터에 입력해 몇 가지 부수적인 요소들을 추가했더니 컴퓨터가 여섯 가지 이야기를 제시했습니다. 여섯 편으로 제한하는 게 좋았어요. 평소 지적인 다른 많은 감독들이 어떻게 언제 멈출지를 모른다는 게 불만이었거든요. 우리 영화계를 괴롭히는 작금의 위기가 부분적으로 이런 점 때문입니다.

요즘—적어도 프랑스에서는—영화를 만들 때 주로 어떤 사적인 이야기를 하는 데 중점을 두는 것 같아요. 모두 적어도 한 가지 개인적인 이야기는 갖고 있고, 그건 좋아요. 단지 예술가가 된다는 것은 거의 항상 자전적인 단계를 뛰어넘어 전진할 수 있는 능력에 좌우됩니다. 물론 이는 내 누벨바그 동료들과 나 자신이 1960년대에 주창했던 영화 개념이에요. 그러나 당시 중요하고 건강했던 운동은 결국 대중을 지루하게 만드는 것으로 귀결됐죠. 오늘날 활동하는 '시네아스트' 중에서 오직 베리만만이 우리를 여전히 놀라게 하는 능력을 잃지 않고 다소 동일한 이야기를 지속적으로 영화화한다고 생각합니다. 다른 감독들의 경우 반응이 줄고 정말 탄탄한 시나리오가 나오지 못할 위험이 계속 존재해요.

에릭 로메르

**그렇지만 대부분의 영화감독에게 있어서 시나리오는 문학 텍스트와 비교되기 위한 것이 아닙니다. 손을 덜 댄 원작의 초기 상태에서 영화를 찍는 것을 상상할 수 있으세요?**

반복하지만, 나는 시나리오가 중요하다는 것을 점점 더 강하게 믿습니다. 나 자신으로 말할 것 같으면, 내재된 문학적 가치들이 전혀 존재하지 않는 텍스트를 갖고 촬영을 시작할 수는 없을 거예요. 이는 내가 관객으로서 느끼는 것이기도 합니다. 나는 대사, 구성, 캐릭터화가 그 자체로 나를 흥분시키지 못하는 영화들에는 아주 금방 싫증을 내요. 내게 내용이 부재한 순수한 미장센이라는 영화 개념은 상상 밖이죠. 1960년대에 논의되던 개념이지만 나는 그것을 믿지 않습니다. 나는 소재를 믿어요. 추상영화, 나아가 비내러티브 영화라는 개념은 한물갔다고 생각해요. 안토니오니를 예로 들어봅시다. 그의 시나리오들이 부실하다는 의미가 아닙니다. 그러나 나는 특별히 〈여행자〉를 좋아해요. 그것이 진정한 스토리, 플롯을 갖고 있기 때문이에요. 그 플롯이 아주 독창적이지 않더라도 말이죠.

**왜 하필 〈갈루아인 페르스발〉이었나요?**

문학 텍스트를 읽었고 마음에 들었어요. 상대적으로 잘 알려지지 않았다는 장점도 더해졌고요. 프랑스에서 그 텍스트는 더 이상 거의 읽히지 않거나, 평이한 산문체로 번역되어 읽히고 있어요. 나는 이중의 번역을 생각했고, 실제로 그렇게 했습니다. 텍스트를 운문으로 번역함으로써 원작에 훨씬 더 근접한 후에, 이 크레티앵의 명작이 오늘날 훨씬 강렬한 인상을 줄 수 있다고 느껴지도록 영화로 만들었어요. 이해하셨겠지만, 〈갈루아인 페르스발〉은 영화에 대한 사랑만큼이나 텍스트 자체에 대한 사랑에서 만들어졌고, 〈O 후작부인〉의 경우에서와 마찬가지로 나는 영화를…… 목표라기보다 수단으로서 다뤘죠. 문학에 봉사하는 수단. 그러지 못할 이유는 결국 없잖아요?

물론 영화를 찍는 건 내 소명입니다. 그러나 영화 만들기는 즐거움을 선사하는 그 어떤 것일 수 있어요. 이제 클라이스트의 노벨라가 예전보다 좀 더 많이 알려지고 좀 더 광범위하게 읽힌다면, 『페르스발』이 푸른 녹때를 벗고 이 문학 텍스트를 전혀 열어보지 못했던 대중에게 다가갈 수 있게 됐다면, 나는— 적어도 한 가지 면에서는—내 영화들이 성공적이었다고 느낄 것입니다. 그러나 〈갈루아인 페르스발〉은 또한 이미 잘 닦인 길들에서 벗어나는 수단, 내가 느끼기에 완전히 가능성을 소진해 버린 자연주의[여기서 '자연주의'는 중세 예술의 특징인 양식화와 대립되는 의미로 쓰였다]의 덫을 피하는 수단이기도 했어요. 문학적 내러티브와 영화적 내러티브의 관계의 측면에서, 내 배우들이 습득한 발화법의 측면에서, 양식화와 사실주의 사이의 연기 측면에서, 내가 영화를 조금이나마 풍성하게 만들었기를 바라요……. 그저 내가 스스로를 후위 부대라고 생각하지 않는다고 말하면 되 겠네요.

**〈O 후작부인〉의 비주얼은 그림과 가구에 있어서 엠파이어 스타일에서 영감을 받았습니다. 심지어 다소 그뢰즈 스타일의 '타블로 비방**tableaux vivants**'**확인화, '살아 있는 그림'이라는 뜻으로, 사람을 그림처럼 가장하여 회화, 연극 등의 극적 순간을 정지 상태로 모방하는 퍼포먼스**을 한두 개 무대에 올리셨어요. 〈갈루아인 페르스발〉은 당시 예술작품의 외양을 띠게 될까요?**

중세 시대를 실제의 모습으로 혹은 실제 그랬을 것이라고 우리가 상상하는 모습으로 재구성할 마음은 없었습니다. 그런 면에서 〈갈루아인 페르스발〉은 심지어 〈O 후작부인〉보다 덜 역사적이에요. 내 목표는 크레티앵의 의도를 가능한 한 진정성 있게 표현하는 것이었습니다. 영화 〈롤랑의 노래〉에서 프랑크 카센티가 한 것처럼 현대적 시각에서 텍스트를 해석하는 것이 아니라, 크레티앵이 서술하는 사건들을 중세 회화나 미니어처들이 재현했을 법한 식으로 시각화하는 것이었어요. 물론 그 결과의 진위를 따지는 것에는 관심 없습니다. 한 시대를 실제 그 시대에 살았던 사람들이 경험했던 역사와 이데올로기로써 그려낼 수 있다고 가정하는 것은 희망사항에나 불과할 거예요. 출발점만이 진위에 대한 권리를 갖죠. 나는 12세기의 문학, 회화, 음악—영화에 음악이 많아요—을 사용하여 뭔가 다른 것에 도달했으며, 그 완전히 사적인 창작물이 중세에 대한 결코 관습적이지 않은 시각을 제공하기를 또한 희망합니다.

왜냐하면 과거 속에서 작업함으로써, 만약 그렇지 않았다면 주목하지 못했을 새로운 표현 가능성들을 발견할 수 있었기 때문이에요. 예를 들어 배우들이 입은 거북이 등딱지 외투들은 당시의 외투에 충실하게, 즉 일일이 이어 붙여서 만들어졌습니다. 그러니까, 우리는 그런 등딱지 외투에서 일종의 진실을 발견하게 됐어요. 그 외투들은 극도로 무거웠고, 배우와 스턴트맨들은 그걸 입고 움직일 방법을 찾아야만 했기에 결국 말을 탈 때나 전투 장면 등에서 어떤 몸짓일지 완전히 새로운 종류의 접근법에 대한 영감을 얻었어요. 예전의 역사영화들에서는 없었던 무엇이죠.

**몸짓은 감독님께 매우 중요해 보입니다. 그러나 배우들이 18세기 일상 생활을 그린 그림의 몸짓 수사학을 흉내 내는 〈O 후작부인〉의 경우, 미술관에서라면 그런 관습을 받아들이거나 아니면 기껏해야 미소를 지을 관객들이, 거대한 스크린상에서 그리고 상당히 다른 문화적 맥락 속에서 그 관습이 펼쳐지니 대놓고 웃어버리고 싶은 유혹을 느끼게 돼요.**

개의치 않습니다. 그럼에도 그런 상황이 〈갈루아인 페르스발〉에서 발생한다면 놀랄 거예요. 이 영화는 전작에 나타난 공간적 사실주의를 표방하지 않거든요. 게다가 중세 미술에는 18세기의 파토스, 다소 질질 짜는 감상적 측면이 존재하지 않습니다. 이런 것은 오늘날 우리에게 상업적으로 비치는 게 당연하죠. 〈갈루아인 페르스발〉은 그런 것과는 매우 거리가 있어서, 보다 시적이고 보다 '판타스틱'하기까지 합니다. 양식화의 경향이 훨씬 더 강해요. 계속 그런 것은 아니지만. 지나치게 격식화되거나 인공적이 되기를 원치 않았거든요.

몸짓의 경우, 중세 예술을 보면 항상 양식화되어 있죠. 일례로 손은 늘 활짝 열린 채이며 주먹을 쥔 경우는 드물어요. 그래서 나는 이런 개개의 움직임을 정당화해줄 전체적인 체계를 찾으려고 했습니다. 그 핵심 키를 발견하는 것은 생각보다 힘들지 않았어요. 팔꿈치를 몸에 가까이 붙이고 팔의 윗부분을 전혀 움직이지 않으면서 팔뚝을 팔꿈치를 중심으로 회전시키기만 해도 충분하다는 것을 발견했죠.

〈O 후작부인〉의 경우에는…… 배우들이 극적이고 웅변조의 몸짓을 했어요. 한쪽 팔을 뻗거나 집게손가락으로 비판하듯이 가리키는 등. 이런 몸짓은 단연 18세기 양식에 속하는 것으로, 로마식 혹은 혁명양식이라고 부르기도 하죠. 반면 중세에는 상황이 어떠하든 표현적인 움직임이 항상 팔꿈치를 몸에 바짝 붙인 채로 이루어집니다. 이런 규정을 지속적으로 염두에 둠으로써 배우들은 곧 자연스러운 스타일에 도달할 수 있었어요. 그리고 리허설이 진행된 1년 동안 그들은 매일 저울접시처럼 몸짓을 연습하곤 했어요. 이미 말한 것처럼 나는 체계화를 피했습니다. 페르스발 자신은 자연에 속한 남자, 극히 즉흥적으로 반응하는 소박한 사람으로 나오고, 몸짓에 있어서도 큰 폭의 자유를 누릴 수 있었어요. 한편 사회의 예절—당시 사회는 지나치게 격식을 차리며 재치있고 세련됐었죠—을 대변하는 신하나 음악가 들은 훨씬 더 엄격하게 규정을 지켰습니다. 그러므로 몸짓을 두고 궁중 예절에 정통하지 못한 페르스발과 혈통 있는 가문의 귀족 남녀 사이에 대립각이 생기죠. 그러나 이런 작업은 결코 예전 예술작품들을 비굴하게 모방하는 데 초점을 둔게 아닙니다. 춤의 우아함에 가깝지만 이제는 극히 진부해진, 특정한 행위적 우아함을 우리가 재발견할 수 있게 해주는 새로운 표현에 다가가는 수단이었습니다. 엄격한 몸짓 예절이 부과됐던 이전 시대의 여자들에 비해, 오늘날의 여자들은 내키는 대로 행동하죠.

**배우들은 대사를 말하는 것뿐 아니라 자신들의 행위에 대한 코멘트도 요청받은 것 같던데요.**

네.『페르스발』의 텍스트에는 너무 아름다워서 원작 그대로 유지하기로 결정한 내러티브 부분이 있어요. 그 경우 텍스트가 설명하는 행위들을 촬영하지 않았죠. 성배가 한 예입니다. 영화 버전에서는 단지 그것을 보여주기만 하면 충분하다고 여겨졌을

지도 모릅니다. 그러나 내게는 그렇지 않았어요. 나는 그것이 크레티앵 고유의 언어로 묘사되길 원했습니다. 사실 성배의 예는 적절치 않네요. 성배는 아주 단도직입적으로, 보이스 오프의 코멘트를 사용했거든요. 그러나 다른 단락들에서는 캐릭터들이 1인칭에서 3인칭으로 옮겨 가거나 역으로 3인칭에서 1인칭으로 옮겨 갑니다. 심지어 가끔씩 "그가 말한다"를 추가해가면서. 이건 사실 문제가 되지 않아요. 페르스발이 "기사가 되게 해주세요, 그가 말한다"라고 대사를 하도록 하는 것이죠. 리허설하는 동안 배우 파브리스 루키니는 "그가 말한다"라고 말하는 것을 겁냈습니다. 목소리를 낮게 변조했죠. 단어들을 삼키려고 했어요. 그래서 나는 그가 "기사가 되게 해주세요, 그가 말한다"를 동일한 톤으로 그리고 정확히 캐릭터가 각 단어를 짚어 말하듯이 발화하게 했습니다. 장담하는데, 괜찮아요, 아무 문제 없어요. 확신컨대 아마 얼마간 불편한 순간들이 지나면 관객들은 더 이상 의식하지 않을 겁니다. 페르스발과 관련된 구절들 중 원래 코러스 몫이었던 것들이 있어요. 예를 들어 "날짜, 시간, 계절에 대해 전혀 모르는 남자가 답하기를, 오늘이 며칠이죠?"라는 대사가 있어요. 그런데 페르스발 자신이 스스로의 비현실성을 코멘트하게 되는 겁니다. 혹은 젊은 아가씨의 환심을 사려는 고뱅이 다음과 같이 말하는 거죠. "그는 처녀와 단둘이 있다."

**처녀에게 말하나요, 아니면 카메라를 보며 말하나요?**

그녀에게 말합니다. 그들의 대화 일부예요. 서로에 대한 사랑을 표현할 수 있는 장시간의 대화 장면 대신, 나는 그녀에게 간단하게 다음과 같이 말하도록 합니다. "사랑에 대해 그들은 끝없이 이야기한다." 이 모든 것은 상당히 자연스러워요. 특히 어느 정도 노래로 진행되는, 그리고 오페라에 더 가까운 영화 시작 부분이 지나고 난 다음에는. 첫 몇 분은 극도로 양식화돼 있어요. 페르스발이 "그리고 그는 긴 창들을 공중에 던졌다. 하나는 자신의 뒤로, 하나는 정면으로, 하나는 위로, 하나는 아래로"라고 말하면서 등장할 때 그보다 더 인위적인 것은 없을 거예요. 심지어 실제로 창을 던지지도 않아요. 단지 던진다고 말할 뿐이죠. 양식 면에서 그것은 다소 발레리나처럼 지나치게 우아해 보였죠. 그 후로 영화는 조금씩 '자연주의적'이 되어갑니다.

**무대장치를 보니 그것도 마찬가지로 사실이 아닌 것 같았어요. 실제 세트라기보다는 어떤 거대한 축소 모형 같은 느낌이었어요.**

그러나 무대 또한 관객에게는 결국 자연스러워질 겁니다. 이 영화에는 형식의 양식화만이 아니라 공간의 사실주의 또한 존재하니까요. 나는 중세 미술의 평평한 1차원적 공간을 3차원으로 재현하는 문제에 대해 오랫동안 숙고했습니다. 내 의견으로는, 시네아스트들이 원근을 없애고 평평하게 하려고 시도할 때마다

에릭 로메르

족족 실패했어요. 사진은 사진일 뿐입니다. 그래서 나는 이미지를 양식화할 거면 사진이 아니라 무대를 이용하기로 결정했죠. 역설적으로 보일지도 모르겠으나, 3차원의 부재를 그 3차원의 과장에 의해, 말하자면 평면을 곡면을 통해 도출한다는 구상을 했어요. 사실 중세 미술의 프레임들이 항상 사각형이었던 것은 아니에요. 글자 모양도 자주 있었죠. 그 유명한 아일랜드의 채색 필사본처럼요. 그럴 경우 보통 장식적이기 마련인 프레임의 가장자리는 그 안쪽에 묘사된 대상을 매우 무겁게 압박합니다. 그 밑에서 그림이 휘는 것같이 보이죠. 그림 속 인물이 프레임 가장자리에 놓이면 마치 압력이 가해지는 것처럼 약간 굽혀야만 합니다. 요즘 영화관의 모양은 직사각형이에요. 거기에서 벗어날 길은 없죠. 그러나 내가 시도한 것은 전체 무대를 반원형으로—단일한 무대였으므로—휘게 만듦으로써 캐릭터가 직선으로 나아갈 때 실상 그의 걸음은 곡선을 그리도록 만드는 것이었습니다. 나무와 성 또한 무대의 윤곽을 따라가죠. 내 생각에는 관객들이 모든 것이 돌고 있다는 것을 특별히 의식하지는 않겠지만, 전체적인 인상으로서 틀림없이 느낄 것입니다.

**가짜 원근법이 사용됐나요?**

전혀 아니에요. 나는 로렌스 올리비에가 〈헨리 5세〉에서 했던 것은 원치 않았어요. 이 영화는 완전히 사실주의적으로 촬영됐어요. 탑들은 실제 크기보다 훨씬 작을지는 모르지만 실제처럼 보입니다. 땅 위, 아니 스튜디오 바닥에 굳건히 서 있고, 그 주위를 걸어 다닐 수 있죠. 트롱프뢰유는 전혀 시도하지 않았습니다. 모든 것이 실제적이어야 한다는 것이 내가 내린 첫 번째 결정이었어요. 계단을 올라갈 수 있어야 한다거나 아무리 작더라도 성 안에서 살 수 있어야 한다는 뜻이죠. 말들은 성문을 간신히 통과하긴 하나, 어쨌든 통과합니다. 신빙성이 있는 거죠.

**트뤼포는 언젠가 역사영화들에 대해 말하기를, 중세 혹은 다른 어떤 시기에라도 카메라가 존재했다고 한다면 기꺼이 받아들일 준비가 돼 있지만, 줌은 아니라고 했습니다. 처음부터 촬영과 조명 스타일을 확정하셨나요?**

모든 작업은 무대장치로 집중됐어요. 일단 세트가 완성되고 나서는 현대적인 세트를 촬영하듯이 그것을 촬영했습니다. '비주얼' 효과는 전혀 없어요. 물론 단지 〈갈루아인 페르스발〉이 네스토르 알멘드로스가 작업한 이전 영화 〈녹색방〉과 완전히 반대되는 방식으로 촬영됐다는 것만 빼면. 트뤼포는 그 영화〈녹색방〉 전체에서 강렬한 명암의 대조chiaroscuro를 원했죠. 우리가 일부러 그림자를 피하려고 했거나, 중세 미술에서 땅바닥에 전혀 그림자가 없었던 것은 아니에요. 완성된 세트 자체가 매우 그림자를 드물게 드리운 것뿐입니다. 우리가 그림자를 원했더라도 어색했을 거예요. 금을 많이 사용함으로써—예를 들어 벽면에—그림자 없이 평평한 효과를 얻을 수밖에 없었죠. 그러나 다시 한번 곡선 덕택에, 배경막의 인상을 풍기지는 않는다고 생각해요.

**배우들은 그처럼 인공적이고 장난감 같은 무대와 어떻게 교감을 할 수 있었나요?**

실제 세계와의 교감 혹은 심지어 야외에서 촬영할 때 주변과 맺는 관계와도 매우 다른 관계였어요. 〈갈루아인 페르스발〉에서 배우들은 무대장치를 '만지는' 경우가 드물어요. 우리가 삶에서 주변과 맺는 촉각적 관계 같은 것이 존재하지 않습니다. 캐릭터들이 그들을 위해 제작된 앙증맞은 작은 벤치에 앉을 때, 그들은 거의 앉는 것 같지가 않아요. 가장자리 끝에 앉고 벤치에 거의 무게를 싣지 않습니다. 이런 공기의 성질로써 우리가 만들고자 했던 것은 배우들과 무대장치 간의 일종의 자력, 끌어당김과 밀어냄의 영속적인 게임, 특히 그들이 움직일 때 일정한 거리가 유지되는 것이었어요. 말에 올라탄 사람은 매번 동일한 곡선청으로 휜 길을 따라갈 수밖에 없어요. 심지어 실내에서도 공간은 수많은 곡선 통로, 아치, 열주 등으로 강조됩니다. 그로 인해 긴장이 발생하죠.

**전투 장면들은 예이젠시테인이나 웰스 영화의 장면들과 닮았나요?**

전혀 아닙니다. 우선 그들 영화의 장면은 원작과 다르거든요.

크레티앵은 대개 "내가 또 다른 전투에 대해 이야기하는 것은 부질없다"라고 말하는 데에 그칩니다. 어차피 전투란 항상 똑같고 그래서 지루했던 게 분명해요. '무훈시chanson de geste'를 쓰고 있던 것은 아니거든요. 그렇다고 해서 영화에서 생략된 것은 아닙니다. 전투들이 나오고 긴 창들이 쨍그랑거리고 기사들은 쓰러져 죽죠. 그러나 아주 신속합니다. 순식간에 모든 게 끝나요. 끔찍하게 벌어진 상처들을 볼 수 없고 거의 피가 없어요. 유일한 예외는 아주 초반에 페르스발이 아직 매우 젊고 잔인하며 기사도를 배우지 못했을 때 창으로 한 기사의 눈을 찌를 때입니다. 영화의 맥락에서 보면 극도로 강렬한 순간이지만, 다시 한번 그것은 아주, 아주 빨리 지나가버려요. 그리고 이 모든 것은 세트와 일치하죠. 크레티앵과 중세 예술에 부합하도록 단순화된 세트말입니다. 나무 한 그루가 숲 한 곳, 사실 여러 숲을 대신합니다. 똑같은 성이 여러 다른 성들 대신에 쓰이죠. 단지 실내만 바뀝니다. 그리고 마지막으로 전투 장면들에는 아주 소수의 기사들만이 참여하죠.

**이처럼 복잡한 영화인데 촬영 일정은 놀라우리만큼 짧아서 8주에 불과합니다.**

꼬박 1년 동안 리허설을 했다는 사실을 잊지 말아주세요. 루키니는 자기 대사만 외운 것이 아니라 다른 모든 배역들도 이해

에릭 로메르

했어요. 모두가 대단한 헌신으로써 영화에 임했습니다. 일례로 루키니는 리허설하는 1년간 TV 수리업체에서 야간 근무를 했어요. 그래서 우리는 예정대로 영화를 사나흘 내에 완성할 수 있었죠.

**'도덕 이야기'의 인물들은 지적인 데다 자신의 문제를 표현하는 능력을 갖췄었습니다. 이는 영화에서 드문 일이었고 여전히 그러하죠. 그러나 페르스발은 '나이브'합니다. 로메르식 영웅인가요?**

나는 페르스발이 좋아요. '도덕 이야기'의 여자 캐릭터들에 가깝다고 말해야겠네요. 모험을 이어가는 다소 태평스러운 방식의 측면에서 그는 아마도 〈수집가〉와 비교될 수 있을 것 같습니다.

**소위 우리 영어권 독자들을 위한 마지막 질문입니다. 〈갈루아인 페르스발〉이 연작의 일부로 간주된다면, 향후 영어권 고전도 선택될 확률이 있나요?**

누가 알아요? 스티븐슨이라면 영화화하는 것이 즐거울 수도 있겠죠. 그러나 언어의 문제가 남습니다. 내 독일어는 아주 변변치 못하지만, 〈O 후작부인〉을 찍는 동안 문제가 되지는 않았어요……. 학교에서 모든 독일 고전들을 배운 바 있기 때문에, 서투르게 말해도 고급 독일어였어요. 유감스럽게도 영어 지식은 전혀 없습니다. 그리고 내가 가장 잘 아는 영어권 문학은 미국 탐정소설들입니다…….

# 희극과 격언

**파브리스 지올코브스키** — 1981

에릭 로메르의 이력은 극히 다채롭다. 교사, 평론가, 편집장, 제작자, 영화감독. 프랑수아 트뤼포와 자크 도니올발크로즈는 1950년대 말, 그에게 앙드레 바쟁의 죽음이 막 강타한 〈카이에 뒤 시네마〉의 편집장 자리를 물려받을 것을 요청했다. 〈카이에 뒤 시네마〉에 모리스 셰레Maurice Shérer라는 이름으로 처음으로 기고를 한 로메르는 약 6년간 잡지를 지휘하다가 종국에 오직 영화 만들기에만 헌신하기에 이르렀다. 그는 첫 영화들을 연작 형태로 묶어 '도덕 이야기'라 불렀다. 〈모드 집에서의 하룻밤〉 〈수집가〉 〈하오의 연정〉 〈클레르의 무릎〉이 이에 속한다. 그의 가장 최근작 두 편인 〈O 후작부인〉과 〈갈루아인 페르스발〉은 좀 더 역사적인 소재

---

〈와이드 앵글Wide Angle〉 1982년 호(vol.5, no.1) 62~67쪽.

에릭 로메르

를 탐험한다. 61세의 이 멀쑥해 보이는 감독은 생각에 잠긴 채 혼잣말을 한다는 사실을 드러내주는 스타카토 리듬으로 이야기한다. 우리는 1981년 3월 31일 그의 제작사 사무실(바벳 슈로더와 공동소유)에서 만나 최근작 〈비행사의 아내〉에 대해 이야기를 나눴다. 이 영화로 로메르는 자신들의 관계에 대해 긴 토론을 벌이는 한정된 캐릭터 그룹으로 회귀하고 있다. 로메르의 책상에는 〈비행사의 아내〉에 대한 파스칼 보니체의 평론이 실린 〈카이에 뒤 시네마〉 최근 호가 놓여 있다. "평이 좋나요?" 내가 묻는다. "전형적인 카이에 글이에요." 로메르가 설명한다. "긍정적이긴 하나, 그들이 영화에 대해 말하는 것들은 똑같이 부정적이라고도 할 수 있을 겁니다!"

로메르 감독에게 시간을 내준 것과 이 인터뷰의 최종 버전 편집에 협조해준 데 감사의 말을 전하고 싶다.


**두 편의 역사영화 〈O 후작부인〉과 〈갈루아인 페르스발〉 이후 왜 이제 와서 〈비행사의 아내〉인가요? 예전의 관심사로 회귀하는 건가요?**

'도덕 이야기' 이후 왜 그 두 영화였는지 묻는 게 더 당연할 텐데요. 그것들은 일종의 막간, 중간 휴식이었거든요. 나는 매우 느리게 시나리오를 쓰고 소재에 대한 구상이 끝나고 한참 후에야 영화를 찍어요. '도덕 이야기' 이후 휴식이 필요했습니다. 게으름도 한몫했죠. '희극과 격언'은 〈갈루아인 페르스발〉

을 찍는 동안 떠올렸습니다. 이야기를 새롭게 구성할 만한 방식이 저절로 생각났어요. 새로운 구성이 명백해졌죠. '도덕 이야기'의 구성이 연장될 수도 있었겠지만, 그건 여섯 편의 이야기로 스스로에게 한정했습니다. 반면 '희극과 격언'은 멈출 것이라고 생각하지 않습니다. 이 구성이 특정한 주제가 없는 보다 광범위한 것이기만 하면, 무한정 계속될 수 있어요.

영화의 자막 "아무것도 생각하지 않을 수는 없다"는 왜곡된 격언입니다. 어느 정도 영화 안의 대사 "무슨 생각 하세요?" "아무것도요"를 지시해요. 사람은 항상 무엇인가를 생각해요. 그러나 내 격언들은 늘 거짓되거나 정상적이 아닌 것들이 될 거예요. 『희극과 격언』을 쓴 알프레드 드 뮈세가 그랬던 것만큼이나 나도 격언을 믿지 않습니다. 이는 내가 교훈을 주려는 의도가 없다는 것을 보여주기 위한 거예요—'도덕 이야기'의 정반대죠. 어떤 진실이라도 그 반대 또한 맞습니다. 진실에는 공식이 없고, 주장한다고 찾아지는 게 아니죠. 그러나 이 영화에서 나는 피상적으로 남을 생각입니다. 심오한 영화들을 만들고 싶지 않아요. 바쟁은 피상적인 미국 영화들에 깊이가 있다고 말하곤 했지만, 나는 깊이에 피상성이 있다고도 생각해요.

**감독님의 바쟁에 대한 언급은 샤브롤이 "작은 소재들"의 영화에 대해 말했던 무엇인가를 연상시킵니다. 이런 측면에서 〈비행사의 아내〉는 초기 누**

에릭 로메르

**벨바그와 끈을 같이하는 것으로 보입니다. 단지 제작 방식뿐 아니라 허구적인 소재의 선택이라는 관점에서요. 이런 경우 아주 순간적인 행위가 전체 이야기의 구실이 되죠.**

명백하게 정의하기는 힘들다고 봐요. 예를 들어 〈클레르의 무릎〉은 "작은" 소재인가요? 만약 커버되는 영역에 대해 말하는 것이라면, 〈O 후작부인〉을 포함한 내 모든 영화들—〈갈루아인 페르스발〉은 예외예요—이 짧은 이야기에서 비롯되었어요. 나는 그것들을 그런 짧은 이야기 형식으로 썼어요. 내 영화들은 소설에서 비롯된 것이 아닙니다. 다시 말해, 나는 두세 쪽으로 표현될 수 있도록 재료를 한정시킨 후 그것을 확장했죠. 소설들이 영화화된 결과를 보고 정말 실망하게 되는 것은 모든 것이 조여지고 축소되어야만 했다는 사실 때문입니다. 나는 영화적 미장센이라는 것이 축소보다는 확장의 예술이라고 생각해요. 나는 발화되는 순간 매우 짧을 그 무엇인가의 삶을 연장해야 한다고 믿습니다. 〈비행사의 아내〉는 15쪽의 단편 형식으로 썼습니다. 이미 써놨어요. 처음에는 재료가 충분치 못하다고 생각하고 단편영화밖에 못 나올 것이라고 생각합니다. 그 후 단편이 아니라는 것, 그리고 심지어 거의 너무 많이 썼다는 것을 깨닫죠.

한편 텔레비전은 예전에 없었던 그 무엇을 가져왔다고 말하고 싶어요. 즉 소설의 각색을 가능케 한 거죠. 예를 들어 소설은 TV 시리즈에 더 적합해요. 그러나 내 생각에 한 시간 반짜리 영화는 문학에서 소설보다 단편에 더 상응합니다. 내가 소설에서 영감을 받는 사람이라면 TV에 유혹됐을 거예요. 그러나 TV 시리즈들이 촬영되는 조건은 온전히 자유로운 표현이 불가능해요. 너무 많은 제약들이 있죠.

**최근 연극에서의 경험이 이 영화의 작업 방식, 특히 연기의 측면에 영향을 미쳤나요? 감독님의 연기 개념―어떤 이들은 이 영화의 경우 밋밋하다고 말했는데―은 브레송과 어떻게 다른가요?**

연극에 대한 내 관심은 날것의 다큐멘터리에 어떤 열정을 잃어버리면서 비롯됐습니다. 누벨바그의 것과 같은 특정한 영화 작업 유형은 한계에 다다랐고, 텔레비전이 그 바통을 이어받은 것은 당연한 귀결이에요.

실제 삶에서처럼 이야기하는 인물은 더 이상 감흥을 불러일으키지 못해요. 어떤 지점에 이르러 배우들이 '연기'해야 한다고 생각했어요. 예전처럼 희귀하지가 않습니다. 나는 뭔가 조금 더 양식화된 것, 일상의 평범함에 그리 가깝지 않은 그런 종류의 표현에 끌렸어요. 그러면서도 연극 작업을 할 때 자연적인 요소를 결코 포기하지 않았습니다. 나는 항상 연극적 웅변을 거부했어요. 이와 같은 연극에서의 경험 이후 나는 다시 한번 사람들에게 그들이 일상적으로 말하는 그대로를 보여주고 싶었습니다. 그러나 누벨바그 시대에는 목표였던 것이 이제는 평

에릭 로메르

범한 방식에 불과합니다. 내 이야기의 목표는 다소 자연스럽게 말하는 사람들을 보여주는 것뿐 아니라, 그들이 그렇게 말하는 것을 보여줌으로써 어딘가 다른 곳으로 가는 것이었어요. 마찬가지로, 누벨바그가 그랬던 것처럼 다소 비밀리에 거리 촬영을 감행하는 것은 더 이상 목표가 아니라 평범함입니다. 자연스러울 뿐 아니라 거의 의무적인 게 됐죠. 과거 마르셀 카르네 영화들에서 이루어졌던 방식으로 엑스트라들을 보여주는 것은 이제 불가능합니다.

동시에 거리를 지배하기 위해서는 1960년대의 경험에서부터 배워야만 합니다. 1960년대에는 거리로 나갔었죠. 작금의 1980년대에는 거리를 지배하게 됐습니다. 이제 극장 안에서만큼이나 거리에서도 복잡한 미장센을 구축할 수 있어요. 나는 연극용으로 제작되지 않은 장소에서 연극을 하길 원했습니다. 시청각적 관점에서 모든 요소들을 완전히 지배하고 싶었고, 이를 위해 누벨바그 초기에는 존재하지 않았던 발전된 기술들을 사용했습니다. 즉 16밀리 장비로 촬영한 후 35밀리로 블로업 blow-up했어요. 그러나 곧 35밀리를 사용해서도 이같이 찍을 수 있을 것입니다.

사운드의 측면에서 누벨바그 초기 영화들이 후시녹음됐다는 점을 잊지 말아야 해요. 그동안 괄목할 만한 발전이 있었고, 특히 고성능 마이크와 다중 트랙 시스템의 발명을 들 수 있습니다. 이 영화에서는 두 개의 마이크와 더블 트랙을 사용했고 나중에야 믹싱을 했어요. 믹싱 때 일이 정말 많았죠. 나는 뷔트 쇼몽 지역파리 동북쪽 19구에 속한 동네을 이용했는데, 〈갈루아인 페르스발〉 촬영 시 스튜디오에서 느꼈던 편안함을 그대로 맛볼 수 있었죠. 스튜디오 촬영에 따른 제약들—더위, 팬이 돌아가면서 내는 소음, 일정, 말 등—은 공원에서 경험한 제약들—구경꾼, 끊임없이 변화하는 세팅, 날씨—과 비슷한 수준이었어요. 그러므로 나는 스튜디오에서만큼이나 공원에서도 편안했습니다. 비록 당신 생각에는 최고가 아닐지라도, 연중 그 시기에 매우 상쾌한 그 공기를 마실 수 있다는 또 다른 즐거움이 있었죠.

연기에 대해 말하자면 나는 "밋밋"하다는 데 동의하지 않습니다. 나는 자연스러운 것을 찾고 있지만, 모두가 자연스러운 것에 대한 자신만의 정의를 갖고 있어요. 이 점에 관해서 나는 매우 특별합니다. 내가 보기에 어떤 배우들은 제대로 말하고 다른 이들은 잘못 말합니다. 물론 이런 개념들은 다소 주관적이에요. 나는 비전문가들에게 그다지 끌리지 않습니다. 배우는 배우가 아닌 사람들보다 더 제대로 말해야 한다고 생각해요. 배우들이 끌릴 수 있는 잘못된 어떤 연극적 특성이 있는데 나는 그것을 피했습니다. 그러나 자신의 목소리를 통제하는 법을 모르는 사람의 노래하는 듯한 음성적 특징 또한 좋아하지 않아요. 이 점에서 나는 브레송과 매우 거리가 있다고 봅니다. 그에

에릭 로메르

게는 이런 옳거나 그른 범주들이 없고, 그가 찾고 있는 것은 감정이 없는 목소리, 억양이 없는 목소리이기 때문이죠. 반면 나는 고전 영화에서 발견되는 것들과는 동일하지 않을지 몰라도 억양을 활용합니다. 브레송이 이 영화를 본다면 섬뜩해할 것이라고 봅니다.

**영화에서 한 가지 개념에 충격을 받았습니다. 도시의 개념뿐 아니라 특별히 파리에 관한 것인데요. 그것은 인물로서의 도시라는 초현실주의적 정의를 떠올리게 했어요. 영화 말미의 도시와 관련된 노래에 대해 말씀해주실 게 있다면요?**

당신 눈에 이 영화가 파리의 작가로메르 자신을 지칭보다 더 파리의 영화로 보이는 것일지 모르겠지만, 사람들이 이 점을 알아차리는 셈이니 기쁩니다. 파리에 대한 사랑은 동시대 소재로의 회귀와 많은 관련이 있습니다. 어느 순간 파리에 대해 느낀 불만이 내 역사영화들의 기원이었거든요. 파리는 늘 내게 흥미로운 존재였습니다, 내가 파리 출신이 아니고 그것을 이방인의 시선으로 본다는 점을 고려하면요. 예를 들어 해외 로케이션 촬영에는 관심이 없을 것 같아요. 내가 독일에서 영화를 찍은 것 《O 후작부인》은 당시 독일 낭만주의에 대해 사유하고 있었기 때문이죠. 그러나 동시대 독일의 현실을 다룰 능력은 없을 것입니다. 프랑스에서 내 세대는 미국 영화를 대단히 칭송했어요.

미국을 둘러싼 온전한 신화가 존재했고, 그곳에서 일어나는 가장 사소한 일도 숭고한 것이 되었죠.

　그것은 서사적 특징을 띠었던 반면, 프랑스에서 발생하는 모든 것은 존재하지 않는 셈이었습니다. 일례로 많은 프랑스 지식인들이 프랑스 탐정소설을 잘 받아들이지 못해요. 어딘가 불완전하다고 보거든요. 미국인들이 이 장르에 꽤 숙달했다고는 하지만, 심농과 멜빌 같은 프랑스의 훌륭한 예들도 존재합니다. 그러나 프랑스인들은 여기에 콤플렉스가 있어요. 미국 것이면 더 재미있다고 여기는 거죠. 여기에는 〈카이에 뒤 시네마〉의 역할이 어느 정도 있었고, 내 경우 편집장으로서 다소 그에 관여했습니다. 예를 들어 우리는 대실 해밋을 굉장히 존경했어요. 최근 클루조의 〈오르페브르 36번가〉를 봤는데, 평소 클루조의 열성적인 찬미자가 아님에도, 영화 안에서 경찰 이야기가 몇몇 미국 영화들만큼이나 진심으로 좋다고 생각해요. 그러나 당시 우리는 프랑스에서 만들어진 한, 미국인이 만든 것보다 덜 좋아했었죠.

　파리와 관련해서도 좀 같습니다. 구식이 아니라고 해서 반드시 현대적modern일 필요는 없다는 것을 알았죠. 현대의 파리가 현대건축에서 찾아져야 한다고 생각하지 않아요. 그것은 단지 표면적일 뿐이죠. 나는 매우 오랜 시간 존재해온 파리, 매우 평범한 파리를 골랐습니다. 그 파리뷔트쇼몽 지역에서는 영화 촬영이 많이

　　　　　　　　　　　　　　에릭 로메르

이루어진 바 있는데, 고몽 스튜디오가 근처에 있어서 쾨이야드가 거기에서 영화를 찍었고, 오늘날에는 텔레비전이 들어와 있기 때문이에요. 나는 단지 그곳을 엽서식으로 대강 보여주는 대신, 평상시 찍는 것보다 오래 머물렀습니다. 영화 초반의 기차역에 더 많은 비중을 할애하고 싶었어요. 오프닝 타이틀 시퀀스를 위해 기차역과 우체국 직원들 중 하나를 선택해야만 했습니다. 사람들이 나오기 전에 수많은 기차역 숏들이 선행될 예정이었는데 아마 마르셀 카르네와 아주 유사했을 거예요. 19세기에 어떻게 현대적인 삶의 방식이 정착했는지 보여주고 싶었습니다. 즉 젊은이들이 오래된 장소를 자기 세대의 것인 양 전용하여 그곳에서 편안하게 느끼는 것을 말해요. 나는 이런 현상―매번 새로운 세대가 건축 장소를 전용하는 것―이 유럽, 특히 프랑스와 이탈리아에 한정된 그 무엇이라고 생각합니다.

　노래는 특정한 전통에 대한 향수를 표현하기 위해 사용했어요. 현재 파리의 거리에 컴백하고 있는 음악 전통이 있는데, 그것이 재즈를 대체 중인 것 같아요. 구식이 특징이에요. 나는 그것이 살아 있는 전통이라고 생각하는데 이 점에서 나는 매우 민족주의적입니다. 19세기에는 대중음악인 왈츠와 더불어 음악에서 독일의 제국주의가 존재했고, 20세기에는 재즈 등으로 미국의 제국주의가 있었습니다. 그러나 나는 유럽의 전통이 사라졌다고 생각하지 않아요. 그것들이 리바이벌되고 있다고 생각해요. 중세와 연결되는 오크 전통음악이 실제로 그러한데, 〈갈루아인 페르스발〉 또한 유럽적이려고 시도한 음악을 사용했습니다. 〈갈루아인 페르스발〉에 관한 미국 리뷰를 재미있게 읽었어요. 미국인들이 얼마나 자주 이 음악 전통을 이해 못 하는지 보여주더군요. "토요일 밤에 파리 근교의 학생들이 춤추는 데나 좋을 것이다"라고 썼더라고요. 그들에게는 완전히 소박하고 유치한 음악이었어요. 파리의 전통음악도 나옵니다. 인물이 휘파람을 불어야 할 때 처음에는 블루스 멜로디를 불도록 할 생각이었는데 '왜지? 어쨌든 우리는 파리에 있잖아!'라는 생각이 들었죠.

**제작은 어땠나요? 매우 한정된 예산으로 만들어진 것 같던데요.**

소재 자체가 많은 돈을 필요로 하지도 않았지만, 대규모 예산 없이도 영화가 가능하다는 선언의 의미도 있어요. 오늘날 산업의 사정을 감안해볼 때 이는 매우 중요합니다. 돈을 적게 들여서 영화를 만들 줄 아는 것이 좋아요. 한 영화에 들어간 돈이 그 영화의 품질과 같지 않다는 것을 아시잖아요. 많은 돈을 쏟은 영화들이 보잘것없어 보이고 그 역도 있을 수 있습니다. 낭비는 피해야만 해요.

이런 모든 개념은 관객의 규모가 더 큰 미국에서는 그리 널리 알려져 있지 않습니다. 그곳에는 여기에 있는 것 같은 아트하우스Art et Essai 영화관 네트워크가 존재하지 않아요. 이 영화는 국가지원Avances sur Recette을 받지 않았어요. 어떤 지원도 정말 없었는데 그래서 이 영화가 어느 정도 모범적인 것이죠. 국가나 텔레비전의 돈을 필요로 하지 않았습니다. 이 영화는 향후 텔레비전에 팔릴 거예요. 약 40만 달러4억 7000만 원가량가 들어갔고 소규모 스태프들과 함께 찍었죠.

**파리의 두 영화관에서만 영화를 개봉할 것을 고집했다고 들었습니다!**

내게 또 한 가지 깨달음이 있었다면, 그것은 프랑스의 배급 체계가 작동하는 법입니다. 파리와 지방의 많은 영화관에서 한 영화를 개봉하는 것인데, 결론적으로 영화는 극장에 걸리는 기간이 아주 짧고, 어떤 경우에는 기껏해야 3주에 그치죠. 벨몽도가 나오는 영화가 그런 식으로 개봉돼요. 벨몽도의 영화는 첫 주에 28만 관객이 들지만 둘째 주부터는 그 반 정도 팔립니다. 당연히 사람들은 이미 인정받은 스타의 가치 때문에 영화를 보러 가죠.

그러나 보다 개인적인 영화들작가영화, 제시되는 이야기의 가치로 인정받아야 하는 영화들의 경우 어느 정도 시간이 필요합니다. 입소문이 나야만 해요. 그것이 유일한 길입니다. 그렇지 않으면 똑같이 잘못된 작가 스타시스템에 봉착하게 될 것입니다. 베리만 영화가 개봉되면 사람들은 그것이 '베리만의 영화'

이기 때문에 보러 가는데, 사실 보러 갈 마음을 먹을 시간을 가질 수 있어야 합니다. 배급사가 영화를 엄청난 수의 극장에서 개봉하고 만약 사람들이 실망한다 해도 배급사는 타격을 받지 않겠죠. 이미 영화를 본 후니까요. 어떤 때는 영화가 어려울수록 더 많은 영화관에서 개봉되고 있어요.

위험을 무릅쓰고 있지만, 들어간 예산이 워낙 적어서 이 영화가 재정적인 책무를 많이 떠안게 되지는 않을 것입니다. 확실히 손익분기점에 이를 거예요. 10주 동안 5만 관객이 드는 것이 두 주 동안 5만이 든 후 이어지는 2주간 2만 내지 3만 관객이 더 들기를 바라는 작은 희망을 갖는 것보다 훨씬 이익이에요. 당연히 우리는 홍보와 프린트에 돈이 덜 필요했습니다. 그리고 영화감독의 입장은 완전히 달라요. 2주간 5만이 드는 것은 실패인 반면 10주 동안 같은 수가 들면 성공이죠. 극장주들이 결국에는 그런 관점을 택하리라고 생각합니다. 그렇지 않다면, 훨씬 개인적인 영화들은 즉시 대중을 끌어당길 수 있는 요소를 포함해야만 성공할 수 있을 거예요. 좀 위협적이죠!

**이번에는 네스토르 알멘드로스와 작업하지 않았습니다. 촬영에서 뭔가 차별화되는 것을 찾고 있었나요?**

네스토르 알멘드로스는 미국에서 로버트 벤턴Robert Benton과 이미 다른 영화 작업이 예정돼 있었어요. 그를 좋아하고 그와 일하는 것도 좋아하지만, 다른 사람과 다른 방식으로도 작업할 수 있습니다.

물론 이 영화는 16밀리로 찍은 후 35밀리로 블로업됐기 때문에 알멘드로스의 이미지보다 덜 정제된 품질을 보여요. 촬영 당시, 기술적으로 우리는 평상시보다 더 주의를 기울여야 했죠. 알멘드로스는 매우 세련되고 섬세하며, 아주 단순한 방법을 사용해요. 또 다른 이유는 영화가 16밀리로 찍은 후 블로업됐기 때문에 f5.6이나 f8 같은 렌즈 조리개의 사용에 있어서 매우 조심해야 했다는 것입니다. 이전보다 프로페셔널한 일을 했다는 느낌이 들었죠.

왜 16밀리로 촬영했느냐고요? 거리 촬영이 보다 쉽기 때문이지만, 그것이 유일한 이유는 아닙니다. 나는 현재의 35밀리 컬러 촬영이 지나치게 아름답고 지나치게 매끄러우며 지나치게 빛난다고 생각해요. 이런 종류의 35밀리 촬영은 미국적으로 보이며 파리에 속하지 않는 빛을 파리의 환경에 부여합니다. 내게 그것은 파리가 아니에요. 파리는 더 조용한 색채들을 띱니다. 장 르누아르는 오직 파리에서만 발견되는 특별한 회색을 좋아한다고 말하곤 했죠. 그것은 푸른빛 나는 회색이 아닙니다. 촬영 시 보통 회색에 푸른 빛이 투영되곤 하거든요. 내 생각에 파리의 색들은 한풀 누그러뜨려져야 합니다. 그리고 이 영화의 촬영이 다소 거칠어 보일지라도, 영화의 한쪽 끝에서 다른 쪽 끝까지 색의 통일성이 존재해요. 지금까지 이뤄내지 못했던 바죠. 상이한 실내들 사이의 통일성뿐 아니라 실내와 야외 사이에도 통일성이 존재해요. 청록색이 주조인데, 파리를 무대로 벌어지는 〈하오의 연정〉에서 이 문제와 맞닥뜨렸고, 알멘드로스와 나는 색을 지배하는 데 문제가 좀 있었어요. 최근 이 영화를 TV로 봤고 아주 마음에 들었는데, 내 생각에 TV 이미지는 색을 다소 조용하게 누그러뜨립니다. 극장에서 상영되면 종종 내게 충격을 주는 색들—특히 야외에서—이 있죠.

**'희극과 격언'의 차기작은 뭔가요?**

다음 편은 파리가 아니라 도시를 벗어난 한 마을이 배경이될 텐데 클레르몽페랑은 아닐 거예요. 주로 실내 장면들로 구성될 예정입니다. 격언은 마지막 순간에 등장할 거예요.

# 시나리오 및 영화 계획

**로베르 아몽·장피에르 팔리아노 — 1982**

에릭 로메르가 이미 '도덕 이야기' 서언에서 그의 영화관에 대해 이야기했기에, 이 인터뷰는 영화의 다른 요소에 비해 시나리오의 중요성에 상대적으로 중점을 뒀다.

**현재 계획하시는 영화는 어떤 건가요?**

정보를 좀 드리죠. 창작 시나리오에 근거한 영화들—프랑스에서 "작가영화"라고 부르죠—의 사이클('도덕 이야기')을 한 번 돌았고 〈O 후작부인〉과 〈갈루아인 페르스발〉을 촬영하느라 몇 년을 멈추고 난 지금, 나는 다시 '희극과 격언'이라 불리는 새로운 사이클로 돌아가려고 하고 있습니다. 보시다시피, 내가 하는

〈리터러처/필름 퀴털리Literature/Film Quarterly〉 1982년 호(vol.10, no.1) 219~225쪽.

답은 시기에 따라 다를 수 있어요. 2년 전에 나를 만났다면 다르게 답했을 수도 있어요.

**'희극과 격언'이라…… 뮈세와 연관성이 있나요?**

네, 있습니다. 말하자면 '도덕 이야기'라는 것이 이미 제목으로 존재했던 것—비록 나는 안 읽었지만, 특히 마르몽텔18세기 프랑스 작가이 몇 편의 『도덕 이야기』를 썼기 때문이죠—과 마찬가지로, 격언은 역사가 있는 전통 장르입니다. 셰익스피어의 『헛소동』5막 희극에도 격언들이 있었고, 카르몽텔프랑스 화가, 건축가도 나는 안 읽었지만 격언으로 유명했습니다. 그리고 뮈세뿐만 아니라 세귀르 백작부인도 내가 어렸을 때 늘 좋아했던 얇은 책을 썼는데, 제목이 '희극과 격언'이었어요.

그러나 최종적으로 분석해보면 '도덕 이야기'가 마르몽텔과 아무 관련이 없는 것처럼 나의 '희극과 격언'은 '격언'과 '희극'을 쓰는 데 성공한 사람들과 아무 관련이 없을 것입니다. '이야기'라 함은 단지 '이야기'의 측면, 내러티브의 측면, 스토리를 강조하는 수단이며, 영화에서 내가 처음 이를 시도한 것은 아니지만—이미 다른 이들이 했었기에—, 나는 그것을 살짝 더 체계적인 방식으로 사용한 것이죠. 내 '희극과 격언' 연작은 다른 정신을 갖고 있어요. 사회적 유희의 정신으로, 배우들의 작업과도 관계되죠. 이런 것, 이 새로운 프로젝트가 나의 관심사입니다.

**'도덕 이야기'에서처럼 동일한 주제의 변주가 있을 건가요?**

아뇨, 이번에는 한 주제에 대한 변주들이 없을 거예요. 누군가 공통되는 주제를 발견할 수 있고 나 자신도 공통된 주제를 발견할 수 있겠지만, 선험적으로는 그런 것이 존재하지 않습니다. 이야기들이 다소 불행하게 끝난다는 것 빼고는 전혀 주제를 식별해낼 수 없을 거라고 보는데, 여하튼 그것은 실제로는 하얀데 겉만 검은 엔딩, 선한 악입니다. '도덕 이야기'는 행복하게 끝났지만 그것은 단지 일시적 하얌으로, 이런 해피엔드가 이야기를 마감하고 멈추고 캐릭터를 다시 그의 평범함으로 되돌려놓는다는 점에서 검정이었을 수도 있어요.

반면 '희극과 격언'에서는 엔딩이 더 열려 있습니다. 이야기가 끝나고 나면 그 결과는 실패에 더 가깝지만—실제로 대개 격언들은 다소 부정적이에요. '그것을 하지 말아야 한다' '……할 이유는 아무것도 없다' 등과 같이—최종적으로 분석해보면 뭔가 더 긍정적인 것에 문을 열어두고 있어요. 인물은 겉으로 보기에 진정 그의 것이 아닌 길을 떠나는 거죠. '도덕 이야기'에서 인물은 어느 정도 스스로에 대해 확신하지만—종종 다소 가식적인 방식이고 또 그는 그렇게 캐릭터화되었죠—그건 작가가 아니라 인물에 기인하는 겁니다. 캐릭터가 자기 길을 찾았고 행복을 수중에 넣었다고 생각하는 것은 허세입니다. 그러나 이런 가식은 그의 성격에 속하며 작가의 주장이 아니에요.

역으로, 나의 새 프로젝트에서는 인물에게 훨씬 뭔가 불쌍한 점이 있어요. 그는 자기가 어디로 가고 있는지 모르고 잘못 가고 있다는 것도 모릅니다. 그러나 희극적인 방식으로 표현되기에 거기에서 '희극과 격언'이라는 제목이 나오는 거죠. 내가 항상 구획하는 한계 내에서 코믹한 그런 희극이죠……. 원한다면 '뮈세식으로'라고 해도 되겠지만 여하튼 정확하게 같은 톤은 아니에요. 그것은 진지한 희극이자 격렬하게 폭소를 부르는 효과가 없는 희극입니다.

**요즘 연극에 관심이 있으시다고 알고 있는데…….**

이 영화들을 '이야기'가 아니라 '희극'이라고 부르는 사실 자체가 연극과 보다 구체적으로 관련된다는 반증이에요. '도덕 이야기'에는 소설과의 관련성, 스토리텔링의 기술이 존재했다면 이 연작에는 일종의 희극과의 관련성이 존재하게 될 것입니다. 그렇긴 해도 곧 촬영하게 될 첫 작품에 대해 모두 내게 말하겠죠. "결국 '도덕 이야기'와 같네, 큰 차이가 없어"라고요. 유일한 차이는 1인칭의 해설이 전혀 없을 것이라는 점입니다. 어떤 캐릭터도 "나"라고 말할 수 없어요. 이 영화에서는 그렇게 할 수가 없습니다. '나'라는 해설을 넣게 되면 톤이 완전히 바뀌게 돼요. 덧붙여, 이번에는 주인공을 종종 놔두고 떠납니다. 반면 '도덕 이야기'에서는 주인공을 떠나는 적이 없다고 볼 수 있어요—〈클레르의 무률〉은 예외로, 단지 몇 초 떠나죠. 주인공을 한쪽 끝에서 다른 끝까지 줄곧 따라가긴 할 테지만 반드시 우리가 그와 동일시되지는 않을 겁니다. 아니면 적어도 이야기가 1인칭이 될 수 있다고 결코 상상하지 않을 거예요.

사실 늘 내 관심사였던 사안이 있어요. 1인칭 시점의 영화, 그리고 1인칭 시점이 아닌 영화란 무엇인가, 라는 문제입니다. 그것은 꼭 내레이션이 있느냐 없느냐의 여부에 좌우되지는 않습니다. 그런 내레이션이 전혀 없이도 1인칭 시점의 영화를 아주 쉽게 만들 수 있어요. 좀 더 순조로운 전개를 위해 내레이션을 도입하고 싶어 했을 법한 영화들이 있지만, 종종 그 결과는 끔찍합니다. 캐릭터와 공범 관계를 이루면서 영화가 필요로 하는 그런 객관성을 완전히 파괴하거든요. 그러므로 나는 영화를 비인칭으로 만드는 게 더 낫다고 생각하는데, 여기에는 종종 어려움이 따릅니다. 왜냐하면 동시에 관찰자를 상상해야만 하는데 늘 그렇게 쉽지만은 않거든요. 하워드 호크스의 영화 〈빅 스카이〉(1952)에서는 내레이션이 "우리"라고 말합니다. 한 무리의 남자죠. 나는 그 "우리"가 마음에 듭니다. 주인공이 말하는 게 아니에요. 일원 중 한 명이 그렇게 말함으로써 일종의 객관성으로 다시 선회하게 됩니다. 이는 간단한 스토리텔링 장치로, 지름길들을 쓸 수 있게 돼죠.

여하튼 현재 계획 중인 영화에는 보이스 오버가 전혀 없을 거예요. 그래서 막act으로 나뉜 희극과 더 비슷할 테지만, 모든 연극적인 것들이 포함될 것입니다. 연기는 영화적이긴 할 테지만 다른 영화들에서보다 약간 극단적일지도 몰라요. '도덕 이야기'에서는 연기가 더 '조화롭게' 되도록 했었죠. 지나치게 감상적인 장면들은 없었습니다. 사람들은 계속해서 대화가 흘러간다는 자세를 취했죠. 대화가 많았어요. 이 새로운 연작에도 대화가 존재하지만, 배우들의 활약에 좀 더 기반한 장면들이 포함될 것이라고 생각해요. 내 관심사는 이렇습니다. 〈O 후작부인〉〈갈루아인 페르스발〉 그리고 최근 연극에서의 경험이 내게 연기에 대한 취향을 불어넣었어요. 나는 연극과 영화 사이에 세워진 일종의 장벽—브레송처럼 어떤 이들이 여전히 유지하고 있는—이 더 이상 아무 의미도 없다고 생각합니다.

**이런 경우에는 배우가 우수한 텍스트를 갖고 있어야 할 텐데요.**

네, 당연하죠. 나는 영화를 만들어나가는 중에 텍스트를 씁니다. 심지어 아직 각 편의 소재들이 다 확정된 것도 아니에요. 몇 가지는 갖고 있습니다. '도덕 이야기'보다 더 많이 만들고 싶어요. 첫 번째 소재는 완성했습니다. 이 소재의 경우 내게도 텍스트가 매우 중요해요. 처음부터 끝까지 미리 작성된 시나리오로 즉흥성이 전혀 없어요. 대부분 글로 써놓을 거예요. 그럼에도 '도덕 이야기'에서처럼 구석구석에 약간의 즉흥성이 끼어들

　　　　　　　　　　　　　　　에릭 로메르

도록 할 가능성이 상당히 있습니다. 어쨌든 당분간 그 길을 가지는 않을 거예요. 모든 걸 미리 써놓으려고 합니다.

**그런데 '도덕 이야기'의 경우도 최대한 자세히 쓰신 것 아니었나요?**

네, 썼죠. 때로는 배우들과 논의를 한 후에 쓰기도 했죠. 나는 배우들의 입에 잘 붙는 단어들, 그들에게 개인적으로 친숙한 말을 쓰려고 노력합니다. 텍스트는 꽤 자주 배우가 만듭니다. 이번 성우에도 그렇게 한 거예요. 어느 정도 자료 조사가 뒷받침된 소재가 될 것입니다. 나는 많은 사람들과 이야기를 나눠요……. 내 실험 대상들(모르모트)이라고 봐도 됩니다. 그렇게 생각 안 하실지 모르지만, '도덕 이야기'에는 많은 자료 조사가 뒷받침되었어요. 나는 늘 그것이 개인적인 이야기가 아니라고 말해왔습니다. 이번 이야기의 경우 아마 자료 조사의 측면이 더욱 강조될 것 같아요. 즉 배우들은 물론 배우가 아닌 사람들과도 대화를 나누고 있죠. 그런 대화로부터…… 내 이야기를 구축하시는 않는데, 아마 이야기가 이미 구성됐기 때문일 수 있어요. 그러나 나 자신의 톤을 다채롭게 만들기 위해 적합한 대사 톤을 찾으려 하고 있습니다. 왜냐하면 자기 영화의 시나리오와 대사를 직접 쓰게 되면 톤이 일정 정도 획일화될 위험이 있기 때문이죠. 문학이나 연극에서는 용납될 수 있을지 모르지만 영화에서는 짜증 나는 일이라고 봐요. 나는 대사 톤을 변주하는 것을 즐깁니다. '도덕 이야기'에서는 충분히 다변화하는 데 성공했습니다. 예를 들어 인물 자신들의 언어를 직접 쓴 〈수집가〉와 대학가의 지인들에게서 빌려와서 쓴 〈모드 집에서의 하룻밤〉 사이에는 공통분모가 없습니다. 〈클레르의 무릎〉에서도 인물들을 통해 알게 된 화법들이 있었어요. 소설가의 경우처럼 프랑스인이 아닌 인물 혹은 고유의 언어—세대적 특징이죠—를 쓰는 젊은이들한테 온 거죠. 이 연작에서도 마찬가지로 그런 요소를 쓰게 될 것입니다. 이런 점은 변화가 없을 거예요.

**그러니까 시나리오 전개 방식이 변증적이네요. 하나의 스토리라인에서 시작한 후 대화 연구로 넘어가시나요?**

설명하기가 다소 힘듭니다. 예를 들어 연작의 첫 번째 소재는 아주 오래된 것에서 출발했어요. 하나의 콩트였죠. 아주 솔직하게 말하는데 나는 이야기들을 만들어내는 데 상당한 어려움을 느낍니다. 아주 어렸을 때, 그러니까 스물에서 스물다섯 사이에 매우 왕성한 창작열을 발휘했던 시기가 있었고 이는 서른 무렵까지 지속됐죠. 서른 이후에는 나 자신이 고갈됐다는 걸 알았어요. 당시 많이 괴로웠고 혼자 힘으로는 결코 소재를 찾아내지 못할 거라고 생각했습니다. 그와 동시에 정말 '나 자신의' 소재로 영화를 만들고 싶었죠. 아마 이것이 내가 영화를 만들게 된 이유 중 하나일지도 모릅니다. 이에 대해 '도덕 이야기' 서언에서 설명

에릭 로메르

했어요. 소설가가 될 수 있다면 왜 영화감독이 되겠습니까? 진정으로 이야기를 쓰고 싶다면 쓰면 되고, 그러면 행복할 것이고, 그 후에 영화를 만들려는 욕망이 생기지 않아요. 영화를 만드는 소설가는 아마 쓰는 데 좀 문제가 있어서 영화를 하는 것일지도 모릅니다. 뭔가 다른 쪽으로 가지 쳐나가길 원하는 거죠. 마르그리트 뒤라스의 경우가 상당히 명백합니다. 결국 따져보면 매우 풍부하면서도 매우 한정된 영감을 가진 사람들이 있다고 생각해요. 그녀는 매우 제한된 소재들을 다뤘고, 동시에 그 소재들을 반복하고 재조립하는 등의 작업을 했죠.

내 경우는 조금 다릅니다. 나는 이미 이야기들을 썼었고, 게다가 초기에는 영화를 만들고 싶지도 않았습니다. 차라리 소설을 썼으면 했죠. 어쨌든 소설로 완성하지는 못했습니다. 거친 초고로 남았고, 출간하지도 않았어요. 1960년대에 스물다섯 조금 더 됐을 때, 문득 썼던 이야기 중 몇 편을 가져다가 '도덕 이야기'를 만들 수 있겠다는 생각이 들었습니다. 일례로 〈모드 집에서의 하룻밤〉은 극도로 짧은, 그런 단편이었어요. 나 자신이 소설보다는 아주 짧은 이야기들에 재능이 있다고 생각했어요. 그 이야기의 배경은 클레르몽페랑 근처가 아니었습니다. 파스칼에 관한 것이나 기독교, 마르크스주의 등 어떤 것도 그 당시에는 없었어요. 누군가 다른 누군가의 집에서 밤을 보내야만 한다는 단지 한 가지 상황이 있었을 뿐이에요. 〈클레르의 무릎〉에 대해 사람들은 마흔 살 먹은 남자의 젊음에 관한 성찰이라고 생각하지만, 사실 내가 그것을 썼을 때는 스물넷이었습니다. 영화 안의 화자보다 젊은이들의 나이에 더 가까웠죠. 결과적으로 그것은 어떤 면에서도 전기적이지는 않아요. 고백건대, 그 당시 나는 내가 알 만한, 마흔 살 정도의 캐릭터를 상상해내고 싶었습니다. '도덕 이야기' 이후 소재들을 찾아내겠다는 희망을 간직하고 있었는데, 그러던 중 내게 큰 문제가 있다는 것을 깨달았어요. 그와 동시에 '희극과 격언'의 구상이 떠올랐는데, 이 연작에는 공통된 주제가 필요하다고 느꼈죠. 그것을 찾아다녔고 심지어 약간 모호한 주제를 발견했으나 실제로 조직화되지는 못했어요. 그러고 나서 내가 썼던 것, 스물다섯이 아니라 그 전에 썼다가 완전히 제쳐뒀던 것을 다시 읽기 시작했습니다. 그 속에 유용한 것들이 있음을 알아차렸죠. 일단 이야기 두서너 개를 찾아내고 나면 연계—대립, 유사, 대칭 등—해서 다른 이야기를 만들어낼 수 있어요. 그래서 나는 아주 짧은 이야기를 택했습니다. 그것으로 단편을 만들 수 있겠다고 생각하면서. 그런데 그 후 대사와 행위를 모두 정하고 나자, 그 이야기가 결코 짧지 않은 데다 1시간 30분짜리 영화도 거뜬히 만들 수 있을 것임을 깨달았죠.

**소설이 영화화되기에는 너무 길다고 생각하지 않으세요? 너무 많아서……**

에릭 로메르

난 영화 한 편이 소설보다 콩트에 가깝다고 느껴요. 소설을 각색한 대다수의 영화가 질이 나쁜 것은 끔찍하게 잘려 나가야 하기 때문이에요. 극도로 짧은 콩트인 〈O 후작부인〉의 경우 처음부터 끝까지 그대로 영화화했는데…… 1시간 35분짜리 영화가 나왔습니다. 결과적으로 영화 길이는 짧은 이야기, 콩트의 규모와 맞아요.

**하지만 확장하는 것, 원작에 어느 정도 공을 들이는 것이 필요하지 않나요?**

글쎄요, 나는 아이디어를 발전시키는 것을 부끄러워하지 않습니다. 상황들을 만들어내야 하는 시기가 있고, 또 다른 뭔가를 위한 시기가 있다고 내게 말하곤 하죠. 더구나 재미있는 것은 곧 촬영에 들어갈 이 이야기를 읽은 모든 이들이 내게 다음과 같이 말했다는 것입니다. "이번에는 오늘날의 젊은이들을 아주 잘 묘사하는 이야기네요!"

**결국 종합해보면 감독님은 항상 각색을 하셨네요. 클라이스트, 크레티앵 드 트루아 혹은 감독님 자신의 작품을…….**

……혹은 나 자신의 작품을, 그러네요. 나는 영화에서의 '직접적 글쓰기'를 믿지 않습니다. 그런 예가 그리 많지 않은 데다, 일반적으로 그런 식으로 만들어진 영화들이 가장 성공한 축에 끼지도 않아요. 알렉상드르 아스트뤼크가 말한 "카메라-스

틸로", 즉 책을 쓰듯이 영화를 만드는 사람 같은 것은 없습니다. 영화 일이란 항상 무대에 올리는 작업이며, 이는 독립된 문학작품을 각색하는 데에서 시작됩니다. 어떤 방식으로든 문학적으로 존재할 수 없는 영화란 없어요. 그리고 "이 영화는 문학상의 어떤 가치도 없을 것이다. 그것은 오직 영화로서만 존재한다"라고 선언하는 기준이 유효한 경우는 드물어요. 말과 행위를 거치고 나면 이런 기준이 유효할 영화는 없어 보여요. 매우 영화적인 것, 영화 언어를 갱신하는 것, 예를 들어 〈시민 케인〉이나 〈스트롬볼리〉조차도……

**혹은 〈네 멋대로 해라〉도요?**

혹은 〈네 멋대로 해라〉도요. 그것들은 문학적 등가물을 갖고 있습니다. 요즘은 그런 문학적 등가물들이 보다 덜 흥미로울지도 모르죠. 영화에서 독창적인 것이 문학에서는 그렇지 못할 수 있어요. 똑같은 방식으로는. 그럼에도 이 작품들이 문학적으로도 존재한다는 것은 여전히 맞아요. 소재가 문학적으로 존재할 수 있고 실제로 문학적으로 존재합니다. 결국 〈네 멋대로 해라〉의 이야기가 탄생한 것은…… 고다르가 다소 즉흥적이었다고 하더라도, 그것은 결국 그가 생각하고 썼던 것이죠. 시나리오가 있었어요. 다시 말해서 나는 시나리오를 믿습니다.

**마침내 누군가 그렇게 말하는 것을 들으니 마음이 좋네요.**

나는 시나리오를 믿지만 시나리오작가들은 경계합니다. 시나리오작가의 위치는 특히 프랑스에서는 매우 불편한 것입니다. 곧장 그 일을 하게 되면 수리공이 되기 때문이죠. 다른 누군가를 위해 봉사하는 사람인 것입니다. 적어도 프랑스에서는 감독이 시나리오작가를 겸하는 것이 낫습니다. 특히 오늘날 프랑스에서 시나리오작가 중에서 진실로…… 시나리오작가는 감독이 좋은 생각이 떠오르지 않을 때 그를 돕기 위해 대충 수습하는 사람입니다. 영국과 미국의 사정은 다르다고 생각해요. 이탈리아도 마찬가지로 시나리오작가와 협업하려는 노력이 있고 프랑스에서보다 생산적이라고 봐요.

**그럼에도 프랑스에도 사례들이 있습니다. 일례로 그뤼오Gruault는 확실히 수리공 이상입니다.**

어차피 그뤼오는…… 네, 그뤼오를 잘 알긴 하지만, 아무튼…… 레네의 영화 〈나의 미국 삼촌〉이 트뤼포의 측면, 지금까지 레네에게 보이지 않았던 교육적 측면을 살짝 보이는 것은 분명합니다. 약간 교육용인 듯한 면, 사람들에게 해설함으로써 세세한 측면에 접근할 수 있게 하는 방식이 존재하며, 〈아메리카의 밤〉이나 〈야생의 아이〉에서의 트뤼포처럼 다소 가르치는 듯해요. 장담할 수는 없습니다. 레네 자신에게서 나온 것일 수도 있어요. 확실히 그의 지휘권은 매우, 매우 포괄적이에요. 레네가 시나리오작가들과 맺는 관계는 아주 개인적이죠. 프랑스 영화에서 레네처럼 굳건한 개성을 가졌으면서 동시에 실제로 시나리오작가를 필요로 하는 사람의 예가 더 있다고는 믿지 않아요.

**네, 레네의 영화들, 뒤라스의 영화들, 로브그리예의 영화들에 참여했어요.**
맞아요. 그(그뤼오)는 프랑스에서 다소 희귀한 예입니다.

**그런데 감독님 자신도 다소 희귀한 예입니다. 전혀 대화 상대 없이 자기 영화의 시나리오를 쓰는 감독 말이에요.**
프랑스는 오직 개별적인 케이스만이 존재한다는 바로 그 사실이 특징적입니다. 모두 각자의 방식으로 작업해요. 이 점이 바로 프랑스 영화를 흥미롭게 만듭니다. 공통 노선이 없고 매우 뚜렷한 개별성이 존재합니다.

**미국 시나리오작가들은 감독들의 고용인인 측면이 굉장히 강합니다. 아마 프랑스에서보다 더할지도 몰라요. 제작자들이 자신들의 시나리오작가 풀을 갖고 있기에 직업적으로 시스템 내로 진입하는 것이 매우 어렵습니다.**
프랑스에서 젊은 작가는 다른 사람이 쓴 시나리오보다 자신의 소재를 토대로 한 영화를 만들 때 더 쉽게 성공할 수 있습니다. "이런이런 것을 각색하고자 합니다" 혹은 "시나리오작가와 일하고 있습니다"라고 와서 말하면 그다지 진지하게 받아들여지지 않아요. 반면 미국에서는, 여하튼 내가 들은 바에 따르면, 신인 감독이 자신의 소재를 토대로 영화를 만들려고 하면 불가능하다고 해요. 내 촬영감독인 알멘드로스가 〈크레이머 대 크레이머〉의 감독 벤턴의 사례를 이야기해줬어요. 그에 따르면 벤턴이 영화 만드는 데 성공한 것은 오직 그의 소재를 이전에 다른 감독들이 영화화했기 때문이랍니다. 또는 역으로, 만약 유명한 시나리오작가를 확보하지 못하면 영화를 만들 수가 없게 되죠.

반면 프랑스에서는 시나리오작가 없이도 아주 잘 지낼 수 있습니다. 현재 프랑스에서는 제작자들이 신뢰할 수 있는 정말로 막대한 비중을 가진 시나리오작가가 없어요. 게다가 프랑스에서는 제작 시스템이 조금 다릅니다. 점차 중요해지는 것은 위원회들(선지원제, 텔레비전 관련 등)과 배급사들입니다. 그들이 막대한 권력을 쥐고 있죠. 그 아래 대체로 동일한 기반에 서 있는 영화감독과 제작자들이 위치합니다.


**작업하실 때, 시나리오 단계에서 대화 상대의 필요성을 느끼지 않나요? 그저 아이디어를 검토하기 위해서라도.**

레네처럼 누군가와 이야기하는 것을 좋아하는 사람들이 있어요. 나의 대화 상대자는 나의 실험 대상들이에요. 배우들이 실험 대상으로 봉사한 적도 있습니다. 그들이 연기한 영화를 위해서가 아니라 그다음 영화를 위해서였죠……. 아뇨, 난 협력을 필요로 하지 않습니다. 전혀. 완전히 혼자서 작업해요. 누구하고도 이야기하지 않습니다. 완성된 후에라야만 누군가에게 읽어보도록 하죠.

**배우들과의 그런 작업 방식은 타첼라**Tacchella**의 것이기도 합니다. 맞죠?**

타첼라는 예전에 시나리오작가였어요. 시나리오작가의 자리는 항상 불편합니다. 시나리오작가는 일이 잘 풀리지 않는 소설가이거나 영화감독이 되고 싶어 하는 사람입니다. 한때는 시나리오 쓰는 것을 보다 편하게 여긴 사람들이 있었죠. 샤를 스파크Charles Spaak는 진정한 시나리오작가였습니다. 프레베르는 진정한 영화인은 아니었지만 그럼에도 예외적인 명성을 날렸어요. 프레베르의 시나리오는, 그가 어떤 감독과 일하는가와 상관없이, 그 자체로 가치 있었죠. 요즘에는 확실히 그런 종류의 사람들이 없습니다.

**프랑스의 시나리오작가들이 "나는 작가가 아니다"라고 말하는 것을 듣거나 '작가**écrivain**'와 '쓰는 사람**écrivant**'을 구별하는 것을 보고 놀랐습니다……**

그 모든 이야기들은 실제로 좀 복잡한 경향이 있어요. 한 가지, 희곡이 문학작품이라는 사실만은 분명합니다. 누구라도 공연할 수 있죠. 단지 읽기만 하고 공연이 안 될 수도 있고. 그럼에도 그 자체로 존재하는 한 편의 작품입니다. 그러나 희곡과 동일한 문학적 가치를 가진 시나리오는 없습니다. 왜 그러지 못할까? 나는 이를 지속적으로 자문하면서도 그에 대한 답을 실제로 찾을 수가 없어요. 희곡은 전적으로 대사에 근거하며 일종의 지속성을 갖고 있습니다. 하나의 전체를 형성하는 것이죠. 일정 수준의 시나리오, 예를 들어 프레베르의 시나리오를 보면 공백들이 있게 마련입니다. 이야기가 단지 연기와 이미지를 통해 다뤄지는 순간들이죠. 반면 연극에서는—적어도 전통적인 연극에서는—표현이 텍스트에 기원을 두지 않는 순간들이 정말 좀 드뭅니다. 그러나 현대 연극에서는 좀 더 영화처럼 보이는 것들이 실제로 존재해요, 분명히. 그러므로 거기에 대해 이론화하지는 않겠습니다. 단지 나는 관찰할 거예요. 희곡에 상응하는 문학작품으로서의 시나리오의 예들을 많이 보지 못했어요. 희곡은 제작과는 별도로 존재합니다. 그것은 쓰여 있어요. 텍스트를 갖고 싶은 마음이 생깁니다. 어떤 이들은 그것을 공부할 수도 있어요. 다른 이들은 그것을 제작하고 싶은 마음이 생길 수 있고. 그러나 영화 시나리오는 대체로 한 번의 제작을 위해 만들어집니다. 『서민귀족』이나 『햄릿』을 다시 무대에 올리려는 연극 연출가들은 수도 없이 많습니다. 알다시피, 그 누구도 〈시민 케인〉을 리메이크하고 싶어 하지는 않죠.

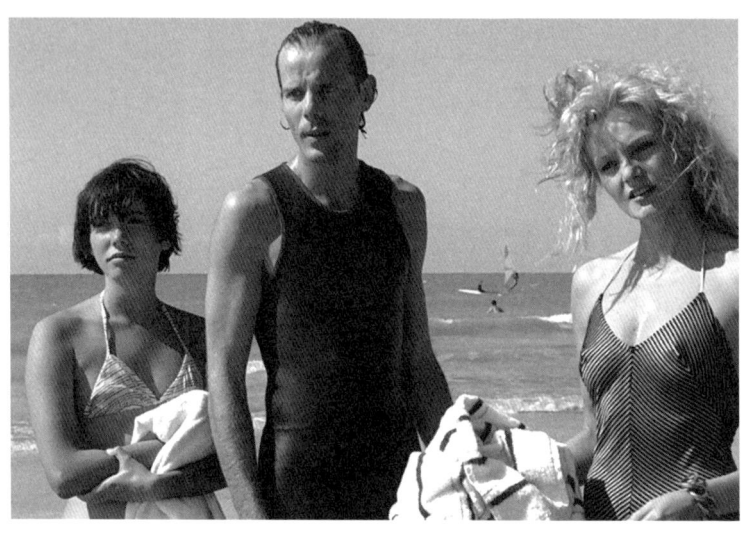

해변의 폴린느

1983

# 해변의 폴린느

**세르주 다네·루엘라 앵테림 — 1983**

**영화에 나오는 배우들의 위상은 어떤가요? 전문 배우들인가요?**

네. 이 문제에 대해 지금 깊이 논의하지는 않으렵니다. 전문 배우들을 요청했어요. '도덕 이야기', 일례로 〈수집가〉의 경우, 시네마베리테눈에 띄지 않는 장비를 이용해 현장을 직접적이고 즉각적으로 담아내는 기록영화류의 다큐멘터리 영화 기법에 함께 탐닉했던 배우들이 연기했는데, 이번에는 정말 그렇지 않습니다. 대사를 미리 써뒀고, 즉흥적인 부분은 전혀 없었어요.

**배우들이 실제 삶에서 개인적으로나 사회적으로 자신을 표현하는 방식이 영화에서 그들을 쓰는 데에 영향을 미치지 않았나요?**

---

〈리베라시옹·Libération〉 1983년 3월 23일 자. 허가를 받아 옮겨 수록함.

한 가지 말씀드리자면, 이 이야기의 주제는 다소 오래된 것으로 아주 옛날에 구상해뒀었어요. 당시에는 현재 아리엘 동발 Arielle Dombasle이 연기하는 인물을 브리지트 바르도가 맡을 것으로 상상했었죠. 그러니, 질문에 답하자면 아닙니다. 모든 대사는 누가 배우가 될지 모르는 상태에서 쓴 것이에요.

**특정 배우를 위해 인물을 만들어낸 적이 있나요?**

그런 적은 없습니다. 나는 매우 운이 좋았어요. 기적이라고 말하지는 않겠어요, 너무 센 표현이니까. 하지만 배우 운은 극도로 좋았습니다. 내가 쓴 대사가 그들에게 잘 맞았어요. 이 영화에서 그런 점이 특히 확연히 나타나요. 배우들은 거의 대사에 젖어 들었어요. 자기 것으로 만들었죠. 사실 나는 특별히 그들과 따로 작업하지 않고, 그런 연기 지도 절차와는 거의 관련이 없어요. 사람들이 '배우들과의 관계'에 대해 이야기할 때 나는 약간 당황해요. 그것은 자연스럽게 일어나거든요. 그리고 나는 지나치게 간섭하려 하지 않고 사물의 자연스러운 움직임을 믿는 것이 매우 중요하다고 생각합니다. 대부분의 영화에서는 감독이 개입하고, 카메라 앞에 지나치게 많은 것을 두려 하고, 너무 많이 지도하려 하고, 너무 많이 말하는 게 보통이에요. 그러니까, 네, 그 점에 관한 한 나는 고다르 같은 다른 이들처럼 매우 '누벨바그'적이지만 그들보다는 덜 체계적이죠. 그리고 다

에릭 로메르

른 측면이 있습니다. 내 배우들의 대부분—〈해변의 폴린느〉의
아트킨, 동발, 로제트—이, 연극에서든 영화에서든, 감독이기도
했다는 것이에요. 나는 그들의 지성에 호소하는 것을 좋아합니다.

**시나리오를 어떻게 쓰세요?**

쓰는 데는 몇 년이 걸립니다. 모든 게 항상 오래 묵게 되죠.
내 모든 소재들은 오래됐으며 나는 늘 그런 소재들을 쓰게 될
거예요. 그 뿌리가 나의 청춘기에 자리해서 아마 내가 상대적
으로 젊은 사람들과 일할 거예요.

**발화될 때 어떻게 들리는지 시험하기 위해 직접 쓴 시나리오를 소리 내어
읽으시나요?**

내가 스스로를 극작가라고 여기지 않고 또한 작가도 아니기
때문에 답하기가 어렵네요. 대사 쓰는 것을 좋아한다고만 말해
둡시다. 나는 대사 담당자예요. 사람들이 대사를 도와달라고
요청할 때 정말 놀라요! 내가 어려움을 겪는 부분은 초기 상황,
아이디어거든요. 그건 어렵고 힘겹지만 일단 인물들이 확정되
면 그들 스스로 이야기를 해나가고, 그러면 출발하는 거죠. 인
물들이 말할 거리가 충분치 않을까 봐 염려하는 법은 없고, 심
지어 그들이 말할 게 많다고 느껴져요. 내가 하는 일은 오히려
그들의 고삐를 당기는 것이죠.

전문 작가가 아닌 많은 사람들처럼 나도 작가의 슬럼프에 대한 공포가 있어서 쓰는 것을 멈추지 않으려고 노력하죠. 메모를 해두고, 그것들을 계속해서 다시 베껴 쓰는 것이 내가 하는 일입니다. 그러나 대사의 경우에는 아주 빨리 진행되는 나머지 내가 무엇을 쓰고 있는지조차 생각하지 않아요. 아주 빨리 쓸 때면 타이프를 칠 수 없는데, 어찌나 악필인지 종종 내 글씨를 읽기가 어려울 때도 있어요.

**캐릭터들이 때로는 다소 말에 중독된 듯 보이는 것이 사실입니다……**

네, 사실이에요. 사람들이 내게 그렇게 말했고 나도 인정할 수 있어요. '희극과 격언'에는 '도덕 이야기'에서보다 더 말 중독이라고 할 만한 게 존재합니다. 즉 사람들이 말을 많이 하는 데다 그걸 의식하고 있어요. 이들은 비밀을 털어놓는 상황, 동시에 그렇게 털어놓다 보니 끌려가는 상황에 놓이게 되는 사람들입니다.

이 영화는 폴린느의 시점에서 '사람들이 말하는 것을 믿을 수 있는가?'라는 재판의 담화를 제시합니다. 그녀는 그다지 말이 많지 않아요. 너무 말이 많은 어른들에 대한 십대의 비판적인 시선, 바로 그거예요. 그 나이대에는 별로 말하는 것을 좋아하지 않으며, 너무 말이 많은 사람들은 좀 의심스러워하죠. 약간 말수가 적은 것을 좋아해요.

에릭 로메르

**〈해변의 폴린느〉에는 젊은이들과 나이 든 이들—실제로 그렇게 나이 든 것은 아니죠—이라는 흥미로운 범주화가 존재합니다……**

글쎄, 개인적으로 나는 그런 종류의 범주에 상당히 반대합니다. 그리고 다른 데보다 프랑스에서 그런 구분이 덜 명확하다고 생각합니다. 그러나 종종 젊은이들 스스로 이런 종류의 범주를 씁니다. 그리고 물론 그것은 희극에서 유용하죠. 그러나 내가 그런 범주들로 나누는 것처럼 보일지라도 그 젊은이들과는 뚜렷하게 차이를 보일 것입니다. 나는 어떤 종류이든 집단이라는 것을 전혀 좋아하지 않아요. 내 영화의 젊은이들은 다른 영화의 젊은이들과는 같지 않아요. 이 이야기에서 내 관심사는 젊은이들이 친척들과 불화하는 모습보다는 오히려 더 예외적인 상황, 즉 어른들과 동등한 위치에 있는 모습을 보여주는 것입니다.


**다시 배우들로 돌아가보겠습니다. 그들은 신인은 아니지만 스타도 아닙니다. 스타와도 일할 수 있으시겠어요? 스타가 직업적으로 암시하는 모든 것, 스타 이미지와 브랜드 가치를 다 감안하고 말입니다.**

이 사안과 관련해서는 프랑스 영화에 대해 아주 비판적이 되어보겠습니다. 1982년은 통탄할 만한 해였다고 생각해요. 확실히, 대중에게 어필하는 변변한 프랑스 영화가 전혀 없었어요. 그리고 정확하게, 우리가 늘 같은 배우들을 쓴다는 것, 일종의 스타시스템을 갖고 있다는 게 나쁜 점입니다. 나 스스로 어떤 독창성이 있다고 주장한다면 그것은 이런 스타들을 쓰는 걸 거부하는 데서 온다고 말하겠어요. 그들은 돈을 가져오겠지만 내 영화는 손해를 보게 되겠죠.

조금 더 가혹하게 말해보겠습니다. 나는 요즘 텔레비전―TV 용 영화를 말하는 거죠―이 영화보다 더 낫다고 생각해요. TV 용 영화들을 전체적으로 보면, 프랑스 사회의 초상을 그린다는 점에서나 새로운 시청각 기술의 이용, 혹은 심지어 단순히 더 재미있다는 측면에서라도 텔레비전이 영화보다 낫습니다. 종종 극장용으로 만든 영화들을 TV로 보면 못 만든 데다 연기도 나빠요. 반면 텔레비전용 영화들에는 스타가 아니지만 훌륭한 배우들이 다양하게 존재해요. 또 다른 한편으로 TV용 영화들은 극장용 영화에서 더 이상 찾아볼 수 없는 매력을 갖고 있습니다. 제작 비용이 낮은 데다 더 빨리 만들어지기 때문입니다. 구체적인 감독 이름을 댈 수는 없어요. 그런 종류의 영화는 시나리오나 감독보다는 배우, 주제, 소재 같은 것들에 더 좌우된다고 생각하거든요. 1930년대 프랑스 혹은 미국 영화처럼요.

**소위 '품질영화'라고 불리는 프랑스 영화는 텔레비전과의 차별화를 위해 힘겹게 노력하고 있어요. 세자르상 같은 것이 늘 뛰어나지는 못한, 보통 피상적이되 진지한, B급 영화의 매력이 없고 우리를 놀라게 할 수도 없는 영화들을 포상하는 데 사용됩니다.**

네, 그것은 여러 요소들의 조합이며, 현재는 완전히 인위적으로 조립된 것 같아요. 말은 이렇게 하지만 나는 더 이상 평론가가 아니며 나 자신이 심판자나 심사위원이 되고 싶지 않고, 단지 애매하고 주관적인 설명을 하고 있을 따름이에요. 영화관에 그리 자주 가지 않거든요.

**올해 세자르상 시상식은 마케팅을 엄청나게 활용했고 경쟁이 매우 심했습니다. 어떻게 투표하셨어요?**

2차 심사 때에는 투표를 하지 않아요. 내 마음에 들거나 심지어 내가 본 영화가 전혀 없기 때문입니다. 1차 심사는 비밀투표이기 때문에 항상 나와 작업한 배우들과 스태프들에게 표를 던집니다. 감독상(미장센)에는 내 이름을 쓰진 않지만 내가 좋아한 영화의 감독을 씁니다.

세자르상에 대해 말하자면, 그것은 우스꽝스러운 제도이며 프랑스 시스템과 전혀 비교가 되지 않는 미국 시스템을 어리석게 복사한 거라고 생각합니다. 다른 곳에서 성공적으로 돌아가는 것이 여기에서 잘 돌아갈 수 없는 것은 아니에요. 단지 프랑스 영화로 하여금 그 전설적인 미국 영화의 창백한 캐리커처, 즉 완전히 진정성이 배제된 그 무엇이 되게끔 푸시하게 될 것입니다. 이제 그만해야죠. 이런 이유로 나는 우리가 세자르상에 강력하게 반대해야 한다고 생각합니다.

**'희극과 격언'의 차기 작품에서 다른 사회계층이나 연령층을 탐구할 건 가요?**

나는 영화 촬영 장소를 다양화하려고 노력합니다. 내 영화들은 허구이지만, 전혀 알지 못하는 삶의 영역들을 묘사하는 것은 힘거워요. 그렇다고 해도 여전히 내가 다룰 수 있는 범위가 상당히 많이 남아 있어요. 지적인 그룹들과 중산층 그리고 잘만 하면 노동계층, 젊은 노동자들―〈비행사의 아내〉의 경우가 그랬는데, 무대가 검소했죠―도 묘사할 수 있습니다. 나는 젊은 기술자들에 관한 뭔가를 하고 싶은 마음이 있지만, 인정하건대 적어도 이미 존재하는 시나리오를 갖고 완전히 다른 화법을 구사하는 공장 노동자들이나 시골 농부들과 관련된 뭔가를 촬영하는 것은 더 어려울 거예요.

**'희극과 격언'이 끝나게 될 시기는 언제 아시는 겁니까?**

열려 있습니다. 내 마음대로 멈췄다 다시 시작할 수 있어요. '도덕 이야기'와는 다릅니다. 그 연작은 만족스러운 전체가 되기를 원했기에 여섯 편을 하고 싶었죠. 이 경우에는 그렇지 않고, 결정적인 종결이 없을 것입니다.

**이 영화의 일반 개봉 날짜에 조금이라도 영향력을 행사할 수 있었는지요?**

글쎄요, 이 영화의 경우에는, 내가 아마 낙천주의적일지 모르

에릭 로메르

겠지만, 크게 걱정은 안 됩니다. 내 영화들에 소요된 예산은 해외 선판매로 수지타산이 거의 맞기 때문에 아주 운이 좋은 셈이죠. 그 결과 내 영화들이 프랑스 박스오피스에서 거두는 성과는 그다지 중요하지 않아요. 요즘은 모든 것이 마케팅으로 결정되는데, 영화표를 팔아서 얻는 이익을 비용에서 잃는 셈이죠. 숫자에 너무 많은 중요성을 두고들 있습니다. 〈아름다운 결혼〉은 9만 5000표가 팔렸기 때문에 내게는 큰 성공이었지만, 고다르에게나 드미에게는 같은 상황이 재앙일 수 있어요. 숫자란 의미가 없습니다.

**왜 감독님 영화들이 미국에서 그렇게 성공적이라고 보세요?**

자막과 큰 관련이 있습니다. 영화들이 더빙되는 경우가 극히 드물다 보니 식별되지 못하는 언어의 뉘앙스들이 많아요. 그럼에도 내 영화들은 여전히 성공합니다. 심지어 나는 바로 그런 이유로 영화들이 성공하는 건 아닌지 궁금해한 적도 있어요. 그런 뉘앙스는 관객이 더 어렵게 느낄 만한 것인데 자막은 덜 애매하니까요. 또 하나의 단순한 이유는 내 영화에 스타가 없기 때문입니다. 그들은 스타들을 필요로 하지 않아요. 어차피 미국에서는 프랑스 스타들을 모르니까요.

# 셀룰로이드와 스톤

**클로드 베일리 · 알랭 카르보니에 — 1984**

에릭 로메르의 작품에 대한 해설은 종종 있었는데, 주로 영화들의 우아한 단순함과 인물들의 섬세한 심리의 관점에서 행해졌다. 우리가 진행하는 인터뷰는 그와는 상이한 길을 감으로써 그의 영화들이 위치한 시공간적 환경과 영화들이 그려내는 도시 영역에 집중할 것이다. 건축적 공간과 영화적 공간은 서로 연결되어 있다. 로메르는 이들 간의 비밀스러운 화학작용을 어떻게 이용하는 것일까?

**초기 영화 때부터 건축과 공간, 특히 도시 공간, 그리고 그것들이 영화와**

---

〈라방센 뒤 시네마L'Avant-Scène du Cinéma〉 1985년 1월 호(336호) 4~10쪽. 허가를 받아 옮겨 수록함(인터뷰는 1983년 10월, 파리에서 이뤄짐).

**맺는 관계에 관심을 가져오신 것 같습니다. 영화감독들, 특히 감독님께 이런 것들이 흥미로운 기획이 될 수 있는 지점이 있나요?**

그렇습니다. 그리고 이런 질문을 받으니 기쁩니다. 종종 도시 계획에 대한 내 관심이 내 영화에서 입증되고 있는지 궁금했거든요. 일부 관객들이 이 점을 의식하는 것으로 보이네요.

**몇몇 걸작 영화들이 그런 이슈를 다루고 있습니다. 〈메트로폴리스〉(프리츠 랑, 1927), 〈마천루〉(킹 비더, 1949), 〈파라오의 땅〉(하워드 호크스, 1955) 등.**

프리츠 랑은 확실히 건축을 정말 중요하게 여기는 감독입니다. 지금은 이상하게도 랑보다 무르나우에게 더 관심이 가요. 무르나우는 건축가라기보다 비주얼 아티스트에 가깝습니다. 일반적으로 두 유형의 영화감독이 있다고 생각해요. 화가와 건축가죠. 영화를 촬영하기 전에 이미 공간이 존재한다고 보는 이들이 있고, 촬영을 하면서 공간을 창조하고 실제 공간과 더 이상 아무 관련이 없는 공간을 구상하는 이들이 있습니다. 전자는 건축가들로, 그들에게 영화의 목표란 기존의 공간을 우리의 눈앞에 살아 있게 만드는 것, 즉 사물들 간의 거리와 관계들이 실제 세계와 닮은 공간이 되도록 하는 데 있습니다. 이는 프리츠 랑, 장 르누아르, 로베르토 로셀리니에 속하는 공간입니다. 나는 확실히 이 그룹에 속해요.

**이런 점이 영화들을 준비하는 첫 단계에서 어떻게 작동하나요? 사전에 인물들이 거주하게 될 공간에 대해 정확히 구상을 하세요?**

경우에 따라 달라요. 공간은 시나리오상에서 정해질 때도 있고, 때로는 미장센연출을 의미 단계에서야 등장하기도 합니다. 내 첫 장편 극영화 〈사자자리〉의 경우를 들어보죠. 이야기를 따르자면 배경은 파리가 되어야 하고, 영화는 오직 파리에서만, 심지어 파리의 특정 구역들에서만 만들어질 수 있습니다. 〈몽소 빵집의 소녀〉도 마찬가지입니다. 이론적으로는 파리의 다양한 구역들에서 이야기가 진행되도록 할 수도 있었겠지만. 내 캐릭터는 그 정해진 구역 주변을 돕니다. 그런데 이 또한 해결하기 힘든 문제였어요. 스크린상으로는 순회하는 여정을 보여줄 수 없기 때문이죠. 즉 스크린이 평면이기 때문에 직선들이 곡선들과 혼동돼요. 〈갈루아인 페르스발〉에서 난 이런 어려움을 거꾸로 이용했죠. 순회하는 궤적들만 있었는데 그것들을 직선이 되게 한 것이죠. 〈몽소 빵집의 소녀〉에서는 '점점 작아지는 원형을 그리며 안쪽으로 향하는' 인간을 보여주는 것이 어려웠죠. 관객들이 그 궤적을 이해했는지 잘 모르겠습니다.

방금 말한 영화들의 공간은 그곳에 이미 존재하고 있었으며, 나는 그걸 따르기만 하면 됐습니다. 〈클레르의 무릎〉은 촬영하려는 장소들을 보고 나서야 최종적인 시나리오가 완성됐어요. 그 외에 〈O 후작부인〉 같은 영화들에서는 공간이 그다지 중요

에릭 로메르

하지 않았고요. 내가 말하고자 하는 것이 프레임 내 인물의 움직임이 아니라 야외 공간이었기에 다른 데서 찍었어도 무방했을 것입니다. 공간이 열려 있는 영화와 공간이 폐쇄적인 영화들이 있다고 말하면 쉽겠지만, 실제 상황은 그보다 훨씬 복잡하죠. 일례로 〈갈루아인 페르스발〉은 주인공의 전진 때문에 상당히 열려 있는 것으로 보이지만 사실 주인공은 성배를 발견하고 발길을 되돌려 랑드의 거만한 자나 말을 탄 처녀 등 다시 동일한 인물들을 만나게 됩니다. 그도 원형들을 그리며 안쪽으로 향하죠. 나는 원형 무대를 구축함으로써 이를 과장했습니다.

'희극과 격언'에서 공간은 시나리오의 일부이자 미장센의 결과이기도 합니다. 〈비행사의 아내〉를 뷔트쇼몽이 아닌 다른 공원에서 구상할 수도 있겠지만 말이죠. 〈아름다운 결혼〉에서 공간은 보다 우발적인데, 파리에서 일정 거리 내에 위치한 시골 마을을 반드시 찾아야만 했기 때문이에요. 미장센이 공간에 명령을 내리지는 않더라도 그것을 풍부하게는 하죠.

**스튜디오 촬영은 아주 드문 편이신데요.**

실제로 매우 드뭅니다. 〈모드 집에서의 하룻밤〉 말고는 거의 스튜디오에서 찍은 적이 없어요. 이 영화의 경우, 모드의 아파트에 있어야만 하는 특징이 있는 공간을 실제로 찾기 어려웠기 때문입니다. 〈하오의 연정〉에는 스튜디오 신이 있는데, 거리를 향해 난 창문들 및 나란히 놓인 사무실 두 곳이라는 특별한 배열을 원해서였습니다. 다른 거의 모든 내 영화들에서 집들은 있는 그대로 촬영됐고, 그 결과 때로는 플롯을 수정하기도 했어요.

**감독님 캐릭터들이 덫에 걸리거나 갇혀 있지 않다는 사실―말하자면 프리츠 랑의 캐릭터들이 처한 상황과 정반대라는 사실―이 충격적입니다. 원형을 그리며 돌기는 하지만, 그들은 움직이고, 걷고, 자전거나 기차를 탄 모습도 보입니다.**

맞아요, 내겐 이동 중인 사람들에 대한 남다른 애정이 있죠.

**보통 영화에서 장소 변경을 표시할 때는 지도 위에 점선을 그리거나 이동 중인 기차를 보여줍니다. 반면 감독님 작품에서는 이동 중인, 즉 걷거나 뛰는 캐릭터들에게 특별히 초점이 맞춰집니다.**

네, 뭐라고 설명해야 할까요? 내 최근 영화들과 아마 심지어 첫 영화에서도 캐릭터들이 자신이 사는 장소에 의문을 제기한다고 말할 수 있겠네요. 그들은 스스로 어디에 살고 있다는 것을 인식하고 있고, 그곳을 좋아하는지 혹은 아닌지를 압니다. 〈비행사의 아내〉의 경우가 그렇고, 폴린느와 루이즈도 마찬가지예요. 이는 유동성과 고정성 간의 갈등입니다.

**〈사자자리〉의 피에르 웨셀랭**Pierre Wesselrin**은 주변을 헤매다 부랑자가 되**

**어버립니다.**

네, 그는 내 영화들의 어머니 같은 존재예요.

**〈에투알 광장〉에서는 이런 면이 노골적으로 강박성을 띠는데요.**

아, 나라면 추상성을 띤다고 말하겠습니다……. 표현주의적
이라는 표현이 낫다면 그것도 좋고.

**광장 주변을 걷는 주인공을 보여주기 위해 공중에서 내려다보는 시점을
사용할 수도 있었을 텐데, 그의 발걸음만 지속적으로 보여줍니다.**

그런 경우 헬리콥터를 쓰는 등 넓은 시야를 확보했다면 상황
이 훨씬 쉬웠겠죠. 나는 영화에서 매우 흔한 그런 종류의 과정
을 사실 좋아하지 않습니다. 그러니 스스로 고생 좀 해가며 만
든다 한들 무슨 상관이겠어요? 나는 독창적인 해결책을 찾아
내기를 좋아해요.

**스튜디오 촬영을 좋아하지 않는다고 말씀하시는데, 주로 경제적 이유 탓
인가요?**

스튜디오 촬영이 비싼 것은 사실입니다. 그러나 그것이 유일
한 이유는 아니에요. 실제 이유는 내가…… 장소에서 영감을
받는다는 것입니다. 아이디어가 떠오르죠. 영화에서 나를 기쁘
게 하는 것은 현실과의 접촉입니다.

**'영혼이 감동받는' 그런 장소들이 좀 있나요? 물론 영화의 영혼 말입니다.**

영혼은 어디서나 감동받을 수 있어요. 촬영할 수 없는 장소란 없으며, 심지어 가장 추하고 가장 불쾌한 장소도 촬영할 수 있습니다. 어떤 식으로든 흥미롭지 못한 건축물은 없어요. 그것이 첫눈에는 불쾌하다 할지라도.


**아무튼 그림 같은 로케이션을 노리는 것은 아니네요. 파리에서는 사크레쾨르 성당이나 몽마르트 같은 인기 관광지를 촬영하지 않으셨어요. 〈에투알 광장〉에서는 개선문조차 볼 수 없고요.**

음…… 글쎄요. 우리가 영화에 대해 처음 쓰기 시작한 젊은 평론가였을 때, 우리는 프랑스 감독들이 충분히 파리를 보여주지 않는다고 생각했습니다. 반면 미국 감독들은 에펠탑이나 개선문 같은 클리셰의 형태로라도 아주 잘 보여줬죠. 프랑수아 트뤼포는 〈카이에 뒤 시네마〉에서 그 장소가 파리에 존재하기 때문에 미국인들이 그렇게 하는 것은 옳다고 썼습니다. 개인적으로 나는 클리셰나 엽서 같은 숏들을 피하지는 않아요. 〈사자자리〉에는 센 강변, 노트르담 사원, 생제르맹데프레 등이 나오죠.


**〈비행사의 아내〉의 경우 곧바로 뷔트쇼몽 공원을 떠올렸나요?**

꼭 그렇지는 않습니다. 오래전에 구상했던 소재였는데, 당시에는 불로뉴 숲을 배경으로 구상했었어요. 최종적으로 뷔트쇼몽을 선택한 것은 주로 테라스들과 조경 때문이었고, 서로 다른 고도를 미장센적으로 이용하기 위해서였습니다. 파리에는 가파르고 기울어진 장소들이 많지 않아요. 나는 로케이션에서 산 같은 지형을 이용했는데, 불로뉴 숲은 훨씬 더 평탄해서 그렇게 하는 게 불가능했을 겁니다.

**파리만 나오는 게 아니라 지방에도 주의를 기울이시는데요.**

다양성은 특별히 내가 추구하는 바예요. 내 영화의 주제들은 단일한 정체성을 공유하고, 영화 여러 편이 동일한 주제를 윤색하고 있어요. 그것이 '도덕 이야기'의 룰이었기 때문에 다양성은 장소들을 통해 확보되었죠. 그 결과 영화들이 어느 장소에 세팅되었느냐에 따라 제목을 붙일 수도 있었을 겁니다. 안시, 클레르몽페랑, 뷔트쇼몽, 그랑빌, 마른라발레 등. 나는 대부분의 파리지앵들과 마찬가지로 지방 출신이며, 파리에서 태어나지 않은 이들이 파리 출신들보다 파리를 선호하는 것은 사실입니다. 나는 파리를 좋아하며, 파리를 배경으로 하는 영화를 만드는 경우에는 어느 정도 고집스럽게 이 도시를 보여주는 걸 좋아해요.

지방에서는 우연이 내 선택을 지배했습니다. 특별히 내가 아는 장소들에 애착을 갖는 것은 아니고, 내가 향수를 느끼는 장소들을 보여준 것도 아니에요. 무엇보다 수중에 가진 촬영 시설과 현장에서 협조가 가능한 정도에 따라 좌우되었습니다.

**도시와 시골 중에 어떤 쪽을 선호하세요?**

대답하기 힘든 또 하나의 질문이군요. 시골을 더 좋아한다고 생각하긴 하지만 도시에 사는 것을 즐기죠! 싫어하는 것은 둘 사이에 있는 어중간한 평균 크기의 도시들이에요. 수도를 좋아합니다. 다른 한편으로, 나 스스로 지방의 삶을 그리는 감독으로 여기지는 않아요. 지방을 배경으로 하는 영화를 만들 때는 공간에 애착을 느끼지 않는 주변부 인간들을 선호해요. 일례로 〈수집가〉나 심지어 〈모드 집에서의 하룻밤〉을 보세요. 장소를 보여줄 때는 밖에서, 완전히 통합되지 않은 누군가의 시점을 취합니다. 나는 파리이든 시골이든 그곳의 습관을 그리지는 않습니다.

**파리 근교에도 관심을 두시는데요, 특히 TV용으로 만들어진 영화 중 하나인 〈산업적 풍경의 변신〉이 있습니다.**

교외 지역banlieue이 영화감독에게 훌륭한 재료가 되는 것은 사실입니다. 우선 수천 명이 살고 있기 때문이고, 다음으로 파리보다 더 새롭고 다채로운 무대가 되기 때문입니다. 점점 더 많은 영화들의 액션, 특히 범죄물의 액션이 그곳에서 벌어지는데, 의심할 바 없이 폭력적인 장면을 찍기가 더 쉽기 때문이죠.

에릭 로메르

내 영화들에서 교외 지역에 충분히 관심을 기울이지 못해왔다는 것을 발견했는데, 앞으로 바꿔보려고 합니다.

**일부 교외 지역의 악몽 같은 고층 건물 단지가 거슬리지는 않나요?**

나는 스스로에게 일체의 비판을 금하고 있습니다. 사물들을 그저 보여줄 뿐이에요. 내 식대로 표현해보자면, 사물들에게 기회를 주는 거죠. 장소에 대한 선험적인 의견을 갖고 있지 않습니다. 인간처럼 장소도 시험을 기치는 것이죠. 포토제닉한가, 라는 시험. 내가 아주 좋아하는 고다르의 영화가 있는데 제목이 〈그녀에 대해 내가 아는 두세 가지 것들〉입니다. 고다르는 가장 음산하고 끔찍한 사물들을 촬영했는데, 그것들을 살아 있게 만들고 고유의 아름다움을 부여하는 데 성공했습니다. 아마 그것들을 비판한 것일지도 모릅니다. 고다르의 경우에는 늘 찬성인지 반대인지 입장을 잘 알 수가 없고, 바로 그 점이 매력적이죠. 사르셀의 고층 건물 단지를 보여주는 파노라마 숏으로 장엄한 이미지를 만들 수 있는데, 이를 성취해낸 게 바로 고다르예요.

**〈만월의 밤〉에서 교외 지역의 황폐한 풍경을 보면 슬픔과 우울감을 느끼게 됩니다.**

슬픔이라, 왜일까요? 여주인공 자신이 슬프기 때문이고, 겨울이기 때문이고, 건물이 아직 완공되지 않아서죠⋯⋯. 나무가

자라고 나면 변할 것입니다.

나는 흐르는 시간의 한 지점에서 누군가 느끼는 감정을 묘사하고, 그걸 가장 잘 표현해낼 만한 장소를 찾으려고 억지로라도 애를 씁니다. 그럴지라도 사회적 비판이나 팸플릿 같은 설명은 전혀 포함하지 않아요.

**그곳에서 기꺼이 살겠다는 마음이 있나요?**

그런 문제가 아닙니다. 교외의 건축물들은 1950년대에 지어진 고층 건물 단지들보다 훨씬 세월을 잘 견뎌낼 거예요. 지금 묘사하신 풍경이 고독해 보일지는 모르지만, 회화적 관점에서 보면 매우 아름답습니다……. 우선 역의 직선들이 보이고, 다음으로 뒷배경의 커다란 건물들이 보이고, 그러고 나서 보다 저층의 건물들이 보입니다. 파란색과 흰색이 조화를 이룬 가운데……. 아주 온화하지는 않을지 모르지만 나는 마음에 들어요. 미학적으로 그곳은 흥미로운 장소입니다.

**그럼에도 여주인공이 오직 하나의 욕망, 즉 그곳을 떠나 파리 중심에 위치한 자신의 고치로 돌아가려는 욕망만을 갖고 있다는 것은 여전합니다.**

지방에 가보면 사람들이 외부에 대해 개방적이고, '편안하면서도 알려진 채' 살고 싶어 하는 것으로 보입니다. 파리에서는 세상이 손에 닿을 만한 근거리 저 바깥에 있다는 것을 알아도

에릭 로메르

사람들이 스스로를 가두는 경향이 더 강해요.

마른라발레Marne-la-Vallée, 파리 근교 도시의 역설은 바깥을 향해 열린 곳이 많지만 그 밖에서 아무것도 일어나지 않는다는 것입니다. 글쎄, 아직까지는요. 시간이 흐르면 바뀔 것이고, 그때가 되면 침입에서 스스로를 보호해야 하게 될 것입니다. 당장에는 우울하고 춥다는 것을 인정해야겠지만, 극도로 따뜻해지거나 아니면 반대로 살 수 없는 곳이 될 수도 있어요. 건물은 인간과 같아요. 잘 먹든 잘못 먹든 나이를 먹죠……. 18세기의 거주지가 현대적인 사무실 건물들을 수용하여 완벽하게 새로운 기능을 맡을 수 있습니다. 강철과 유리로 된 건물보다 더 잘 말이죠.

**그러나 적어도 무엇인가 있었죠. 그곳에는 아무것도 없습니다.**

아직은 아무것도 없지만 곧 무엇인가 생길 것입니다. 바로 그런 이유에서 내 주인공을 건축가로 설정했죠. 그는 미국 서부에 나오는 개척자와 같아요. 사막 한가운데 있는 것이죠.

**감독님 영화들을 차가운 장소와 따뜻한 장소로 구분할 수 있나요? 한쪽에 〈수집가〉와 〈해변의 폴린느〉가 있다면, 다른 쪽에 〈모드 집에서의 하룻밤〉과 〈만월의 밤〉이 있습니다. 심지어 계절로 영화들을 나눌 수도 있을 것입니다. 〈해변의 폴린느〉는 여름, 〈아름다운 결혼〉은 가을, 〈만월의 밤〉은 겨울, 그리고 〈비행사의 아내〉는 봄…….**

혹할 만한 생각이지만, 실상은 그처럼 단순하지 않습니다. 〈비행사의 아내〉는 9월에 찍었어요……. 하지만 5월 말이나 6월 초쯤에 촬영됐어도 무방했으리라는 점은 사실입니다.

**단순히 시간 문제를 생각하고 말씀드린 것이 아니라, 감독님 영화의 인물들과 이야기들이 계절의 영향을 받는다는 의미입니다. 다소 〈로라 몬테〉나 〈가을 소나타〉처럼요.**

단지 나는 거의 매번 촬영 일정에 적힌 날짜에 맞춰 영화를 찍을 수 있는 특권을 누렸을 따름이에요. 그래서 어떤 계절을 배경으로 이야기가 벌어질지 알 수 있는 거죠. 솔직히, 한 계절에서 다른 계절로 살짝 넘어갈 수 있다면 좋겠어요. 〈하오의 연정〉에서 가을, 겨울, 봄을 보여주면서 조금 시도했는데, 촬영은 다소 긴 기간에 걸쳐 이루어졌어요. 9월 말에 조금 찍고 다른 부분을 12월에, 또 다른 부분을 3월, 4월에 찍었죠. 추위와 녹음의 대비를 활용했습니다. 〈아름다운 결혼〉에서 처음 시작은 여름이었다가 여주인공이 라스파유 대로의 변호사 사무실로 향하는 끝부분에 이르면, 장면이 11월 초에 촬영된지라, 바람에 갈색 나뭇잎들이 흔들리는 것을 알아챌 수 있을 거예요. 〈만월의 밤〉의 경우에는 각 달을 표시했고, 영화가 봄에 끝나기를 바랐습니다. 그러나 결국 11월~2월의 기간을 고수했고, 계절의 변화를 활용하지는 않았죠.

에릭 로메르

〈모드 집에서의 하룻밤〉에서는 눈이 오는 설정이었어요. 눈 없는 겨울이 닥칠 수도 있었던 데다 인공 눈을 쓸 마음이 전혀 없었기에, 정말 큰 위험을 감수했던 것이죠. 〈수집가〉는 6월에 촬영했지만 남프랑스 지역이었기 때문에 한여름으로 느껴집니다. 생트로페에서는 6월 중순부터 녹음이 붉게 변합니다. 한편 〈아름다운 결혼〉의 여름은 충분히 추웠고 바람이 불고 구름이 낀 것이었어요.

**공간의 문제에서 시간의 문제로 넘어가버렸네요, 아주 당연하지만. 그래도 다시 공간으로 돌아가보겠습니다. 감독님께 중요한 것은 시골이나 도시냐의 차이라기보다는 그 공간들을 '닫으려는'—영화가 시작된 데에서 정확히 영화를 마감함으로써—욕망으로 보입니다.**

네, 그런 윤곽을 따라 '희극과 격언'의 네 편을 구성했는데 아마 놀라실지도 모르겠지만, 그것은 마르셀 카르네에 대한 오마주였습니다. 나는 르누아르의 영화를 접하기 전에 카르네의 영화를 보고 좋아했어요. 요즘은 르누아르가 더 가깝게 느껴지지만 여전히 카르네를 어느 정도 존경합니다. 특히 이야기가 시작된 지점으로 다시 돌아가 끝난다는 방식에 있어서요. 〈여명〉 〈북 호텔〉 〈천국의 아이들〉이 다 그렇습니다. 다소 술책일지도 모르지만 그것을 활용하고 싶었어요. '희극과 격언'의 이야기에 속한 윤리인 신중함의 윤리와 부합하죠. '도망가려고 하지 말아야 한다. 늘 현실의 힘에 의해 당신이 출발했던 곳으로 다시 끌려오게 될 것이다'라는.

**카르네 영화들에서는 단순한 운명의 트릭, 하찮음이 승리한다는 의미입니다.**

반면 내 경우에는 다음번에 더 나은 싸움을 가능케 하기 위한 귀환의 일종이죠. 〈아름다운 결혼〉에서 젊은 여자는 처음과 똑같은 기차를 타지만 이번에는 새로운 모험을 위한 준비가 된 상태예요.

**상파뉴 지역에서 전한다고 들었으나 명백히 감독님이 만들어낸 것으로 보이는 마지막 격언, '아내가 둘인 남자는 정신을 잃고, 집이 둘인 남자는 영혼을 잃는다'에서 충격적인 것은 일종의 고치로서의 장소 개념입니다. 마치 집이 자아 및 정체성과 연관된 것 같네요.**

네, 분명히 그렇습니다. 나의 여주인공들은 간절히 집을 찾고 있거나 간절히 집에서 도망치고 있어요. 〈만월의 밤〉은 이런 관점에서 〈아름다운 결혼〉의 정확한 대척점에 있어요.

**캐릭터들의 이름에 대해 좀 이야기해보죠. 오로라나 클로에 혹은 심지어 폴린느나 옥타브라는 명칭에는 어느 정도 가장이 들어 있지 않나요?**

이름을 고르는 것은 그리 쉽지 않습니다. 지나치게 특이하거

에릭 로메르

나 지나치게 흔하면 안 되거든요. 따라서 나는 대개 배우들이 자기 인물의 이름을 선택하게 하죠.

**그러나 옥타브는 〈게임의 규칙〉을 참조한 것으로 보입니다.**

아뇨, 알프레드 드 뮈세에 대한 참조예요. 마리안이나 카미유도 마찬가지고.

**아 네, 르누아르 자체가 뮈세를 염두에 뒀었죠! 소품 사용에 대해서도 이야기 나눴으면 하는데, 〈비행사의 아내〉의 금붕어 어항이나 〈만월의 밤〉의 출입구가 있습니다. 그것들을 통해 탁자와 찻주전자를 볼 수 있죠……. 물건들을 배면에 배치하는 것을 즐기시는 듯한데요.**

그렇게 의도적인 것은 아니지만, 깊이감이 있는 세트를 좋아하는 것은 사실이에요. 너무 평면적인 것은 좋아하지 않죠. 딥 포커스에 대한 추구와 필시 연관될 거예요. 흐릿한 이미지를 싫어하고 내 모든 영화의 이미지들이 선명하길 원합니다.

**건축가라기보다 화가적인 반응인가요?**

둘 다입니다.

〈카이에 뒤 시네마〉에서 '셀룰로이드와 대리석'이 장의 제목인 '셀룰로이드와 스톤'은 로메르의 칼럼 제목에서 따온 것으로 셀룰로이드는 영화, 스톤은 건축을 의미한다이라는

**제하에 쓰신 일련의 글에서 감독님의 현대 건축을 보는 시선은 다소 전통적이었습니다. 시대의 여러 경향에 대한 희망도 많았지만 건축이 인간의 영역을 억누를 수 있다는 약간의 우려도 있었고요.**

당시 내가 썼던 내용—십중팔구 편집이 필요하겠죠—은 오늘날 많은 건축가들이 생각하는 바와 동일합니다. 바우하우스와 르코르뷔지에는 자신들의 시대에 걸맞았는데, 나는 시대에 역행한다고 간주됐죠. 지금은 포스트모던이라고들 할 거예요. 예술은 나선형을 그리며, 진보와 후퇴를 통해 변화합니다. 그 글들의 제명으로 랭보를 인용("우리는 절대적으로 현대적이어야 한다")하면서 말하고자 했던 바가 바로 그거예요. '절대적으로'라는 단어의 사용은 금세 구시대적인 것이 되어버릴 의사모더니즘에 빠지지 말아야 한다는 의미였어요.

오늘날 현대적인 것은 라데팡스의 고층 건물들, '들어가서 살기 위한 기계들'이 아니라 진정한 집이라고 할 만한 마른라발레의 작은 건물들일지 모릅니다. 금세기 초엽, 세상을 뜯어고치길 원했던 자만에 가득 찬 건축가들이 있었습니다. 그들은 건축이 세상을 변화시킬 것이라고 생각했죠. 이제 더 이상 사람들은 그렇게 생각하지 않아요. 그들의 후계자들은 겸손에 대한 중요한 교훈을 얻었고, 더 이상 인간이 건축에 맞춰서 변해야 한다고 요구하지 않습니다. 건축이 인간에게 적응해야 한다는 것을 이해한 것이죠. 그것이 내가 이야기하고자 한 바예요.

에릭 로메르

**영화감독으로서 작업하면서 가장 가깝게 느껴지는 예술은 무엇인가요? 건축, 미술, 문학, 아니면 연극?**

나는 나 스스로 영화감독이기를 바랍니다. 그런데 일하다 보면 여러 다른 단계들이 있어요. 시나리오 단계에서는 무엇보다 작가로서 존재하죠. 그러고 나서 무대를 선택하고 구성하면서 연출이 진행되는 동안에는 보다 건축가처럼 느껴지죠. 나는 스튜디오를 토대로 한 작업에서만 세트디자이너를 고용해요. 유일한 예외는 최근작인데, 파스칼 오지에가 무대장치를 맡았죠.

**지금까지 나눈 대화를 요약해줄 수 있을 또 하나의 가짜 격언 '영원히 행복하게 살려면 집을 지켜야 한다'로 인터뷰를 마무리할까 하는데요?**

네, 하지만…… 그 격언을 거꾸로 해도 사실이 될 거예요. 이 야기에는 단지 윤리만 있는 것이 아니라 시도 들어 있죠.

**윤리는 안전이지만 시는 위험이라는 의미인가요?**

보다 기하학적인 용어들로 표현해보죠. 안정과 불안정, 부동과 변화가 있습니다. 〈만월의 밤〉의 루이즈는 어느 순간 여행을 하고 싶다고 말합니다. 내 차기작의 여주인공도 마찬가지로 떠나고 싶어 할 거예요. 그녀의 인생에서 어느 정도 안정을 찾으려고 하면서 말입니다.

# 녹색 광선, 레네트와 미라벨의 네 가지 모험

제라르 르그랑·위베르 니오그레·프랑수아 라마스 — 1986

**'도덕 이야기' 연작의 마지막 편은 〈하오의 연정〉입니다. 동일한 제목의 빌리 와일더의 영화를 염두에 두셨나요? 〈레네트와 미라벨의 네 가지 모험〉을 보고 난 지금, 만약 연극 연출가셨다면 페도조르주 페도. 프랑스 극작가나 라비슈외진마랭 라비슈. 프랑스 극작가를 무대에 올리셨을 것 같다는 생각이 듭니다. 스스로 코미디와의 관계를 어떻게 보시나요?**

실제로 와일더가 만든 영화의 제목을 염두에 뒀습니다. 와일더를 좋아하는데, 그에게는 어느 정도 천박함이 깃든 신랄함이 있어요. 나와 그 사이에 늘 많은 공통점이 있지는 않다는 의미입니다. 코미디 장르 내에서 보면 루비치Lubitsh를 더 좋아해요. 그러나 가장 좋아하는 감독이 누구냐고 물어보면 코미디 감독

---

〈포지티프Positif〉 1986년 10월 호. 허가를 받아 옮겨 수록함(인터뷰는 1986년 9월 27일 이뤄짐).

　　　　　　　　　　　　　　　　　　　　　에릭 로메르

들의 이름을 대지는 않죠. 그렇긴 해도, 내가 좋아하는 감독 중 몇몇은 코미디를 만들었어요. 호크스와 르누아르처럼. 무르나우의 작품에도 일부 탁월한 코믹 장면들이 있고.

**첫 영화와 마지막 영화의 시나리오가 별자리에 좌우되고 있습니다. 〈녹색 광선〉의 여주인공이 염소자리라는 사실은 그녀 스스로에게 매우 중요하죠. 〈레네트와 미라벨의 네 가지 모험〉의 '블루 아워L'Heure bleue' 섹션은 점성술보다는 기상학에 더 많이 기대고 있고요. 그리고 〈만월의 밤〉이 있습니다. 이런 요소를 영화에서 일종의 게임으로 보시는지, 아니면 정말로 감독님의 존재론적 관점의 일부인지요? '에릭 로메르는 가벼운 영화를 만들 때조차 다른 영화들과 마찬가지로 정확한 세계관, 우주적이라는 이름표를 붙일 만한 진실을 담보한다'라는 의미인가요?**

상당히 복잡한 문제지만, 아주 구체적으로 질문하셨으니 답할 수 있겠네요. 점성술을 그다지 믿지 않아요. 그것은 내 영화들에서 18세기 작가들의 작품에 나타나는 이교적 초자연성과 유사한 역할을 합니다. 당시 그들은 기독교의 기적에 대해 논의하기를 꺼려했죠. 개인적으로, 내가 소속된 가톨릭 신앙은 이따금씩 내게 영감을 주었습니다. 그에 대해 〈모드 집에서의 하룻밤〉에서 암시하고 있는데, 다만 종교적 관점이라기보다 사회학적 관점에서이죠.

〈갈루아인 페르스발〉에서는 인물의 기독교적 특성을 강조했습니다. 켈트의 특성을 강조할 수도 있었지만요. 가끔 내 영화들에는 아주 희미한 암시들이 들어 있어요. 그러나 나는 〈성녀 테레사〉(알랭 카발리에, 1986)를 보지는 못했어요. 인상 깊었던 로셀리니의 〈프란시스코 신의 어릿광대〉 같은 소재를 다룰 역량은 되지 못할 것입니다.

그러나 동시에 나는 게임에서처럼 초월성을 우회적으로 보여주고 싶은 생각이 간절해요. 별이라는 테마를 내가 사용하는 방식은 이와 같죠. 그것을 믿지는 않지만 회의적이지도 않으며, 그것을 믿는 사람들에게 관심을 갖고 있다는 뜻이지요. 나는 믿음을 가진 사람들을 좋아합니다. 그들이 믿는 바를 내가 믿지는 않더라도.

내 작품에는 더 심도 있고 더 진실된 두 번째 요소가 존재하는데, 그것은 우주적 혹은 심지어 기상적이라고도 할 만한 측면을 말해요. 내 영화들은 기상학을 쓰면서 만들어집니다. 내가 매일 일기예보를 체크하지 않았다면 그런 영화들을 만들 수 없었을 거예요. 날씨 변화에 맞추면서 촬영하거든요. 내 영화들은 날씨의 노예입니다. 나는 날씨를 속이지 않는 데다 거기에서 영감마저 받으며, 나 스스로 날씨의 남자가 되어야만 하죠. 내가 끌리는 것은 완벽한 예술품이자 자연의 경이로서 우주입니다. 그것들, 녹색 광선과 블루 아워는 자연의 기적이에요. 내가 늘 깊이 느껴왔던 자연에 대한 이런 느낌을, 늘 보

에릭 로메르

다 심리적이고 음울한 내 영화들 안에 통합하는 것은 어려운 일이죠. 마지막 두 영화는 예전 영화들에서보다 이런 점을 좀 더 강조할 수 있는 기회였습니다.

**〈레네트와 미라벨의 네 가지 모험〉은 침묵에 대해 찬양합니다. '기상학적 사건'은 영화의 처음과 끝에서 침묵의 시간으로 드러납니다.**

너무나 정확하게 바로 그래서 영화의 통일성에 다소 이질성이 끼어듭니다. 애초에는 네 가지 상이한 이야기들이었고, 영화화될 수 있을지도 확신하지 못했어요. 텔레비전에서 네 편의 단편으로 상영할 수도 있었거든요.

**녹색 광선을 포착하려고 기다리는 1년의 시간이 영화의 질이 손상되는 시간이자 필름 또한 훼손될 뭔가 일어날 기간일 수도 있는데요, 그 사실이 다소 절망적이지 않나요?**

모든 영화들에 해당되는 문제예요. 영화가 망가진다고 하셨는데, 네, 사실이죠. 그러나 랑글루아가 뤼미에르 형제의 영화들을 인용하면서 지적했듯이, 그렇게 많이 손상되지는 않는다고도 말할 수 있습니다. 뤼미에르의 영화들은 세상에서 가장 나이를 많이 먹었지만 가장 훼손이 덜 된 축에 속하죠. 완벽한 보존 수단이 생길 때까지—비디오디스크가 완벽한 보존 방법으로 보이긴 하지만 당분간은 안 쓰일 것 같고, 영화가 스크린상에 투영되면 해상도가 많이 떨어져요—, 영화는 글이나 그림—반에이크나 르네상스 시대의 그림—보다 보존력이 뒤떨어질 것입니다.

미술에 대해서도 똑같이 이야기할 수 있어요. 가장 오래된 작품들이 최근 작품보다 보존이 잘돼 있습니다. 영화의 꿈을 키우다 보면 이런 문제에 대해 생각하게 되죠. 〈카이에 뒤 시네마〉 시절에 영화 보존이라는 사안에 관심이 컸고, 앙리 랑글루아의 인터뷰를 진행한 적이 있습니다. 계속 〈카이에 뒤 시네마〉에 남았다면 다른 이들도 인터뷰했을 거예요……. 그 후 잡지에서 나 없이도 감독들과 영화 프로그래머들을 인터뷰했죠.

그러나 영화를 만들게 되면 더 이상 그런 일들을 생각하지 않게 됩니다. 손상되기 쉬운 재료를 사용했다고 몇몇 위대한 화가들을 비난할 수 있겠지만, 그것은 정작 그들의 관심사는 아닌 거죠.

**〈녹색 광선〉과 〈레네트와 미라벨의 네 가지 모험〉의 '블루 아워'에서 우리는 매우 단순하면서도 매우 연약한 무엇인가에 가까이 갑니다. 어떤 색이 몇 초간 등장하는 것이죠.**

그것은 허구와 허구의 재현이라는 관점에서 연약하죠. 반면 재현적인 예술 작품은 연약할 수도 있고 아닐 수도 있어요. 이 둘은 같은 게 아니죠. 영화가 연약함을 포착해서 그것을 보존하고 지속성을 부여하려고 시도하는 것은 분명한데, 이런 보존의 역할에는 한계가 있어요. 영화 이미지, 그리고 영화필름은 더더욱 재료의 측면에서 대리석만큼 견고하지 못하거든요. 내가 쓴 일련의 글을 여기서 인용하고 있어요. 셀룰로이드는 대리석만큼 견고하지 않아요.

**점성술 데이터는 〈사자자리〉에서부터 시작됩니다. 그것은 〈만월의 밤〉이나 〈녹색 광선〉에서만큼 뚜렷하지는 않더라도, 〈아름다운 결혼〉의 앙드레 뒤솔리에와 베아트리스 레몽의 배역의 경우처럼 늘 몇몇 인물의 인격을 결정하는 요인으로 작용합니다. 둘은 원래 너무 나쁜 사이로 설명되거나 아니면 서로 마주 보는 별자리로 설명될 수 있어요……. 이런 식으로 별을 활용하는 것과 아니면 영화 요소들을 활용하는 것은 대립적인가요? 이는 두 인물이 보여주는 것처럼 본질에 반하는 우연의 영역입니다. 사건들이 운명을 바꾸는 것이죠. 〈모드 집에서의 하룻밤〉에서는 눈이 내리고, 〈클레르의 무릎〉에서는 비바람이 몰아칩니다. 무엇인가 점성술을 뒷받침해주는 것이 있는데, 바로 기상학이죠. 그것이 감독님 캐릭터들의 본질이자 우연입니다.**

내가 생각해보지 못한 것들을 언급하셨지만 옳은 의견입니다. 영화를 만들고 싶어 하는 내 욕망은 원래 자연현상을 찍고자 하는 욕망이었어요. 아마추어 영화를 만들던 시절 어떻게 그것을 할 수 있을지—비나 폭풍을 어떻게 촬영할지—궁금했었죠. 그게 내 관심사였습니다. 인공적인 스튜디오의 속임수들은 만족스럽지 못했어요.

**인물들의 삶에서 특별한 순간을 표현하기 위해 그 요소들을 사용하고 계신데요.**

내가 표현할 수 있는 것은 나의 의지와 내 깊은 욕망들에 상응하는 것, 그리고 우연적인 요소입니다. 내 의지란 자연에 대한 깊은 사랑, 그리고 자연을 재현하고자 하는 욕망인데, 그것이 이야기의 일부가 돼야 하기 때문에 그 자체만으로는 충분하지 못하죠. 자연은 수천 번 촬영되어왔습니다. 그러나 이상하게도 그 누구도 녹색 광선을 찍은 사람은 없었어요. 조사해봤지만 내가 아는 한 없었습니다. 누구도 "네, 내가 그것을 찍었습니다"라고 나서는 사람이 없었어요. 촬영될 수 있는 것이지만 아무도 그럴 만한 인내심을 갖고 있지 못해요.

한편 놀라운 것들이 촬영 대상이 되어왔지만 화산, 지진, 산사태 같은 것들이었지 내가 촬영한 것 같은 단순한 대상들은 아니었습니다.

점성술에 대해 말하자면, 그리 진지하지 못하고 실제로 우연에 많이 지배되는 측면이 존재해요. 왜 델핀이 염소자리일까요? 〈사자자리〉는 8월이 시간적 배경이라 앞뒤가 잘 들어맞아서, 별자리는 사자자리가 돼야 했죠. 반면 델핀이 염소자리인 것은 순전히 우연입니다. 그녀의 친구는 그녀에게 잡지 〈엘〉을 건네주는데, 통째로 다 읽어내려가는 별자리 운세—내가 만들어낸 것이 아니에요—에서 그녀의 성격과 정확하게 맞아떨어지는 것은 염소자리였습니다. 여배우 자체는 그 별자리는 아니지만 그것과 매우 근접한 별자리였죠. (웃음)

**〈녹색 광선〉이 대사와 상황 설정 면에서 처음으로 즉흥 연출된 영화인가요?**

〈녹색 광선〉은 전체가 즉흥적이었습니다. 어떤 부분도 미리 써놓지 않았죠. 글의 흔적이 존재하지 않습니다. 어떤 경우에는 배우들이 완전히 즉흥연기를 했어요. 그들이 말하고 싶은 것을 말했죠. 식사 장면의 경우, 나는 아무 언질도 안 했고 단지 "그 여자가 고기를 먹도록 설득해봐"라는 지시만 내렸죠. 비아리츠를 배경으로 한 소년의 장면은 전체가 즉흥 연출됐어요. 우리가 그에게서 무엇을 원하는지 그 스스로는 몰랐거든요. 원래 오기로 했던 소년이 나타나지 않아서 나는 촬영 시작 3분 전에 그를 처음 봤습니다. 해변가에 있었는데, 나는 그를 '스웨덴 소녀' 옆으로 데려다 놓은 후 "테이블에 앉아서 이 두 여자애들과 이야기를 해봐"라고 말했습니다. 그들은 무슨 상황이 벌어질지 몰랐던 거죠. 또 다른 소년은 완전히 모르지는 않았어요. 여자 촬영감독과 아는 사이였거든요. 남프랑스 지방 억양으로 노닥거리는 그는 대개 그런 상황에서 여느 남자애들이 말할 법한 것을 말했죠. 여자애한테 국적이 뭔지 물었어요. 그녀가 스웨덴 국적이라고 생각했지만 사실 핀란드인이었어요. 다른 소년은 그녀가 스페인이나 독일 출신일 수 있겠다고 말합니다. 그 장면은 완전히 즉흥적으로 연출됐어요.

한편 어떤 방향으로 가고 있는지 배우들도 어느 정도 알고 찍은 순간들이 있습니다. 가장 어려운 장면들인데, 때로는 글로 쓸까 하는 유혹을 느꼈죠. 사람들이 이야기했으면 좋겠다 싶은 것을 실제로 그들이 말하도록 하기란 훨씬 더 어렵습니다. 스스로를 억제해야 하고 토픽에서 벗어나지 말아야 하는 데다 "이렇게 또는 저렇게 말하세요"라고 지시하는 대신 상당히 간결해야만 하죠. 영화 안에서 하루가 끝날 무렵 그런 장면들이 꽤 있습니다. 플롯을 진전시키고, 대화가 구체적인 한 가지 토픽에 집중돼야 하며 관객에게 정보를 주기 위해 특정한 사항들이 발화되어야 하고, 동시에 캐릭터들 사이에 정보 교환이 상당히 빠르게 이루어져야 하는 장면들이었습니다. 배우들과 함께 어떻게 해야 할지를 파악했지만 그들이 완전한 문구를 발화하도록 만들지는 않았습니다. 그것이 가장 어려운 장면들이었고 가장 많은 테이크를 필요로 한 장면들이었죠. 다른 장면들은 첫 테이크로 오케이가 됐습니다. 단지 그 후에 리버스숏(역숏)만 찍으면 됐죠. 그럼으로써 모든 캐릭터들을 보여줄 수 있었고―네 명이 대화할 때 동시에 모두를 보여줄 수는 없어요─, 거기서 편집을 할 수 있었죠. 첫 테이크를 다시 보면서 대사를 들은 다음 배우가 말해야 할 대사를 반복하는 식으로 찍었습니다.

〈레네트와 미라벨의 네 가지 모험〉에도 즉흥적으로 연출된 장면이 있었어요. 카세트로 녹음해뒀다가 슈퍼마켓에서 벌어진 도둑질에 대해 그들이 말하는 부분을 다시 틀어서 들음으로써 두 인물 모두 등장하도록 토론을 연출했죠. 첫 숏이 리버스 숏보다 자연스러워요.

**〈녹색 광선〉은 순서대로 촬영됐나요?**

순서대로 찍어야 했습니다. 유일하게 순서를 바꾼 경우는 현실적인 이유로 셰르부르 여행 전에 산으로 가는 여행을 촬영한 것인데, 완성된 영화에서는 그 반대로 나오죠.

**보통 때보다 필름을 많이 쓰셨나요?**

아뇨, 덜 썼습니다! 니도 놀랐어요! 16밀리를 사용할 때는 걱정이 덜하죠. 가장 최근작인 〈내 여자친구의 남자친구〉의 경우에는 훨씬 많이 썼었어요. 〈녹색 광선〉에서는 덜 찍었습니다. 왜? 순전히 즉흥 연출된 장면들은 처음에 오케이되거나 아예 잘 안 되거나 하기 때문이죠. 그러나 자칫 성공하지 못했을지도 몰라요. 모든 것을 주의 깊게 세팅했기 때문에 촬영하면서 실수를 그다지 하지 않았죠. 내게 문제가 됐던 유일한 것은 매우 단순하고 짧고 전환적인 장면들로, 배우들이 구체적인 뭔가를 말함으로써 상대 또한 똑같이 뭔가를 구체적으로 답하게끔 만들어야 하는 장면들이었습니다. 두 명으로 즉흥 연출을 하는 것은 매우 어려워요.

**은퇴한 택시기사가 나오는 장면도 즉흥적인 것 아닌가요?**

완전히, 순전히 즉흥 연출이었죠. 그는 우리가 어떤 화제를 꺼낼지도 몰랐습니다. 어느 날 그의 동의를 얻으러 찾아갔었죠. 그는 수락했습니다. "휴가 떠나실 건가요?"라고 물었더니 그가 답을 하려고 해서 제지했죠. "아니, 아니, 내일 그에 대해 이야기할 겁니다"라고 말했습니다. 그다음 날 우리는 카메라를 갖고 도착한 후 그 질문을 던졌죠.

**인터뷰처럼요?**

바로 그렇습니다. 〈녹색 광선〉에 대한 아이디어가 거기에서부터 생겨났죠. 나는 사람들이 얼마나 TV 인터뷰에서 자연스러운지를 보고 많이 놀랐어요. TV에서 자연스러운 상황에 놓이면 그들은 완벽합니다. 반면 배우가 아닌 사람은 대본이 주어지거나 길거리에서 누군가 갑자기 코앞에 마이크를 갖다대고 질문을 하는 등 불편한 상황에서는 끔찍한 모습을 보여요. 그 모든 것을 잊고 식탁에 앉으면 완벽하죠. 〈레네트와 미라벨의 네 가지 모험〉을 찍는 동안 소녀들이 나한테 물었어요. "오늘은 어떤 스타일로 할 건가요?" 두 가지 스타일이 있었습니다. 피보 스타일과 폴락 스타일.

피보 스타일이란 인터뷰 대상에게 달려들지 않는다는 것을 의미했어요. 대상—그 혹은 그녀—이 말하도록 내버려둔 후 나중에 예의 바르게 말하는 것이죠. 폴락 스타일은 동시에 말하는 것을 의미했습니다.

그래서 이런 상황에서는 완벽하게 자연스럽습니다. 자연스러움을 찾고 있다면 바로 그런 데에서 발견될 거예요. 사람들이 카메라의 존재를 잊어버리거든요. 이런 장면들에서는 사람들이 연기를 하고 있지만 가상의 관객과 관계를 맺는 것이 아니라 토론에서처럼 서로가 관계를 맺고 있습니다. 그래서 나는 전문 배우가 아닌 이 모든 이들을 식탁 주변에 불러 모아 일상적인 대화를 하도록 한다면 자연스러울 거라고 혼자 생각했습니다. 자연스럽게 언기힐 데니까요.

그러면서도 단지 그렇게만 영화를 만들 수는 없었습니다. 전통적인 극영화 형식의 장면들도 넣어야 했죠. 전시, 플롯의 진행, 드라마가 들어가는 부분들을 의미합니다. 이 점에 있어서 내 주연배우인 마리 리비에르가 큰 도움이 됐습니다. 토론 장면에서나 다른 장면에서도 탁월했죠. 그녀는 상황을 주도했어요.

말하는 내용뿐만이 아니라 말하는 방식, 사람들에게 질문을 던지는 방식, 그녀의 캐릭터가 유발하는 질문들을 통해서였죠. 그녀는 영감을 불러일으키고, 같이 대화하고 싶은 사람인데, 그런 점은 매우 중요합니다.

**말씀하신 게 명백하게 드러나는 순간이 두 번 있습니다. 먼저 그녀가 그룹에서 떨어져 혼자 울고 있고 친구가 위로하기 위해 다가와 그녀 쪽으로 살짝 몸을 향하는 장면이에요. 그다음으로 그녀가 젊은 남자에게 "나랑 같이 갈래요?"라고 말하면서 그를 깜짝 놀라게 하는 마지막 장면이 있습니다. 이런 것이 전통적인 허구죠. 단지 사실주의적인 영화감독에 그치는 것이 아니라 그 외 다른 무엇도 있다는 것을 이런 부분에서 알 수 있어요. 사실주의나 사회학은 존재론적 진실과는 다르죠.**

마리 리비에르 이야기로 돌아가서, 그녀는 내가 그녀가 울 것이라고 생각했던 때에 울지 않았습니다. 나는 그녀가 울게 될 순간들을 단지 어렴풋하게만 계획했었는데, 예정된 대로 그녀가 울었던 유일한 순간은, 아마 가장 강요된 경우였겠지만 지금 언급하신 대로 그녀가 그룹에서 떨어져 울 때입니다. 그렇다고 해서 덜 감동적이라는 건 아니에요. 다른 경우들은 그저 자연스럽게 벌어졌어요. 예를 들어 라플라뉴<sup>La Plagne.</sup> 스키장에서 울기 시작할 때, 그것은 전혀 예정되어 있지 않았어요. 울지 않고 있는 테이크도 찍었지만, 그녀가 운 경우에는 대화 상대인 소년이 혼비백산합니다. 미용실에서도 울었는데, 그건 서투른 짓이었죠. 액션의 일부를 설명해야 하는 아주 구체적인 장면이었거든요. 사람들로 하여금 "거기에 갔다가 다시 떠나서 돌아왔어"라고 말하도록 시킨 뒤 상대방이 "아! 거기 갔었어?"라는 질문을 하되 반복이나 지루하지 않게 만드는 일만큼 힘든 것은 없습니다. 나는 그런 유의 대사, 학교에서 배우는 그런 즉흥성을 피하고 싶었죠.

그녀는 갑자기 울기 시작하면서 그런 순간들을 구해냈습니다. 그녀가 울 줄 몰랐던 가장 특별한 순간은 비아리츠에서 두 소년과 대화하기 직전, 스스로 "하지만 나는 개방적이고, 사람들을 봐……"라고 말하고는 울기 시작할 때인데……. 너무 예외적이어서 촬영감독이 놀랄 정도였죠. 그녀가 울기 시작하는 순간 촬영감독은 막 줌아웃으로 돌입한 참이었는데, 마리 리비에르가 울고 있다는 것을 알아채고는 다시 그녀 쪽으로 카메라를 전진시켰죠.


**〈레네트와 미라벨의 네 가지 모험〉에서 마리 리비에르는 울면서 다른 사람들을 완전히 내팽개칩니다. 돈(6프랑 70상팀)을 얻기 위해서죠. 미리 써놓았던 부분인가요?**

〈레네트와 미라벨의 네 가지 모험〉은 아주 주의 깊게 썼으면서도 전혀 쓰지 않은 것이기도 합니다. 두 측면이 완전히 섞인 혼합물인데, 그렇게 계획된 것이기도 했고 이제는 더 이상 어떤 게 즉흥적이었고 어떤 게 그렇지 않았는지 알 수 없어졌거든요. 가장 즉흥성이 강했던 사건이 바로 지금 질문한 장면입니다. 마지막은 즉흥적인 게 아니라 완전히 미리 써놨었죠. 레네트가 미술에 대해 토론할 때 더 확장해보도록 내버려둔 부분만 제외하고. 한편 파브리스 루키니는 보기에는 즉흥적으로 말하고 있는 것 같지만 대사가 쓰인 대로 정확하게 말하고 있죠. 사실 그는 대사를 매우 정확하게 말합니다. 몽파르나스역 장면은 대사가 없었고 즉흥적으로 연출됐습니다. 이런 유의 토론이 일으킬 수 있는 그 모든 종류의 오해와 중복이 포함돼 있죠.

미리 써둘 수도 있었을 겁니다. 그러나 천진한 대사이기 때문에 써둬야 하는지 문제가 됩니다. 즉흥적으로 발화되면 긍정적인 의미로 천진할 수 있고, 무엇인가를 향한 일종의 진실이 됩니다. 그 사람의 진정성을 감지할 수 있어요. 그러나 미리 준비되면 비판적인 관점이 들어가서 일종의 어리석은 기록이 되어버립니다.『부바르와 페퀴셰Bouvard and Pécuchet』귀스타브 플로베르의 미완성 소설. 제목은 무지한 두 주인공의 이름에서 딴 것이다 같은 것 말이죠…….

**그녀는 뤽상부르 공원에서『부바르와 페퀴셰』를 읽는데요…….**

늘 그 책이『백치』도스토옙스키의 고전인 줄 알고 있었는데, 아마

에릭 로메르

그녀가 다른 책을 잘못 집었나 봅니다. 그 당시에 아직 『백치』를 읽고 있었거든요. 『부바르와 페퀴셰』는 어리석음에 관한 대하소설이 아닙니다. 그렇지 않아요, 그들은 바보가 아니죠. 나는 교훈적인 면이 들어가기를 바랐습니다. 겉으로 천진해 보이지만 실은 깊이 있는 것들에 대해 소녀들이 이야기하길 바랐어요. 시골에서 대개 그런 특징이 가장 두드러졌지만, 오늘날에는 사라져버렸죠……. 나는 그들의 토론에 요즘 젊은 여자들이 말하는 방식과 똑같은, 마치 동시대인들이 이야기할 법한 그런 공통된 문제점들과 일치하는 뭔가 굉장한 진실성이 들어가기를 바랐습니다. 그런 연유로 그들이 생각하는 바에 내가 동의하지 않더라도 자유롭게 이야기하도록 내버려뒀고, 그들은 내가 결코 쓰지 않을 내용들을 이야기했죠. 그것이 유일하게 받아들일 수 있게 하는 방법입니다. 그런 대사를 쓴다는 것은 참을 수 없을 것이기 때문이죠.

한편 보다 코믹한 다른 이야기들, 상투적인 논의가 빠진 이야기들은 미리 써둘 수 있습니다. 아주 일반화해봤을 때, 영화에 철학이 담길 경우에 나는 인물들, 즉 상당히 자주 배우들을 거쳐 논쟁에 참여합니다. 그것이 비겁함이나 신중함, 어떤 거리 두기든 말이죠. 〈모드 집에서의 하룻밤〉에서는 장루이 트랭티냥을 통해 논쟁에 참여하지만 그것은 매우 복잡하고 모호한 상황으로 포장되어 있죠. 마르크스주의자에 관한 대사는 당시 앙투안 비테즈가 표현했던 그대로를 따온 것으로 그의 아이디어였습니다. 〈수집가〉에 들어 있는 일반적으로 예술을 바라보는 이론적 개념들은 알랭 주프레와 다니엘 폼므뢸의 생각이었고요.

내 영화들에서 표현되는 디테일들은 종종 캐릭터나 배우의 생각에서부터 탄생합니다. 이 영화의 경우에는 그보다 좀 더 나아가 캐릭터에서 영감을 얻으려고 했고 캐릭터의 생각을 기록하려고 했어요. 아마 배우들은 그것이 자신들의 생각이 아니라고 말할 것입니다. 영화를 위해 표현한 것이지만 실제 삶에서는 다르게 생각한다고요. 그럴 수도 있겠지만, 별로 중요하지 않아요. 분명한 것은 내게서 나오지 않았다는 점입니다. 어떤 면에서는 나도 내용을 믿긴 하지만요. 그러나 나는 레네트나 미라벨 어느 쪽에도 전적으로 동의하지는 않아요. 그들의 갈등에 동의하죠. 그들이 토론하는 내용이 중요하다고 생각해요. 아마 나라면 그와 동일한 방식으로 표현하지는 않겠지만, 그들의 대화에는 뭔가 나에게 영향을 미치는 것이 들어 있습니다.

**맞닿는 지점들이 있어요. 현실과 예술의 관계를 들 수 있죠. 레네트는 예술을 통해 현실을 변형하고 변모시키고자 하는 욕망을 갖고 있는데, 그것은 감독님의 욕망에 완전히 반하지는 않습니다. 그녀가 완전히 감독님의 시각을 표현하지는 않더라도 영화가 그것을 공유하고 있어요.**

나는 미라벨보다는 레네트에 가깝습니다. 미라벨은 일종의

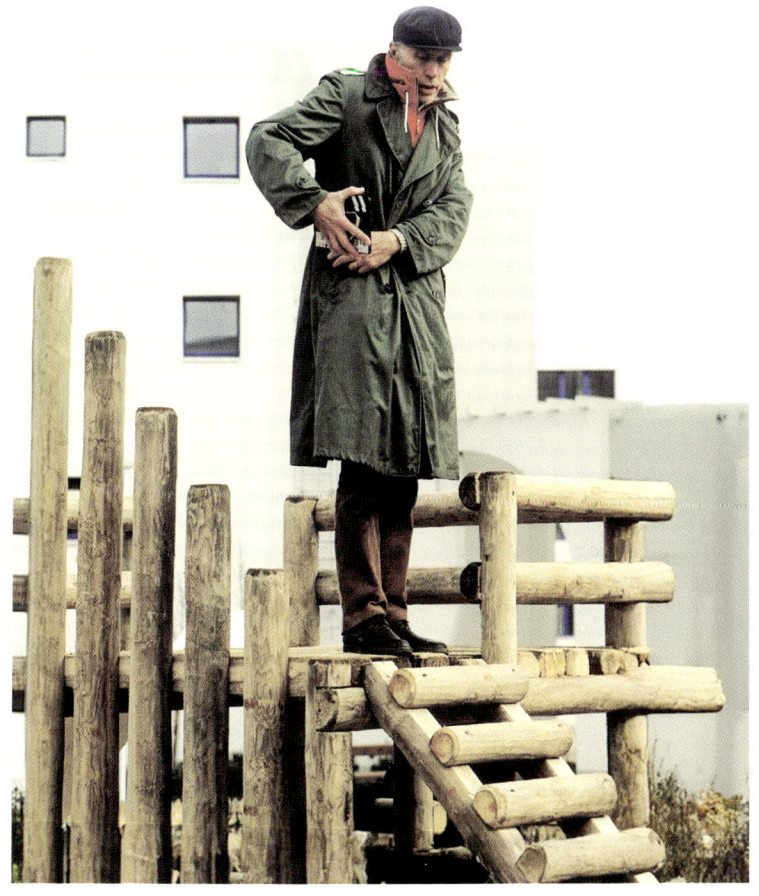

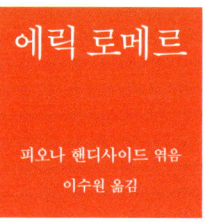

영화감독 에릭 로메르의 인터뷰집이 새롭게 다시 세상에 나왔습니다. 8년 전 첫 출간 당시 제목은 엄격한 외국 인명 표기법에 따른 『에리크 로메르』였죠. 우리는 이번 작업을 통해서 표기법을 뛰어넘어 '에리크 로메르'가 아닌 '에릭 로메르'의 영화 세계를 공유하고 있다는 감각을 되찾고자 했습니다.

에릭 로메르는 여전히 다양한 기획전을 통해 소개되고 시네필들 사이에서 회자되면서 아트하우스 영화를 대표하는 이름으로 자리하고 있지요. 『에릭 로메르』에는 그가 데뷔할 즈음인 1971년부터 타계한 해인 2010년까지 진행된 열여덟 편의 인터뷰가 담겨 있습니다.

그는 아이러니한 예술가입니다. 누벨바그라는 가장 혁신적인 영화 사조를 이끈 개척자인 동시에 영화라는 예술의 존재 이유, 즉 있는 그대로의 자연을 카메라에 담고 그 안에서 살아 숨 쉬는 인물을 보여준다는 본령을 지키는 보수주의자입니다. 『에릭 로메르』는 한 가지 측면으로 정의하기 어려운 예술가의 복잡다단한 초상을 그려냅니다.

에릭 로메르의 영화를 보는 즐거움은 오직 그 순간에만 존재하는 햇살과 바람, 공기를 감각하는 기쁨에 있습니다. 독자님도 이 책을 읽는 도중에만 만나볼 수 있는 고유한 '에릭 로메르'와 대화해보시길 바랍니다.

마음산책 드림

대중적인 상식을 표현하죠. 레네트의 역설과 순진함을 볼 때 나는 그녀와 더 가까워요. 나의 순진함은 덜 확신적이며 더 도발적입니다. 그래도 그녀에게 더 가깝고, 심지어 그녀의 우스꽝스러운 측면에 가깝습니다. 도스토옙스키조차 어리석음의 관점에서 『백치』에 가깝죠. 나는 우리를 웃게 만드는 우둔한 캐릭터들을 좋아해요. 내 모든 캐릭터들은 이런 어리석은 측면을 갖고 있습니다. 나는 그들이 그와 같기를 원하며, 그들은 모두 일종의 진실을 담고 있어요.

**〈녹색 광선〉의 여주인공은 『백치』를 읽고 있습니다. 의도하신 건지요?**

아닙니다. 일부러 그 책을 선택한 것이 아니라 우연, 기적이었죠. 그 영화에는 우연밖에 없었습니다. 순전한 우연이었어요. 그 이유는 모르겠지만, 그녀가 그 책을 읽고 있었을 뿐이에요. 내가 좋아하지 않는 책을 그녀가 읽고 있었다면 아마 "다른 것을 찾아보세요"라고 말했을 거예요. 하지만 『백치』를 읽고 있는 것을 보자마자 "와, 멋진데. 그녀가 『백치』를 읽고 있어"라고 나는 말했습니다.

**감독님 영화에서 책 선택은 결코 내용과 무관하지 않습니다. 〈수집가〉에서는 인물이 루소를 읽고 있는데, 우연이 아니죠.**

그런 면도 있지만, 동시에 일정하게는 우연이 존재해요. 루소는 내가 넣었죠, 그러니까 네, 그것이 영화에 들어 있습니다……. 하루가 끝날 무렵에는 행복한 우연들을 수용하고, 불길한 우연들은, 글쎄, 되도록이면 노력해서 피하고……. (웃음)

**레네트는 자신의 사고를 체계화하려고 노력한 후 그에 맞춰서 이론화하는 사람인 반면 미라벨은 상식을 활용합니다.**

〈레네트와 미라벨의 네 가지 모험〉은 아주 단시간 내에 구성됐어요. 레네트를 처음 봤을 때 아주 특별하다고 여겨졌거든요. 그녀가 날 보고 가장 먼저 말한 것은 "저는 원칙에 따라 제 삶을 구성해요"였습니다. "좋네요. 예를 들어 어떤 식으로 그렇다는 거죠?"라고 물으니, "뭔가를 결정했으면 그것을 실행하죠. 말을 안 하기로 결정했고, 그래서 말을 안 했어요"라고 했어요. 바로 여기에서 영화의 에피소드가 비롯됐습니다. 카페에서 벌어지는 이야기는 그녀에게 실제 일어났던 것이죠. 그 후 우리가 설정을 한 거예요. 많은 관객들이 그런 종류의 상황을 경험했을 것입니다.

**보통 감독님의 영화는 아주 세심하게 계획되는데, 〈녹색 광선〉은 이전 영화들과는 달리 준비되지 않은 채 편집 단계에 이르렀습니다. 그런 새로운 경험이 어땠나요? 특정한 방식으로 재료의 모양을 빚으려고 시도하셨는지, 아니면 이야기가 저절로 모습을 드러냈는지요?**

에릭 로메르

〈녹색 광선〉은 지나치게 성공적이었습니다. 촬영이 쉬웠고 낭비도 많지 않았어요. 편집도 쉬웠습니다. 그러고 나서는 사람들이 영화를 좋아했죠. 그런데 나는 사실 누벨바그에 대한 살짝 향수 어린 회고라고 일반 대중이 생각하면서 영화를 좋아하리라곤 예상치 못했죠. 이 영화에서 그다지 많은 것을 배울 수는 없습니다. 그것이 일회성이라는 느낌이 있기 때문이며, 다시 그렇게 만들 수 있을지 모르겠습니다.

〈녹색 광선〉 다음 〈레네트와 미라벨의 네 가지 모험〉을 찍기 시작한 게 바로 그런 이유에서였습니다. 내가 옳은 방향으로 가고 있는지 보고 싶었죠. 이 영화는 나의 결정에 힘을 실어주면서도 그것을 약화시켰습니다. 내가 원래 한 생각을 정확하게 고수하지 않았어요. 내 앞에는 강한 개성을 지닌 여자, 즉 여러 가지 일들이 일어나고 스스로도 여러 가지 일들을 일으키는 그런 여자가 있었습니다. 그런 것이 바로 누군가와의 만남이 선사하는 기회죠. 영화감독으로 살면서 나는 내게 영감을 주는 사람들을 만나왔습니다. 〈수집가〉의 캐릭터들, 특히 주인공은 아니지만 영화의 주축을 이루는 다니엘 폼뫼뢸 같은 사람들이죠. 베아트리스 로망, 아리엘 동발, 파스칼 오지에 같은 여배우들은 강한 개성을 지닌, 굉장한 영감을 불러일으키는 사람들입니다. 나는 강한 개성을 가진 이들을 필요로 해요. 가장 최근에 만들어진 영화 두 편을 보면 그런 사람들이란 단지 내게 필요한 것을 조합할 만한 능력이 있는 이들만이 아니라 소설적이거나 코 믹한 상황에 처하는 사람들, 그들 자신이 드라마틱하거나 코믹 한 상황이 만들어내는 하나의 세계 자체를 불러오는 사람들이 었습니다. 그런 점에서 나는 다시 만남에 의존하고 있죠.

편집 과정 또한 수월했습니다. 실패라고 보는 유일한 장면은 가장 많은 사람들이 관련된, 말하자면 마지막 장면이었어요. 당시 나는 이 영화로는 모든 것이 불가능하고, 엔딩을 못할 것 이라고 혼자 생각했죠. 뭐라도 가능한지 보기 위해 이 장면부 터 먼저 편집하기 시작했어요. 아직 일몰이 아니었는데, 그 상 태에서 편집하기란 매우 힘들었죠. 내가 촬영한 스크린상에 일 몰을 만든 후에 그것이 어떻게 될지 전반적인 감을 잡기 위해 편집을 했습니다. 게다가 그 장면은 촬영하기가 아주 어려웠어 요. 인물들이 불안해했죠. 너무 시끄럽기 때문에 바다 앞에 서 있지 않았죠. 우리가 서 있던 그 곳은 대양과 만 사이에 위치 해 있었어요. 그래서 인물들은 대양 바로 위에 있었던 게 아니 라—빛이 움직이고 있기 때문이기도 했죠—둑을 마주하고 있 었고, 만을 등진 채 대양을 바라보고 있지 않았습니다. 그들의 시선이 올바른 방향을 향하도록 하기 위해, 즉 지평선을 바라 보도록 하기 위해 나는 수건인지 가방인지 더 이상 기억나진 않지만 그중 하나를 썼습니다. 그러므로 촬영 여건은 좋지 않 았던 셈이죠. 그 장면은 테이크를 여러 번 가야 했고, 나는 서

　　　　　　　　　　　　　　　　에릭 로메르

로 다른 시간대의 숏들을 골랐습니다. 그것들이 편집 테이블에서 어떻게 보이는지 확인해야 했죠.

바로 그때 '이 장면은 음악이 없으면 안 되겠구나'라고 알게 됐죠. 지금은 내 영화에 절대로 배경음악을 추가로 사용하지 않습니다. 그러나 이 경우에는 필요했다고 생각해요. 그러고 나서 영화 전체에 흐를 수 있을 만한 테마를 생각해냈습니다. 그 테마가 잘 들어맞는 것을 확인하고는 혼잣말을 했죠. "좋아. 이런 식의 엔딩이 가능하겠지만, 이 영화는 시작할 때가 훨씬 강렬하고, 비아리츠에서 생기는 모든 일은 그다지 추가로 더해주는 게 없겠군. 이렇게 시작이 강해서 괜찮을지 모르겠는데. 끝으로 갈수록 그저 흐지부지될까 걱정스럽군." 지나치리만큼 시작이 잘된 영화라는 것이 내 느낌이었어요. 그러나 일단 영화 편집이 끝나고 나자 그 역이 들어맞았어요. 사람들이 엔딩을 향해 점진적인 진행이 이루어진다고 느낀 것이죠. 지금까지가 편집에 대해 내가 했던 생각입니다.

**편집 때 촬영 당시 중요하게 여겨졌던 요소를 삭제하거나 변화시킨 이야기가 있는지요?**

아뇨, 나는 어떤 것도 잘라내는 적이 거의 없어요. 날짜가 나오는 중간 자막들은 미리 촬영해뒀어요. 이 영화에는 예산이 아주 적게 들어갔습니다. 처음에 우리가 제시했던 것보다 열

배 적게 썼어요. 거짓말을 해서가 아니라, 발표된 예산안은 예상되는 후반 작업 비용을 포함하기 마련인데 이 영화에서는 촬영에 총예산의 10퍼센트가 들어갔고 그 외의 비용으로 나머지 90퍼센트가 지출된 거죠. 주지하다시피 촬영과 편집 담당 스태프들은 대가를 지불받았죠. 돈 안드는 영화가 어떤 것인지 이제 아셨을 거예요.

날짜들 촬영은 내가 했는데, 녹색 잉크로 직접 썼죠. 그리고 여주인공은 비아리츠에 며칠 더 머물면서 촬영을 해야 했어요. 그러고 나서 촬영분들을 약간 줄였습니다. 예를 들어 일몰이 등장하는 날은 실제로는 그녀가 해변가를 걷는 날과 동일하지 않았고, 카페 토론이 벌어지는 날은 그녀가 스웨덴 소녀를 만나는 날과 동일하지 않았어요. 여기가 내가 유일하게 변화시킨 부분입니다. 그 외에, 그녀가 해변가를 걷고 있는데 비가 내리는 날을 찍은 숏들 중 몇 개를 잘라냈습니다. 그냥 갈까도 생각했으나, 어떤 효과도 더해주지 못하더군요. 아, 그녀가 해변가에 홀로 있는 또 다른 숏도 있네요. 어쨌든 그녀가 비아리츠에 혼자 있는 시퀀스는 그대로도 충분하다고 여겨졌어요. 한편 대사가 있는 시퀀스들은 모두 그대로 살렸습니다. 낭비가 어느 정도 있었던 건 분명하지만 촬영분의 두세 배 정도에 그쳤고, 실질적으로는 거의 없었던 것이나 마찬가지죠.

에릭 로메르

**〈녹색 광선〉 때문에 다소 혼란스러웠다고 하셨는데, 이 영화가 편집되기 전에 〈레네트와 미라벨의 네 가지 모험〉을 촬영하셨습니다.**

네, 〈녹색 광선〉의 성공으로 약간 혼란스러웠어요. 그 전에 〈레네트와 미라벨의 네 가지 모험〉을 촬영하고 있을 때에는 혼란스럽지 않았습니다. 이 영화를 통해서도 같은 경험을 할 수 있다고 스스로에게 확신을 주고 싶었습니다. 나는 〈녹색 광선〉을 만드는 과정을 정말 즐겼지만 영화가 비평적인, 심지어 상업적인 성공을 거둘 줄은 몰랐어요. 그러나 여하튼 그 자체로서 성공한 영화라는 것은 느꼈고, 그래서 동일한 원칙들을 사용하여 동일한 맥락 속에서 다시 실행해보고 싶었던 것입니다.

**〈레네트와 미라벨의 네 가지 모험〉이 개봉하기 전에 또 다른 영화 〈내 여자친구의 남자친구〉를 감독하셨습니다.**

다른 유형의 영화를 상이한 조건하에서 만든 것입니다. 그것은 보다 프로페셔널한, 35밀리 영화였어요. 그러나 결국 스태프의 수는 그렇게 늘어나지 않았습니다. 두 명이 추가돼서, 말하자면 셋 대신 다섯이 된 것이죠. 그럼에도 시나리오 없이 즉흥적으로 찍은 영화와 비교해볼 때 시나리오가 있는 영화를 만드는 과정은 다릅니다. 왜냐하면 〈녹색 광선〉이나 심지어 〈레네트와 미라벨의 네 가지 모험〉 같은 영화에서는 실패를 감당할 수 있거든요. 그리고 물론 이 말은 실패하지 않는다는 의미고요. 일례로 우리가 방금 이야기나눴던 시퀀스, 거지, 기차역, 슈퍼마켓, 백화점이 나오는 시퀀스의 모든 것은 바로 전날 결정됐습니다. 심지어 나는 촬영이 가능할지 알지도 못했어요.

기차역에 대해서는 촬영 허가를 요청했었는데, 우연히도 철도공사가 내 영화들에 대해서는 늘 문제없이 허가를 해주고 있습니다. 그들에게 영화 촬영이 문제를 일으키는 이유는 군중이 몰려서인데, 무명의 배우들과 촬영하는 경우라면 아주 융통성이 생기기 마련이에요. 그들이 꺼리는 것은 스타를 동반하는 촬영인 거죠. 그래서 우리는 기차역들에서 굉장히 수월하게 촬영을 할 수 있어요. 주지하다시피 이 장면에는 거지를 연기하는 엑스트라들이 있었는데, 내 친구들이었습니다. 인물이 그냥 길거리에 있는 사람들을 찾아갔어도 됐겠죠. 그러나 나는 그런 방식을 그다지 좋아하지 않아요. 촬영되지 않을 권리를 존중하기 때문입니다. 군중을 찍게 되면 확실히 익명성이 보장되도록 해요. 그렇지 않을 경우에는 "카메라에 찍힐 것입니다"라고 미리 사람들에게 이야기해줘야 하는데, 그러면 모든 것이 복잡해집니다. 내 영화의 모든 행인들은 촬영되는 걸 모르고 찍힌 사람들입니다.

하지만 기차역 숏들은 그날 거의 못 찍을 뻔했어요. 9월 말이었는데, 기상예보에 따르면 날씨가 좋을 것이라고 했었죠. 그러나 파리 지역은 아침부터 구름이 꼈습니다. 몽파르나스역은 미미한 네온 조명을 사용해요. 커다란 창문들로 자연광이 들어오기도 하지만, 모든 공공장소의 창문들처럼 매우 더럽죠. 바깥에 햇살이 충분하지 않으면 광 노출에 있어서 한계에 부닥칩니다. 그래서 우리는 거의 포기해야 할 뻔했어요. 마침내 해가 약간 비쳤고 촬영을 할 수 있었습니다. 그 장면을 찍을 수 있었죠. 그런데 카메라는 혹시 다음 날 다시 시작해야 할 경우를 대비해서 하루 더 대여된 상황이었습니다. 그래서 하루 더 카메라를 쓸 수 있으니 뭔가 다른 것을 할 수 있겠다, 슈퍼마켓을 찍을 수 있겠다, 라는 생각이 들었습니다. 그래서 오후 4시에서 7시 사이에 조감독과 함께 다음 날 촬영을 허락할 만한 가게를 찾았습니다. 일은 이런 식으로 결정이 됩니다. 그렇긴 해도 이야기는 이미 결정되어 있었고, 세팅만 결정되지 않았던 거예요. 그 부분은 나중에 찍으려고 생각했던 것이죠.

반면 시나리오가 있어서 이야기들이 서로에 의해 이어지는 영화에서는 이런 방식이 불가능합니다. 더 정확한 일정이 나와야 하고, 하루 정해진 장면을 촬영하지 못하면 일정에 맞춰야 하기에 다소 스트레스가 쌓이죠. 가장 최근 영화가 바로 이런 경우였습니다.

한편 앞서 말한 개념 몇 가지는 그다음 영화에서 활용되었습니다. 어떤 뉴타운에서 35밀리로 길거리에서 찍어야 했죠. 그러나 35밀리 카메라가 16밀리 카메라보다 다루기 그렇게 어렵지는 않아요. 이 전의 두 편에서보다 훨씬 더 길거리를—말하자면 그곳에 있는 사람들, 도시적인 질감, 군중—많이 찍었습니다. 1960년대에 가능했던 것을 넘어선다는 의미의 '포스트 누벨바그'로 불릴 만한 이런 카메라 사용은, 내가 보기에, 〈사자자리〉를 포함하여 내 모든 영화들의 길거리 재현 중에서 최고입니다. 〈사자자리〉에서는 좀 더 나를 숨겼는데 이제는 몸을 숨기지 않고 더 오픈되어 있습니다.

**그런 점은 두 번째 연작에서 일관적인 고리로 나타납니다. 〈비행사의 아내〉에는 감독님이 전혀 숨지 않은 것 같은 길거리 장면들이 있어요.**

네. 그 점에 계속 충실하고 있으며, 보다 멀리까지 나아갈 수 있다고 생각합니다. 물론 〈갈루아인 페르스발〉에서처럼 스튜디오로 다시 돌아갈 수도 있겠죠. 1970년대에 내가 더 이상 길거리 촬영에 마음이 없었다는 것을 스스로 알고 있어요. 그런 이유로 〈갈루아인 페르스발〉과 〈O 후작부인〉을 만들었던 거죠……. 다시 한번 그렇게 될 수도 있고, 지금의 방식으로 길거리에서 촬영하는 것을 원하지 않을 수도 있겠죠. 그러나 현재로서는 아직 그럴 욕망이 있고, 심지어 가장 최근 영화에서도 내가 원하는 바의 한계점까지 가봤습니다.

**더불어, 그런 방식의 촬영, 이렇게 표현해도 된다면 '막간' 영화들이나**

첫 연작과는 거리를 두는 그런 촬영을 일종의 도덕적 진화로 보는 것인가요? '도덕 이야기'에서보다 좀 더 실용적이고, 좀 더 충동적인 무엇인가를 향해 이동하고 있다고 느껴집니다. 인물들이 덜 계산적이며, 다른 사람의 운명에 대한 내기도 부재하고요.

그럴 수도 있겠죠. 그러나 동시에 그것이 훨씬 더 피상적이라고 말할 수도 있을 것입니다. 정직하게 말해서 〈레네트와 미라벨의 네 가지 모험〉을 만들고 있을 때 '이것이 카페테아트르café-théâtre, 음료를 마시며 공연을 즐길 수 있는 카페가 될 수도 있겠다'라는 생각을 했었는데, 그런 면을 상쇄시킨 것이 바로 길거리, 즉 현실에서 촬영됐다는 사실이라고 봐요. 그럼에도 마지막 에피소드의 경우, 이전 에피소드들의 이점인 현실의 존재라는 요소를 포함하지 못한 채 촬영하는 위험을 감수했어요. 그것은 훨씬 더 많이 연극적이었죠. 정확한 영역에서 진행되고, 순전히 대사를 토대로 하며, 미장센의 비중이 아주 적고, 사람들은 자신의 자리에 굳건히 머물러 있어요. 그 부분에서는 아마 〈갈루아인 페르스발〉로 돌아가고 있는지도 모릅니다.


감독님 이력에서 매우 흥미로운 것은, 특히 마지막 연작에서, 단순한 작업 방식과 적은 수의 스태프를 이용한 촬영을 향해 조금씩 나아간 양상에 있습니다. 그것은 지금 논의되길 바라는 문제이기도 한데, 영화 산업의 무게를 감당하지 않아도 되기 때문에 더 큰 자유를 누립니다.

'촬영할 때 반드시 필요하지는 않은 사람들이 있을 수도 있겠다'라고 생각했습니다. 무엇보다도 〈갈루아인 페르스발〉에서는 크게 예산을 삭감해야 했어요. 내게 돈이 조금 있었는데 무대에 돈이 극도로 비싸게 드는 데다 의상도 마찬가지여서—실제 가치보다 더 비쌌던 것이 틀림없어요—촬영에 쓸 수 있는 돈이 매우 적었습니다. 그래서 콘티 어드바이저를 없앴어요. 그 당시까지 나는 늘 어렴풋이나마 콘티(뉴이티)를 책임지는 누군가를 데리고 있었어요. 전문적인 어드바이저였던 경우는 전혀 없었지만요. 나는 그런 이들이 필요하지 않아요. 콘티 어드바이저들을 폄하하려는 것은 아니지만, 내가 고용하지 않았다고 해서 내 영화들의 콘티상의 문제로 이어지지는 않았어요. 그 자리는 쉽게 없앨 수 있어요…… . 그다음에는 조감독을 없앴습니다…… . 결국 자기 자신이 스스로를 가장 잘 돕기 마련이죠…… . 그리고 조연출1이 실제로 의미가 있는 것은 관리해야 할 조연출2가 있는 경우라는 것을 깨달았어요…… . 콘티 어드바이저는 조연출들과 상황에 대해 이야기해야 합니다. 그것이 콘티 어드바이저의 역할이죠. 그래서 이 경우라면 그들 모두를 없애도 되는 것이죠. 왜 보조들이 있어야 하나요? 제작에 있어서는 한 명으로 가능할 것이라고 생각했는데, 두 명이 있을 때는 늘 조직 면에서 오해와 오류가 있었어요. 그래서 그 영화에서는 나를 도와줄 한 명만 데리고 있었어요. 예를 들어 현장에

에릭 로메르

서 촬영할 때 식사를 준비하거나 주차해 있을 때 경찰을 잘 다루는 일을 하는 것이죠. 그럴 때는 여자가 나아요…….

**행정 일이네요…….**

네, 그렇게 불러도 돼요. 참고로 관리자를 의미하는 단어로 여성명사인 '앵탕당스intendance'를 쓸 수 있죠. 그러나 제작자라는 말에는 여성형이 없어요. 그 외 남는 부분은 기술 파트인데, 물리적으로 영화 촬영과 실제로 관련돼 매우 중요합니다. 그 파트를 정리하고는 스스로를 의지했죠. 그러지 못할 이유가 있나요? 그때까지 나는 평균 수준의 기술 스태프들을 데리고 있었습니다. 그립grip. 과거에는 현장에서 이동차 설치나 촬영 후 정리 등을 주로 담당하는 잡역부원을 뜻했으나, 현재는 촬영장비팀을 뜻한다만 예외였는데, 기술 장비가 많이 미흡한 데다 전기도 매우 적었기 때문이에요. 〈갈루아인 페르스발〉에서는 그립이 많이 있었지만 그 후로는 필요한 적이 없어요. 일단 프로젝터들이 가벼워진 이상 오퍼레이터들이 직접 그것들을 올바른 곳에 배치하고 선들을 꽂았는데, 특별히 어려운 일은 아닙니다. 물론 시간이 걸리지만, 그렇다고 시간 낭비라고 볼 수는 없어요.

내게는 영상 담당이 셋, 사운드 담당이 둘 있는데, 이들은 상당히 필수적인 것인 듯합니다. 한 명이 혼자서 프레임과 조명을 책임진다고 해도, 촬영에는 세 사람이 필요하죠. 조명에 있어서

나 카메라 자체의 작동을 위해 도움이 필요하고, 또 필름 릴을 갈아줄 누군가 필요하기에 세 명인 것입니다. 사운드의 경우 좋은 결과를 얻고 싶으면 붐 오퍼레이터가 필요하고 소형 마이크를 사용한다고 해도 그것을 정확하게 배치해야만 하는데, 이는 두 명이 있을 때보다 더 빨리 할 수 있죠.

그러나 나는 더 멀리까지 나아가보고 싶었습니다. 이 모든 것을 한 사람이 하도록 인원을 줄일 수 있는지 알고 싶었죠. 〈녹색 광선〉과 〈레네트와 미라벨의 네 가지 모험〉에서 바로 이걸 시도했고, 그 결과 한 명이 촬영을, 다른 한 명이 사운드를 맡았습니다. 신인들을 고용했죠. 그때까지 보조로 일해왔던 젊은 여자 둘이었어요. 이런 작업을 혼자 책임지고 완성해본 적이 없었던 것으로 아는데, 완전히 환상적인 데다 정말 대단했다고 말해야 할 것 같습니다. 한 명만 있을 때에는 어떤 상황이 생길까요? 약간의 제약이 있는데, 예를 들어 지금까지의 작업을 검토하고 어떻게 되어가는지를 확인하고 싶을 때죠. 하지만 총괄 보조가 나서서 도울 수 있을 겁니다. 16밀리로 해변에서 촬영할 때는 어차피 할 수 있는 일이 더 적고, 또 내가 나서도 돼요. 프레이밍도 내가 할 수 있었을 것입니다. 감독이 그 작업을 하는 게 상상 못 할 것은 아니거든요. 하지만 그 방면에 내가 그다지 재능이 없어서 프레이밍은 촬영감독에게 맡기죠. 줌으로 촬영할 때에도 그녀는 원하는 대로 카메라를 움직입니다. 어차피 그

　　　　　　　　　　　　　　　　　　　　에릭 로메르

녀의 어깨 너머에서 앞이나 뒤로 움직이라고 요구하는 등 줌에 개입하기는 어려워요. 내가 할 수 있는 것이라고는 몇 가지 일반적인 원칙들에 동의하는 데 그치죠. 아마 그런 상황이 그녀에게는 더 어려웠던 것 같아요. 조명, 프레이밍, 장비, 필름을 책임지는 사람은 항상 일이 많습니다.

촬영 현장에서 휴식이 없죠. 사운드의 경우에는 심지어 더 힘듭니다. 나그라 녹음기를 목에 건 채 붐을 잡고 있기란 매우 힘들죠. 특히 여자들에게는 나그라가 아주 무겁기에 더더욱 그렇습니다. 그런 상황에서는 할 수 없는 일들이 있어요. 촬영 중간에 마음을 바꿔먹을 수가 없는 거죠. 그러나 결국 그다지 중요하지 않은 문제예요. 사운드의 기술적인 측면에서 봤을 때 〈녹색 광선〉에서 더 힘든 것—사람이 한 명 더 있었다고 해서 실제로 해결될 문제도 아니었지만—은 배우들이 즉흥연기를 할 때 붐의 위치를 잡는 것입니다. 그들은 심지어 동시에 말할 수도 있는데, 문제가 발생할 수 있어요—내 제작자가 이에 대해 〈카이에 뒤 시네마〉에 쓴 글이 있습니다. 〈녹색 광선〉에서는 옷 때문에 모든 것이 붐 마이크를 써서 녹음되었습니다. 특히 비아리츠에서는 모두가 수영복을 입을 거니까 소형 마이크, 그리고 특히 마이크 송신기의 사용이 어려울 것이라고 생각했습니다. 대체로 사람들이 많이 있었고 어떤 순간에는 동시에 네다섯 명이 말할 수도 있었는데, 이는 상당히 복잡한 장비 설치를 요구하는 것이었습니다. 그래서 붐을 선택했고, 전체적으로 만족스러웠습니다. 결함들은, 그것들을 결함이라고 여긴다면, 사실 그다지 눈에 띄지 않을 뿐 아니라 현실감을 강조해줍니다. 아주 잘됐다고 생각해요.

〈레네트와 미라벨의 네 가지 모험〉에서는 좀 다르게 했는데, 실내를 제외하고, 항상 시골에서—모두 공개적으로—소형 마이크와 마이크 송신기를 사용했어요. 몽파르나스에서도 마이크 송신기를 사용했습니다. 기술적인 면은 지금 이야기한 것처럼 진행됐습니다. 윤리적인 측면에서 그렇게 할 수 있어요. 그 방식이 모든 영화에 적합하다고 말하지는 않겠지만, 촬영 한 명, 사운드 한 명, 이렇게 두 명만 데리고 영화를 만드는 것이 가능해요.

**제가 아는 체한다고 여기실 것 같은데, 〈녹색 광선〉의 말미에 콘티뉴이티 면에서 약간 오류가 있어요. 생장 드 뤼즈**Saint-Jean-de-Luz**에서 델핀이 젊은 목수와 카페에 앉아 있을 때 맥주잔 말입니다.**

맞아요, 그냥 지나치리라고 생각했었죠. 그걸 발견하고는 맥주잔에 신경이 쓰였지만, 편집을 통해 살짝 피해 갈 수 있도록 했습니다. 그럼에도 여하튼 그 부분을 알아차리셨는데, 맞게 보셨어요. 내 영화들, 특히 그 영화 같은 경우에 콘티뉴이티상의 오류가 전혀 없다고 말하지는 않겠습니다. 그러나 〈녹색 광

에릭 로메르

선〉과 그것의 촬영 방식을 감안해볼 때 콘티뉴이티 어드바이저가 필요할 이유는 없다고 생각해요. 네, 어드바이저—그 혹은 그녀—가 잔에 대해 우리에게 말해줬을 수도 있겠죠. 다른 실수들에 대해서까지도. 그러나 결국 그런 숏들은 사용하지 않았기 때문에 영향이 없었습니다. 예를 들어 어떤 숏에서는 여배우가 추워서—사실 아주 추웠죠—, 원래 짧은 반바지를 입고 있던 장면인데 바지를 입었습니다. 스크린상에 보이지 않을 것이라고 그녀가 생각했던 것이죠. 카페에 앉아 있는 장면에서인데, 자기 다리가 숏에 포함되지 않을 것이라고 봤어요. 그런데 약간 각도를 넓힌 숏이 들어갔고, 테이블 아래가 약간 보입니다……. 그러나 스태프 한 명을 추가하느니 실수 몇 가지를 무릅쓰는 게 낫다고 생각해요. 게다가 이 경우에는 스태프를 추가하는 게 불가능했고요.

**그런 조건하에서 작업하는 게 더 즐거우신가요?**

네, 일반적인 영화 산업의 조건하에서 과연 내가 일할 수 있을지 자문하게 될 정도로요. 중간에 있는 사람들을 없애는 것은 멋진 일이에요. 누군가에게 무엇인가를 설명하고, 그 사람이 다시 다른 누군가에게 가서 설명한다는 것이 내게는 괴롭기 때문이에요. 반면 이 영화에서는 내가 직접 배우들과 스태프들에게 설명했는데, 참 편합니다. 〈녹색 광선〉과 〈레네트와 미라벨의 네 가지 모험〉은 둘 다 '아마추어' 영화입니다. 즉 하나는 휴가 영화, 다른 하나는 주말 영화죠. 이 영화들에서는 감정이 편했어요. 연작의 마지막 편은 그렇지 않았는데, 이유를 잘 모르겠어요. 사람들이 많았던 것도 아니거든요. 상황들이 그저 차곡차곡 쌓여만 갔습니다.

〈레네트와 미라벨의 네 가지 모험〉에서 유일하게 피곤했던 것은 '블루 아워' 부분의 촬영이에요. 한여름이었기 때문에 오후 3시에 일어나야만 했던 데다가 무엇보다 아주 추웠어요. 한여름이라도 촬영할 때면 늘 춥죠. 하지만 그게 다예요. 촬영장에는 긴장과 스트레스가 팽배하기 마련인데, 어떤 감독들은 그걸 좋아하고 이용해요. 반면 내 영화들은 때로 긴장이 부족해요. 극적인 장면들을 찍고 싶을 때 힘들어질 수가 있죠. 그러나 혼자일 때는 긴장이 없고 촬영이 즐거워져요.


**혹시 그런 이유로 감독님이 코미디와의 관계를 새로 정립하려 하신다는 인상이 드는 것일까요? 코미디의 영향은 〈에투알 광장〉과 〈사자자리〉에서 느껴졌지만 '도덕 이야기'에 들어서 줄어들었습니다. 재미를 주려고 하다 보면 스스로 더 재미있어지는 법이죠. 〈녹색 광선〉에서 거리를 왼쪽에서 오른쪽으로 가로지르는 검은 고양이가 생각나네요⋯⋯.**

내가 이 영화들을 희극이라고 부르니 당연히 코믹한 특징을 띤다는 것을 인정해야겠죠. 코미디라는 측면이 가장 우선시되

에릭 로메르

어야 할까요? 모르겠습니다. 그리고 그 영화들을 그런 식으로 축소하고 싶지는 않아요. 얕은 평가가 될 테니까요. 그리고 비록 〈레네트와 미라벨의 네 가지 모험〉에서 코믹한 방식을 사용했고 거기에 머무르고 싶긴 하지만 내가 항상 코믹할 수는 없는 일이고.

**〈해변의 폴린느〉는 완벽하게 익살맞은 구성을 취하고, 인물들은 처음 시작 때와 동일하게 끝날 때에도 혼자입니다……**.

해피엔드냐 언해피엔드냐라는 총체적인 문제와 관련됩니다. '희극과 격언'의 초기작들—마르셀 카르네에 대한 오마주라고 자주 말했었죠—은 시작된 곳과 같은 지점에서 끝납니다. 인물들은 그들이 출발했던 곳으로 되돌아오게 돼요. 그러지 못할 이유는 없잖아요? 그것은 약간 쓸쓸하고, 미몽에서 깨어난 듯하며 아이러니한 느낌이죠.

〈녹색 광선〉에서는—이 영화를 '희극과 격언' 연작에 포함시켰기 때문에—꼭 그럴 필요는 없어서 생각대로 했어요. 내 희극들을 더 개방적이고 낙천적으로 끝내고 싶었습니다. 인물은 출발점으로 회귀하는 대신 어느 정도 진전했고, 이는 긍정적입니다. 바로 그런 게 〈녹색 광선〉에서 발생해요. 〈내 여자친구의 남자친구〉에도 발견의 요소가 있을 수 있어요. 시작할 때의 무대와 상황으로 돌아가지 않거든요. 〈레네트와 미라벨의 네 가지 모험〉의 경우에는 시리즈를 구상했죠. 여하튼 모든 것은 여배우들과 내 영감에 좌우됩니다. 〈레네트와 미라벨의 네 가지 모험〉에서 어떤 새로운 모험들을 만들어내게 될지는 아직 모릅니다. 그렇게 하고 싶지만 지금으로서는 불확실해요. 여하튼 그 것들은 엔딩이 다른 이들에 의해 좌우되는 작은 이야기들이죠. 한 인물이 다른 인물이 카페 종업원임을 발견하고는 실망합니다. 아니, 차라리 그녀의 희망이 타격을 입는다고 해도 돼요. 그러나 그것은 단지 이야기들 중 하나일 뿐이에요. 다른 이야기에서 그녀는 성공합니다. 한 엔딩이나 다른 엔딩을 취할 수 있어요. 코미디에서는 어떤 것이라도 허용되죠.

**안타깝게도 〈레네트와 미라벨의 네 가지 모험〉을 녹화해둔 영상이 PAL 버전프랑스의 비디오(DVD) 포맷이어서 영화를 흑백으로 봤습니다.**

어떤 느낌인지 알아요. 편집용으로 흑백 버전을 만들어서 그런 상태로 영화를 봐야 했거든요. 그래서 컬러로 봤을 때 상당히 멋졌습니다. 컬러가 정말 중요한 기능을 하는 영화예요.

**컬러는 항상 중요합니다.**

나는 진정한 컬러 세대라고 말할 수 있을 것 같아요. 최근 프랑주가 〈얼굴 없는 눈〉에 관한 신문 인터뷰에서 "나는 흑백으로 본다"라고 말한 것을 읽었습니다. 흑백으로 보는 세대에 속하는 영화감독들이 많았는데, 그들에게 컬러란 뭔가 괴물스러운 것이었어요. 심지어 더 젊은 영화감독들이 "흑백영화를 만들었으면 정말 좋겠다"라고 말하는 것도 들었습니다. 글쎄, 나는 전혀 그러고 싶지 않아요! 초기 영화들을 필요에 따라 흑백으로 만들었는데, 정말 당시에는 컬러필름이 없었거든요. 〈사자자리〉의 경우가 그랬습니다. 그러나 흑백으로 만들고 싶었던 유일한 영화—그때는 컬러가 표준이 되고 있었기에 이상했죠—는 〈모드 집에서의 하룻밤〉이었습니다.

**그 영화에서는 흑백 세트에서 촬영하는 옛날 테크닉으로 돌아가신 것 같습니다.**

네, 실내 인테리어와 세트가 실제로 검은색과 흰색이었습니다. 그러나 흑백의 결정은 클레르몽페랑과 그곳 하면 떠오른 뭔가와 관련이 있어요. 클레르몽페랑은 검은 도시이며, 그 검정은 컬러필름을 사용했다면 노랑이나 보라로 보였을 겁니다. 나는 또한 영상에 일종의 얀세니즘적<sub>인간의 구원이 개인의 선행에 달린 것</sub>이 아니라 오직 신의 은총과 선택으로만 가능하다는 엄격한 가톨릭 교리 특징인 단순함을 부여하고 싶었어요. 사람들이 컬러의 디테일에 빠져 길을 잃는 것을 원치 않았습니다. 이 영화에서는 최소의 광고판이나 교통표지라도 관객에게 방해가 됐을 수 있어요. 그러나 매우 특별한 케이스였습니다. 다시 말해 〈모드 집에서의 하룻밤〉

은 모든 것이 검정이거나 하양인 컬러 영화로 읽는 것이 이상적입니다. 사람들이 검은색과 흰색 옷을 입고 있고, 벽들이 검정과 하양이었고, 그래서 영화를 컬러로 찍었더라도 여전히 흑백이었을 것입니다. 게다가 〈만월의 밤〉에는 몇 개의 흑백 숏들이 있는데, 컬러필름으로 찍은 것이고 이는 흑백영화와는 다릅니다. 컬러로 흑과 백을 찍으면 꽤 특별한 인상을 준다고 생각해요. 그러나 이런 경우 흑과 백은 내게 컬러에 해당합니다.

  자, 〈모드 집에서의 하룻밤〉은 이 정도로 하죠. 내 다른 영화들에서 컬러는 매우 중요합니다. 시나리오가 있는 영화들의 경우―왜냐하면 〈녹색 광선〉에는 없었거든요―그 시나리오의 겉표지는 영화의 색감에 부합합니다. 대개 한 가지 색은 아니에요. 〈비행사의 아내〉는 녹색과 파란색이었고, 〈아름다운 결혼〉은 분홍색과 밤색, 〈해변의 폴린느〉는 아주 연한 파란색, 흰색, 빨간색, 〈만월의 밤〉은 회색이었습니다. 보통은 서로 다른 색들도 무리를 이루도록 하는데 이 영화는 식료품 상자에 그려 있던 작은 달 그림을 내가 찾아냈어요. 가장 최근 영화인 〈내 여자친구의 남자친구〉의 경우에는 적당한 표지를 찾을 수 없었어요. 세르지Cergy는 벽돌로 된 도시거든요. 그러나 그 색감은 호수와 숲이 띠는 초록과 파랑입니다. 창백한 분홍을 배경으로 초록과 파랑이 드러나는 게 필요했어요. 게다가 그 영화는 초록과 파랑이 매우 중요한 역할을 해요. 〈녹색 광선〉의 색은 오렌지와 초록이지만—내 작은 수첩을 보면 '오렌지 띠와 초록'이라고 실용적인 메모를 해뒀었죠—, 영화에서 가장 자주 보이는 색은 당연히 시골의 초록색, 바다의 청록색, 그리고 빨강입니다. 〈레네트와 미라벨의 네 가지 모험〉에도 빨강이 많습니다. 색들을 보고 놀라실 거예요.

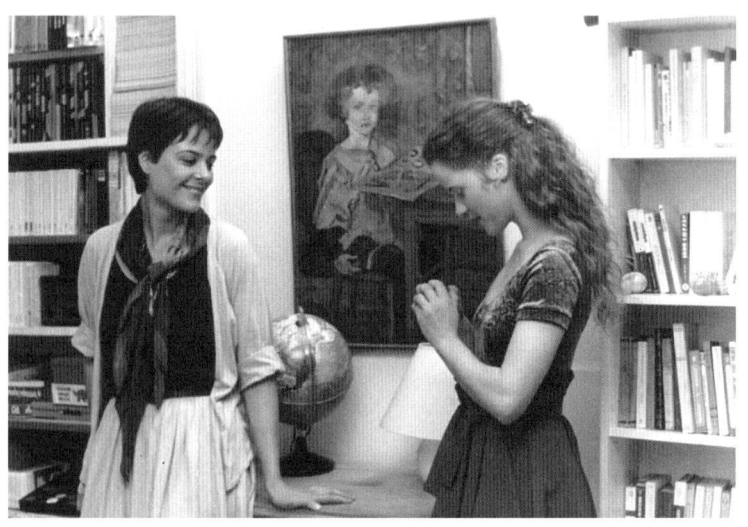

봄 이야기

1990

# 사계절 이야기의 시작

**제라르 르그랑·프랑수아 토마 — 1990**

**'사계절 이야기'라는 새로운 사이클을 막 시작하셨습니다. '희극과 격언' 연작이 끝날 것을 언제 아셨나요? 겉으로 보이는 것처럼 〈내 여자친구의 남자친구〉 때인가요?**

우선 그 시리즈가 반드시 끝난 게 아니라는 점을 말씀드립니다. 내게 '격언적'으로 보이는 또 다른 영화에 관한 아이디어가 생길지도 모르고, 그러면 격언으로 장식한 후 연작에 추가하게 될 것입니다. '도덕 이야기'는 처음부터 여섯 편이라고 발표했기 때문에 어려웠지만, '희극과 격언'의 경우에는 한 편을 더 못 만들 이유가 전혀 없어요.

실제로 〈내 여자친구의 남자친구〉는 원래 연작을 여는 영화

---

〈포지티프〉 1990년 3월 호. 허가를 받아 옮겨 수록함.

였는데 어쩌다 보니 연작의 마지막으로 촬영이 됐습니다. 현재까지 봤을 때요. 인정하지만 다소 모호하고 혼란한 방식으로 이 소재를 상상하면서 '희극과 격언'이라 불리게 될 연작에 대한 구상이 떠올랐고, 그 속에 내가 아주 오래전에 시작했던 몇 가지 오래 묵은 주제와 이야기를 통합하려고 했습니다. 그 영화는 내가 처음으로 쓴 이야기는 아니지만 향후 연작 형태로 가장 먼저 쓰려고 했던 것이에요. 어떤 격언을 붙여야 할지 그 당시에 모르긴 했지만요. 이야기는 매우 격언적으로 보였지만 해당될 만한 격언은 없었고, 사실 막판에 가서야 하나 찾아냈죠. 일부러 공통점을 만들어내려고 작정하진 않았지만, '희극과 격언'에 속하는 영화들에 공통분모가 있다면 그것은 〈내 여자친구의 남자친구〉에서 가장 명백하게 나타납니다. 임시 제목하에 내가 이야기들을 쓰던 초기에는 첫 번째 도식을 '치환'이라고 불렀어요. 명백히 치환에 관한 이야기였습니다. 친구의 연인이 다른 친구의 연인이 되거나 그 역이 성립했거든요. 그 정도 수준의 치환이 다른 '희극과 격언' 영화들에서 발견된다고는 생각지 않아요. 배경에 있을 수는 있겠죠. 비록 찾기는 힘들겠지만.

  그런데 내가 관심을 가진 것은 치환 자체라기보다 그것의 연극적이고 코믹한 잠재성이었습니다. 〈내 여자친구의 남자친구〉의 시나리오를 쓴 후에 셰익스피어의 『십이야』를 봤는데, 거기에는 〈내 여자친구의 남자친구〉에 아주 가까운 일종의 혼란과 오해가 들어 있었어요. 희극에서는 친숙한 주제죠. 그래서 실질적으로 공통분모를 찾는 것은 코믹한 상황을 찾아내는 데 있습니다. '사계절 이야기'에는 희극적 상황과 소설적 상황이 모두 들어갈 텐데, 아직은 모르지만 둘이 함께 나타날지도 몰라요. 그러나 그런 상황이 통일성을 이루지는 않습니다. 지금으로서 유일한 통일성은 날씨와 관련될 예정이에요.

**로케이션 촬영을 하시니 말인데, 이런 날씨에 대한 관심이 조명과 세트의 선택으로 이어지게 될 텐데요.**

나는 내 영화 각각의 로케이션이 다채롭기를 바라요. 내 영화들이 어떤 주제상 유사성을 띤다고 생각하는데, 연작 형태로 묶이기 때문에 그런 유사성은 더 커집니다. 그러나 이런 연작 내에서 나는 어떤 다른 감독보다도 더 많이 세팅의 차이를 강조할지도 몰라요. 종종 로케이션이 가장 먼저 결정됩니다. 심지어 내 영화 각각을 색으로 알아볼 수도 있을 거예요. 각각 고유의 특별한 색을 띠거든요. 이 연작에서는 그 구분이 매우 명확한데, 장소의 차이뿐 아니라 계절의 차이가 있을 예정입니다. 봄의 지배적인 색은 녹색과 흰색이죠…….

**'사계절 이야기'의 구상이 〈봄 이야기〉 구상보다 앞섰나요, 아니면 그 역이었나요?**

세트에 대한 구상이 먼저였고, 그 안에서 〈봄 이야기〉가 자리를 잡았습니다. 난 항상 계절에 관심이 있었어요. 이미 내 영화들이 기상학적이라고 말한 바 있는데, 그것들은 바깥 날씨를 고려하며 상당히 구체적이면서 다채로운 계절들 내에 위치합니다. 봄이 다소 드물긴 해도, 이미 모든 계절을 사용해봤어요. 지금까지 유일하게 봄이 등장하는 순간은 〈하오의 연정〉 마지막 부분입니다. 영화에서 그리 뚜렷하게 부각되지는 않지만, 끝에 가면 겨울이라기보다 봄이에요.

**이미 네 편의 시나리오를 써두셨나요, 아니면 한 편씩 따로 작업하고 있나요?**

한 편 한 편 작업하고 있어요. 각각 아이디어들을 담고 있고, 나는 내가 무엇을 할지 알고 있죠. '도덕 이야기'를 만들 때 내가 무엇을 할지 생각이 구체적이었는데, 당시 영화제작이 난관에 부닥쳐서 아이디어들이 쌓여갔고, 어느 정도 비축이 됐습니다. '도덕 이야기'에 속하는 영화들의 제목은 미리 발표하도록 했죠. '희극과 격언'에 관한 한 모든 제목을 다 미리 갖고 있지는 못했고, '사계절 이야기'의 경우에는 주지하다시피 제목은 있지만, 정확하게 모든 소재가 갖춰진 것은 아닙니다.

이번에는 '도덕 이야기'와 대조적으로 공통된 주제를 제시하지 않는 데다 사실상 주제상 대비를 추구하고 있고, 유사성보다는 오히려 차이점들을 통해 진행해가려고 시도하고 있죠. 그러나 종국에는 대비가 쌓여갈 수 있고 그런 차이들에서 어떤 유사성이 자라날 수 있어요. 네 번째 이야기에 이르면, 지금으로서는 규정지을 수 없지만 어느 정도 유사성을 느끼게 될 수도 있습니다.

**'희극과 격언'의 영화들 사이에는 어느 정도 시각적 차이―영상 품질이나 포맷 면에서―가 존재합니다. 〈녹색 광선〉을 이 연작에 포함시키는 것을 감독님이 주저했을 정도예요. 이 영화는 겉에서 봤을 때 일정 정도 즉흥성이 활용된 〈레네트와 미라벨의 네 가지 모험〉에 더 가까워요. '사계절 이야기'는 시각적으로 균일성을 띨 예정인가요?**

'희극과 격언'의 움직임에 휩쓸려 〈녹색 광선〉을 그 연작에 넣었지만, 우리끼리 이야기인데, 난 언제라도 모든 것을 다 바꿔버릴 수 있어요. 그 모든 제목들, 그 모든 묶음들이 유용한 핑계들이긴 하지만, 내가 그걸 반드시 따라야 하는 것은 아니며 자유의 폭은 넓죠. 내가 말할 수 있는 것은 〈녹색 광선〉이 완벽한 여름의 이야기라는 것입니다.

'사계절 이야기'의 경우 다양성을 추구하고 있으며 심지어 포맷도 변화될 수 있어요. 아주 세밀하면서도 아주 유사한 무엇인가가 있다는 것은 굉장한 일이 될 것입니다. 한 영화에서도 그렇게 해볼 수는 있으나 구성에 있어서 여러 해가 걸리는 예술

작품에서는, 관객이 어느 정도 변화를 원하기 때문에, 불가능하거나 심지어 바람직하지 않죠. 나는 내게 어느 정도의 자유와 비일관성을 허용합니다. 다양성이 통일성보다 흥미롭다고 생각해요. 감독/작가에게는 특정한 주제와 영화를 만드는 방식이 있기 때문에 항상 어느 정도 통일성이 존재하기 마련입니다. 지금 말한 다양성을 내가 지나치게 멀리까지 밀어붙이지 않으리라는 것, 그리고 내가 절대 씨름하지 않을 소재들이 있다는 것을 잘 알고 있어요.

**〈봄 이야기〉에는 〈모드 집에서의 하룻밤〉 이래 처음으로 비중 있는 철학적 논쟁이 들어 있습니다. 〈모드 집에서의 하룻밤〉에서는 얀세니즘적 문제가 실질적으로 영화의 중심에 위치하며, 심지어 그것이 영화의 소재라고까지 말할 수 있을 것입니다. 칸트와 인물들의 행동 사이에는 어떤 관련성─이에 대해 모르는 관객을 대신하여─이 있나요?**

관련성이 있다고 생각합니다. 내 인물을 철학 교사로 만들고 싶었던 초기에, 순수이성이 아니라 실천이성을 사용하려고 생각했어요. 그 인물의 도덕적 입장과 칸트의 도덕적 이성 사이에 관련이 있을 것이라는 의미죠. 그러나 다소 상투적으로 느껴졌고, 〈봄 이야기〉가 사실 그와 같은 도덕적 입장을 기반으로 한 게 아니라는 것을 알았어요. 이 이야기는 행동, 자유와 의무 간의 갈등에 관한 것이 아니라 뭔가 다른 것이었어요. 상이한 사고 수준에 관한 것이었습니다. 시작부터 나타샤는 잔에게 말해요. "너는 생각이 참 중요하다고 보는 사람이구나." 잔은 대답하죠. "응, 난 그래. 하지만 철학을 가르치기 때문은 아니야." 우리는 이 영화가 실질적으로 모든 것—영화에 전혀 나오지 않는 잔과 남자친구와의 관계, 나타샤가 그녀에 대해 할 법한 생각—을 둘러싼 잔의 사고를 다룬 이야기라는 것을 알 수 있으며, 말미에 가서 이고르는 그녀에게 묻습니다. "무슨 생각을 하고 있니?" 그렇기 때문에 그들이 철학 논쟁을 벌일 때 사고의 순수 형태, 즉 단지 경험적 사고가 아니라 선험적 사고에 대해 이야기하는 것이죠.

그럼 이제, 왜 다른 철학자가 아닌 칸트인가의 문제가 남아 있어요. 우선 나는 내게 영감을 주는 철학을 선택했습니다. 일례로 프로이트에게서는 영감을 못 받고, 잔도 그에게서 영감을 얻지는 않아요. 학생들에게 정신분석에 대해 설명하지 않거든요. 나의 관심사, 내 취향에 부합하는 것은 존재론입니다. 나는 이론에 대해서는 별로 쓰지 않았는데, 영화평론가였을 때 칸트나 어떤 다른 철학자도 참조하지 않았어요. 거의 그러지 않았다는 의미인데, 대신 그것은 모든 이면에 깔려 있었죠. 앙드레바쟁이 나의 영화 이론이라고 일컬은 것의 토대는 선험적 이상주의로 부를 수 있습니다.

**이 영화는 〈비행사의 아내〉의 문을 여는 격언 '아무것도 생각하지 않을 수는 없다'에 대한 일종의 반복입니다. 여주인공이 늘 무엇인가를 생각하고 있기 때문이죠.**

그것은 내가 좋아하는 주제입니다. 〈비행사의 아내〉에서 나는 지적이지 못한 사람들을 매개로, 순진한 방식으로 그 주제를 표현했었는데, 이 영화에서 다시 그 주제를 택했어요. 내 영화들이 앞으로 나아갈수록 주제가 반복되고 발전해갈 것이라는 점은 명백하며, 그것이 정상이라고 봅니다. 사람들이 발전해가는 영역이 점점 좁아지고, 부차적으로 보였던 주제들이 보다 중요해집니다. 나는 그동안 쇠진해버렸다고 믿었던 것들을 계속해서 발전시켜나갈 것입니다.

**캐릭터 구성에 있어서 안 테세드르Anne Teyssedre와 다른 배우들은 어느 정도로 참여했나요?**

이상해 보일지 모르겠는데, 처음에는 철학 교사로 정해지지 않았었습니다. 이야기가 아직 매우 희미할 때 안 테세드르를 만났어요. 하루는 그녀가 특히 텔레비전에서 맡았던 배역들—비행사처럼 주로 활동적인 여자를 연기했죠—에 대해 이야기하고 있었는데, 그녀가 "철학 교사를 연기해보고 싶어요. 심지어 철학 학위도 있어요"라고 말했습니다. 철학에 대해 함께 이야기를 좀 나눈 후 나는 말했죠. "안 될 것도 없어요." 사상에 정통한 누군가 없었다면 그렇게 감행하지 못했을 것입니다. 그렇긴 해도 그 배역은 전적으로 나 혼자 썼어요. 배우들이 대사에 참여하지 않았죠. 어느 정도 협력이 있었던 다른 영화들과는 대조적이지만.

**위그 케스테르Hugues Quester는 어떻게 캐스팅했나요? 감독님 영화에 그가 나오다니 뜻밖이지만, 그러면서도 그는 마치 파브리스 루키니가 연기하는 것처럼 보여요.**

네, 비슷한 유형으로 볼 수 있습니다. 〈모드 집에서의 하룻밤〉의 장루이 트랭티냥 하고도 닮았어요. 그의 낭만적인 측면이 마음에 들어요. 클라이스트의 작품 『헤일브론의 카트린』을 무대에 올리면서 그를 생각했던 적이 있는데, 당시에는 일정이 안 돼서 파스칼 그레고리 상대역으로 캐스팅을 못했죠. 아무튼 가능성이 있었어요. 〈봄 이야기〉에서는 그를 위한 배역을 찾았는데, 꽤 오랫동안 십대 역을 맡았었기 때문에 그로서는 상당히 색다른 일이었습니다. 최근 자크 드미의 〈주차〉에서 그의 연기를 다시 봤는데, 오래된 영화가 아닌데도 나이에 비해 상당히 젊어 보입니다. 이번만은 아버지 역을 연기해야 할 거예요.

**그가 맡은 인물은 실패한 낭만주의자이기 때문에 감동적입니다. 낭만적으로 행동할 수 있길 바라지만 삶의 스타일이 그것을 허락하지 않는 사람이죠.**

네, 맞아요.

**감독님의 경우 한 영화 안에서도 매우 자연스럽고 유창한 배우들이 있는가 하면 보다 덜컥거리면서 짧게 끊어지는 스타일의 배우들도 있습니다. 예를 들어 〈내 여자친구의 남자친구〉에서는 소피 르누아르와 에릭 베이야르가 한편에, 에마뉘엘 숄레와 프랑수아에릭 장드롱이 다른 편에 위치하죠. 후자들의 몸짓은 훨씬 더 '구조적'이어서, 팔 동작의 다양한 단계나 시선의 이동을 따라갈 수 있어요. 이런 대비는 〈봄 이야기〉에서 안 테세드르와 위그 케스테르의 대비로 나타나며, 위그 케스테르는 첫 등장부터 이런 몸짓의 구조적 성격을 극한으로 밀어붙입니다.**

나는 그렇게 보진 않았지만, 내 배우들 간에 대립이 존재한다는 것은 압니다. 한 영화 안에서 캐릭터들 간의 대립이 있는 것을 좋아해요. 나는 늘 영화에서 배우들이 닮은 것 때문에 다소 충격을 받아왔습니다. 사람들은 감독이 생리학에 있어 전문가라고 생각하지만, 내 경우를 보면 실제로 그렇지는 않아요. 그리고 많은 영화들—모두 군복을 입고 나오는 전쟁 영화만을 말하는 것은 아니에요—에서 배우들을 혼동합니다. 어떤 감독들은 그들의 영화에서 특정한 신체 유형, 특히 특정한 여성형을 선호하죠. 종종 한 영화에 서로 닮은 여자들이 나옵니다. 반대로, 나는 강렬한 대립들을 항상 추구해요. 내 배우들에게서 단일한 톤이 발견되기를 원치 않으며, 상이한 스타일 탓에 동시에 활용하기 어려운 배우들을 함께 등장시키죠.

**자연과 연결되는 영화 안에서 시각적 공통분모인 초록과 하양에 대해 조금 전에 말씀하셨습니다. 실내에도 초록 디테일들이 있고요. 영화 말미에 나타샤가 거울을 쳐다볼 때 초록 물병 옆에 초록색 옷을 입고 있습니다. 그런데 파랑 같은 다른 모티프들도 존재합니다. 그런 파랑의 사용은 일종의 차가움에 해당하나요?**

한 영화 안에는 어느 정도 통일된 색조가 필요하다고 생각하지만 그것이 지나치게 통일되어선 안 된다고 봅니다. 영화가 연극과 다른 점이 여기에 있어요. 연극에서는 완벽한 조화, 극도로 조화로운 무엇인가를 찾을 수 있는 반면, 영화에서는 부수적인 색들이 있어야만 합니다. 모든 것이 어떤 부조화도 없이 너무 완벽하면 지나치게 인공적이 돼버려요. 그래서 나는 몇 가지 색을 도입했고, 또 우연히 들어간 다른 색들도 존재합니다. 차가운 색들에 끌렸는데 그 색들은 봄철에 맞는 것 같아요. 나는 영화들에서 노랑을 많이 사용하지는 않고 조금만 쓰는 걸 즐기는데 이 영화에서는 꽤 차가운 노랑색들을 찾아볼 수 있습니다. 꽃뿐 아니라 특별히 구입한 잔의 블라우스가 여기에 속해요. 그러니까 파랑은 초록과 파랑이 이루는 차가운 조화의 일부죠. 내가 좋아하는 색으로 다른 색들과 잘 어울립니다.

그러나 이 영화에서는 색의 사용을 그렇게 세심하게 계획한 것은 아니며, 더 신경을 많이 쓴 영화들이 있죠. 예를 들어 〈해변의 폴린느〉에서는 절대적으로 빨강과 파랑을 원했고 초록과 노랑은 금했습니다. 당시 유행하는 색은 검정이었고 배우들이 그 색을 입기 시작하고 있었지만 나는 검정 그리고 카키를 거부했어요. 배우들이 가진 옷들을 자주 쓰지만, 내 생각과 정확하게 맞아떨어지지 않을 때는 따로 구입합니다.

어느 저녁 시골에서 벌어지는 대토론인 〈봄 이야기〉의 경우, 위그 케스테르는 파란색 셔츠를 입었는데, 그 셔츠를 찾아내느라 시간이 많이 걸렸죠. 다른 색 셔츠들을 시도했었지만 소파 색 때문에 차가운 색이 필요했어요. 처음에는 다른 사람들처럼 나도 꽃을 조심스러워했지만 영화를 준비하면서 마음을 바꿔 먹었습니다. 촬영하고 있던 집의 주인이 원하면 페인트칠을 다시 해도 되고 자기는 꽃무늬 벽지에 신물이 났다고 말해서 벽지와 꽃무늬 의자들을 없애도 되겠다고 생각했습니다. 보통 단색을 좋아하거든요. 그 후 꽃들이 썩 괜찮다는 것을 알게 됐죠. 바깥에 있는 꽃들과 시각적인 리듬을 만들어냈거든요. 아파트 안에 꽃을 가져다 놓은 것도 같은 이유에서입니다. 소파도 그대로 뒀습니다. 그런데 따뜻한 톤들이 소파의 옅은 분홍색 꽃무늬와 전혀 어울리지 않았어요. 그래서 안 테세드르는 노랑을 입을 수가 없었고, 위그 케스테르는 자기가 갖고 있던 아름다운 암적색 셔츠를 입을 수 없었죠. 결국 여러 다른 색들 탓에 파랑을 사용할 수밖에 없었고, 소파를 없애버릴까 하다가 결국 그냥 놔두기로 했던 것입니다.

**음악이 이야기에서 구체적인 역할을 수행하는 〈봄 이야기〉의 몇몇 영상에, 처음으로 가끔씩, 기존의 음악(베토벤의 소나타)을 사용하셨습니다.**

네, 그럼에도 음악이 대사의 배경은 아니었어요. 나의 게으른 탐닉이라고 여길지도 모르겠지만, '사계절 이야기'의 다른 영화에서 동일한 방식으로, 즉 디제시스 외적으로 음악을 사용하게 될지도 모릅니다. 특별히 작곡된 가락은 아니겠지만, 내 영화에서 처음으로 음악과 대사가 섞여서 들릴 거예요.

그렇다면 왜 그런 식으로 베토벤을 사용했느냐? 글쎄, 부분적으로는 내게 그럴 자유가 있기 때문이겠죠. 영화음악에 대해 내 입장이 비판적이기는 하지만, 그렇다고 규칙을 깰 수 없다는 것은 아니죠. 모든 것은 어떤 식으로 그 규칙을 깨느냐에 달려 있습니다. 크레디트 시퀀스 자체에 음악을 입힌 것이 아니라 영화의 특별히 '빈' 부분에 잠시 인용했죠. 즉 크레디트 시퀀스의 맨 끝과 첫 시퀀스인데, 액션을 방해하지 않는 위치입니다. 마지막에 클로징 크레디트가 올라가는 동안 흐르는 음악의 경우 더 강조되고 아마 더 관습적인 방식으로 재등장한다고 할 수 있지만 그것은 단지 크레디트를 위한 음악만은 아니에요. 음악이 영화를 돕기 위해 그곳에 있다고 말할 수 있어요. 베토벤에게 날 좀 도와달라고 하는 것이죠. 내 생각에 영화의 끝이 좀 너무 씁쓸했습니다. 여주인공이 예전에 불편해했고 좋아하지 않았기에 떠나왔던 그 장소로 되돌아가는데, 그것은 동시에 행복해야만 했고, 비록 좋아하지는 않는 장소라도 그곳으로 돌아가는 사람의 내면적 행복을 어떻게든 표현해야 했습니다. 조명으로 부드럽게 보여줄 수 있었겠지만, 이는 속임수가 됐을 거예요. 꽃을 활용할 수도 있었겠지만, 그것들을 충분히 부각하기에는 실제적인 어려움들이 있었어요. 부케 오프닝은 시간이 걸리는 데다 생략기법도 필요했을 것입니다.

반면 어두운 아파트 안으로 들어가는 것은 중요한 사안이었죠. 쓰라림이 영상에 배어 있었지만 나는 그 이상의 무엇인가를 원했어요. 내가 그녀를 가둬뒀던 이 이미지들의 다소 추악한 측면을 넘어서 일종의 희망을 주는 그런 느낌 말이죠. 그래서 보통은 피하려고 하지만 이번에는 음악이 나의 지원군이 됐어요. 다른 방법이 없었어요. 상상하시겠지만, 이 음악은 캐릭터가 흥얼거리는, 그녀의 머릿속에 들어 있는 음악입니다. 잔은 십중팔구 슈만보다 베토벤을 선호합니다. 나타샤가 피아노를 칠 때 그녀는 슈만을 듣게 되지만, 이제는 더 이상 나타샤를 생각하고 있지 않기 때문에 베토벤이 회귀하는 것이죠. 영화에서 이미 비중이 컸다면 그 음악을 사용하지 않았을 텐데, 그건 인물들이 잘 알거나 좋아하는 음악이 아니었죠. 인물들이 고전음

에릭 로메르

악보다 록 음악을 선호하는 영화에서라면 그 음악을 넣지 않았을 것입니다.

**장루이 발레로는 어떤 역할을 합니까? 몽모랑시의 저녁을 위한 블루스 음악을 작곡했고, 〈비행사의 아내〉 이래 감독님의 모든 영화에서 극도로 조심스러운 음악의 순간들을 만들어냈는데요.**

그는 몇 가지 매우 흥미로운 작업을 한 사람이죠. 내 영화들에서는 그가 나를 돕는다고 표현하면 될 것 같아요. 친구가 아닌 누군가에게 부탁하는 것은 나로서는 정말 힘들 거예요. 일례로 〈내 여자친구의 남자친구〉를 위해 크게 드러나지 않는 음악을 작곡해달라고 그에게 요청했습니다. 모르는 사람한테는 절대 부탁하지 못했을 거예요. 그는 이 일로 나를 놀려대죠. 〈내 여자친구의 남자친구〉에는 음악이 아주 미미하고 눈치채지 못할 정도입니다.

**〈녹색 광선〉의 음악은 알아차릴 수 있어요.**

네, 〈녹색 광선〉의 경우 그에게 테마를 제안했고, 영화 끝에 쓸 푸가를 작곡해달라고 요청했어요. 〈레네트와 미라벨의 네 가지 모험〉의 경우에는 도식을 주면서 "단순히 미들 C에서 하이 C로 갔다가 다시 되돌아가는 음악이면 돼. 강박적이고 반복적인 특징이 있었으면 하네"라고 말했습니다. 그가 "모스부

호처럼 만들면 어떨까?"라고 답했죠. 그 결과 C가 한 번은 긴 "삐"로, 다른 한 번은 짧은 "삐"로 만들어졌고, 영화 제목의 철자를 등장시킬 때 그것들이 활용되어, 시작과 엔딩의 크레디트 시퀀스들은 모스부호로 영화 제목을 보여줍니다. 그런 걸 바로 의미 있는 음악이라고 확실히 말할 수 있겠죠! 재미있는 것은 음악에 대한 아이디어를 내가 냈고, 그가 그것을 더 문학적으로 만들어냈다는 사실입니다.

당신의 질문에 더 완전하게 답한다면, 나는 음악가에게 의지하기를 원치 않는다고 해야겠습니다. 음악은 영화의 느낌에 아주 중요하기에, 나는 내가 이해 못 하는 음악보다는 차라리 평범하거나 나쁜 음악을 쓸 거예요. 나는 음악가에게 영화를 보여주면서 "영감을 받으시나요? 이걸로 어떤 음악을 만드실 건가요?"라고 말할 사람은 아닙니다. 그렇게 못 해요. 그래서 두 가지 대안이 있습니다. 나 자신이 음악가는 아니지만 가끔 아이디어가 떠오르면 음악가에게 테마―도움이 될지는 모르나―를 제안하고 그가 나를 돕는 방법이 있습니다. 혹은 누벨바그 시절에 종종 그랬던 것처럼 베토벤이나 모차르트 같은 음악가의 도움을 받는 방법이 있죠.

처음으로 고전음악을 실제로 많이 활용한 사람은 멜빌이었고, 〈무서운 아이들〉에서였습니다. 그 아이디어가 멜빌에게서 왔는지 콕토에게서 왔는지는 모르지만요. 이는 큰 여파를 불러일으켰는데, 처음으로 누군가 그렇게 감행했기 때문이었어요. 당시에는 영화를 위해 특별히 작곡된 음악을 써야 한다는 것이 일반적인 믿음이었습니다.

고다르는 〈카르멘이라는 이름〉을 베토벤의 현악 4중주를 토대로 만듦으로써 상당히 멀리까지 밀어붙였어요. 아마 베토벤이 무덤에서 돌아누웠을지도 모르지만, 그건 아주 영리한 방식으로 사용됐습니다. 고다르는 4중주를 잘 아는 데다 그에 매우 민감했습니다. 이전에도 〈결혼한 여자〉와 〈그녀에 대해 알고 있는 두세 가지 것들〉에서 써본 적이 있었죠. 개인적으로 나라면 그렇게 내게 특별한 의미를 띠는 음악을 사용하기는 꺼려질 거예요. 그러나 베토벤의 이런 미세한 단편들을 쓰는 게 너무 불경하다고 느껴지지는 않아요.

그러니까 이런 것들이 음악에 대한 나의 입장입니다. 당연히 모두 나처럼 생각했다면 영화음악 작곡가가 한 명도 없겠죠! 그러나 난 그저 내 영화를 어떤 음악가에게 주는 것, 그가 내 영화 세계에 들어오도록 허용하는 것을 참을 수 없습니다.

**베토벤의 론도를 영화의 '비어 있는' 부분에 넣었다고 말씀하셨습니다. 영화의 구조라는 관점에서 이는 매우 중요한데, 10분간 지속되는 조용한 프롤로그로 시작하고 또다시 사운드 없이 끝납니다. 가짜 시작들이 이어지고 중요해 보이는 사람들이 스크린 밖으로 사라진 후, 그리고 조연급 인물들이**

**보다 중요해졌을 때, 액션은 위그 케스테르가 연기하는 인물의 도착과 더불어 진정으로 시작됩니다.**

　이 영화는 다소 삽화적인 구성을 띱니다. 이야기 한편에 다른 이야기가 이어지고, 끝에 이르기까지 새로운 이야기들이 굴러갑니다. 마지막까지 우리는 모든 것을 알 수는 없어요. 심지어 이고르가 도착할 때도 영화는 진정으로 시작하지 않습니다. 많은 정보들이 나중에야 제공되기 때문이에요. 따라서 영화가 하나의 긴 전시라고 생각할 수 있습니다. 고전적인 도입, 전개, 결말의 구분이 존재하지 않아요. 내 예전 영화들을 포함해서 평균적인 수준보다 훨씬 더, 각 액션의 조각이 다른 조각을 기반으로 합니다.

　스토리텔링의 관점에서 나는 약간 다른 무엇인가를 시도했고, 그것이 조금 지나쳐 보일지 모르겠지만 바로 그런 점이 흥미를 느꼈던 부분이에요. 관객들의 기대에 다소 반하지만, 가능한 최대한까지 가봤어요. 시작 때부터 주의 깊게 따라가기만 한다면 관객들의 흥미가 반감되기보다 증폭될 것이라고 생각했기 때문이죠. 내 다른 영화들에서보다 시작이 상당히 느리거든요. 나는 지나치게 빨리 소재로 진입하는 것을 좋아하지 않습니다. 더 일찍 끝낼 수도 있었겠지만—목걸이가 발견된 후부터는 모든 것이 아주 빨리 진행돼요—이미지와 스크린상의 역동성의 관점에서, 침실에서 끝낼 수는 없었고 밖으로, 다른 곳으

　　　　　　　　　　　　　　　　　　　　에릭 로메르

로 가야 했습니다. 그 점이 또한 약간의 음악이 들어가는 이유이기도 해요. 끝났다는 신호가 되는 것이죠.

**사실 영화는 실질적으로 두 개입니다. 위그 케스테르에 관한 '내 친구의 아버지'라고 불릴 수 있을 만한 것이 들어 있는데, 더 늦게 시작되어 더 일찍 끝나죠.**

겹쳐지는 두 가지 이야기가 있습니다. 이고르가 잔을 유혹하지만 실패하는 깃, 그리고 목걸이 이야기인데, 이 두 이야기는 서로를 포함하며 평행선들을 그린 후 마침내 하나가 다른 하나를 추월해요. 관객들이 다소 어리벙벙할지 모르지만 나는 사소해 보였던 것, 그들이 주목하지 않았던 하찮은 것이 결국에는 매우 중요하다는 사실을 보여주고 싶었습니다. 목걸이는 아버지에 관해 이야기할 수 있는 구실로 보이지만, 사실 이야기의 중심은 목걸이입니다. 이 이야기는 잔과 나타샤의 관계에 관한 것이에요. 잔에게는 나타샤와의 관계가 일종의 게임인 이고르와의 관계보다 더 중요합니다. 그것이 남녀 관계를 우선시하는 '도덕 이야기'와의 차이예요. '도덕 이야기'와 '희극과 격언' 연작 둘 다와 매우 상이한 길을 걷고 있다고 생각합니다.

**에바와 나타샤 모두 집을 떠난 후 잔과 이고르의 '도덕 이야기'가 20분간 진행된다고 말할 수 있을 것 같은데요.**

네, 맞습니다. 그들은 마치 '도덕 이야기'에 속해 있는 것처럼 장난을 치지만, 실제로는 그렇지 않아요. 내가 시작을 너무 빨리 가고 싶어 하지 않는 또 다른 이유는 상황이 너무 신속히 전달되기보다, 대화를 들음으로써 알게 되는 정보들이 많기를 바라기 때문입니다. 나는 영화가 가진 힘을 이용해서 어디로라도 떠나는 것보다 특정한 시공간에 나 스스로를 제한시키는 것을 선호해요. 이야기를 이해하는 데 필요한 많은 것들이 대사로 언급된다 하더라도 말이죠. 예를 들어 잔의 남자 친구가 나오는 장면이나 그녀의 철학 수업 장면을 끼워 넣을 수도 있었겠지만, 잘라냈습니다. 나는 종종 삭제를 통해 이야기를 써나가요. 이런 삭제는 대화가 더 풍부해지는 결과를 낳죠. 현재로서는 이런 시스템으로 어떻게 대사가 전혀 없는 이야기들을 만들어낼 수 있을지 잘 모르겠습니다. 어쨌든 당분간 내 작업 방식은 이런 것들을 포함하게 될 거예요. 그런데 〈사자자리〉에는 대사가 많지 않았어요. 대신 뭔가 다른 것, 즉 일종의 통일성을 만들어내는 시공간의 지속이 있었습니다. 이제는 다른 방식으로 그 통일성을 찾아낼 수 있게 됐죠.

에릭 로메르

# 우연

올리비에 퀴르쇼 ── 1992

'사계절 이야기'의 두 번째 영화의 제목은 셰익스피어의 희곡『겨울 이야기』 제목과 같습니다. 영화 안에서 여주인공이 관람하는 연극으로 그 희곡의 마지막 장면이 나옵니다. 셰익스피어에 대한 참조가 영화 구상보다 먼저였나요, 아니면 사전에 있던 플롯 내에서 그것이 자리를 찾은 것인가요?

내가 '도덕 이야기'를 만들고 있을 때 '희극과 격언'에 속하는 몇 편이 잉태 중이었음을 아실 겁니다. 실제로 그것들을 생각한 것은 아니지만요. 마찬가지로, '희극과 격언'을 만들던 중에 '사계절 이야기'의 일부를 구상했습니다. 나는 순수하게 형식적인 면에서 안티테제를 통해 전개해나가는 것을 좋아해요. 예를 들어 〈겨울 이야기〉를 위해서는 〈봄 이야기〉의 이야기와

---

〈포지티프〉 1992년 2월 호. 허가를 받아 옮겨 수록함.

완전히 반대되는 이야기—한 남자와 세 여자 대신, 한 여자와 세 남자—이면서 동시에 〈녹색 광선〉의 이야기에도 반대되는 이야기를 희미하게 구상했습니다. 왜냐하면 〈녹색 광선〉에서는 한 여자가 남자를 못 찾는 모양새인데, 여기서는 여자가 세 남자 중 못 골라서 문제거든요. 그 후 1980년대 초반 BBC가 공연하는 셰익스피어의 〈겨울 이야기〉를 텔레비전에서 본 후, 사랑받는 여인의 귀환으로 내용을 혼동해서 기억하고 있었죠. 실제로는 여왕의 부활, 적어도 조각이 살아 움직이는 것이었죠. 공연을 녹화해둔 카세트테이프를 다시 찾아보면서 그 장면에서 얼마나 많은 감동이 솟아나는지 충격을 받았어요. 바로 그때 사랑받던 남자의 귀환을 영화화하고, 그것을 셰익스피어를 참조하여 '겨울 이야기'라고 부르겠다는 생각을 했죠. '겨울 이야기'라는 아이디어가 생기고 나자 '사계절 이야기'라고 부를 연작을 만들겠다는 마음이 들었어요. 따라서 〈봄 이야기〉를 구상하기 전에 〈겨울 이야기〉를 생각해낸 셈이지만 당시에는 그걸 언급하지 않았죠. 아직 만들어지지 않은 영화들에 대해 말하는 것을 좋아하지 않거든요.

**영화 무대가 느베르Nevers인 것은 성 베르나데트의 성물함이 그곳에 있기 때문인가요?**

아뇨, 그것은 순전히 기적, 느베르의 기적이라고 말할 수 있을 것입니다! 영화를 준비하던 중 느베르를 잘 아는 사람을 우연히 만났고 그에게 영화 스토리를 알려줬어요. 그는 느베르에 나를 도와줄 사람들이 있을 것이라고 했고, 미용실과 아파트를 금방 찾아줬습니다. 느베르에 도착하여 나는 성 베르나데트를 암시하기 위해 그곳을 빌렸어요. 영화의 소재, 그리고 로이크가 루르드의 기적을 믿는다고 말하는 문장과 관련된 거죠. 생길라르성 베르나데트의 성물함이 있는 곳 수녀원 방문은 지리적인 면을 정확히 연출하려는 평소 나의 굉적인 경향에 벼화를 준 계기였어요. 느베르를 잘 아는 이들은 영화에서 펠리시와 막상스가 걸어갈 때 완전히 지그재그를 그린다는 것을 알아차릴 수 있는데, 이는 수녀원이 다른 모든 장소들에서 멀리 떨어져 있기 때문입니다. 그러나 그 시퀀스의 극적 진행상 수녀원 방문을 산책의 시작이나 끝에 배치하지는 못했어요. 그랬다면 보다 논리적이었겠죠.

느베르를 선택한 것은 '기적적인 우연'이라고 부를 만한 운 좋은 만남 덕분입니다. 그리고 그것은 내 영화들에서 자주 있는 일이죠.


**영화의 대사를 통해 펠리시와 성 베르나데트 사이에 있을 수 있는 유사성이 더 커집니다. 둘 다 그리스인의 코를 갖고 있고, 환영을 보거나 신념을 위해 스스로를 희생하죠. 펠리시의 캐릭터에는 루소적인 것도 들어 있어요.**

그녀는 자연적인 것을 좋아하며 로이크가 책을 통해 인생을 사는 것을 비판합니다.

네, 그러나 많은 사람들이 그와 같죠. 〈수집가〉에서 주인공이 『고백록』을 읽고 있다는 점을 기억해주세요.

인물들이 자기가 쓰는 말들의 함정에 빠지는 상황을 즐기시는 것 같습니다. 예를 들어 막상스는 펠리시에게 "……한 관계를 맺는 얼간이 같은" 대신 "……한 관계를 맺는 미친"이라고 표현한다고 한마디 한 후, 막상 그녀가 파리로 돌아가려 한다고 그에게 말하자 미쳤다고 비난합니다. 로이크와 샤를 모두 같은 일로 그녀를 비판해요. 그리고 펠리시는 그녀가 '미치도록' 사랑하지 않는 남자와 살기를 거부하죠.

내 인물들은 지혜로울 수도 '미칠' 수도 있습니다. 결코 그냥 미치는 것이 아니라 그건 일종의 희열, 영혼의 열기, 평탄한 현실의 거부, 심지어 때로는 돈키호테적인 광기에 해당해요. 나는 펠리시가 이런 종류의 다정한 광기를 지녔다고 생각해요.

막상스, 로이크, 심지어 펠리시조차 감동적이면서 비정하고, 짜증 나면서도 사랑스럽습니다.

내 아리스토텔레스적 측면이죠! 비극의 인물들은 전적으로 선하거나 전적으로 악해서도, 전적으로 유죄이거나 전적으로 무죄여서도 안 돼요. 예를 들어 위대한 할리우드 서부극들

에릭 로메르

은 이 고전적 드라마트루기의 법칙을 준수했습니다. 내가 영화관에 매일 드나들던 시절, 영화의 인물들은 풍부하고 복잡했습니다. 오늘날 내가 아는 한―영화관에 아주 자주 가지는 않기 때문에―, 인물들은 훨씬 얄팍하고 단순해졌어요. 그런 유행을 따르고 싶지 않아요.

**'희극과 격언'과 마찬가지로 '사계절 이야기'도 각 영화에 대중이 잘 모르는 새로운 얼굴들이 수연으로 나옵니다.**

무명의 얼굴들을 일부러 소개하려고 노력하지는 않지만, 미디어 스타가 된 후 대개 대중적인 이미지가 지나치게 낡아버린 배우들과 촬영하고 싶지는 않습니다. 내 인물들은 전적으로 신빙성이 있어야 하는데 스타들이 배역을 맡으면 그런 게 불가능해질 거예요. 관객이 인물 이면의 배우를 보게 될 테니까요. 게다가 여전히 뭔가를 증명해야만 하고 처음 연기해보는 흥미진진한 인물을 찾아내야 하며, 그럼으로써 스스로 더 많은 노력을 쏟아부을 수 있는 새로운 사람들과의 작업이 내게는 더 기운 나는 일입니다. 나는 배우들이 가진 이런 유의 순결성을 좋아해요.

대체로 남자들보다 여자들에게 해당되죠. 내 여배우들은 종종 남자 배우들보다 훨씬 맡았던 배역이 적습니다. 나이 탓이 아니라, 젊은 여배우의 경우에는 밀려나서 커리어를 아주 금세 중단하는 경우가 있는 반면 남자들에게는 배역의 기회가 더 많다는 것이죠. 새로운 얼굴들을 찾아내는 것은 어렵지 않아요. 비록 그들이 광고나 TV 시리즈 등 다른 곳에 이미 나왔다 해도 말이죠. 펠리시 역의 샤를로트 베리는 채널5의 TV쇼에 나온 적이 있었는데, 짧은 머리였습니다. 아무도 그녀를 알아보지 못했고, 차라리 그것이 그녀에게 더 나았죠.

**영화제작의 어느 단계에서 배우들이 참여하나요?**

일반적으로 내 시나리오는 크게 두 단계를 거칩니다. 우선 이야기를 개괄적으로 구상하는 단계인데, 이때는 구체적인 배우를 염두에 두지 않아요. 심지어 즉흥에 의존한 〈녹색 광선〉의 경우에도 즉시 마리 리비에르를 생각했던 것은 아닙니다. 다음으로, 내 생각들이 보다 명확해짐에 따라, 그러나 플롯 라인이 완전히 끝나거나 모든 장면들이 결정되기 이전—따라서 대사를 쓰기 한참 전이죠—에 배우 한 명—대개 여배우—을 고릅니다. 시나리오를 쓰기 위해서 나는 그 여배우에 대해 생각하는 것이 필요해요. 그녀가 시나리오에 참여하지 않는다 해도 말이죠. 〈녹색 광선〉과 아마도 〈수집가〉의 경우가 이에 해당했을 거예요. 나는 배우를 개인적으로 알고 그녀를 배역 안에서 볼 수 있어야만 해요. 때때로 그녀가 내게 말한 것, 심지어 몇 문장에 영감을 받는 경우도 있어요. 그러나 캐릭터를 결정하는 데 있어

에릭 로메르

서 배우의 전체적인 역할을 단정짓기는 매우 어렵고, 실상 여기서 이야기할 수 없어요.

**감독님 영화에서 플롯 면에서나 일부 장면에서 어린 소녀가 비중 있는 배역을 연기한 것은 처음입니다.**

이전에도 아이들이 등장하긴 했지만 이번에는 다릅니다. 사실 나는 '희극과 격언'에서 부모나 손자 없이, 아니면 있어도 아주 적게 등장시킨 채 단시 한 세대만을 보여준 것이 정말 괴로웠어요. '사계절 이야기'에서는 '가족사진'을 좀 풍성하게 만들었죠. 〈봄 이야기〉에는 두 세대가, 그리고 이번에는 세 세대가 등장합니다.

**그 어린 소녀의 초상은 매우 사실적입니다. 그애가 즉흥연기를 좀 했나요?**

엄격히 말해 이 영화에는 즉흥이 없습니다. 리허설 중에 대사의 작은 부분들을 바꾼 것은 확실히 사실이지만 기본적으로 써놓은 것이 있었어요. 한편 그 여자애는 내가 기대하지 않았던 말들을 가끔 했는데, 그것이 무엇이었는지에 대해서는 여기서 말하지 않는 것이 낫겠습니다. 어떤 감독이, 아이들은 자신의 모습을 있는 그대로 보여줘야 할 때보다 실제 삶에서 아주 동떨어진 대사를 시킬 때 훨씬 더 편안해한다고 말한 적이 있어요. 그가 절대적으로 옳았습니다. 문제는 즉흥적인 부분이 전혀 없으면 아이들이 대사를 지나치게 중시해서 흉내 내기 놀이를 한다는 데 있어요. 엘리즈의 경우에는 이런 태도가 섞이게 했어요. 혼란스러운 특징을 띠는 순수한 즉흥은 적합하지 않았어요. 일정한 방향을 따라가야 했기 때문이죠. 게다가 아이들은 즉흥을 잘 이해하지 못해요. 아이들은 논리적이며 현실과 가식을 섞는 것을 좋아하지 않는다는 것이 문제예요. 뭔가 진실된, 연기된 듯 보이지 않는 것을 얻는 데 성공했기를 바라요.

내 영화들에서 마음에 드는 것은 미리 준비된 것으로 보이는 대사가 즉흥적이라는 것, 그리고 즉흥적으로 말하는 것 같은 대사가 미리 준비됐다는 점입니다. 그러나 그 비밀을 밝히지는 않으려고 해요.

**인물들이 칸트철학을 논하는 〈봄 이야기〉 이후, 〈겨울 이야기〉에는 환생과 파스칼의 내기에 대한 대화가 등장합니다. 이 소재는 〈모드 집에서의 하룻밤〉에서 이미 다루셨었는데요.**

내 '사계절 이야기'가 각각 상이한 철학적 문제를 제기하거나 아니면 적어도 설명했으면 좋겠는데, 잘해낼 수 있을지는 모르겠습니다. 〈봄 이야기〉에서는 사유, 이 영화의 경우에는 불멸이 그런 문제입니다. 내기 문제로 돌아간 것은 아주 의도적이었는데, 사실 그에 대해 세 번째로 이야기하고 있어요. 셋이라는 숫자는 매우 중요합니다. 두 번은 반복이지만 세 번이 되면 그것은 영원을 암시하죠. 내 희곡 『피아노 3중주』에서 직접 파스칼을 인용하지는 않았지만 파스칼 그레고리가 제시카 포드에게 다음과 같이 말할 때 내기에 대해 암시를 했죠. "당신이 내게 말해줬으면 하는 문장을 당신에게 말하고 싶지는 않소. 당신이 자유의지로 그것을 말한다면 내가 참 기쁠 터이기에, 비록 그런 상황이 일어날 확률이 매우 낮음에도 나는 그 순간을 희망하며 살기를 선호하오."

이 긴 대화에는 극적인 기치도 있어서, 이야기가 형성되는 방식으로 작용하기도 합니다. 그래서 예를 들어 로이크 집에서의 저녁 식사는 그저 교육 수준이 높지 못한 여자와 그녀를 지루하게 만드는 대화를 나누는 '지식인들' 간의 대립을 묘사하는 데 봉사하는 것으로 보일 수 있었겠지만, 갑자기 펠리시가 끼어들고, 그런 그녀의 개입은 대화를 영화의 소재 수준으로까지 이끌어가죠. 그녀는 단지 죽을 때까지 샤를에게 연결된 것이 아니라, 또 다른 삶의 존재를 통해 그와 연결됩니다. 이런 효과를 특별히 추구하지는 않았지만, 이 장면에서 정말 마음에 드는 것은 피상적으로 느껴지던 것이 문득 본질적이 된다는 것입니다.

**그 장면을 마주한 관객은 그저 웃기만 할 수도 있습니다.**

종종 내 영화들의 이런저런 장면에서 사람들이 웃는다는 말을 듣는데, 그것은 관객에 따라 다르고 설명하기가 아주 어려운 문제예요. 〈겨울 이야기〉가 당신을 웃게 만들면 잘된 것이고, 당신을 울게 만들면 그것도 잘된 것이며, 만약 당신을 웃다가 울게 만든다면 그것은 더더욱 좋죠. 나는 비극에 대한 감각이 있을 때라야만 희극에 대한 감각 또한 있다고 생각합니다. 비극의 모든 장면은 희극으로도 연기될 수 있어요. 착각을 토대로 한 『오이디푸스 왕』은 희극일 수 있을 것이며 이는 모든 위대한 극작가들, 라신, 코르네유 혹은 셰익스피어의 작품들에도 들어맞습니다.

그러나 습관이나 인물을 묘사할 때 내가 희화화를 목표로 하는 것은 아니에요. 지식인을 조롱하거나 다소 교육 수준이 낮은 여자를 무지해 보이게 만드는 것들 말이죠. 희극은 인물들 자신들의 눈에 보여야만 합니다. 로이크가 학자연할 때, 펠리시가 바보 같은 말을 하거나 문법적으로 실수를 할 때 그들은 스스로 우스꽝스러움을 감지해야 해요. 그들은 어떻게 과감히 밀고 나가야 할지를 알고 그것을 최대한 활용하죠. 따라서 나는 인물들의 행동보다는 상황들이 희극적이라고 생각합니다. 여하튼 나는 절대로 내 인물들 위에 위치해서 그들을 조롱하고 싶지 않아요. 그것이 대중의 태도일지는 모르지만, 그것은 대중이 일반적으로 보는 것에서 온 습관이지 내 습관은 명백히 아닙니다.

에릭 로메르

다른 관점에서, 감독님은 플롯의 내용과 관련하여 계속 관객들이 오해하도록 인도하고 있습니다. 수수께끼 같은 프롤로그가 지난 후 우리는 영화가 두 남자 사이에서 주저하는 여자—다소 '희극과 격언' 식으로—의 이야기라고 생각합니다. 그 후 그녀가 한 명을 선택하고—'도덕 이야기'에서처럼—, 그런 다음 상당히 있음 직하지 않은—〈녹색 광선〉을 떠올리게 하는—최후의 대단원이 나오죠.

네, 시나리오를 쓰면서 그 점을 잘 알고 있었습니다. 나는 관객이 이야기 안에서 약간 길을 잃기를, 어디로 가고 있는지 확실히 모르기를 바랐어요. 그러고 나서 마지막의 환희로 이끄는 갑작스러운 전환이 존재하는 것입니다. 고의로 관객을 어둠 속에 뒀어요. 나는 관객이 계속 추측하도록 만드는 것—히치콕의 서스펜스를 참조하여 그것을 내 '서스펜스'라고 부르겠어요—이 스토리텔링의 기술이라고 생각합니다. 학생들에게 히치콕의 영화들을 보여주면 그들은 히치콕과 내 영화 사이의 관계가 뭐냐고 물어봅니다. 나는 이것이 그가 내게 끼친 유일한 영향력이라고 생각해요. 그것은 내가 영화들에서 벌이는 게임에 속해요. 모든 영화 관객이나 책의 독자들은 이야기를 추측해보고 끝에 일어날 일을 자신들이 알아맞혔다고 느끼기를 원해요. 지금, 나는 나 자신이 그와 같고 나의 관객들이 나와 같다고 생각해요. 일부러 어려움을 추구하지는 않지만, 관객에게 아부하거나 관객의 책무를 단순화하고 싶지 않습니다. 더 이상 대중이 복잡한 플롯을 따라올 능력이 없다고 이야기되는 시대에 이런 점은 매우 중요해요. 그것은 내 이야기들이 잘 구성되도록 확실히 해야만 하는 또 하나의 이유이기도 하죠.

**〈겨울 이야기〉의 구조는 다소 연극 같아서, 서곡(프롤로그), 세 개의 막, 그리고 긴 에필로그가 있습니다.**

내 누벨바그 동료들과 나는 고전문학에 대한 기본 소양이 튼튼했어요. 우리는 프랑스 문학에 관한 에세이들을 썼습니다. 그러나 음악에 대한 공통된 사랑에 대해서는 충분히 말한 적이 없어요. 리베트는 겉으로 봐도 음악에 대한 취향이 남달랐고, 고다르는 베토벤의 4중주를 좋아했는데 함께 듣고는 했죠. 우리가 음악을 직접 연주한 적은 없지만 음악은 우리의 구성 감각에 매우 중요했어요. 고다르는 훌륭한 작곡가죠. 비록 이야기를 할 줄도 몰랐고 그에 대한 욕망도 없었지만요. 내 작업에서 이런 구성에 대한 감각은 극적 긴장을 창출해요.

**극적 구성에 있어서 타당성과 같은 고전적 규칙을 준수하시는데요, 〈겨울 이야기〉의 샤를의 '기적적' 재등장은 그런 규칙에 맞지 않는 것 같습니다.**

하지만 기적은 말이 안 되는 게 아니에요! 심리적인 관점에서든 물리적인 관점에서든, 오랫동안 보지 못했던 누군가를 버스에서 마주치는 게 불가능하지는 않습니다. 드물 뿐이죠. 집 밖으로 나와서 파리의 완전히 다른 동네에 사는 누군가와 마주쳤을 때 마치 파리가 작은 마을인 양 아주 자연스럽게 인사를 나누는 것이 훨씬 더 말이 안 된다고 생각해요. 그런데 많은 영화들에서 그렇게 처리하죠. 내 영화에서 샤를이 재등장하는 것은 그럴싸하지 않은 게 아니라 우연이에요.

나는 이 타당성의 문제를 펠리시가 말하는 실종된 편지들에 대한 이야기에서 시작하고 싶었습니다. 이에 관해 모든 것을 체크했다고 장담할 수 있어요. 실제로 르발루아와 쿠르베부아 모두에 '빅토르 위고' 거리가 존재하며, 둘 다 헐리고 있습니다. 그래서 내가 직접 쿠르베부아의 주소로 편지를 보냈는데 우체국에서 반송되었어요. 다른 편지를 여배우의 이름으로 우편물 유치 방식으로 보냈더니 그것도 반송되어 왔죠. 따라서 영화의 상황은 그럼직할 뿐 아니라 사실인 거예요!

**그렇긴 하죠. 하지만 그런 대단원을 쓰면 관객들이 믿지 못하리라는 위험에 대해 생각해보셨나요?**

이 영화를 어찌나 쉽게 빨리 썼던지 그런 종류의 질문을 스스로에게 던져볼 시간이 없었어요. 가끔 샤를의 귀환으로써 이야기를 끝내는 것이 좋은 생각이었는지 자문하곤 해요. 〈봄 이야기〉에서처럼 중간에 끝낼 수도 있었을 테고, 아니면 펠리시가 로이크와 함께 남도록 하거나 다른 남자를 등장시킬 수도 있었겠죠. 그러나 그랬다면 이야기가 더 평범해지거나 '희극과 격언'의 한 편에 더 가까워졌을 것입니다. 이 영화에서는 멜로드라마적인 도식, 바꿔 말하면 대서사극에 더 가까운 무엇인가를 원했고, 셰익스피어에 대한 참조에서부터 용기를 얻어서 이 동화적인 측면을 가져오게 됐어요. 이런 엔딩은 내 생각들과 맞아들어갔고, 일종의 필요성으로 그것을 밀어붙였습니다. 사람들이 이 점에 대해 나를 비난한다면 정말 유감일 거예요.

**사실 감독님이 보여주시는 셰익스피어의 연극 장면에서, 폴리나가 조각상을 되살리기 전에 관객들에게 선언하죠. "그러고 나서 모두가 꼼짝 않고 서 있습니다. 오, 이것이 불법 거래라고 생각하는 이들, 그들을 떠나게 하세요." 이것이 모든 걸 말해줍니다…….**

희곡에서 발췌한 부분은 내 영화의 이야기에 대한 해설로 사용됩니다. 폴리나는 이 이야기를 듣고 난 후 "그것을 오래된 동화라고 부를 것입니다"라고도 말하죠. 어떤 이들은 지나친 거리 두기라고 생각할지 모릅니다. 사실이죠, 나는 지적인 접근법을 택했어요. 나는 완전히 순진하지는 않아요. 하지만 사람들이 나를 지나치게 교활하다고 생각하지 않는 선에서 어떤 순진함이 드러나길 원했습니다. 히치콕에게 해당됐던 말이죠.

**폴리나는 또한 다른 이들이 그녀를 믿도록 합니다. "요구되는 바이니,**

당신들의 믿음을 일깨우세요."

그것 또한 우연입니다. 시나리오를 쓸 당시에는 그 대사를 잊어버렸었거든요.

**연극을 직접 연출하신 것으로 압니다.**

네, 대사도 내가 번역하려고 했어요. 아시다시피 독일어로 된 『하일브론의 카트린』독일의 극작가 하인리히 폰 클라이스트의 5막극을 번역한 적도 있는데, 영어는 학교에서 배운 적이 없어서 셰익스피어는 덜 편했어요. 르구이Legouis의 번역본을 봤을 때 그보다 더 잘할 수는 없을 것이라고 생각했기 때문에 그의 번역본으로 작업했습니다.

**영화에서 셰익스피어의 『겨울 이야기』를 재현한 장면은 영화의 나머지 부분들과 상당히 다른 느낌을 줍니다.**

네, 극이기 때문인데, 연극적 측면이 두드러지게 하고 싶었어요. 배우들에게 운문의 속도와 뚜렷한 알렉산더격시에서 쓰이는 전문용어로 행이 약강 6보격인 경우를 의미을 지켜달라고 요청했습니다. 그들이 그 장면을 매우 신중하게, 대사를 지나치게 강조하지 않으면서 카메라 프레이밍과 아주 잘 맞는 몸짓으로 연기해서 매우 기뻤어요. 영화의 나머지 부분과 단절됐다는 느낌은, 다른 촬영감독이 찍은 데다가 편집하지 않고 두 대의 카메라로 촬영했다는 사실로도 설명돼요. 마치 텔레비전에서 연극에 관한 뉴스 리포트를 보는 것처럼 카메라의 존재감이 느껴지길 바랐어요. 보통 나는 관객과 인물이 더 가깝게 느껴지도록 카메라가 안 보이는 것을 선호하지만요. 그래서 편집 때, 일반적으로 빼버리는 순간들, 예를 들어 전환숏, 리프레이밍숏 등을 일부러 골랐습니다. 카메라가 한 인물에서 다른 인물로 이동하고 누가 말하고 있는지 잘 알 수 없는 순간들이죠. 나는 이런 방식이 매우 아름답다고 생각했어요. 감히 이렇게 말할 수 있다면, 이와 같은 극도의 '영화성'에서 연극성이 도출됐다고 하겠습니다.

**공연장을 떠나면서 로이크는 극의 마지막에 왜 여왕이 돌아왔는지 모르겠다고 말합니다. 원래 죽은 적이 없었기 때문인지—이성적인 설명이죠—아니면 폴리나가 가진 어떤 마법의 힘인지? 펠리시는 그가 전혀 이해를 못했다고, 그녀가 믿음을 가졌기 때문이라고 답해요! 저도 같은 질문을 드리고 싶습니다. 샤를은 왜 돌아오나요? 우연인지, 마법의 힘인지 아니면 펠리시가 신앙을 발견해서인지요?**

아뇨, 마법은 아니에요. 아닙니다. 우연? 답할 수가 없다는 말밖에 할 수 없네요. 내가 영화를 만드는 것은 답을 하기보다 질문을 하기 위해서입니다. 대부분의 관객이 나처럼 영화를 경험하리라고 생각해요. 나하고 같지 않은 이들은, 영화를 좋아하지 않는다는 것은 아니지만, 나와는 다른 방식으로 이 영화를

에릭 로메르

좋아할 것입니다. 그래도 내 생각에는 이 영화에 대한 반응이 괜찮을 것이기에, 스스로 이 질문을 던지고 끝에 샤를이 다시 돌아오는 게 우연인지, 아니면 말하자면 그들의 재회에 우연이 아닌 '다른 그 무엇'이 있는지 잘 모르는 사람들의 반응이 최고일 것입니다.

**버스 장면은 우리가 대비를 하며 다가가는 바로 그 지점이기 때문에 매우 어렵습니다.**

이 영화에서는 매우 어려운 장면들이 많았는데, 특히 날씨와 관련해서였습니다. 몇몇 장소에서는 한겨울에 촬영이 진행됐고 하루 종일 촬영할 수가 없었어요. 계절에 관심이 있었기 때문에 〈겨울 이야기〉에는 눈이 꼭 있어야 했는데 지난겨울에는 눈이 아주 적게 왔죠. 하루는 아침 10시 15분에 눈이 오고 있다는 말을 듣고 10시 30분부터 촬영을 했는데 10시 45분이 되니 눈이 녹아버렸어요!

버스 장면은 파리에 다니는 그냥 일반 버스에서 촬영할 수 없었습니다. 이틀을 일반 승객처럼 버스를 타면서 리허설을 한 후 내가 몰래 작은 비디오 카메라로 배우들을 찍었어요. 이 장면을 위해 매우 세부적인 스토리보드를 만들 수 있었고, 그 후 버스를 빌려서 엑스트라를 활용하여 촬영했습니다. 이 장면의 실제 촬영은 아주 금세 이루어졌지만 그것을 구상하는 데는 이

틀 내지 사흘이 걸렸죠. 그에 대해 생각을 많이 한 후 여러 다른 아이디어들을 스케치했어요. 그리고 이 장면이 진정으로 완성된 후에야 비로소 나머지 이야기를 진행시킬 수 있었습니다. 나는 항상 끝에서부터 시작하죠. 그럼으로써 그 전에 무엇이 올지 결정됩니다.

**이 영화에는 대중교통 수단이 등장하는 장면이 많습니다. 펠리시는 파리를 왔다 갔다 하면서 시간을 보내죠. 아주 구체적인 그런 이동 반경을 어떻게 정하셨나요?**

그것은 목표 없는 방황이 아니며, 펠리시는 항상 어딘가를 가고 있습니다. 내 이야기는 장소들에 관한 것이었고, 그것들을 위치시키는 것이 중요했어요. 펠리시는 한곳에, 샤를은 다른 곳에 있어서 서로 만나지 못합니다. 나는 대도시의 군중 틈에 홀로 있는 누군가 그 군중 가운데 다른 누군가를 찾고 있는 모습을 보여주고 싶었어요. 그 군중이란 언제라도 그들이 그 속에서부터 나타날 수 있는 그런 것이죠. 요즘에는 대중교통에 군중이 밀집되어 그런 데서 마주치는 것이 더 쉬워졌어요. 나는 또한 소재에 맞는 방식으로 휴가 때 파리의 모습을 보여주고 싶었습니다. 그렇게 했다고 생각하지만 충분히 보여주지는 못한 것 같아요. 로케이션을 선택한 후 다소 해결하기 힘든 문제가 생겼어요. 나는 사실적인 장소들을 원했습니다. '크리스마스 이

에릭 로메르

야기'라고 할 만한 것에 적합하면서도, 그런 크리스마스 조명이 없기 때문에 내가 많이 좋아했던 다소 음울한 교외 지역의 장소들을 원했죠.

**〈겨울 이야기〉는 일상의 현실을 그립니다. 이런 방식의 연작은 발자크와 그의 '일상의 장면들'을 연상시킵니다.**

네, 발자크를 참조하기 좋아합니다. 내게 영감을 그다지 많이 주지 않았음에도 사람들이 내 영화에 대해 이야기할 때 종종 언급하는 마리보보다 선호하죠. 나는 심리적 타당성에 대해서만큼이나 사회학적 타당성에도 민감합니다. 내 인물들이 사는 장소를 다양화하려고 노력하기 때문에, 파리 우아한 동네의 시크한 미용사들만큼이나 펠리시가 사는 교외 지역의 작은 도서관도 쉽게 보여줄 수 있어요. 발자크만큼 다양하지 않을지는 모르지만, 대체 어떤 동시대 영화감독이나 소설가가 발자크만한 수준을 성취할 수 있겠습니까?

**발자크는 현실을 묘사하기 위해 조사를 벌였습니다.**

영화에서는 그런 종류의 조사가 가능해요. 각 배우는 특정한 유형, 상이한 사회적 유형에 속하며, 나는 종종 내 배우들에게서 그들의 사회적 지위를 빌리죠. 예를 들어 인물이 화가이거나 피아니스트이면 배우도 그런 사람으로 하고, 배우가 매우 정련되고 고전적인 프랑스어를 구사한다면 그가 노동계층에 속했다면 맡았을 배역과는 다른 사회적 지위의 배역을 할당합니다.

장소들은 또한 모든 것을 재창조해내야 할 때, 소설가나 연극 연출가가 연상시킬 수 있는 것보다 실제 사물들의 현실을 훨씬 잘 감지할 수 있게 해줘요. 내 영화에서 헤어살롱에 있는 미용사들은 실제 미용사들입니다. 도서관에는 사서가 있고요. 공공 건물의 촬영 허가를 얻는 것은 늘 복잡하기 때문에 책을 읽은 이들이 사실은 영화과 학생들이고 엑스트라들을 써야 하긴 했지만요. 펠리시의 가정생활은 서민적인 환경을 활용해서 즉흥 연출을 할 수 있었습니다.

**감독님의 대부분 영화들에서처럼 〈겨울 이야기〉에도 의상이나 무대장치 담당의 이름이 나오지 않습니다.**

나는 스스로 무대를 담당하는 것을 즐깁니다. 이 영화의 경우 어느 정도 리서치를 한 후 촬영할 장소들을 구성했어요. 펠리시 엄마의 아파트는 그곳에서 실제 사는 사람이 우리가 보여주고자 했던 인물과 너무나 흡사했기 때문에 정확히 그대로 유지했어요. 프레이밍을 할 때 방해가 됐던 그림 한 점만 옮겼을 뿐이죠. 엘리즈의 침실의 경우에는 내 조감독과 프로듀서가 모두 도와줬어요. 너무나 여성적인 공간이었거든요. 우리가 선반에 둔 물건들이 바로 그녀가 발견한 것이고, 벽에 걸린 드로잉들은 실제로 여자애가 그린 것이었습니다. 로이크의 집은 빌린 집의 내부로 느껴지길 바랐기에, 우리가 단기간 빌린 집에서 라운지의 개성을 그대로 보존했어요. 다만 벽에 걸려 있던 것들은 떼고 에곤 실레, 들로네, 칸딘스키의 그림 포스터 및 내가 퐁피두 서점에서 찾아낸 아우구스트 마케의 포스터로 바꿨죠. 선반들도 구입했지만, 자질구레한 장식품들은 모두 없애버렸죠. 책을 읽는 남자의 집에는 선반에 오직 책들만 꽂혀 있기를 원했거든요. 내 사무실에서 책 몇 권을 가져가기도 했고, 우리가 세를 낸 집의 다락과 지하실에 있던 책들도 활용했죠. 한편 느베르의 집에서는 모든 선반들을 깔끔하게 정리하고 도자기만 놔뒀어요. 다음 날 박물관 신으로 전환해 들어가는 데 사용될 수 있었죠.

또한 나는 의상이 스크린상의 색을 결정하는 데 상당한 역할을 하기 때문에 아주 중요하다고 생각합니다. 펠리시가 입은 파카는 내가 직접 샀는데, 정확하게 그런 종류의 담갈색조를 원했기 때문이죠. 다른 배우들은 거의 모두가 검게 차려입었고, 어린 여자애의 모자는 빨간색입니다.

**이 모든 색들은 영화가 16밀리로 촬영되어 입자가 상당히 거칠어짐에 따라 더더욱 눈에 띕니다. 프롤로그와 연극 장면만 예외고요.**

셰익스피어 연극의 경우에는 빛이 더 많았기 때문입니다. 게

다가 평단에 따르면, 그 작품의 제목이 '겨울 이야기'인 것은 배경이 겨울이어서라기보다는 겨울 저녁에 이야기되는 것이기 때문이라고 합니다. 프롤로그는 영화의 나머지 부분보다 1년 반 먼저 촬영되었는데, 여름에는 영화필름이 약간 덜 민감해서 느낌이 다르죠. 그렇게 금세 시나리오를 쓰지 않았더라면 애초에 계획했던 대로 올해 들어서야 나머지 부분을 찍을 수 있었을 텐데, 만약 그랬다면 차이가 더욱 현저했을 것입니다. 나는 전체적으로 〈겨울 이야기〉가 음산한 장소에서 부드러운 컬러들로 구성되길 바랐고, 이는 〈만월의 밤〉과 완전히 대조되는 것이죠. 그 영화에서는 촬영된 영상이 밝고 빛났으며 색들이 생동감 넘치고 거의 금속성에 가까운—저의 소재였던 패션 디자이너들의 환경에 걸맞은—광고계의 색들이었죠.

**우리가 '영화음악'이라고 부를 만한 것에 대해 전통적으로 다소 불신해오셨어요. 그런데 이번에 〈겨울 이야기〉는 감독님의 원칙에서 벗어나, 몇 곡의 아름다운 피아노 음악이 들어간 일련의 침묵 숏들과 더불어 시작합니다. 이 테마는 나중에 느베르의 성당에서 들리는 바이올린이 넘겨받고, 셰익스피어 연극에서 여왕의 부활을 알리는 플루트 시퀀스에서도 이어집니다.**

프롤로그의 음악이 이상해 보일지 모르지만 그 이후에는 음악이 없습니다. 내 다른 영화들과는 다른 스타일로, 바캉스 사진을 떠올리게 만드는 미학으로서 프롤로그를 만들고 싶었어

에릭 로메르

요. 이 장면들을 위해 사진을 찍었고, 그 사진들을 함께 배치해서 프롤로그가 팝 비디오를 닮도록 재구성했어요. 음악은 대개 내가 거부하는 영화의 술책이지만 여기에서는 맞아들어갑니다. 실제 시간의 길이를 고려하지 않은 채 어떤 한 시대에서 다른 한 시대로 점프하기 때문이에요. 내 영화들에서는 이런 종류의 편집이 예외적이므로 음악도 그럴 수 있었죠!

영화음악 사용에 대한 내 좁은 소견에서 스스로 벗어나도록 허락했을 때 나는 아이러니해졌습니다. 영화에서 들리는 음악은 실제로 도대체 어디에서부터 오는 것일까, 하는 문제였죠. 처음에 들리는 테마가 다시 느베르에서 흐를 때 그것은 펠리시의 생각을 상징할 수 있습니다. 우화적 측면 때문에 가능한 건데, 이 음악을 영화 안의 마법의 순간에 넣었어요. 〈하오의 연정〉에서도 같은 상황이 생깁니다. 카페 테라스에서 남자 주인공이 여자들을 유혹할 수 있는 마법의 힘을 가졌다고 상상합니다. 조용한 가운데, 그가 카페 맞은편에서 프랑수아즈 파비앵에게로 다가가 말을 거는 것이 보입니다. "저하고 같이 가시겠어요?" "네, 기꺼이." 그리고 이 마법의 순간에 당시 레네와 작업하던 스위스 작곡가 아리에 드지에를라크타Arié Dzierlakta의 음악이 흐르죠. 〈녹색 광선〉에는 또 다른 마법의 순간이 있습니다. 여주인공이 녹색 물건을 볼 때마다 '타팀 타 타……' 하는 음악이 들리는 것이죠.

**〈봄 이야기〉를 만드실 때 다음 영화—우리는 이제 그것이 〈겨울 이야기〉라는 것을 알죠—는 그에 대한 반작용이 될 거라고 말씀하신 바 있는데요.**

반작용은 아닐지 모르지만 대립은 맞아요. 내게 대립이란 일종의 영감입니다. 봄은 겨울과 대립해요. 아니면 가을과 대립할지도 모르나 난 겨울에서 시작하고 싶었습니다. 색의 대립이 있어요. '하얀' 영화 후에 '검은' 영화가 옵니다. 인물의 수도 대립됩니다. 한 남자와 세 여자, 그리고 한 여자와 세 남자. 철학적 주제의 대립도 있습니다. 〈봄 이야기〉에는 칸트의 불가지론이, 이 영화에는 스베덴보리파의 유심론이 들어 있어요. 나는 다양성, 장소의 다양성, 인물의 다양성을 찾아내요. 아마 그런 이유로 동일한 배우와 일할 때 두 번 연이어 주연을 맡기는 법이 없나 봅니다. 그렇다고 해도, 이야기를 구상할 때 무슨 수를 써서라도 다양성을 찾아내려고 할 필요는 없어요. 시나리오를 쓰지 않고 자기 영화의 매우 상이한 주제들을 활용하는 감독이라면 남자든 여자든 같은 배우들과 일할 수 있고 여러 다른 재료로써 그들을 살찌울 수 있습니다. 게리 쿠퍼, 가뱅, 페르낭델의 경우가 그렇다는 것을 우리는 목격했죠.

그러나 내 영화들 간의 대립들은 위대한 음악 심포니(단조/장조, 빠름/느림)에서 발견되는 대립과 닮아서, 반복되는 테마가 회귀합니다. '도덕 이야기'와 '희극과 격언'에 이런 회귀가 존재하고, '사계절 이야기'에서도 그렇게 될 것입니다. 그러나 한 작가

에릭 로메르

가 가진 테마의 수는 매우 한정돼 있어요. 작가는 스스로를 자발적으로 가둬버린, 그리고 그것 바깥에서는 어떤 것도 창조해 낼 수 없는 그런 구조들의 포로입니다. 나는 그런 세계 안에 위치해 있어요. 이는 '도덕 이야기', 아니면 심지어 〈사자자리〉에서부터 시작됐을지도 모릅니다. 나는 떠나야 할 이유가 없을 뿐만 아니라 떠나고 싶지도 않으며, 그래서도 안 됩니다. 내 '개인적인 컴퓨터'에서 새로운 조합들을 찾아내려고 시도하며 또 그것들이 완전히 바닥났다고 생각하지 않아요.

모든 위대한 창작자들은 소설, 연극, 영화에 상관없이 한정된 주제들을 사용했습니다. 발자크 소설들은 그토록 다양해 보이지만 실은 누군가 다른 누군가의 권력을 뺏으려고 하는 모략들이에요. 발자크의 다양성은 플롯에서가 아니라 액션을 위해 사용하는 무대들에서 비롯됩니다. 그는 자신의 인물 몇몇을 다른 방식으로 사용함으로써 재등장시킬 수 있어요. 이는 아주 예외적인 창작 에너지에 속하며 유혹적이지만, 영화에서는 성취하기가 매우 어려운 것입니다. 배우와 인물 간의 동일시가 강해서 한 배우를 써야 할 텐데, 그렇다면 아주 복잡해지겠죠.

음악 모티프 같은 모티프의 단순한 역전은 나를 창의적으로 만들어줍니다. 새로운 방향을 취하고 아무 쓸모가 없다고 생각했던 오래된 모티프를 재방문하고, 어떤 면에서 그것에 새로운 생명을 부여할 수 있게 해줘요. 그래서 〈겨울 이야기〉에서 나는 파스칼의 내기를 지극히 자연스럽게 떠올렸고 기꺼이 그것을 없애버리지 않은 것입니다. 이는 정말 명백한 예이지만, 재등장할 때 너무 많이 변형해서 거의 알아차리지 못하는 다른 요소들도 존재합니다. 이런 조합은 대립과 수렴을 통해 나아가며, 때로는 내 세계의 밖에서부터 요소들을 끌어당겨 전용하기도 해요. 그러나 나는 미리 그것들을 쓸 수 있을지 아닐지에 대해서는 알 수 없으며, 흥미로워 보이는 것들 중 일부는 결국 쓸 수 없기도 하고, 아무것도 아닌 것 같은 다른 것들이 전체 과정에 시동을 거는 촉매제가 되기도 합니다. 대립은 내게 거의 기계적인 영감의 방법이에요. 영감은 오직 준비를 하고 그것을 주의 깊게 찾을 때에만 찾아질 수 있어요. 동시에 영감은 하늘의 선물, 혹은 이 표현을 선호하신다면, 뮤즈들의 선물이기도 하죠. 이런 의미에서 영감은 구하는 것이 아니라 발견하는 것입니다.

**감독님의 차기작 두 편은 '가을 이야기'와 '여름 이야기'로 불리겠죠?**

다르게 답하도록 할게요. '사계절 이야기'의 차기작 두 편은 '가을 이야기'와 '여름 이야기'로 불릴 것입니다.

# 아마추어리즘

**앙투안 드 베크·티에리 주스 — 1993**

〈나무, 시장, 메디아테크〉를 보면 단순함을 향한 로메르의 여정이 계속되고 있음을 이해하게 된다. 그 목표에 이르기 위해 그가 필요로 하는 것은, 프로페셔널리즘의 숭배를 완전히 깨뜨린 영화감독의 방법이다. 이 인터뷰는 적은 예산, 16밀리 영화, 그리고 가족 같은 영화 찍기에 대한 변호이자 예시이다.

**구체적인 질문으로 시작하려 합니다.**

네, 그러시죠.

**전통적으로 촬영 현장에 도착하는 스태프들은 마치 침략자 집단처럼 인**

---

〈카이에 뒤 시네마〉 1993년 2월 23일 자.

**식됩니다. 대개는 맞기도 하고요. 〈나무, 시장, 메디아테크〉를 찍은 방데 Vendee의 작은 마을에 도착하셨을 때 그런 인상을 주지 않기 위해 어떻게 하셨나요?**

어딘가에서 촬영을 하고자 할 때, 그전에 촬영한 다른 스태프들이 입힌 손해 탓에 그곳 소유주들이 겁에 질려서 촬영을 거절할 때면 나는 항상 분노합니다. 대체로 스태프들이 영화를 찍고 나면 현장은 전장과 흡사해져요. 그러나 나는 현장에 대한 존중을 영광으로 생각합니다. 파손이나 분실이 없도록 하고 스태프들이 조심스럽게 행동하도록 하죠. 이번에는 내 최근 영화에서보다 스태프들의 수가 더 많아질 것이긴 해도요.

〈나무, 시장, 메디아테크〉의 경우에는 몇몇 친구들이 장소를 빌려줬고, 그중 특별히 스태프들이 자고 먹고 촬영한 성을 들 수 있죠. 우리는 친구로서 도착했고 장소를 존중했어요. 거리 장면들의 경우에는 파리에서든 마을에서든 우리의 역할은 '투명 인간'이 되는 것이었습니다. 게다가 성에는 주인의 방을 포함해서 여덟 개의 침실이 있어서 모든 사람, 즉 스태프와 배우 모두를 수용할 수 있었죠. 배우들은 이 영화 외에 그들이 맡은 다른 일정에 따라 돌아가며 방을 써야 했고, 동시에 두 명 이상이 방데 마을에 머문 적은 없어요. 기술 스태프로는 영상 둘, 사운드 하나, 이렇게 세 명과, 나머지 즉 조명에서부터 일반 행정까지 모두 담당하는 프랑수아즈 에체가레Françoise Etchegaray가 있었어요……. 이런 경우에 스태프crew라고 실제로 부를 수 있을지는 모르겠네요. 스태프라기보다는, 당연히 나를 포함한 모두가 프로젝터를 잡고 있든 요리를 하든 교대로 모든 작업이 원활할 수 있도록 보장했던 작은 갱단에 더 가까웠죠. 어차피 대개 나는 촬영이든 편집이든 사운드편집이든, 작업하는 동안 반드시 스스로를 보살필 역량이 있는 똑똑한 사람들과 일할 수 있도록 합니다. 예를 들어 〈나무, 시장, 메디아테크〉에는 파스칼 리비에라는 엔지니어가 영화가 진행됨에 따라 촬영, 편집, 후반 작업을 모두 담당했어요. 이런 식으로 하면 그룹이 매우 책임감 있어집니다. 이 네 명으로 구성된 그룹은 이미 〈녹색 광선〉과 〈레네트와 미라벨의 네 가지 모험〉에서도 일했는데 완전한 성취력을 보여줬어요. 나는 이런 점에 전적으로 만족해요. 사운드와 영상 리코딩이 지극히 수월하죠. 복잡한 일을 전혀 하지 않고도 내가 하는 모든 것은 제대로 완성돼죠.

**〈나무, 시장, 메디아테크〉의 소재 자체 때문에 그런 식으로 작업하고 싶어진 것인지요, 아니면 거꾸로 그런 작업 방식이 특별한 이야기 접근법을 낳은 것인지요?**

출발점은 로케이션과 네 명의 배우 즉 아리엘 동발, 파스칼 그레고리, 파브리스 루키니, 클레망틴 아무루였어요. 그다음으로 영화를 찍으면서 대사를 써야겠다고 결정했고, 머릿속에 절대적으로 아마추어의 조건하에서 작업하겠다는 생각을 갖고 있었습니다. 이보다 더 미리 많이 써놓은 이야기나 더 '프로페셔널한' 촬영대본은 결국 사람들에게 말을 시키는 것이 포인트인 맥락에서 인위적이 돼버렸을 것입니다. 나는 클리셰들을 피하고 싶었는데, 주제들이 클리셰로 보일 수 있는 영화에서 그런 걸 썼다면 위험했을 거예요. 이때 주제들이란 정치와 시골을 말하는데, 하필이면 내가 직접적으로 잘 모르고 보통 다루는 소재들보다 내 장악력이 떨어지는 주제들이죠. 정치는 내가 신문과 텔레비전을 매개로, 즉 특정한 몇 가지의 클리셰를 통해 알고 있는 그 무엇인데, 비록 내가 그것들도 찍어야만 했음에도 그런 클리셰들을 재생산하고 싶지는 않았습니다. 그러므로 소재와 세팅 면에서 이 영화는 프로페셔널적인 것보다 아마추어적인 게 더 나았습니다. 그것은 명백한 정치적·미학적 선택이었어요.

**시나리오는 촬영하면서 쓰셨다고요……**

많은 이들이 내게 이야기 구성이 뛰어나고 정교한 것 같다고 말했습니다. 그러나 시나리오는 조금씩 썼고, 때로는 마지막 순간에 가서야 썼어요. 늘 중간 자막을 쓰려는 생각을 갖고 있었는데 이는 이야기 전체를 반드시 이미지들을 통해 이야기할 필요가 없다는 뜻이며, 그저 정보 제공을 위해 존재하는 장면들

에릭 로메르

을 건너뛸 수 있게 해줍니다.

한편 중간 자막에 무엇을 쓸지 잘 몰랐어요⋯⋯. 1992년 3월 초에 이 영화를 시작했을 때 여러 대사들이 아직 준비되지 않은 상태였습니다. 그저 각 시퀀스를 묘사하는 텍스트만 있었죠. 〈녹색 광선〉의 경우에는 아예 아무것도 없었고요. 배우들이 자기 자신을 연기했거든요. 이 영화에서는 같은 원칙을 사용할 수 없었습니다. 파스칼 그레고리가 정치가가 아니고 프랑수아마리 바니에가 신문 편집장이 아니기 때문이죠. 그들 또한 배역에 많은 것을 제공하긴 했어도, 대사를 줘야만 했어요. 나는 각 배우를 위해 개별적으로, 마치 일종의 주민등록증처럼 텍스트를 썼어요. 어떤 종류의 대사가 있어야 하는지 지시 사항과 특정한 담화에 대한 인용들이 포함됐죠.

**그러니까 즉흥적인 부분들이 어느 정도 있었네요⋯⋯.**

네, 그랬어요. 클레망틴 아무루가 마을 사람들을 인터뷰할 때 그런 점이 두드러집니다. 그녀 스스로 질문들을 준비했고 인터뷰 수행에 있어서도 전적인 자유를 누렸죠. 그리고 아주 잘했어요. 한편 건축가 사무실 방문도 즉흥적으로 연출됐습니다. 정말이지 내가 가장 좋아하는 장면이에요. 사람들이 말을 잘해서뿐만이 아니라 너무 많은 문제를 일으키지 않은 채 움직인 덕분이기도 해요. 아리엘 동발과 파스칼 그레고리는 프레이밍에 대한 탁월한 감각이 있어요.

**즉흥성을 어디까지 밀어붙이셨나요? 건축가가 영화에 나오는 허구의 미디어센터의 설계도를 디자인하는 정도까지 나아갔나요?**

사실 미디어센터는 건축가 자신의 아이디어였습니다. 그가 방데에 있는 그곳에 갔었어요. 나는 그에게 마을 시장이 나무 뒤 벌판에 무엇인가를 지으려고 한다는 영화의 아이디어를 설명해줬어요. 그는 내게 메디아테크—나는 그런 단어가 있는지도 몰랐죠—를 제안했고 그것을 디자인했으며, 나중에 그의 사무실에서 촬영된 장면에서는 아리엘 동발과 파스칼 그레고리 앞에서 그 프로젝트에 대한 변론을 펼쳐야 했어요. 실제의 구상, 실제 크기의 모델, 실제의 공간, 실제의 한계점들을 동반한 실제 경연을 하는 것이 그가 영화에 진정으로 참여하는 방식이었죠. 비록 모든 것이 허구였지만요.

**계속해서 이 주제에 대해서인데요, 클레망틴 아무루가 마을 사람들을 인터뷰했을 때, 그들은 메디아테크가 정말 건축될 것으로 생각했나요?**

마을 사람들을 두 가지 방식으로 바라볼 수 있습니다. 문화나 미디어센터에 대해 이야기할 때는 영화 안의 인물로 볼 수 있어요. 그들이 마을 시장의 계획들, 따라서 영화의 허구성을 안다고 가정해야 되겠죠. 다음으로, 그들을 실제 주민으로 볼 수도 있습니다. 일반적으로 그들이 문화와 맺는 관계 그리고 특별히 마을의 문제점들에 대해 이야기하는 것이죠. 사실 주민들은 영화의 스토리를 듣지 못했었기에, 클레망틴 아무루가 "시골의 문화적 필요성"을 주축으로 이야기를 쓰고 있는 실제 기자인 것처럼 그녀에게 답했어요……. 그들 모두 자신들이 모르고 있는 영화의 허구성이 아니라 마을의 현실과 관련지어서 답을 했습니다. 그런데 나는 이런 작은 불일치를 좋아해요. 그것은 배우들과 건축가의 도움으로 내가 만들어낸 스토리와 이런 마을의 현실 사이에 일어나는 간섭의 증거라고 생각해요.

**평소에 사용하지 않으시는 또 다른 견해, 말하자면 순전한 정치적 담화가 이 영화에 존재합니다. 파스칼 그레고리가 클레망틴 아무루의 인터뷰에 답하는 부분이 그 예죠. 텔레비전에 나오는 정치적 해설에 가까우면서도 무척 감독님의 것으로 느껴지는 이런 대사들을 어떻게 쓰셨나요?**

비록 영화에 쓰기 위해 매우 공을 들이긴 했어도, 나라면 그것은 상투적이 정치적 구호라고 하겠습니다. 패러디로 빠지고 싶지는 않았어요. 오히려 '어떻게 젊은 정치인이 반복되는 장황한 자신의 말들을 믿을 수 있는가?' 하는 문제와 관련됩니다. 믿음의 문제이기에 영화적으로 흥미롭죠. 기술적 관점에서는, 콜라주보다 주입impregnation이 작동하도록 했어요. 주위의 정치적 연설, 미디어의 견해로 주입된 것이죠. 명백히 슈벤느망Jean-

Pierre Chevènement. 프랑스 정치인으로 장관직을 지냈으며 대선 후보이기도 했음

의 몇 문장을 그대로 따서 사용했고 실제 마을 시장이 말한 부분을 상당히 많이 가져왔지만, 전체적으로 그것은 어떤 하나의 어법을 복원한 것으로 보면 돼요.

**파스칼 그레고리의 정치적 해설에 이어 다른 주장도 등장합니다. 루키니의 연극적 견해와 현장에서 주민들의 반응 같은 것들이죠. 감독님 영화에서 이와 같은 층위들의 혼합을 보는 것은 상당히 예외적인데요.**

배우와 비배우를 섞으면서 감당하려 했던 위험이죠. 나는 이런 종류의 아마추어 영화에서 그런 것이 더 수월하다고 생각해요. 게다가 배우들에게 가능한 한 자연스럽게 연기하라고 요청했기 때문에 더욱 그렇죠. 나는 늘 그렇게 해왔어요. 영화를 볼 때 느낌으로 전하게 될 것을 미리 대사로 써두고, 미리 써둔 것으로 보이는 부분이 사실은 즉흥으로 연출되기를 바랍니다. 그것이 항상 내가 추구하는 바예요. 그런 이유로 마을 사람들의 증언과 그레고리나 루키니의 증언을 함께 프레임에 넣은 것입니다. 나는 다소 인위적으로 해설이 이어지는 것을 원치 않았고, 배우와 마을 사람들 모두를 개입시키는 진정한 중첩을 원했어요.

**감독님의 카메라 렌즈를 다른 방향으로 돌릴 수도 있을 것 같습니다. 마**

에릭 로메르

을 사람들에게서 이야기, 즉 허구를 만드는 것이지만 동시에 정치인, 심지어 파브리스 루키니 자신에 관한 다큐멘터리를 만드는 것이기도 해요…….

파브리스 루키니는 매우 이상한 배우입니다. 그가 즉흥적으로 연기하고 대사를 자신만의 방식으로—거의 변치 않을 자화상을 남길 만큼—직접 지어낸다고 자주 생각들 하지만 그는 시작할 때 강력한 제약, 즉 실제로 거기에서부터 거의 벗어나기가 힘든 어떤 텍스트를 필요로 해요. 〈만월의 밤〉에서 나는 그에게 아주 대강 쓰인, 신성한 것과는 거리가 먼 대본을 줬는데 전혀 감당하지 못했어요. 그래서 진정으로 루키니로 '존재하기' 위해 그는 대본을 더 길게 써서 더 많은 제약을 만들어달라고 내게 요청하더군요.

〈나무, 시장, 메디아테크〉에서도 마찬가지였고 모든 것을 미리 써뒀죠. 그러나 이런 맥락에서는 당신의 말처럼 루키니가 일하는 방식에 대한 다큐멘터리에 거의 가까워요. 기자들과 그가 하는 인터뷰를 포함해 모두 내가 쓴 대사인데 아주 자유로워 보이죠. 대사가 주어진 때만큼 파브리스 루키니가 훌륭한 적은 없어요.

**텔레비전으로 되돌아가보겠습니다. TV 쪽에서 일을 많이 하셨고 그것이 지니는 "신선함"의 덕목들에 대해 이야기하신 바 있는데요. 감독님 영화가 TV를 통합시키고 'TV의 방식'을 이야기의 동력 중 하나로 삼았다는 인상,**

**일부 인물들의 언어와 행동 방식이 텔레비전에서 직접 따온 것 같다는 인상을 받은 것은 거의 이번이 처음입니다.**

〈나무, 시장, 메디아테크〉는 텔레비전과 동시대에 등장한 영화입니다. 내가 가진 정보는 적어도 일부나마 텔레비전에서 왔어요. 그러나 그와 동시에 배우들은 텔레비전이라면 그러지 못했을 방식으로 스크린상에 등장하고 있어요. 일례로 나는 TV에서 방영된 정치 토론을 녹화하여 연구했지만, 촬영 중에는 일부러 그것들과 거리를 뒀습니다. 내 영화 촬영 방식은 아주 달라요. 우선 기술적으로는 여러 대의 카메라로 숏-역숏을 찍는 것을 거부하기 때문입니다. 다음으로, 공간의 측면에서는 인물들과 그들을 둘러싼 환경의 관계가 절대로 세트에서 이루어지는 법이 없고, 보다 강렬하고 보다 사실적인 공간 속에 새겨지기 때문입니다. 결국 텔레비전은 늘 정보에 대한 탐욕으로 촬영을 하는 반면 나는 뭔가 다른 것, 지식의 차원이 아닌 각 인물에 대한 어떤 사실의 탐색을 추구하고 있어요. 더욱이 영화 안에서 문화적인 관점에서 가장 유익할 것 같은 인터뷰를 하나 잘랐는데, 그럼으로써 사람들이 말을 통해 참된 모습을 드러내는 것으로 보이는 인터뷰들을 보존할 수 있었습니다. 영화의 특징이란 바로 이런 존재론적인 것에 대한 적절성이며, 그것이 바로 스펙터클과 정보, 핵심 담화들을 담으려는 열의 탓에 텔레비전이 포착해내지 못하는 것이죠. 이 영화에서 가장 마음에

드는 것은 어떤 논쟁도 없이 항상 질문에 빗나가게 "예"나 "아니오"로만 대답하는 농부입니다. 그는 특정한 존재 방식과 특정한 시골에 관련된 사실을 체현하고 있으며, 그에게 말을 시키려는 도시 거주자들을 불신합니다. 아주 흥미롭죠.

**이런 식으로 텔레비전을 대체하는 방식은 감독님 영화에서 중요합니다.**

〈모드 집에서의 하룻밤〉 이래 내가 계속해보고 싶었던 것은, 영화학교를 다니던 시절 교육 프로그램에 들어 있었던 텔레비전 영상에 대한 경험을 영화 안에서 인터뷰를 통해 어느 정도 발현시키는 것이었습니다. 당시 사람들은 내게 그건 TV야, 그건 라디오야, 영화가 아니야, 라고 말했었죠. 그때의 경험은 늘 내게 도움이 됐고, 그 후로 여러 차례 활용한 바 있습니다. 〈만월의 밤〉의 라즐로 서보Làzslo Szabó의 예에서처럼 영화 안에서 제대로 작동하지 않을 때도 있긴 하지만요. 그 당시의 경험으로 나는 배우들에게 특별히 주의를 기울이게 됐어요. 내 인물 중 어느 누구도 명확하게 틀린 말을 하지는 않을 거예요. 그들에게는 모두 각자의 진실이 있기에, 동일한 사건에서 나올 수 있는 여러 가능한 진실들이 갈등을 일으켜요.

내 영화들을 보는 올바른 방법, 만약 그런 것이 있어야 한다고 한다면, 그 방법이란 내 인물 각각에게 차례대로 설득당하는 것, 각 인물을 이해하는 것, 그리고 종국에는 여러 가지 설명들, 모두 동등하게 그럴 법한 여러 이야기들을 한데 결합하는 미스터리가 존재함을 이해하는 걸 거예요. 저자로서 내가 시나리오를 쓰는 동안 인물들에게 차례로 설득당한다고 말할 수 있겠습니다.

**이런 병존은 무엇보다 〈나무, 시장, 메디아테크〉의 시간 구성에서 느껴졌습니다. 이야기의 지속 시간이 어느 정도인지 실제로 알 수 없고, 생략이 여러 차례 있으며, 중간 자막들이 우화의 분위기를 냅니다. 공간 구성은 아주 엄격하지만, 시간은 훨씬 더 불확실합니다.**

이 영화에서 시간이 현실적인 지속성을 띠지 못한다는 것은 사실입니다. 시간 순서가 혼란스럽고 영화의 서로 다른 순간이 언제 일어나는 것인지 알 수가 없죠. 초등학교 교사가 '~라면' 구의 사용에 대해 설명하는 첫 수업은 해석의 기능이 있기 때문에 시간의 영향에서 벗어난 영원성을 띠지만, 그러면서도 완전히 영화에 통합되어 있습니다. 아리엘 동발과 파스칼 그레고리가 함께 걸어가는 시퀀스도 동일한 방식으로 그럴듯함 이상입니다. 일반적으로 스스로에게 그런 것을 허용하지 않는 편이지만, 이 경우에는 우화 내지 이야기tale의 개념을 도입했죠. 시장과 소설가의 의상이 한 숏에서 다음 숏으로 편집될 때 변하는 것을 예로 들 수 있어요. 이런 상당히 부호화된 공간, 시골 산책로라는 공간은 들어서는 순간 불확정성의 세계로 인도하기

에릭 로메르

에 시간의 흐름에 환상성을 더해주죠.

반면 〈겨울 이야기〉에서는 모든 것이 아주 정확하게 날짜 단위로 정해졌죠. 이 서로 다른 두 개의 실험은 설득력이 있었고, 관객들은 혼란스러워하지 않았어요. 두 영화 모두에 적용했죠. 〈겨울 이야기〉는 사회적 연대기, 〈나무, 시장, 메디아테크〉는 철학적 우화로 방향을 잡은 셈이죠.

**최근 쓰신 발자크의 『라 라부이외즈』의 서문에서 매우 구체적으로 발자크의 시간 사용에 대해 언급하셨습니다. 그것이 수평적이라기보다 수직적이며, 멜로디보다는 하모니와 관련된다고 하셨어요. 감독님의 가장 최근 영화에 이런 구성 원칙이 적용되는 건가요?**

그에 대해 생각해본 적은 없습니다. 그럴 수도 있겠죠…….

**여러 개의 시점을 활용하는 방식, 그것들이 영화의 한 지점에서부터 다른 지점에 응답하도록 하는 것을 말합니다.**

이 영화를 만들기 직전에 『라 라부이외즈』의 서문을 썼다는 사실을 말해야겠네요. 나는 발자크를 좋아하지만, 사람들은 보통 내 영화들에서 그런 점을 알아차리지 못해요. 당신이 발견해내서 기쁩니다. 그것은 불시에 나를 사로잡았고, 이 영화는 확실히 더 발자크적이 됐어요. 영화의 시나리오는 발자크의 작품들을 대부분 다시 읽고, 특히 예전에 몰랐던 『철학적 연구』

를 읽은 후에 집필됐어요.

**그런 의미에서 그토록 정치를 직접적으로 다루게 된 것은 동시대의 문제들 때문이라기보다 발자크와 깊은 연관이 있고 최근 그의 작품들을 다시 읽었기 때문이라고 말할 수 있겠네요. 결국 시장은 매우 발자크적인 인물이며, 영화 안 인물들 간의 관계도 마찬가지예요. 일종의 에릭 로메르판 『전원생활 정경』입니다⋯⋯.**

전혀 불가능하지 않습니다. 하지만 그렇게 생각했던 것은 아니에요. 소재는 자발적으로, 자연스럽게 나타났죠. 아마 예전의 독서 경험과 내게 아주 친숙한 발자크의 세계가 무의식적으로 부활했을 가능성이 있다고 말해야겠지요.

솔직히 말하면 발자크에 대한 나의 해석과 『라 라부이외즈』 서문은 내 입장에서 봤을 때 분명히 매우 논쟁적입니다. 바르트가 『S/Z』를 통해 이룬 성과인 발자크에 대한 기호학적 해석에 반하여, 구조주의 시대의 〈카이에 뒤 시네마〉를 포함하여(웃음) 내가 벌였던 구조주의와의 개인적인 논쟁을 마무리 짓는 셈이거든요. 나는 기호학적 해석이 아니라 바쟁의 이론을 계승한 존재론적 해석을 통해 발자크를 설명하고 싶었습니다.

**그런 발자크에 대한 해석은 인물들을 통해 어떻게 구현되고 있나요?**

'연기' 방식을 통해서라고 생각해요. 조금 전에 연기를 하는 배우들, 연기를 하는 비전문 배우들, 그리고 연기하지 않는 실제 사람들이 내 영화에서는 모두 동일한 주목을 받고, 동일한 공간이 주어지는 가운데 스스로를 표현할 수 있다고 이야기한 바 있습니다. 이는 연기에 양식화가 없다는 뜻이에요. 내 영화관에 따르면—그것이 유일한 영화관이라고는 생각하지 않습니다—배우가 인물이 될 때 어떤 예술적 전환도 존재하지 않아요. 나는 배우가 남자든 여자든 실제 삶에서의 모습을 보여주려고 합니다. 이를 위해 루키니의 경우처럼 미리 준비된, 심지어 매우 문학적인 대사가 필요하다고 해도 말이죠.

한편 나는 많은 감독들이 연기를 양식화하고 싶어하고 배우를 연기 쪽으로 밀어붙이는 경향이 있다는 것을 발견했어요. 내가 관심을 갖는 것은 배우들의 자발적인 몸짓인데, 그렇다고 해서 내 영화에 스타일이 없어지는 것은 아니에요. 그뿐만 아니라, 내 누벨바그 동료들이 만든 대부분의 영화들에는 당시 보이는 지극히 연극적인 스타일에 대립하는 이런 연기 방식이 발견된다는 것을 싶고 넘이고 싶어요. 내 배우들이 예를 들어 고다르나 리베트의 영화에 나오는 배우들과 아주 다르게 연기한다고 생각하지 않습니다. 비록 우리의 영화 세계 사이에는 공통점이 아주 적긴 하지만요. 프랑스 영화계에는 아주 명백한 구분선이 존재합니다. 한쪽에는 아주 연극적이고 양식화된 배우의 겉모습이 위치하고, 다른 한쪽에는 뭔가 다른 것, 인격 자체를 볼 수 있게 해주는 연기의 해체가 존재하죠.

**〈나무, 시장, 메디아테크〉의 배우들은 '자연스럽게' 정치나 철학을 논합니다. 한편에는 정치인들의 지나치게 격식적인 코멘트나 철학적 원칙들의 추상적 개념이 존재하고, 다른 한편에는 연기의 자연스러움이 존재하는데, 그토록 모순적으로 보이는 두 가지를 어떻게 병존시킬 수 있죠?**

중요한 것은 내용이 아니라 그것을 말하는 방식, 몸짓이라고 바꿔 말할 수 있겠죠. 누군가 정치, 철학 혹은 사랑, 그 무엇에 대해 이야기하든 내가 가장 먼저 추구하는 것은 진정한 몸짓입니다. 나는 배우들이 일부러 몸짓을 만들어내는 것을 좋아하지 않아요. 삶의 풍부함과는 대조적으로 표현을 단순화하거든요. 다른 한편으로 나는 무의식적이고 자연스러운 몸짓들을 아주 주의 깊게 관찰합니다. 철학에 대해 이야기하는 동안 등을 긁는다든가 다리를 꼬거나 풀거나 하는 등. 아리엘 동발이든 파브리스 루키니든 내 모든 배우들의 움직임이 좋고 몸짓에 대한 타고난 감각이 있다는 사실을 발견하셨을 겁니다.

나는 스스로의 몸을 지나치게 지배하는 배우들에게서 나오는, 언어처럼 작동하는 몸짓을 좋아하지 않아요. 대신 의식적인 통제를 벗어난 결과, 아주 쉽게 그 사람의 진실로 우리를 인도해주는 몸짓들을 좋아해요. 브레송은 질서정연함과 몸짓의 극단적 절제non-gesture를 통해 이런 몸짓의 언어와 싸우려고 시도

에릭 로메르

했어요.

반면 나는 자발적으로 생겨나는, 불편을 야기하거나 무의식적인, 지나친 몸짓을 통해 그에 대항해 싸우려고 합니다. 대개의 감독들과 달리 나는 배우들에게 어떤 몸짓을 하라고 지시하지 않아요. 대신 고유의 몸짓을 포착해서 본의 아니게 그들이 거의 알아차리지 못한 상태에서 촬영합니다. 배우가 자신의 몸짓에 대해 의식하게 되면 모든 것을 버리게 돼요. 나는 배우가 대사에 심취한 나머지 봄싯이 절로 따라오는 것을 선호합니다. 그것은 육체적으로도 매우 흥미로운 몸짓들이에요. 나는 배우들을 선택할 때 그들과 이야기하면서 어떻게 손을 움직이는지 봅니다. 바로 그런 이유로 1:33 비율—최근작의 포맷이에요—에 16밀리 카메라로 거의 직각의 프레임으로 촬영하는 것을 선호하죠. 그럼으로써 배우의 몸짓을 더 효과적으로 과시할 수 있거든요.

**이런 기술상의 디테일과 예산에 대해 아주 구체적으로 들어가보겠는데요, 이와 관련하여 어떤 선택들을 하셨나요?**

중고 16밀리 TV카메라를 샀고 저예산 아마추어 영화를 만들기로 결심했어요. 보통 우리가 보는 영화들과 좀 다르게 만들어보려는 욕구에도 부합하는 결정이었죠. 16밀리에 대한 오늘날 우리의 편견을 예로 들어볼게요. 우리에겐 16밀리가 35밀리보다 영상이 덜 선명하고 관객들이 그 흐릿함이 불편할 것이라는 편견이 있어요. 그럼에도 개인적으로 나는 35밀리의 선명함을 안 좋아해요. 물건이 찌를 듯 선명히 드러나는, 때로는 사람 얼굴보다도 더 부각되는 그런 하이퍼리얼한 룩이죠. 35밀리는 모든 것, 특히 사람 얼굴이 딱딱하게 나와서 화장으로 부드럽게 만들어야만 해요. 반면 16밀리는 얼굴에 훨씬 친절해서 화장을 안 해도 되죠. 깊이감도 더 있고요. 결국 보다 회화적이고 선명한 대조감이 덜하며 색 밸런스를 유지하는 데에도 더 낫습니다.

**실제에서부터 '영화의 세계' 쪽으로, 영화적인 것cinematic의 유사어가 돼 버린 하이퍼리얼리즘 쪽으로 이동하는 35밀리 영상에 비해, 감독님의 16밀리 영상은 존재론, 세계에 대한 기록에 보다 더 가깝습니다.**

네, 정확하게 맞아요. 16밀리는 더 사실주의적입니다. 최근, 영화의 색보정을 하면서 발견한 사실이 있어요. 이 단계에서 기술 스태프들은 너무 심하게 분홍 색조, 마젠타를 보정하려는 유혹을 받습니다. 분홍 색조는 인체가 필름에 기록될 때 얼굴에 색을 더하죠. 이번 영화의 경우 다른 영화들에서보다 인물들이 분홍색을 더 강하게 띤다는 것을 알아차렸고, 그로 인해 배우들이 생기 있고 더 호의적으로 보인다는 사실을 포착했죠. 확실히 나는 세계에서부터 발원하는 자연스러운 얼굴 톤, 35밀리의 선명한 대조보다 16밀리가 훨씬 잘 기록해내는 그 옅은 색을 존중합니다. 이는 내가 행하는 존재론적 기록과 대부분의 영화에서 볼 수 있는 하이퍼리얼리스트적인 재구성—르누아르의 〈프렌치 캉캉〉에 나오는 것 같은 살색 톤으로, 내게는 이 영화가 '살색 영화'의 전형이죠— 간의 차이라고 할 수 있어요.

**우리가 보기에 감독님의 가장 최근 영화는 그럼에도 르누아르의 〈작은 연극〉에 더 가깝습니다…….**

그 영화를 굉장히 존경하죠. 특히 전기로 작동하는 구두닦이 기계 시퀀스 때문이에요. 색의 인공성에 대한 우리의 논의를 계속하자면, 나는 텔레비전에 나오는 정치인들이 얼굴에 화장을 두껍게 하는 것이 잘못됐다고 항상 생각해왔습니다. 그럼으로써 너무 어둡거나 너무 창백해 보이고 현실에서 동떨어져 보이게, 혹은 어쨌든 개인적으로 호감을 갖기 힘들게 되죠. 피부의 움직임을 느낄 수가 없는데, 그런 피부 움직임은 내게는 적어도 배우나 연사에게 호의를 느끼게 해주는 기본적인 기준에 속합니다.

**어떤 면에서, 영화가 하이퍼리얼리즘을 향해 가면 갈수록 감독님은 보다 더 이미지의 빈곤, 아니면 적어도 이미지의 단순함을 향해 가시는 거네요.**

아마추어주의의 덕목 중 하나가 바로 거기에 있어요. 관객들 각자가 스스로 자신만의 영화를 만들 수 있는 것과 거의 유사하다고 볼 수 있습니다. 그것은 내 세계로 그들을 초청하는 내 방식이에요. 16밀리 영상, 소수의 인물, 카메라 움직임의 부재 등 거의 '가족 영화', 홈 무비 같은 것이죠. 그러지 못할 것도 없어요.

내 가장 최근 TV영화인 〈사회의 게임〉에 대해 말해보죠. 이 영화는 아마추어와 아마추어 연극에 대한 칭찬으로 끝을 맺어요. 아마추어 영화는 정말이지 요즘 가장 마음에 드는 유형입니다. 영화를 시작할 때 촬영감독과 간단한 계약을 맺습니다. 장면 조명을 위해 그들이 준비하는 것은 간단한 800와트 전구 두 개, 작은 할로겐 튜브 그리고 알루미늄 반사판, 이게 다입니다. 무엇보다 마음에 드는 것은 절약의 덕목과 창의력이에요.

카메라 움직임도 마찬가지로 특정한 영화 철학에 맞아떨어지죠. 그 철학이란 "트래킹숏으로 뛰는 말을 찍는 것은 멈춰 선 말을 찍는 것이다"불필요한 카메라 이동이나 존재감을 지양하는 것을 뜻함라고 한 콕토에게서 온 것이에요. 나는 화자가 없는 것을 좋아하는 것과 마찬가지로 카메라가 무감한 것을 좋아하죠. 그리고 공간을 확장하는 데에만 파노라마 이동을 사용하는데, 이는 객관성을 유지하는 또 다른 방법이죠.

**프랑스 영화에서 이런 아마추어주의가 차지하는 자리는 어떤가요?**

나는 아마추어주의를 주장하는 데 자긍심을 느끼며 그 결과에 책임을 집니다. 내 최근 영화를 CNC프랑스국립영화센터가 승인해주는 걸 일부러 거절했다고 말하지는 않겠어요. 찬성했었죠! 그렇다고 해서 나 자신이 소외되어 있다고 생각한다는 의미는 아닙니다. 아마추어로서 나의 지위를 표시하고 싶다고 해서 그런 특별한 기치를 내걸고 행동하는 데 과연 어떤 이점이 있는지는 모르겠거든요.

〈카이에 뒤 시네마〉 시절, 나는 훨씬 더 극단주의자였습니다. 시스템을 부쉬버리고 아방가르드를 넘어 아마추어를 옹호해야만 했었죠. 나는 CNC와 사전 펀딩 방식의 지원 체계가 기관들을 억누른다고, 영화계가 폐쇄적인 가게처럼 작동하게끔 보조하고 매우 불공정하게 외부에서 프로젝트들을 처리하는 데다 프로젝트들이 완성되지 못하게 만든다고 비판했습니다. 그런 시스템 탓에 하마터면 〈모드 집에서의 하룻밤〉을 못 만들 뻔했어요. 만약 트뤼포의 도움이 없었더라면…….

그 후 CNC와 나, 둘 다 달라졌습니다. 요즘의 프랑스 시스템은 훨씬 유연해졌고, 미국에 있는 것 같은 매우 보수적인 단체들의 압박에서 자유로워졌고, 젊은 감독들의 영화 프로젝트에 훨씬 더 열려 있어요. 나는 나 자신을 위한 작은 제작사 '레필름 뒤 로상주'를 설립함으로써 여러 위원회와 CNC의 사전 지원을 피해갈 수 있었음은 물론, 내 고유의 방식대로 아마추어로서 작업할 수 있었어요. 그것은 더 이상 저항이 아니라 혼자서 일하는 독립적인 작업 방식을 의미합니다. 그리고 내 모든 영화는 한정된 예산 범위 내에서 만들어져요. 그러므로 보조금이 필요하지 않죠. 보조금을 받게 되면 좋긴 하지만 필수적이지는 않습니다. 내 최근 영화에 대해—협회 소속 기술 스태프들을 충분히 고용하지 않았다는—기술적인 이유로 위원회가 전혀 지원하지 않은 것은 그다지 공정하지 못했다고 보지만, 그렇다고 불평을 토로하지는 않았어요.

**감독님의 최근작들을 보면 그런 아마추어주의의 경향이 커지고 있는 것 같습니다. 상당히 많은 스태프들과 작업하신, 정말로 가장 프로페셔널한 영화인 〈만월의 밤〉 이후, 〈녹색 광선〉 〈레네트와 미라벨의 네 가지 모험〉 〈나무, 시장, 메디아테크〉가 있었죠. 이들 모두 '희극과 격언'이나 '사계절 이야기'의 틀 바깥에 있는 영화들입니다.**

지금 언급하신 16밀리 영화들은 애초에 연작들 간의 중간 단계로서 구상됐었죠. 〈녹색 광선〉은 지금 다소 후회하고 있는데, 비록 '희극과 격언' 연작에 속하긴 하지만요.

**그런데 이런 중간 단계들이 영화 작업에서 오히려 주요 테마로 자리 잡아가고 있지 않나요? 심지어 이 영화들과 연작들 사이에 일종의 전염 현상이 발견됩니다. 촬영이나 스태프 규모 면에서 〈겨울 이야기〉는 그런 아마추어 계통 쪽으로 이끌린 것으로 보이거든요.**

에릭 로메르

〈겨울 이야기〉는 슈퍼 16밀리 카메라로 촬영됐어요. 겨울인데다가 회색 톤이 필요했고, 그 방식이 수월했기 때문이기도 합니다. 여러 다양한 장소들—길거리, 버스, 군중, 차, 교외, 파리 시내, 느베르, 작은 아파트 그리고 극장—에서 촬영해야 했거든요. 이런 촬영 방식을 들어 이 영화를 16밀리 중간 단계 영화들에 포함시킬 수도 있겠지만, 그런 생각은 한쪽으로 밀어두고 싶어요. 네 개의 계절에 관한 연작이 완성된 후에, 실제로 이 영화의 온전한 의미가 완성될 것이기 때문입니다.

연작 영화들은 훨씬 더 세밀하게 시나리오가 준비됐어요. 반면 16밀리 중간 단계 영화들은 더 자유로워서, 시나리오가 그다지 강제적이지 않고 배우들의 배역이 더 뚜렷이 결정돼 있었습니다. 그 영화들은 거의 배우들의 초상이라고 할 수 있고 배우들을 위해 만들어졌다는 뜻이죠. 예를 들어보자면 〈나무, 시장, 메디아테크〉에서 유일한 제약으로 삼았던 것은 몇 장면은 성 안에서, 다른 몇 장면은 공원에서 찍는다는 스스로의 결정이었습니다. 나머지 이야기는 성 주변, 그러니까 마을에서 작업하고 싶다는 내 욕망에서 비롯됐습니다. 배우들은 서로의 배역을 인계받을 수 있었고, 필요한 경우 대체될 수도 있었어요. 나는 정말 아주 자유로웠죠.

**두 영화 그룹 간의 이런 구분을 정말 유지하고 싶으시다면, 농담조로 감**

**독님의 연작 이야기들이 중간 단계가 됐고, 16밀리 중간 단계 영화들이 연작이 돼버렸다고 말할 수 있습니다.**

중간 단계 영화들이 보다 빈도가 높아진 것은 사실입니다. 1986년 이래, 그리고 〈녹색 광선〉 이래, 두 편 중 한 편이 이에 해당됐어요. 그리고 그 영화들이 시나리오를 더 자세히 쓴 연작 이야기들에 영향을 주는 추세가 실제로 존재합니다. 소수의 인원으로만 영화를 만드는 게 얼마나 편한지 내 동료 감독들이 알면 좋을 텐데⋯⋯. 대부분의 영화감독들이 커리어가 쌓여감에 따라 점차 더 규모가 큰 영화를 향해 가는 반면 나는 점점 더 가벼운 영화들을 만들어가고 있습니다. 이런 정신의 맥락에서 방금 하신 질문을 이해하셔야 해요.

한편 내 경우처럼 영화의 시나리오를 쓸 때에는 스스로 지나치게 일관적이고 반복적인 시스템에 갇혀버릴 위험이 도사리고 있습니다. 바로 그런 이유로 나는 스타일, 인물, 그리고 무엇보다 로케이션을 다양화하기를 원해요. 바로 그런 이유로 '사계절 이야기'에서 계절만큼이나 장소 또한 변화를 주는 것이죠. 동일한 맥락에서, 한 연작 내에서 같은 배우들을 쓰는 적이 드물어요. 그럼으로써 이야기들에 다소 변화가 생겨요. 그리고 때로는, 훨씬 드물지만, 갈피 잡기가 아주 힘들고 극히 상이한 장르인 역사영화를 만들기도 해요.

에릭 로메르

**동시대 다큐멘터리들, 현재 진정한 부활기를 맞이한 '장르'인 그런 다큐멘터리들을 보시나요?**

텔레비전을 자주 보는데 다큐멘터리가 굉장히 많이 나옵니다. 여기서 아르테^Arte 채널을 내가 전적으로 지지한다는 걸 강조해야겠습니다. 특히 이야기를 어떻게 구성할지의 측면에서 다큐멘터리에서 많은 것을 배워요. 역설적인 것 같지만, 다큐멘터리에서도 허구를 위한 아이디어들을 찾을 수 있죠.

**그런데 극영화에 다큐멘터리를 통합하는 방식, 길거리를 길거리 그대로, 시골을 시골 그대로 관찰하는 감독님의 그런 방식도 조금 전에 논의됐던 하이퍼리얼한 영화, '영화'가 되고 싶어 하는 영화에 반대하는 주장으로 생각됩니다.**

그런 경우가 있다 하더라도, 뭔가에 반대해서 영화를 만드는 것은 내게 아주 드문 일이에요. 나는 누벨바그 출신들이 우리의 영화 제작 방식을 헤게모니화할 수 있다고 생각하지 않아요. 여하튼 보다 대중적인 뿌리를 가진 좋은 영화들이 큰 성공을 거두는 예들이 있어서 좋다고 봐요.

**그럼에도 최근 프랑스 영화에서 대박을 친 것은 대중문화에서 발원한 영화들이 아니라 그야말로 고전적인 문화에 속한 것들입니다. 〈시라노〉〈세상의 모든 아침〉〈연인〉 등이죠.**

그런 종류의 영화들에는 전혀 관심이 없습니다. 프랑스의 대중 영화라고 말할 때 내가 떠올리는 것은 카페테아트르에 뿌리를 두는, 훨씬 더 건강하다고 생각하는 그런 영화예요. 내가 평론가였던 시절 그것은 카르보노Carbonnaux와 조페Joffe의 영화였고, 지금은 〈인베이더〉 같은 영화를 말해요.

**〈비지터〉를 말씀하시는 건지⋯⋯.**

아, 네 그렇습니다. 그 영화를 극장에 가서 보지는 않겠지만, 그런 영화들이 존재하는 게 좋다고 생각합니다. 내 취향에 맞지는 않지만 그런 영화들을 지지해요. 상업적인 관점에서뿐만이 아니에요. 카페테아트르에는 훌륭한 점들이 있는 반면 문화적인 체하는 데에서는 아무것도 취할 것이 없습니다. 트뤼포는 대중 영화를 옹호했는데, 카페테아트르가 거기에서부터 발원했죠.

이런 관점에서 봤을 때 주간지 〈아르〉는 매우 흥미로웠어요. 1950년대에 〈아르〉는 '품질영화'를 맹렬하게 공격했고, 트뤼포가 그러했던 것처럼 카르보노의 〈불로뉴 숲의 협잡꾼들Les Corsaires de Bois de Boulogne〉, 조페의 〈간신히Courte-tête〉 혹은 〈기병들Les Hussards〉을 칭찬했습니다. 이런 부류의 영화와 누벨바그 영화의 연결 고리는 형식을 숭배하지 않는 데 있다고 생각해요. 각 영화가 욕망하는 것은 사물들을 가능한 한 단순하게 찍는 것입니다. 그것과 다른 전통인 '품질영화', 오늘날 '문예영화'라고 불리는 것에는 늘 영화를 부풀리거나 과장되게 하는 중간 매개가 존재해요. '아름다운 영상'에 대한 욕구, 문화적인 시나리오 혹은 사회적인 문제 등이죠. 그것은 프랑스 영화를 아우르는 역사이기도 합니다.

처음 프랑스 영화가 등장했을 때, 세 가지 문화가 존재했어요. 첫째는 살롱에 전시된 화가들, '코메디 프랑세즈' 그리고 아카데미 프랑세즈의 작가들 같은 학술(아카데미) 문화, 둘째는 야수파, 큐비즘, 드뷔시, 스트라빈스키 같은 아방가르드 문화, 마지막으로 댄스뮤직, 탱고, 거리극, 카페 콘서트 그리고 바로 영화가 포함되는 대중문화가 있죠. 매우 상이한 관객층이 존재했고, 그들은 종종 서로 만나기도 했어요. 나는 영화의 역사라는 것이 학술/아방가르드 문화와 영화—그럼에도 본질적으로 대중적이죠—간에 이루어진 연합의 역사라고 생각합니다. 전자(학술 문화)와의 연합에서 품질영화가 나왔고, 후자(아방가르드 문화)와의 연합에서 누벨바그가 나온 것이죠.

**그런 연합은 1950년대에, 〈카이에 뒤 시네마〉와 〈아르〉에 쓰신 글들에서 형성됐습니다.**

'타협'이라는 말을 좋아하지 않지만 의식적으로든 아니든 일종의 협상이 존재했었다고 생각하고, 그건 트뤼포에게 있어서 매우 의식적이었어요. 협상은 이런 식이죠. 아방가르드 문화는 형식과 아름다운 영상이라는, 초현실주의의 영향을 받은 무성 아방가르드 영화에서 계승한 환상세계에 대한 강조를 포기할 것이며, 대신 사실주의 혹은 적어도 동시대 프랑스를 배경으로 하는 이야기들과, 프랑스에서 온 것이든 미국에서 온 것이든 대중 영화에 뿌리를 둔 촬영 방식을 달성한다는 것. 아방가르드의 감각은 남았고, 적어도 영화를 대놓고 상업화하기를 거부하는 한 작가들의 영화가 존재했으며, 누벨바그는 생생한 미학, 반아카데미즘 그리고 특정한 관객을 실제로 얻었죠. 사람들은 누벨바그가 극장을 텅텅 비게 했다고 말했지만, 이런 사고방식을 갖고 등장한 작가들에게 충실한 특정 관객층이 확보될 수 있었어요. 다른 나라와 비교해볼 때 아주 독특한 현상인데, 프랑스에는 일반 대중과 현대 예술의 전문가들 사이쯤에 위치한 '중간' 관객들이 구축됐죠. 그럼으로써 샤브롤, 트뤼포 그리고 나 같은 영화감독들이 우리 영화를 지속적으로 추구할 수 있었어요.

**감독님의 최근작으로 돌아가서, 이 영화를—그들의 문화관을 강요하고 아카데미즘과 대중문화의 연결 고리를 되살리려고 시도하는—아카데미즘적인 문화, 미디어센터와 문화부에 도전하는 행위로 볼 수 없을까요? 이 영화의 결론, 다시 말해 미디어센터의 실패와 대중가요로의 최종 회귀는 오늘날 그런 연합이 불가능하다는 일종의 성명입니다. 대중문화가 문화적 아카데미즘을 격파했다는 것이죠.**

에릭 로메르

그것도 한 가지 가능한 해석이네요. 네, 다소 그렇죠. 선동가들의 문제는 그들이 문화를 강요하고 싶어 한다는 데 있는데, 이는 올바른 문화와 그릇된 문화가 있다고 암시하는 것입니다. 그러나 사실상 서로 다른 관객들을 위한 서로 다른 문화들이 존재하는 것이죠. 마치 보편적으로 필요한 양 시골에 미디어센터가 있는 것은 거부감이 듭니다. 거듭 말하지만, 비록 내 영화가 무엇인가에 반대하는 영화는 아니지만요.

**시골에 군림하고자 하는 보편 문화, 전통을 중단하려는 문화적 모더니즘에 반대하는 저항은 시민으로서의 입장, 정치적 주장을 내세우고자 하는 감독님의 방식 아닙니까? 비록 허구로 표현된다고 하더라도요.**

거의 고대 그리스적인 의미에서 도시의 투쟁에 개입하는 것에 더 가까워요. 내 영화들에서 나는 항상 허구 뒤에 머물렀고, 어느 편을 들거나 어떤 인물에 반하여 다른 인물을 고르거나 하지 않습니다. 종종 인터뷰에서 나의 그런 면이 더 분명히 드러나요.

1969년 〈카이에 뒤 시네마〉와의 인터뷰에서, 당시에는 비록 그다지 알려지지 않았지만 영상의 존재론에 대한 믿음을 고백한 적이 있어요. 내 생각에 예술가는 특정한 정치 노선을 따르기보다, 도시에서는 물론 시골에서도 환경과 세상의 아름다움에 관련된 문제들에 주목해야만 합니다. 1969년 당시, 특별히

〈카이에 뒤 시네마〉에 있어서 그것은 도발적인 제안이었고, 오해를 일으켜 보수적인 태도로 해석되었죠. '자연과 유산을 보호하는' 영화 중에서 멍청하거나 감상적이거나 향수적이지 않은 영화를 상상하기란 매우 힘들어졌습니다. 비록 그 영화들에 매우 소중한 것들이 들어 있긴 하지만요. 명백히 나는 그런 부류의 영화를 만들고 싶지 않았기 때문에, 나의 관심사에 진실되게 자연과 건축에 대해 논할 수 있는 방법을 찾아내야 했어요. 예술가는 특별히 이런 자연과 건축의 문제들에 애착을 갖고 있다고 생각하며, 아마도 그것이 예술가가 시민으로서 존재하는 방식일지도 모르죠.

**이 영화는 풍경에 대한 성찰, 건축업자와 풍경의 관계에 대한 에세이자 우화입니다.**

건축가는 무엇을 하든 파괴적이 된다는 것을 보여주는 동시에 나 스스로 얼마나 풍경을 지배할 수 있는지 자문해보고 싶었습니다. 이 영화가 다루는 것은 신과도 같은 거의 신성한 힘이 투여되기에 극도로 강력하면서도 오직 기존에 존재하는 풍경이나 건출물을 먹이 삼아 그것들을 변화시키고 파괴할 수 있기에 매우 위험한, 그런 파괴력입니다.

**사실 감독님께 생태 환경이라는 것은 무엇보다 영화적인 문제입니다. 풍**

경, 들판, 나무를 보호한다는 것이 무엇보다도 필름에 가장 강렬하게 기록되는 것을 옹호한다는 의미에서 그렇죠. 그것은 또한 우리를 '영화란 무엇인가'라는 근본적인 문제로 회귀하게 하는, 장소의 존재론적 힘을 옹호한다는 의미이기도 합니다. 이는 잠수함의 깊이를 옹호하는 앙드레 바쟁이 1950년대 말 쿠스토의 영화 〈세계의 침묵〉에 대해 쓴 평론의 내용을 인용했다 쿠스토 감독과 어느 정도 비슷합니다. 바쟁은 그 깊이를 영화가 보여줄 수 있는 정수라고 여겼죠.

네, 바쟁의 말을 빌리면 영화가 "실제의 아름다움"을 기록한다는 의미에서 그렇죠. 그러나 나는 거기에서 더 나아가보려고 합니다. 영화에 대한 나의 사랑 자체가 자연에 대한 사랑에서부터 샘솟아요. 바로 그것이 항상 바쟁식의 영화 개념으로 나를 이끄는 요소죠. 그런 영화 개념이란, 사물들의 기계적인 기록이 영화의 힘이며 영화는 예술이기 이전에 기계라는 것입니다.

반면 미술은 전환하고 묘사하고 은유를 사용하며, 풍경을 기록하기보다 재현해야만 하기에, 미술의 힘은 상상의 힘으로 나를 더 성가시게 해요. 나는 미술을 통해 재현된 것을 보는 것보다 실제 풍경을 보는 것이 더 좋아요. 내가 영화를 사랑하도록 인도한 것은 자연이며, 그런 이유로 나는 다른 모든 예술보다 영화를 더 좋아합니다. '영화화된 엽서들'을 만드는 것이 아니라면 영화가 풍경을 약탈하지는 않기 때문이에요.


그런데 건축가와 화가들이 가지고 있고 감독님께서 두려워하시는 그런

신과 같은 야심 또한 정치적인 것 아닐까요? 새롭고 보다 더 나은 세계를 건설하려는 욕망 말입니다. 감독님이 옹호하시는 것은 모든 면의 겸손, 즉 정치는 물론 건축에서의 겸손입니다.

명백히 그렇습니다. 그러나 정치인들 또한 자신들의 야망을 누르고 겸손을 칭찬하기 시작하고 있어요. 현재 나를 포함해 모두가 정치적 행동과 정치적 연설을 문제 삼고 있습니다. 그에 대해 나 스스로 보장할 수 있는 게 없다는 것을 인정해야만 해요. 개인적인 의견을 묻는다면, 영화 안의 초등학교 교사를 지지하겠어요. 그는 모든 환경론자들의 정치적 주장에 불신을 표하는 환경적 관점의 소유자입니다. 아니, 사실은 그보다 좀 더 복잡해요. 나라면 그 초등학교 교사처럼 말하되 사회주의자 시장의 말을 귀기울여 듣는 경향을 보일 거예요.

그것은 정확하게 초등학교 교사의 딸 조에의 입장인데요…….

사실 그것이 나와 가장 가까운 입장일 확률이 높습니다. 바로 그래서 영화가 전혀 비관적이거나 향수 어리거나 보수적이지 않은 거죠. 어떤 아이가 풍경에 대한 단순한 사실, 주변의 나무들을 살리고 싶은 소망을 표현하는 것입니다. 나는 늘 미래에 대한 믿음과 과거에 대한 신뢰를 함께 가져왔어요. 어떤 면에서 나는 매우 보수적이지만, 보수적이 되면 될수록 더 미래를 기다리게 됩니다. 예를 들어 건축에 대해 말하자면, 나는

에릭 로메르

1960년대와 1970년대의 유토피아적이고 미래 지향적인 사업들을 옹호했어요. 폴 비릴리오와 클로드 파랭과 함께한 건축에서의 '사선의 기능'에 관한 텔레비전 프로그램의 예를 들 수 있어요. 모든 것은 맥락의 문제입니다. 예를 들어 파리 같은 전통적인 틀(프레임워크) 내에서는 보수적이 되어야 하지만, 모든 것이 허락될 수 있는 뉴타운 같은 유토피아적 무대에서는 결단코 미래주의자가 되어야 하죠.

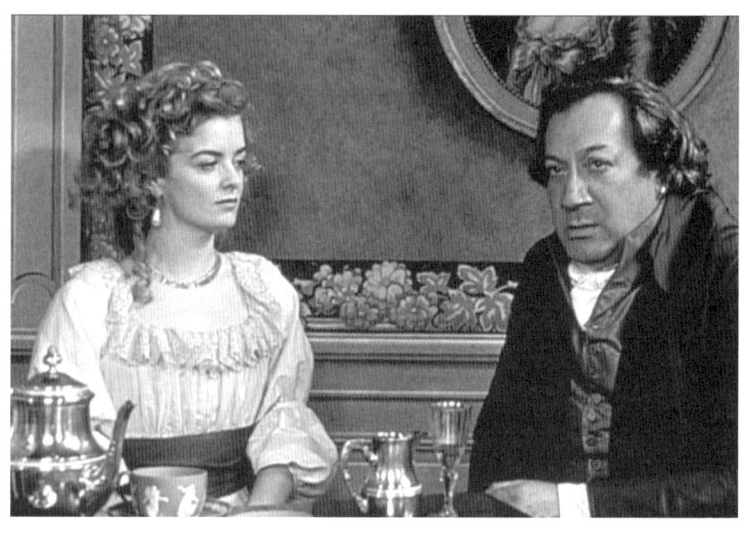

영국 여인과 공작

2001

# 영국 여인과 공작

**오렐리앵 페렌지 ― 2001**

**〈영국 여인과 공작〉의 아이디어는 어떻게 생겨났나요?**

10여 년 전 휴가 때 한 역사 잡지에서 그레이스 엘리엇Grace Elliot의 회고록을 요약해놓은 글을 우연히 읽었습니다. 이 영국 여인은 루이 16세의 사촌이었던 오를레앙 공의 정부였는데, 프랑스혁명기 자신의 삶에 대해 묘사해놨죠. 그 글에는 그녀의 저택이 여전히 미로메닐가의 어떤 번지수에 있다고 언급되어 있었어요. 나는 늘 장소에 관심을 가져왔었는데, 특정한 주소를 찾아가면 여전히 그 집을 볼 수 있으리라는 생각에 특별히 충격을 받았습니다. 거기에서 파리의 특별한 지점을 무대로 하며, 그레이스 엘리엇에게 일종의 은신처가 됐던 그 평화로운 집과

〈센시스 오브 시네마〉 2001년 10~11월 호(no.16) 허가를 받아 옮겨 수록함.

혁명의 소용돌이라는 격통을 앓는 외부 도시 간의 관계를 다루게 될 영화를 만들려는 생각이 나왔어요. 상당히 이상한 일인데, 나는 나중에 그 역사 잡지에 실렸던 글이 틀렸다는 사실을 알아냈어요. 미로메닐가의 그 집은 혁명 이후에 지어졌으므로 그레이스 엘리엇이 그곳에 살 수는 없었던 것이죠! 그러나 그런 착오가 없었더라면, 그 글을 읽고 내가 아이디어를 반짝 떠올렸을지는 장담 못 해요.

**파리의 묘사가 영화 이면의 원동력이었는데요.**

네, 그리고 역사적인 파리를 묘사할 수 있는 방법을 찾아내야만 했죠. 나는 파리를 무대로 한 시대극들을 볼 때 자주 불만을 느껴요. 늘 파리가 아니라, 르망, 위제스 혹은 보존이 잘된 역사적인 특징이 있는 인근의 다른 도시들에서 촬영하는 경향이 있죠. 나는 항상 그곳이 파리가 아니라는 것을 알아차려요. 파리 고유의 특별한 건축이 있거든요. 나는 그렇게 하고 싶지 않았고, 시대극들에 늘 나오는 소수의 똑같은 오래된 마차 출입구들을 촬영하고 싶지도 않았습니다. 내가 원했던 것은 혁명의 초점이었던 루이 16세 광장(현재의 콩코르드광장) 같은 커다란 규모의 개방된 공간이 있는 대도시와, 그레이스 엘리엇이 회고록에서 언급한 도시의 구역들, 즉 생마르탱 대로, 그녀가 감독위원회를 찾아갈 때 따라가는 생오노레 거리 등이었어요. 그

에릭 로메르

녀가 앵발리드를 거쳐 뫼동을 향해 걸어갔다는 이야기가 나올 때, 어디에선가 센강을 건너도록 연출해야만 했죠!

**결국 찾아낸 해결책은 무엇이었나요?**

전에 시대극을 두 편 찍어봤어요. 〈O 후작부인〉(1975)은 현장 로케이션이었고 〈갈루아인 페르스발〉(1978)은 완전히 스튜디오에서 찍었습니다. 두 촬영 방식 중 어떤 것도 파리를 제대로 묘사하지 못하리라는 걸 알았어요. 그래서 당시 도시 설계에 기초하여 특별히 내가 그린 장면 배경들에 실제 삶의 인물들을 투입하자는 아이디어를 냈습니다. 인물들을 세트에 투입하는 것은 영화감독 매뉴얼에 들어 있는 가장 오래된 트릭 중 하나죠. 멜리에스가 처음으로 그렇게 한 감독이었을 것입니다.

그러나 10년 전 내가 이 영화 프로젝트에 대해 처음 떠올렸을 때는 디지털 기술이 아직 유아기에 머물러 있었어요. 인물과 배경이 필름상에서 합성됐더라면 각각의 새로운 층으로 인해 영상의 품질이 훼손됐을 것입니다. 키네스코핑, 즉 비디오에서 35밀리로 전환하는 기술 또한 그 당시에는 썩 만족스러운 결과를 내지 못했죠. 요즘은 두 기술 모두 완벽해졌습니다.

**장면들의 배경은 어떻게 만들어졌나요?**

장밥티스트 마로가 그렸습니다. 우리는 함께 적절한 시대 양

식과 연출상의 요구에 따라 배경을 디자인했어요. 에르베 그랑
사르가 기초적인 자료 조사를 시행했고요. 우리는 그림과 판화
뿐만 아니라 당시의 거리 지도도 작업의 토대로 삼았습니다. 실
내 인테리어는 현지 로케이션이 아니었어요. 모두 세트디자이
너인 앙투안 퐁텐과 무대장치 담당자인 제롬 푸바레가 인접한
스튜디오에서 제작한 것들입니다. 내게 이 작업은 단지 세밀함
의 문제가 아니라, 영화 전체를 뒷받침하는 진정성을 얻기 위한
분투였죠.

　진심을 말하자면, 특별히 프랑스혁명에 관한 영화를 만들려
는 것은 아니었습니다. 나는 18세기 마니아라는 이미지로 고정
되고 싶지는 않아요! 가끔 마리보와 비교되어왔지만 그것은 내
가 선호하는 세기가 아니죠.


**〈갈루아인 페르스발〉을 만든 방식과 비교될 만한 방식으로 접근하셨나
요? 시대 자체를 묘사하기 위해 당시의 그림들을 쓰는 것 말이죠.**

　네. 사진처럼 현실을 보여주는 데에는 별로 관심이 없습니다.
이 영화에서 나는 그 시대의 사람들이 봤을 법한 모습으로 프
랑스혁명을 묘사하고 있어요. 그리고 인물들의 경우, 당시 그림
속의 현실에 더 가깝게 만들려고 노력했죠. 영화의 오프닝 장
면들은 그림인데, 만약 정보가 없는 관객들이 그저 당시의 그림
들이라고 생각했다가 갑자기 그것들이 살아 움직일 때 놀란다

면 기쁠 것 같습니다.

**TV 교육방송에서 하신 작업도 떠올리게 됩니다.**

이 영화를 만든 데는 어떠한 정치적 이유도 없습니다. 왕당파든 반왕당파든 어떤 정당을 옹호하기 위한 것이 아니죠. 한편 나이 든 관객이든 젊은 관객이든 그들이 역사에 대한 취향을 갖게끔 도와주고 싶습니다. 프랑스가 가장 많은 수의 역사잡지를 발간하는 나라인 반면, 영어권 나라들은 역사소설에 대한 취향이 더 발달했다고 들었어요. 프랑스에는 역사적 관심이 커질 수 있는 잠재성이 높지만, 시대를 다룬 영화들은 종종 역사적 고증에 다소 허술했습니다. 사실 나의 꼼꼼함 탓에 여태까지 시대극을 단지 세 편만 만든 것이죠. 나는 시대의 언어에 상당히 주의를 기울이는데, 다른 시대의 말들로 대사를 쓴다는 것은 매우 어려워요. 인물들 스스로 표현하는 폭이 확 줄어들죠. 과거 내가 이야기를 쓰던 방식을 쓴다면 모방작이 돼버리겠죠. 전혀 좋을 수가 없어요. 이 영화에서 그레이스 엘리엇의 이야기는 대사에 이르기까지, 아주 든든한 기반이 되었습니다.

**〈영국 여인과 공작〉을 시작하기 전에 다른 역사영화들을 다시 봤나요?**

세 편의 시대극을 봤습니다. D. W. 그리피스의 〈폭풍 속의 고아들〉(1921)―프랑스혁명을 무대로 하죠―, 아벨 강스의 〈나폴

레옹〉(1927), 그리고 장 르누아르의 〈라 마르세예즈〉(1937)입니다. 세 편 모두 나름의 이유로 훌륭해요. 예를 들어 르누아르는 18세기 언어 구현에 신경 쓰지 않고 인물들이 당시 1930년대의 어법을 사용하도록 한 걸로 오랫동안 칭찬을 받았습니다. 그것은 신화일 뿐이에요. 1930년대의 언어가 우리 시대보다 18세기에 더 가까웠다고 믿지 않고서야 말이죠! 그리피스는 다른 것을 깨닫게 해줬습니다. 나는 야외 장면들을 어떻게 찍을지, 다시 말해 인물들을 어떻게 무대에 투입할지 고민하고 있었어요. 시퀀스숏을 찍어야 하나 아니면 역앵글숏을 찍어야 하나, 그중 어느 것이 장치를 더더욱 복잡하게 만들 것인지 등. 〈폭풍 속의 고아들〉을 다시 보면서 나는 대부분 고정숏으로 찍은 게 이 영화의 힘임을 깨달았어요. 그래서 고정숏들을 찍었고, 세컨드 카메라로 더 근접한 숏들을 찍었죠.

**원했던 대로 인물들을 배경에 끼워 맞출 수 있으리라고 항상 확신했나요?**

시험을 해봤습니다. 인물들이 어떻게 배경에 맞아 들어갈 수 있을지를 알아내야 했기 때문에, 엑스트라들이 출입구를 통과하도록 촬영 테스트를 했고, 괜찮았습니다. 때로는 약간 수정해야 했죠. 특히 스튜디오의 실제 길이보다 세트가 더 깊을 때가 그랬어요. 일례로 생토오네가를 내려다보는 경치는 200미터 길이여야 했는데, 안전하게 촬영 가능한 무대는 단지 40미터 폭밖

에릭 로메르

에 되지 않았습니다. 그 시퀀스는 여러 부분으로 나누고 그 사이에 컷어웨이숏들을 넣어서 촬영해야 했어요. 물론 그런 것은 제약이었죠. 보통 나는 직접 닥쳐서 각 장면을 어떻게 촬영할지 결정하는데, 이 영화에서는 미리 숏들을 아주 세밀하게 디자인해야만 했습니다. 그러나 장점은 그 결과가 보다 진실되다는 데 있어요. 만약 TV 안테나가 안 나오도록 이상한 각도에서 프레이밍된 집과 지붕의 조각들을 모두 함께 편집했다면 덜 진실됐겠죠. 나는 그런 방식에는 관심이 없어요. 풍경을 그대로 보여주는 것을 좋아하죠. 있는 그대로 현실을 취하는 것을 좋아해요. 비록 그것이 이 영화에서처럼 그림을 통해 창조된 현실일지라도 말이죠. 진실은 편집이 아니라 그림에서 나옵니다. 세트의 깊이감과 시퀀스숏에 관하여 바쟁이 지나치게 완고하긴 했지만, 그의 가르침에 내가 충실했다고 볼 수 있을 거예요. 그리고 나는 매우 가시적인 묘수에 기대는 것이 진실을 제공한다고 진심으로 믿어요.

**스토리 자체로 돌아가서, 그레이스 엘리엇의 회고록의 어떤 면이 감독님께 어필했나요?**

자료 조사 담당이 온전한 사본을 찾아냈는데, 프랑스에서 여러 번 출간된 바 있었어요. 그레이스 엘리엇은 1760년에 태어나 1823년에 사망했습니다. 그녀의 일기는 1789년 7월 14일에 시작되며, 로베스 피에르가 실권한 후 그녀가 감옥에서 풀려나오기 직전에 끝나요. 부인할 수 없는 이 책의 역사적 가치—날짜상의 몇 가지 작은 실수들이 있긴 하지만 대부분의 내용이 진실성을 띱니다—외에도 마치 그것이 장면, 시퀀스, 심지어 대사가 있는 시나리오로서 처음부터 쓰인 듯 놀라운 뭔가 있습니다. 내가 읽어본 다른 일기들과는 아주 다른 톤이에요. 회고록 작가들은 대부분 자기 자신, 자신의 공포와 희망에 대해 쓰는 경향이 있어요. 그에 반해 그레이스 엘리엇은, 항상 일정한 거리를 두는 태도를 유지하기는 하지만, 스스로를 그림 속에 포함시키죠. 우리는 그녀가 행동하고 움직이는 것을 보지만, 그녀 주변의 다른 인물들 또한 매우 강렬한 방식으로 살아가는 모습을 볼 수 있어요. 직접 찾아낸 사적 자료가 극히 적은 오를레앙 공이 특히 그렇죠.

**그녀가 충실하게 약속을 지킨 것이 감동적이었나요?**

아뇨, 그보다는 영국적인 불굴의 정신이 감동적이었어요. 어떤 겸손함과 자제력, 자신에 대해 완전히 꾸밈없이 이야기하는 방식, 그리고 무엇보다도 그녀를 소설의 주인공으로 만드는, 사건을 바라보는 방식을 말해요. 역사의 힘에 개인의 삶이 뒤집힐 때 그렇게 되는 것일 수도 있겠죠. 그처럼 가깝게 느껴지고 그토록 가슴뭉클하게 만드는 역사적 인물은 그때까지 극히 소수였어요.

에릭 로메르

결과물이 아닌 내 의도에 대해서만 말한다면, 책에 등장하는 그녀의 사적인 삶의 디테일들은—영화에도 그대로 보존됐는데—리얼리티 효과를 만들어냅니다. 예를 들어 오를레앙이 자기 시계를 들여다보는 순간이 생각납니다. 우리를 현재 그 순간에 있도록 하고, 그것이 영화적으로 만들어주는 요소죠. 과거가 소설의 시제라면 영화의 시제는 현재입니다.

**인물들이 혁명 당시의 사건들을 조명해주는 측면에도 주목하셨어요.**

내가 주목하는 것은 그들은 광신주의는 아니었다는 점입니다. 그레이스는 왕을 옹호하지만 극단주의자는 아니에요. 그녀는 프랑스를 떠나고 싶어하지 않습니다. 그녀에게는 오를레앙과 비롱 같은 공화주의자 친구들이 있죠. 책이 반혁명주의를 보였던 영국에서 쓰인 것을 감안하면, 스스로 말하는 것보다 실제로 그녀는 왕당파적인 면이 덜할 가능성이 높아요. 오를레앙의 경우에는 전적으로 부정적인 시각으로 비치지만 그의 미스터리, 모호함, 양면성이 흥미로워요. 그는 앙심을 품었고 루이 16세를 좋아하지 않았지만, 당시에 진정으로 새로운 사상에 매료되기도 했어요. 그가 쓴 서한과 그의 아들 루이 필리프의 증언에서부터 끌어온 디테일들을 추가했죠.

**관객들은 그레이스가 그러는 것처럼 왕을 죽인 것을 비난하고 싶어질 수**

**도 있을 것 같습니다.**

나는 당시 사람들 모두가, 반동파로 보이는 것이 두려워서 왕이 죽어야 한다고 주장했다고 생각합니다. 요즘 환경론자로 자처하는 것이 트렌드인 것처럼 당시에는 그것이 트렌드였죠. 나는 내 영화를 그레이스 엘리엇의 이야기로 만들고 싶었지, 그것에 반대하려는 것은 아니었어요. 역사적 토대에 대해 판단을 내리고 싶은 이가 있다면, 영화 자체가 아니라 영화가 토대로 삼은 책을 판단하는 것이 맞겠죠.

**배우들은 어떻게 고르셨나요?**

늘 그렇듯이 직관적으로 했죠. 여자든 남자든 한 명이 오디션에 참가해서 대사를 읽으면, 그게 다예요! 영국 여자를 캐스팅하는 것은 어려웠죠. 마르가레트 메네고즈가 알던 캐스팅 디렉터가 여배우들의 사진들과 그들의 목소리가 녹음된 오디오 테이프를 내게 보냈습니다. 마음에 들었던 유일한 테이프는 그레이스 엘리엇의 책을 알고 있고 그녀의 역할을 해보고 싶다고 한 여배우의 것이었어요. 그녀의 음성이 사진보다 먼저 내게 어필했고, 그녀를 만났을 때 사진보다 훨씬 더 매력적이라는 걸 발견했죠!

장클로드 드레퓌스의 경우에는 처음부터 그를 염두에 뒀던 것은 아니에요. 나는 당시 강한 개성파를 찾고 있었어요. 비록

에릭 로메르

육체적으로 오를레앙 공과 그다지 닮진 않았지만, 덩치가 크고 건장한 누군가 필요했었죠. 출연진이 아주 마음에 듭니다. 으레 그렇듯이 배우들에 대한 지도는 기술적인 지침을 제공하는 것 이상을 넘지 않았습니다. 느낌은 배우가 알아서 할 일이에요. 나는 그저 사람들이 잘 알아들을 수 있도록 분명하게 발음하라고 말하는 게 다였죠. 그들은 내 기대를 저버리지 않았고요.

**'희극과 격언'과 '사계절 이야기'에 익숙한 감독님의 관객들이 이 영화를 보고 놀랄 거라고 생각하세요?**

아뇨, 게다가 매번 약간 다른 영화들을 만들 때마다 그것이 역사적이든 혹은 〈나무, 시장, 메디아테크〉(1992)처럼 정치적이든 대중은 따라왔습니다. 비록 개인적으로 가장 공감이 가는 분야라고 해도 나 자신을 과도하게 심리적 화젯거리나 로맨틱코미디에 한정하길 원하지는 않아요. 때로는 벗어나고 싶습니다.

# 촬영의 예술적 기능

## 프리스카 모리세 — 2004

이 인터뷰에서 에릭 로메르는 영화감독과 촬영기사 사이의 협력에 관한 생각들을 이야기한다. 누가 이미지를 만들어내는 작가인지의 문제와 네스토르 알멘드로스와의 오랜 협업, 레나토 베르타와 디안 바라티에와의 작업을 검토하는 과정에서 자신의 빛의 미학—어떻게 색을 재현해내는가의 문제, 배면과 전면의 관계, 창문과 그림자, 시시각각 변화하는 하늘의 문제 등—에 관한 몇 가지 핵심 원칙들을 드러낸다. 빛에 대한 그의 태도에는 '누벨바그'의 특징들이 어느 정도 발견된다. 그 특징들이란 표준적인 조명

---

『로메르와 다른 감독들Rohmer et Les Autres』(Noël Herpe 편집, 렌 대학 출판부, 2007) 185~200쪽. 허가를 받아 옮겨 수록함. 인터뷰의 원제는 다음과 같다. 「La prise de vue est-elle une fonction artistique?」

에릭 로메르

설치—키조명을 통해 부각되는 배우들, 극적인 그림자들을 선호하는 조명—의 거부와, 유연하고 논리적이고 번거롭지 않은 조명 접근을 선호함으로써 배우들에게 움직일 자유를 주는 새로운 원칙의 적용, 둘 다를 의미한다.

용어에 대한 논의에서부터 시작해보죠. '수석 오퍼레이터chef opérateur'영어의 director of photogaphy에 해당하는 프랑스어 표현. 한국어로 촬영감독, 촬영기사에 해당라는 표현은 웃기다고 생각하는데, 이 '수석 오퍼레이터'는 종종 아무것도 감독하지 않고 남자든 여자든 완전히 혼자이기 때문입니다. '촬영감독'이라는 표현의 경우, 나랑 함께 일하는 사람들이 그 표현을 다소 잘난 체하는 것처럼 생각한다는 것을 알고 있어요. 크레디트 시퀀스—나는 항상 크레디트 시퀀스를 포함하여 모든 것을 감독해요—에서 나는 '~의 영화'라고 표시하지 않습니다. 우스꽝스럽고 상업적이라고 생각해요. 책에서 그러는 것처럼, 그리고 내가 모든 것의 작가인 것처럼 다음과 같이 쓰죠.

에릭 로메르
'희극과 격언'
〈녹색 광선〉

'레알리자시옹réalisation'영어의 direction에 해당하며 한국어로 연출/감독으로 번역되지만 프랑스어의 본디 뜻은 실현, 성취, 완성임이라는 단어에 대해 나는 다소 반대하는데, 영화의 완성은 모든 스태프들의 작업에 따른 결과이기 때문이에요. 감독은 외국에서처럼 '완성(연출) 과정의 감독director of the process of realization'으로 불려야 합니다. 외국에서는 필름 디렉터라고 하죠. 비록 이 용어는 자주 배우 지도를 논하기 위해 사용되긴 하지만요. 왜냐하면 영화를 완성하는 것은 단지 그 혹은 그녀의 책임이 아니기 때문이에요.

게다가 영화 만드는 작업은 감독하는 것만큼이나 아이디어를 구상해내는 것이기도 합니다. 한번은 텔레비전 영화의 크레디트에 '레알리자시옹'이라는 용어를 써야만 해서, '아이디어 및 감독'으로 하자고 고집을 부린 적이 있죠. 나는 '미장센mise en scène'이라는 말을 선호하지만, 다소 연극적인 의미가 함축되어 있어요. '작가'라는 용어를 사용했으면 좋겠습니다. 나 스스로를 영화의 작가라고 여기거든요. 작가와 조력자들.

사운드에는 세 가지 작업이 포함돼요. 녹음, 믹싱, 그리고 이제는 사운드 편집이 있죠. 오랫동안 나는 사운드 편집자가 뭘 하는지 확실히 몰랐고 한 번도 고용한 적이 없었습니다. 이제 컴퓨터가 등장하면서 달라졌어요. 예전에는 갖다 붙이는 일이었지만, 이제는 사운드 녹음에 더 가까워졌습니다. 내 영화들에서는 사운드 녹음 담당자—종종 '사운드 엔지니어'라고 불리기도 하는데, 표현이 좀 과장됐다고 생각해요—가 사운드 편집까지 책임집니다.

그러니까 요약하자면, 영상과 관련해서 나는 '촬영감독'이나 '수석 오퍼레이터'라는 표현을 쓰지 않으려고 해요. 그것은 매우 구체적인 몇 가지를 제외하고는 내게 아무런 의미도 없기 때문이에요. 그 대신 '카메라 오퍼레이터'를 선호해요. 크레디트 시퀀스에 '카메라 오퍼레이터'라고 넣을 수 있겠지만, '이미지'라는 말을 대신 사용하죠. 더 아름답거든요. 따라서, 크레디트 시퀀스에서 촬영은 아래와 같이 표시해요.

이미지

아무개

마지막으로 '촬영에는 예술적 기능이 있는가?'라는 처음에 하신 질문이 있습니다. 아마 생각하시는 것보다 더 민감한 사안일 거예요. 촬영이 기술적인 도전임은 명백하지만 그것은 또한, 다른 영역을 맡은 스태프들, 배우, 미술 담당, 음악가도 그렇듯이, 어떤 면에서 예술적이기도 합니다. 그 모든 역할들이 예술적이에요. 다른 한편으로, 전기공과 기술 스태프들은 혼자 작업하지 않고 촬영감독의 관리하에 있기에, 전적으로 기술적인 역할들만을 완수합니다. 종종 "노동자workers"라고 불리죠. 나는 그들을 '순수한 기술자들'로 봅니다. 종종 특히 내가 결정을 내리는 영역들과 관련해서, 내가 맡은 일과 촬영감독, 사운드 녹음, 미술 담당, 그리고 어느 정도까지는 음악가들이 하는 일과의 관계에 대해 자문하곤 합니다. 개인적으로 나는 아주 자기중심적이라서, 나와 함께 일하는 사람들을 존중하면서도 그들에게 완전한 자유를 주지는 않아요. 이는 오직 스태프의 수가 아주 적기 때문에 가능합니다.

**하지만 몇몇 영화들, 예를 들어 〈녹색 광선〉에서는 촬영감독에게 폭넓은 재량권이 주어진 것으로 보입니다.**

평소보다 더 그렇지는 않았어요. 글쎄, 자유를 어떤 의미로 보느냐에 따라 모든 게 좌우되죠. 그 영화에는 인공조명을 쓴 장면들이 거의 없기 때문에 빛에 대한 작업이 없어요. 단지 두 장면이 있었는데 내가 조명등을 배치했죠. 한편 프레이밍의 경우에는 촬영감독이 어느 정도 통제권이 있었고 몇 가지를 주도했습니다. 그러나 이를 일반적으로 나누기는 어렵고, 단지 특정한 예들만 꼽을 수 있어요. 아주 일반화해본다면, 작가이기도 한 감독들—프랑스에서는 브레송, 르누아르, 고다르 등이 있고 해외에는 프리츠 랑, 히치콕, 존 포드 등—을 생각할 때 제기되는 문제란, 이 작가들의 서로 다른 영화들이 보여주는 영상들의 유사성이, 동일한 촬영감독이 작업한 서로 다른 감독들의

에릭 로메르

영화 영상들의 유사성보다 더 큰가입니다. 바꿔 말하면, 스타일이 촬영감독의 영역인가 영화감독의 영역인가 하는 거죠. 이는 물론 촬영감독에게 전혀 스타일이 부재하다는 것을 의미하지는 않습니다……. 그러나 그의 스타일이 그토록 명백할까요? 예를 들어 르누아르가 함께 작업했던 촬영감독들의 스타일이 르누아르의 스타일만큼이나 분명할까요?

영상의 구상에 있어서 작가 혹은 영화감독은 중대한 역할을 합니다. 어떤 이들은 자신만의 흥미로운 영상들을 창조해내고, 다른 이들은 평범한 영상들을 만들어내요. 그리고 촬영감독의 선택이 이를 변화시키지는 않을 거예요. 많은 촬영감독들이 말하기를, 중요한 것은 자신의 고유한 스타일을 정착시키는 것이 아니라 감독에게 봉사하는 것이라고 합니다. 어쨌든 나는 개인적으로 그렇게 이해하고 있어요. 남들은 영화가 진정으로 집단 예술이라고 생각할지도 모르지만, 나는 그런 식으로 영화를 바라보지는 않아요. 그리고 촬영감독을 구할 때 나는 그들이 전에 했던 일을 보지 않고—사실 볼 때도 있긴 해요—, 그것보다는 그들의 인간성과 함께 잘해나갈 수 있을지에 더 관심을 둡니다. 그들이 나를 이해하고 내가 그들에게 제안하는 방법을 쓰는 걸 확실히 해두기를 원해요.

예를 들어 〈나무, 시장, 메디아테크〉의 촬영감독 디안 바라티에를 처음 만났을 때 나는 이미 여러 후보들을 만나본 다음이었어요. 영화는 아주 저예산이었죠. 나는 "아마도 거의 대부분 야외에서 촬영할 예정이지만, 몇몇 실내 장면도 있을 거네. 그런 장면들에는 조명등이 두 개가 주어질 거야"라고 말했습니다. 일반적으로 촬영감독은 원하는 장비 목록을 작성해요……. 나는 나가서 조명등 두 개를 사 왔습니다. 그 외에 어떤 돈도 더 쓰지 않을 것이고, 반사판용으로 두 개의 판지가 주어질 것이며, 우리가 그 판지들을 펼 것이고 그중 하나는 알루미늄 호일로, 나머지 하나는 흰 종이로 덮을 것이라고 경고했죠. "우리 수중에 있는 건 그게 다요. 조수는 없고 내가 반사판들을 떠받칠 거야." 그것은 엄청난 제약이었어요. 영상의 질은 상당 부분 어떤 방식을 쓰느냐에 좌우되기 때문인데…… 그녀는 동의했죠.

최근 바로 이 사무실에서 촬영한 단편영화가 하나 있어요. 촬영감독과 의논을 했었죠. "이 방에서 이렇게 적은 빛과 최소한의 예산으로 영화를 찍을 수 있으리라고 생각하나? 빛이 변화무쌍해서 창문에 젤라틴을 발라야 할 걸세……." 그녀는 알았다고, 젤라틴을 쓸 거라고 말했어요……. 그러나 그 순간부터 나는 그녀의 확신만큼 그것이 가능하리라고 느끼지는 못했어요. 얼굴과 배경 모두 충분한 빛을 받도록 하는 것은 아주 섬세한 밸런스의 문제라서, 종종 나랑 작업한 촬영감독들은 온 힘을 쏟곤 했죠……. 어느 정도 명암 대비가 필요한데 얼굴이 지나치게 어두워지기를 원치 않는 거죠……. 예를 들어 지금 이

에릭 로메르

방에서는 인공 조명이 전혀 없으면 역광으로 촬영할 수가 없을 겁니다.

그래서 촬영감독은 오렌지 젤라틴을 사용했는데—바깥의 빛은 푸른색이었죠—, 내가 그녀에게 "밤으로 보일 거라고 생각하지 않나?"라고 묻자—나는 항상 이런 종류의 질문들을 합니다—그녀는 "아뇨"라고 답했고, 나는 "오케이, 자네를 믿네"라고 말했습니다. 오직 그녀에 대한 신뢰로 한 말이죠—극단적인 방법이었거든요! 그러나 사실 결과는 매우 성공적이었습니다.

처음 디안 바라티에와 영화를 만들었을 때 우리는 성의 한 방과 교실에서 촬영했습니다. 성 안의 방들에는 빛이 충분하지 않았어요. 지금은 명암 대비와 사람들을 역광으로 촬영하는 것을 좋아합니다. 아마도 그런 효과를 좋아했던 나의 첫 번째 촬영감독 네스토르 알멘드로스에게서 전해진 취향일 거예요. 그 결과 내 영화들에는 역광 촬영이 많고, 또 나는 창문들을 보여줍니다. 실내와 실외가 연관되는 것은 내게 매우 중요하고, 집안에 있는 사람들을 창문 없이 보여주기를 좋아하지 않아요. 그러나 바깥 빛의 강도를 보완할 방법이 극히 적기 때문에 힘들어요. 젤라틴을 발라서 바깥의 빛을 약하게 만들거나 인공조명을 통해 실내를 밝게 하거나 둘 중 하나를 택할 수 있죠. 그러나 우리에게는 단지 두 개의 조명등밖에 없었습니다—사실은 여러 개보다는 하나가 더 낫죠.

단편영화의 경우에는 젤라틴을 사용했고, 또 실제로 실내에서 소량의 인공조명을 사용했습니다. 그것은 아마도 전구가 노랑색이어서 '블론드'라고 불리는 유형의 2킬로짜리 등 한 개였을 텐데, 그것을 벽에 쏴서 반사광을 만들어냈어요—인물에게 직접 쏘면 너무 강할 것 같아서 피했죠. 그러나 〈나무, 시장, 메디아테크〉에서는 창문들이 있는 커다란 방들이었고…… 나는 다른 영화들에서보다 덜 엄격했습니다. 그러나 그것이 이 영화의 보다 다큐멘터리적인 스타일과 맞아떨어지죠. 다시 말해서 조명장비가 많이 없었기 때문에 사람들을 창문을 마주 본 위치에 놓고 촬영하지 않았습니다……. 사람들은 알아차리지 못하지만, 나는 창문들을 편집해서 보여줬어요. 그래서 가끔 창문 앞에 아무도 없는 숏이 등장하게 되는데, 아주 빨리, 일종의 설정숏으로 지나가기 때문에 괜찮습니다. 나머지 부분에서는 인물들을 밝히고 배경을 더 어둡게 놔뒀는데, 상당히 매력적이었어요. 사람들을 지금 당신처럼 창문을 마주 본 채로 보여주고 싶었다면 훨씬 더 많은 빛이 필요했을 겁니다……. 그러니까, 그렇게 생각 안 하실 수도 있겠지만, 나는 편집의 효과들을 실제로 사용하는 셈이죠. 그러나 사람들은 알아차리지 못해요! 그 당시 촬영감독은 조수 경력밖에 없었고 자신이 직접 촬영을 맡았던 적은 없어서 내 요구에 따랐죠…….

**〈녹색 광선〉에서는 의도적으로 스태프 전원이 여자들로만 꾸려졌다고 말씀하셨습니다. 여자 스태프들이 기여한 바가 뭐라고 생각하세요?**

〈녹색 광선〉에서 내가 촬영감독에게 더 많은 재량권을 부여했다고 말씀하셨죠. 이런 영화들은 말하자면—예를 들어 클로딘 누가레의 남편 로베르 드파르동이 한 것처럼—혼자서도 만들어낼 수 있는 것들입니다. 그러나 배우들과 작업하는 극영화에서는 그러는 게 나로서는 어렵습니다. 그리고 물리적으로 그 모든 일들을 내가 다 할 수 없어요……. 어떤 감독들은 숏의 구성을 스스로 책임지지만요. 나는 개인적으로, 프로페셔널로서가 아니라 아마추어로서만 그렇게 할 수 있어요. 슈퍼 8밀리나 16밀리로 촬영하는 작은 규모의 사적인 영화들—일례로 〈몽포콩의 소작인〉에서 나는 직접 숏을 구성했지만, 아주 소수의 스태프들이 카메라 한 대와 스탠드만 갖고 찍었죠—을 제외하고는 그런 것에 익숙하지 않죠.

사운드에 대해 말할 것 같으면, 나는 정말 그럴 여력이 없어요. 영상과 사운드를 동시에 신경 쓸 수는 없습니다. 라디오 마이크를 통해 저절로 관리되는 사운드를 사용하는 경우가 아니라면 말이죠……. 예를 들어 나는 붐마이크를 들고 서 있을 수가 없어요. 매우 피곤한 일이고, 몸에 긴장을 풀어야 하는데 나는 그저 그런 자세를 취할 수가 없습니다. 게다가 프레임이 어디에 있는지에 대한 상당히 탁월한 감각이 있어야 해요. 나는 붐을 2센티미터 더 높게 들어야 한다는 것을 그저 아는 붐오 퍼레이터들을 진정으로 찬양합니다. 나는 절대 분간할 수가 없어요. 〈녹색 광선〉에서 나는 클로딘 누가레에게 촬영을 담당할 사람이 없다고 말했고, 그녀는 내가 생판 몰랐던 소피 맹티뇌를 소개해줬습니다.

조명의 경우에는 별문제가 없었어요. 전구 두 개와 약간 더 강한 800와트 관 그리고 반사판들이 있었습니다. 우리는 정말 서로를 잘 이해했고, 지금은 조명을 어떻게 구성했는지 더 이상 기억나지 않지만, 내가 장비를 갖고 있었기 때문에 조명을 맡아야 했었죠. 다른 한편으로, 그녀는 전적으로 카메라를 맡았습니다. 촬영하는 중에 나는 자문했었죠. '무엇을 촬영할지 말해줘야 하나, 몇 가지 지침을 줘야 하나, 아니면 그냥 내버려둬야 하나?' 그러곤 그녀를 혼자 내버려두기로 결정했습니다. 그러자 그녀는, 예상치 못했던 것인데, 상당히 조직적인 카메라 움직임을 실행했어요. 인물이 말하기를 그쳤을 때 그 인물을 떠나 신속히 다음 인물로 이동하는 대신, 매우 개인적인 리듬에 맞춰 다소 느린 파노라마숏을 찍는 것이었어요. 그게 정말 마음에 들었는데, 영화가 덜 아마추어적으로 보이게 만들어줬거든요. 한 인물에서 다음 인물로 너무 빨리 옮겨 가는 대신 그녀는 트래블링숏과 줌인/줌아웃을 동시에 구사했습니다. 나는 단 한 번 개입한 적이 있는데, 다소 위험한 상황이었지만 결국 잘 마

에릭 로메르

무리됐죠. 그것은 마리 리비에르가 두 소년과 스웨덴 소녀에게 말하는 장면이었어요. 나는 마리가 울기 시작하는 것을 알아챌 수 있었는데, 그때 소피는 줌아웃을 하는 중이었습니다. 내가 어떻게 했는지 기억나진 않아요. 그녀를 방해하고 싶지 않았어요. 사인을 보냈던가, 어깨를 살짝 두드렸던가? 하지만 어쨌든 그녀는 줌아웃 하던 것을 멈추고 줌인해 들어갔어요. 울고 있는 사람에게 머무는 것은 아주 중요하거든요. 그러나 이 장면을 제외하고는 내가 끼어든 적이 없죠.

소피 맹티뇌는 줌과 트래블링숏을 잘 구사했어요. 반면 다른 촬영감독들 중에는 그만큼 하지 못하는 이들도 있는데, 그런 경우 나는 그들이 스스로 하고 싶어 하지 않는 것을 요청하지는 않습니다.

사실 이 모든 것에서 인간관계라는 전체적인 문제가 매우 중요해요. 사람을 이해해야만 합니다. 촬영감독들이 감독들의 요구들을 이해해야만 하는 것과 마찬가지로 감독들은 촬영감독들을 이해해야만 하며 그들의 힘을 잘 살려서 활용해야만 하죠. 동시에 평상시에 그렇듯이 사이좋게 지내야 해요. 나는 나와 함께 일하는 사람들과 항상 좋은 관계를 유지해왔습니다.

아주 초기 영화들에서는 다른 아마추어들이 카메라를 담당했었죠. 그중 한 영화에서 촬영감독으로 일한 자크 리베트를 제외하고는 현재 연락이 모두 끊겼습니다. 그는 아주 잘해냈죠! 처음으로 함께 일한 프로 촬영감독은 〈사자자리〉에서의 니콜라스 에이에르였습니다. 그는 장 콕토의 〈오르페우스〉 같은 아주 유명한 영화들을 이미 몇 편 찍은 경력이 있었어요. 장 피에르 멜빌이 내게 그를 추천해줬습니다. 이미 그와 두세 편의 영화를 함께 만든 후였어요. 멜빌은 특별히 앙리 드카에멜빌의 주된 촬영감독이자 누벨바그 감독들과도 작업한 촬영감독와 많이 일했습니다. 드카에는 〈400번의 구타〉와 〈미남 세르주〉의 촬영감독이기도 했지만 내 영화에서는 한 번도 같이 일한 적이 없어요.

멜빌은 에이에르가 아주 매력적이라고 말하며 그의 이론을 이야기해줬는데 상당히 끌렸어요. 그 이론이란 조명이 '논리적'이어야 한다는 것이었습니다. 게다가 에이에르 덕분에 많은 촬영감독들이 조명을 전혀 논리적으로 사용하지 않는다는 것을 깨달았습니다. 무슨 뜻이냐 하면, 창문이 있는 방에 들어가 있으면 빛이 창문에서 온다는 것이 전혀 감지되지 못한다는 것, 빛이 어디에서 오는지 모른다는 사실이에요. 어떤 영화들―클로드 르누아르나 오이겐 슈프탄 같은 위대한 촬영감독들의 이야기입니다―에서는 바깥 창문 틀에 그림자가 드리워진 것을 볼 수 있는데, 이런 건 바깥이 아주 어둡고 실내가 아주 밝지 않은 바에야 우스꽝스러운 거예요! 에이에르는 인물 얼굴이 다소 어두운 것이 낫다고 생각했는데―아마 실제 상황에서만큼 어두운 것은 아닐 테고―, 그렇게 되면 그다지 강한 조명이 필

에릭 로메르

요 없고 램프 하나면 될 수도 있다고 봤어요. 그는 반사되는 간접조명을 선호했어요. 그 당시 촬영감독들이 일하는 방식은 '나는 천장에서부터 여러 개의 프로젝터들을 가지고 빛을 비추며 배우가 정말 조명을 잘 받는 길을 찾아낸다'였어요. 촬영감독은 배우가 어떤 액션을 취할지 알아야 했고 환하게 밝혀진 동선 속에서 그를 잡아내곤 했어요. 좋은 배우라면 어떤 조명을 쓸지 알고 있어야 할 정도였죠.

누벨바그가 도래하면서 우리는 더 많은 자유를 원했고 우리가 원하는 곳에 배우들을 배치하고 싶었기에, 훨씬 더 퍼지는 반사광을 원했습니다. 야외에서 찍을 때 에이에르는 태양광이나 전자광 굴절기를 썼는데, 커다란 함석판들이었어요. 이런 것들은 길을 지나가는 사람들 눈에 확 띄지만—이런 도구들로 다큐멘터리 스타일의 영화를 만들 수는 없어요—그는 그런 종류의 빛을 좋아했습니다.

**그와 일하고 싶게 되신 것은 멜빌 영화의 비주얼을 좋아하셨기 때문이라는 상상이 가는데요……**

네, 멜빌 영화들의 룩이 마음에 들었고 에이에르의 촬영이 훌륭하다고 생각했습니다. 특히 그가 사용하는 검정들이 아름다웠어요. 그 당시 영화들은 내가 좋아하지 않는 회색조를 띠었습니다. 비록 반사광으로 작업하고 전등을 많이 사용하지 않았음에도, 에이에르는 이미지를 좀 단단하게 만들어냈고, 그것은 영화의 원천으로 돌아가는 것이었죠.

**그 당시의 표준이었던 '비논리적' 조명 도식들을 발견한 것이 그의 덕분이었다고 말씀하셨습니다. 촬영감독들이 그런 조명 연출을 실현했다고 생각하세요?**

촬영감독들에게서 나왔지만 감독들도 영향을 미쳤죠. 우리, 말하자면 리베트, 고다르 그리고 나—트뤼포는 아마 약간 덜했을 거예요—는 이 문제에 대해 토론을 많이 했어요. 가장 큰 이슈는 특히 역광 촬영이었습니다. 우리는 프랑스 영화가 너무 부드럽고 평면적으로 보여서 현실을 반영하지 못한다고 생각했어요. 고다르는 아주 강렬한 그림자들을 사용한 이미지들을 좋아했습니다. 그는 그런 방향으로 계속 나아갔죠……

우리가 촬영감독들에게 영향을 끼쳤느냐고요? 그 점에서는 멜빌이 중요했다고 생각합니다. 그는 많은 일에 개입했고, 촬영을 맡던 드카에 같은 사람들에게 영향을 준 게 틀림없어요. 드카에는 샤브롤과 트뤼포와 함께 영화를 만들면서 처음으로 그런 스타일의 촬영방식을 구사했습니다. 그 후 라울 쿠타르도 마찬가지 경우였는데, 그는 고다르의 생각에 그다지 공감하지 않았었죠. 고다르는 그를 약간 압박했고 당시 촬영감독들이 불가능하다고 말하던 영상들을 촬영하도록 강제로 시켰죠. 특히 고다

에릭 로메르

르는 벨몽도가 창문 앞을 지나가는 것을 촬영하도록 했는데, 벨몽도는 완전히 어둡게, 빛에 흡수되어버린 것처럼 보였어요. 고다르는 어떻게 했을까요? 편집하면서 숏의 중간에서 컷을 해버렸고, 그로부터 숏의 중간에서 편집하는 자유가 생겨났죠.

우리가 이미 이런 모든 것을 알아채고 있긴 했어도, 네스토르 알멘드로스가 그것들을 발전시켰다는 것에는 의심의 여지가 없어요. 그는 〈모드 집에서의 하룻밤〉에서처럼 프로젝트 앞에 작은 종잇조각들을 붙인 채 제한된 장비를 갖고 오직 간접조명만 구사했습니다. 결국 그의 영상들은 에이에르의 것과 그다지 차이가 없었어요. 보다 부드럽고 퍼지는 빛이었지만 어느 정도 선명했죠.

에이에르는 "내 조명방식이 예뻐 보이게 하는 것은 아니라서 여배우들이 나를 좋아하지 않아요. 그것은 피부와 얼굴에 맞도록 조정되지 않은 논리적 조명이죠……"라고 말했습니다. 배우들과 알멘드로스와의 관계에 대해서는 묘사하기가 다소 어려워요. 〈해변의 폴린느〉를 촬영할 때 일인데, 그가 "감독님과 작업하는 게 좋아요. 아름다운 사람들이 나오니까요"라고 내게 말했죠. 나는 대답했어요. "하지만 자네는 미국에서 최고의 미국 스타들과 작업하지 않았나!" 그러나 그는 미국 스타들의 피부가 아름답지 않다고 여겼고, 그들은 메이크업을 해야만 했는데, 그 자신은 메이크업을 전혀 좋아하지 않았어요. 에이에르도 메이크업을 좋아하지 않았는데 네스토르도 마찬가지였죠. 네스토르와 함께 작업한 모든 영화들에는 메이크업이 전혀 사용되지 않았는데, 다른 촬영감독들과 일할 때는 어느 정도 메이크업을 사용해야만 했다는 것을 깨닫게 됐어요. 그러지 않으면 그들은 불안해했죠.

그러나 나는 메이크업 없이 가는 것을 더 좋아하고, 메이크업이 없는 점이 내 영화들을 진실하게 만든다고 생각합니다. 의식적으로 알아차리지는 못할지라도 남자든 여자든 관객들에게 느껴지는 그런 진실이죠. 며칠 전 〈여름 이야기〉를 봤는데, 메이크업이 사용되지 않았고 그런 점을 알아볼 수 있어요. 반면 많은 영화들에 메이크업이 사용되고, 그 결과는 인공적이고 '영화적cinematic'입니다……

**배우들에게 사진 테스트를 거치게 하나요?**

나는 기술 장비들을 많이 사용하지 않고, 스스로 영화 촬영에 투신하는 경향이 있습니다……. 그러나 항상 피부가 아름다운 사람들을 선택해요. 그런 이유로 메이크업을 필요로 하지 않는 거예요. 내가 중요하게 생각하는 또 다른 한 가지—엄격히 말해 촬영에 속하지는 않지만 촬영과도 관련이 있는 것—는 소위 배우의 존재감이라고 불리는 것이죠. 어떤 배우들은 투명해서 영상에 스스로를 각인시키지 못합니다. 그런데 또 다른 이들은 포토제닉하고요. 부동일 때 말고 움직일 때 말이죠. 나는 그것을 존재감이라고 부릅니다. 연극에서 비롯된 용어예요……. 그러니까 내가 활용하는 테스트들은 항상 아마추어적이고, 내가 직접 사진을 찍어요. 한두 번 정도 배우들의 사진을 찍고 나서, 그들이 실제보다 잘 안 나와서 실망했던 적이 있어요. 그런데 나는 그런 것들을 그저 감지해내는 편입니다. 사무실에서 누군가를 보면, 특히 몸짓을 보면, 그들이 카메라 앞에서 어떨지를 말할 수 있어요. 아름다운 몸짓인지 아닌지, 그들이 다소 딱딱하게 굳어 있는지 등을 알아차립니다……. 사진을 찍은 후 가끔은 스크린 테스트도 하게 돼요. 그러나 주로 야외에서 소형의 아마추어 카메라를 갖고 하죠. 일반적으로 배우들과 영화를 하기로 일단 결정했다면 긍정적이라는 뜻이지만, 촬영감독과 함께 스크린 테스트를 한 후─〈클레르의 무릎〉이나 〈하오의 연정〉처럼─, 그 결과물을 랩으로 보내는 경우도 있습니다. 이런 경우는 이미 촬영이 시작된 후며, 보다 전문적인 스크린 테스트에 해당해요. 좀 더 최근 영화들인 '사계절 이야기' 중 봄, 겨울, 여름을 찍을 때 그렇게 했죠. 가을에 나오는 여배우들은 아는 사람들이었기 때문에 여배우들 자신보다는 장소들을 대상으로 테스트가 이루어졌습니다…….

네스토르 알멘드로스와는 반사광을 사용했어요. 그는 천장에 매다는 조명방식을 좋아하지 않았는데, 그런 방식의 설치는 우리가 촬영하고 있던 장소들에서는 매우 복잡하기도 했을 거예요. 그는 대개 스탠드 조명을 사용했고 뒤에는 반사판 역할을 하는 하얀 표면을 두었는데, 이런 조명방식이 차츰 더 일반화되었고 미국 전기 장비에도 등장하게 되었습니다. 그것은 조명의 원천이 이미 뒤쪽에 위치해 있으며 뒤쪽에 반사하는 표면이 또 있는 그런 부드러운 빛을 말해요. 그와 만든 마지막 영화인 〈해변의 폴린느〉에서 그런 부드러운 빛을 사용했죠.

〈O 후작부인〉에서는 햇빛을 사용할 수 없었습니다. 내 모든 시대극들은 기술적인 관점에서 더 어려웠습니다. 촬영이 진행되고 있던 성을 네스토르 알멘드로스와 함께 방문한 날, 햇빛이 창문을 통해 들어오자 그가 말했어요. "빛이 굉장해요. 인공조명이 필요없을 거예요." 그러나 나는 말했죠. "맞아, 하지만 지금은 오후 1~2시일세. 3시만 되면 해가 사라지고 없을 거야." "그럼 밖에서부터 빛을 쏴야겠네요"라고 그가 말했고, 그래서 그때부터 어느 정도 비계를 설치하기로 결정했어요. 우리는 1층에 있었지만 정원이 앞뜰보다 낮았고 촬영하고자 하는 대상은 정원이었죠……. 그래서 우리는 창문 밖에서부터 조명을 했고 이 비계를 사용해서 빛을 통과시켰어요. 어떤 날은 젤을 사용했고 또 어떤 때는 사용하지 않기도 했는데, 당시 어떤 식으로 모든 게 가능했는지 지금은 확실히 기억나지 않네요.

〈갈루아인 페르스발〉의 경우에는 조금 당혹스러웠습니다. 오래된 스튜디오에서 찍었는데, 빛이 천장에서 내려왔고 그 빛을 얻기 위해서는 트랩을 사용해야 했어요. 트랩 또한 매우 높이까지 올라가야 했죠. 전기 기사들이 많이 필요했어요. 게다가 그 조명들은 단지 작은 면적만을 비췄어요. 전기 아치가 있었죠……. 네스토르 알멘드로스도 불편해했습니다. 특히 영화의 배경이 중세였기에 관객이 전기의 느낌을 감지하기를 원치 않았고, 조명이 평면적이고 직접적인 느낌이 드는 아주 미미한 것이기를 원했죠……. 우리는 주저했습니다……. 네스토르는 막 트뤼포의 〈녹색 방〉에서 작업한 후였는데, 그 영화에서는 명암대비가 강한 아주 상이한 조명방식을 사용했었죠. 그래서 그는 내 영화의 새로운 조명 체계에 적응하느라 어느 정도 시간이 걸리긴 했지만, 최종 결과는 상당히 성공적이었습니다.

〈영국 여인과 공작〉에서 디안 바라티에도 전기 기사들 한 팀을 필요로했고 위에서부터 조명을 비춰야 했습니다. 그러나 오늘날에는 예전보다 많이 단순해져서, 〈영국 여인과 공작〉의 경우 트랩을 사용하긴 했어도 단지 야외 스타일숏들의 아주 뒤쪽에 한해서였습니다. 〈삼중 스파이〉에서는 빛이 더 적었는데―그러나 여전히 주로 위에서부터 들어왔죠―조명이 이런 식으로 설치될 때는 내가 모든 것을 관리하지는 않는다는 것을 말씀드려야겠습니다.

내가 내리는 유일한 지시는 빛을 상당히 분산시키라는 것과 그림자를 피하라는 것 정도예요. 그러나 어떻게 그것이 이루어지는지 그 과정은 모릅니다. 나는 인내심이 적어서 조명을 설치하는 데 오래 걸리면 좋아하지 않아요. 지루해하죠. 아주 적은 장비로 조명이 완성되는 것을 선호해요. 그러나 결과물에는 그다지 차이가 없다는 것을 말씀드려야겠고, 〈삼중 스파이〉와 〈영국 여인과 공작〉에서의 촬영 모두 좋아합니다.

**역사영화의 경우에는 어떻게 조명을 구상하세요?**

역사영화의 조명을 위해서는 몇 가지 모델들을 갖고 있어요. 〈O 후작부인〉에서는 독일 낭만주의 그림들이 모델이었는데, 상당히 명암법이 강한 빛을 띠고 있어서 우리에게 많은 도움이 됐습니다. 모방하기가 꽤 수월했죠. 중세의 경우에는 룩이 어디에서부터 오는 것인지 출처를 잡아내기가 더 어렵습니다. 촬영뿐 아니라 세트에서도 기원하거든요. 그러나 공통점은 그림자를 피하는 데 있었습니다. 〈영국 여인과 공작〉의 경우, 당시 화가들—특히 부알리, 로베르, 그뢰즈 같은 풍속화가들. 그뢰즈는 일반적으로 평가되는 것보다 훨씬 훌륭해요—의 작품은 사진에 가까워서 복제하는 것이 아주 쉬웠죠.

〈삼중 스파이〉의 경우에는 흑백 촬영할 생각이 전혀 없었어요. 그 시대의 스타일을 모방하는 데 흥미가 별로 없었죠. 내가 직접 겪었던 시대라서 더 현대적으로 여겼을 수 있는 시대고,

에릭 로메르

그래서 내게 그 영화는 컬러였다는 뜻이죠. 흑백 촬영은 원시적으로 느껴졌고, 기여하는 바도 없었어요. 컬러로 만드는 것이 낫다고 생각했습니다. 컬러 영상들과 아카이브 장면들의 대비는 충격적이기보다 흥미로울 것이고, 영상에 특정한 역동성, 일종의 다양성을 부여할 것이라고 생각했죠······. 상당히 다채로운 세트와 팔레트를 선택해서 그 시대의 색들─세트와 의상─을 모방했습니다. 얼마 후 에두아르 뷔야르─알긴 하지만 특별히 생각해보지 않았던 화가─의 전시회에 갔을 때 내 영화의 느낌과 그의 그림들 사이에 어떤 연결 고리가 있다는 것을 깨달았어요······. 그러나 이 영화에서는 촬영에 대한 어떤 특별한 포부도 갖고 있지 않았어요.

**그 시대의 사진들─다양한 그림자와 빛줄기들을 담은─에서 영감을 얻으려는 생각은 안 드셨나요?**

아뇨, 그런 시도는 하지 않았습니다. 영화필름이 변했기 때문에, 오늘날 불가능하지는 않더라도 상당히 힘들 거예요. 당시에는 이미 사진이 존재했고 바로 그런 이유에서 그것을 모방하려 하지 않는 것이 중요했어요······. 반면 미술은 다르죠. 18세기 그림의 한 장면을 흑백으로 보는 것······. 그것이 내가 가졌던 느낌이에요. 나는 흑백이 아니라 컬러의 시대에 속합니다. 많은 영화감독들이 흑백을 사랑했다는 것을 알지만 나는 처음부터 컬러에 늘 끌렸죠. 〈모드 집에서의 하룻밤〉처럼 어떤 영화들은 흑백으로 찍긴 했지만요.

이 영화를 흑백으로 찍은 것은 우선, 당시 우리는 막 흑백을 떠나오던 중이었는데 내게 흑백에 관해 많은 아이디어들이 있었어요. 네스토르 알멘드로스와 의견을 교환했죠. 두 번째로, 컬러 영화필름이 그다지 민감하지 못했던 반면 나는 밤에 찍기를 원했기 때문에 흑백이 낫겠다고 생각했어요. 세 번째로, 글쎄요, 그 영화는 그저 내게 흑백으로 보였어요! 클레르몽페랑에 가보면 집들이 검정색인데 흑백으로 찍으면 더 아름다울 것으로 보였죠. 그 모든 검정색들 가운데에서 컬러로 빨간 신호등과 빨간 불빛들을 봐야 했다면 신경이 쓰였을 것입니다. 그리고 눈이라는 테마가 있었죠……. 제작자 중 한 명인 피에르 브라운베르제가 정말 컬러로 찍길 원했기 때문에 싸워야 했어요. 나는 저항했고 결국 내 영화들 중 가장 흥행에 성공한 작품 중 하나가 되었습니다. 한편 그전에 만들었던 〈수집가〉는 오직 컬러로만 존재할 수 있었을 영화죠.

〈모드 집에서의 하룻밤〉에서는 빛의 원천을 프레임 안으로 넣겠다는 생각을 떠올렸습니다. 우선, 많은 내용이 저녁 시간을 배경으로 하는데 프레임 안으로 조명을 넣으면 더 생동감 있고 더 흥미롭기 때문입니다. 〈몽소 빵집의 소녀〉와 〈수잔느의 경력〉에서 빛의 원천을 보여주는 것에 대해 생각했었죠. 덕분

에릭 로메르

에 생기는 대비를 좋아하며 창문도 좋아합니다…….

**전원 여자 스태프로 팀을 꾸린 것이 특별한 감성을 낳았는지에 대해 아직 답하지 않으셨는데요?**

잘 모르겠어요. 언젠가 그렇게 말했을 수도 있어요…….디안 바라티에와 일하게 된 것은 다소 우연이었습니다. 내 편집기사가 다큐멘터리를 찍은 적이 있는 디안 바라티에의 엄마를 알고 지냈는데 그녀의 딸 이야기를 들은 거예요. 그 전에는 네스토르 알멘드로스, 베르나르 뤼티크 그리고 레나토 베르타와 작업했었죠. 베르타는 훌륭한 촬영감독으로 아름다운 이미지들을 만들어냅니다. 하지만 더 전통적이에요. 배우들이 메이크업하는 것을 좋아하고 위에서부터 조명을 쏘죠. 즉 그가 촬영한 영화라는 점을 알아볼 수 있고, 내 다른 영화들과는 차이가 있어요…….

한편 그다음으로 나와 함께 작업한 뤽 파제스는 네스토르 알멘드로스가 쓴 것들과는 상이한 방법들을 제안하여 거의 동일한 결과에 도달했습니다. 그의 부드러운 조명은 네온관을 사용함으로써 얻어졌죠. 이는 다소 번거로운 장비 사용을 의미했습니다. 빛은 그다지 따뜻하지 않았고, 빛의 원천은 배우들 매우 가까이에 있었어요. 반면 네스토르 알멘드로스라면 어느 정도 거리를 두고 벽에 프로젝터들을 설치했었을 것입니다.

**그는 프로젝터들을 천장 쪽으로 설치했나요?**

아뇨, 그런 방식은 아주 드물었습니다. 그와 같은 룩을 좋아하지 않았기 때문인데—게다가 그가 옳았죠—, 사실 빛은 위에서부터 와서는 안 됩니다. 바로 그 점이 그가 전통 조명방식에서 비판한 것으로, 그림자들을 만들어내죠. 그는 더 낮게 설치하는 조명, 2미터나 2.5미터 정도를 선호했어요.


**레나토 베르타와도 작업 방식이 달랐나요? 그는 어떤 글에서 어떻게 여러 제안들과 불일치의 단계들을 거쳐 조명이 구축되었는지 이야기한 바 있습니다.**

한번은 만약 그가 아니라 네스토르 알멘드로스였다면 어떻게 했을지 생각해본 적이 있었던 게 기억나요. 베르타는 상당히 낮은 천장 때문에 신경을 썼어요. 전등을 꽤 높이 설치하고 싶어했기 때문이죠. 그는 대상물들을 정밀하게 잡아내는 조명을 구사했는데…… 나는 그것이 늘 마음에 든 것은 아니라서 논쟁을 벌였죠……. 나는 네스토르 알멘드로스를 더 신뢰했습니다. 조명뿐 아니라 구도에 있어서도 그랬어요. 네스토르 알멘드로스는 숏 구도를 잡을 때 그 누구의 조력도 받지 않았어요. 베르타도 마찬가지긴 하지만, 베르타에게는 내가 다음과 같이 말했죠. "스태프들이 배우들에게 '손을 거기에 두세요'라고 말하는 등 명령하는 것을 원치 않네. 배우는 완전히 자유로워야 하며, 그런 것 일체를 신경 써서는 안 되지." 나는 그 점에 매우 확고했어요. 그가 배우들에게 말하기 시작하면 "아니아니, 다른 해결책을 찾아야 해"라고 말했습니다. 어차피 배우의 손은 리허설에서 어떤 위치에 있다가 나중에 촬영할 때는 변할 것이기에, 그런 관점에서 숏의 조명을 구축할 수는 없어요.

이와 관련된 재미있는 이야기가 떠오르네요. 〈O 후작부인〉을 찍을 때인데, 네스토르 알멘드로스가 프레임에 팔꿈치가 약간 들어온 것을 발견하곤 에디트 클레베에게 말했죠. "아주 약간만 옆으로 빠져주시면 당신이 보이지 않을 테고 아주 아름다울 거예요." 그러자 그녀가 답했답니다. "그럼 내가 그냥 영화에서 완전히 빠지면 훨씬 더 아름답겠네요!"

**레나토 베르타는 어떻게 만나셨어요?**

네스토르 알멘드로스와 계속해서 작업하길 원했지만 그는 미국으로 떠났죠. 그래서 누군가를 찾아야 했어요. 사람들이 베르타를 언급했고, 아마 그가 작업했던 영화들 몇 편을 봤을 겁니다. 그는 정말 매력적이고 나는 그와 아주 잘 지냈어요. 그러고 나서 소피 맹티뇌와 작업했습니다. 〈내 여자친구의 남자친구〉에서는 〈O 후작부인〉에서 네스토르 알멘드로스의 조수였던 여자를 불러서 어느 정도 의견을 나눠봤는데, 네스토르 알멘드로스와 내가 생각하는 방식으로 촬영을 생각하지 않는다는 것을 깨달았어요……. 그래서 다시 뤼티크와 작업했죠. 그러나 뤼티크는 숏의 구도를 스스로 정하지 않았고 누군가와 함께 했어요. 그러고 나서 한번은 파스칼 리비에가 찍고 있던 영화의 현장에 갔는데, 그와 일하고 있던 뤽 파제스를 만났습니다. 그에게 내가 작업 중이던 TV 프로그램 〈사회의 게임〉을 찍어달라고 요청했고 그의 촬영은 훌륭했어요. 그러고 나서 〈봄 이야기〉와 〈겨울 이야기〉에서 그를 촬영감독으로 썼죠. 그러나 그 후 그는 연출을 하고 싶어 해서 떠났고, 나는 아주 단순한 조건 하에서 영화를 만들고 싶었습니다. 디안 바라티에를 만났고 그녀의 작업이 아주 마음에 들었죠.

〈파리의 랑데부〉의 경우 예산이 있긴 했지만 상황이 상당히 어려웠습니다. 우리는 〈여름 이야기〉와 〈가을 이야기〉를 함께 만들었고 단편영화도 몇 편 함께 작업했어요……. 그녀는 훌륭했습니다. 영화를 꽤 많이 찍었어요! 그녀는 심지어 역사영화들도 잘해냈습니다. 그런 종류의 제작에 정말 익숙하지 않았는데도 말이죠.

**한 인터뷰에서 카메라 두 대를 동시에 세팅하는 것을 좋아하지 않기 때문에 클로즈업 사용이 드물다고 설명하신 바 있습니다. 그리고 카메라 한 대만 있을 경우 클로즈업을 끼워 넣을 수는 있지만, 그것을 있는 그대로, 아마도 조명을 바꾸고 프레임이 움직이지 않도록 한 채 고려해야 한다고 말씀하**

셨죠.

네, 끼워 넣는 클로즈업이 전후의 더 넓은 숏과 조화를 이루려면, 연속적으로 보이기 위해 가능한 한 고정으로 찍어야 합니다. 한편 카메라 두 대로 찍는 방식도 가능하지만, 그러면 스태프 구성이 더 복잡해집니다. 〈영국 여인과 공작〉에서 몇 장면을 카메라 두 대 시스템을 사용해 찍었습니다. 예를 들면 두 여자가 콩코르드광장에 있을 때 클로즈업은 두 번째 카메라로 촬영됐죠. 배경 및 그 장면이 띠는 극도의 불안함과 어울리도록 했습니다.

**배우들에게 보다 더 많은 자유를 부여한다는 것은 당연히 조명을 다루는 데에 있어서 덜 세밀하고 덜 구축된다는 것을 의미하나요?**

그렇다고 봐요, 그래요……. 진정으로 섬세한 조명으로 연출된 숏들을 발견하려면 얼마나 거슬러 올라가야 하는지—의심할 바 없이 흑백 시대로 가야할 텐데—모르겠습니다. 그러나 일반적으로 요즘은 배우들에게 호의적이고 그들에게 어울리는 조명을 추구한다고 생각해요.

여기에서 일반적인 문제가 제기됩니다. 무엇에 우선권을 줘야 하는가? 배우냐 세팅이냐? 꼭 배우에게 우선권을 주지는 않는 에이에르, 알멘드로스 혹은 베르타—네스토르 알멘드로스와는 매우 달랐지만 그럼에도 논리적 조명에 대한 취향을 갖고 있었죠―같은 사람들이 있습니다. 또한 짧은 초점거리 사용을 좋아하는 이들이 있는데, 그다지 배우들에게 썩 잘 어울리지는 않습니다. 그러나 이에 대한 통념과는 대조적으로, 초점거리가 길다고 항상 배우들에게 잘 어울리는 것도 아니에요. 어떤 배우들은 단초점이 어울리는데, 참 이상하죠. 예를 들어 에이데 폴리토프와 샤를로트 베리는, 그들을 지워내버리는 장초점보다는 더 짧은 초점거리―너무 가까운 것 말고!―에서 종종 더 잘 나와요……. 그래서 나는 단초점을 쓴다고 해서 어떤 양심의 가책도 없습니다. 동시대 영화들에서 카메라는 종종 배우들과 아주 가까이 위치하며, 항상 움직이는 바람에 미장센이 사라져버려요. 나는 장소와 인물들 간의 관계를 보여주는 것을 선호하죠.

**촬영감독이 숏의 구도도 함께 맡는 것을 선호하세요?**

이 두 가지조명과 프레이밍는 구분될 수도 있고 같은 사람이 맡을 수도 있습니다. 한 사람이 맡게 되면 이점이 있어요. 촬영감독이 영상에 대한 전체적인 시야를 갖게 되고 통일성이 있죠. 그러나 그것은 매우 어렵기도 해요. 쉴 새 없이 일해야 하거든요. 반면 프레이밍만 책임지는 경우에는 촬영감독이 조명을 설치하는 동안 한숨 돌릴 시간이 있어요. 네스토르 알멘드로스나 디안 바라티에는 멈추지 않고 그저 계속 일했습니다. 디안 바라티에는 늘 카메라 뒤에 있었죠. 프레이밍은 진을 빼는 일이며 특별한 수준의 주의를 요하는 문제예요.

**소품과 의상을 고를 때 촬영감독이 함께 있나요? 최소한 색들이 어떻게 찍힐지에 대한 기술적 의견이라도 내나요?**

내 의견으로는 그 모든 기술적 사안들이 갈수록 무의미해지고 있어요. 영화필름이 색의 모든 뉘앙스를 점점 더 잘 살려낼 수 있게 됐거든요. 흑백영화 시절에는 색의 전사transcription가 불확실했습니다. 예를 들어 정색성 필름을 사용하면 빨강은 매우 어둡고 파랑은 매우 옅었죠. 그 후 전색성 필름이 나왔는데 초록이 아주 보기 싫었어요. 풍경을 촬영할 때면 그 끔찍한 초록을 극복하기 위해 필터들을 써야 했죠. 흑백으로 영화를 만들 때 나는 녹색을 금지했었어요……

〈모드 집에서의 하룻밤〉에서는 배우들에게 검은색과 흰색 의상을 입혔습니다. 컬러필름을 사용하긴 했지만, 영화를 흑백으로 찍었어도 무방했을 거예요! 하얀색도 너무 하얘서 색을 누그러뜨려야 했습니다. 심지어 〈O 후작부인〉에서도 네스토르 알멘드로스는 하얀 리넨을 차에 적셔 물을 들였어요……

요즘 흰색은 훨씬 더 사진을 잘 받아서, 최근 영화들에서는 위험 부담 없이 흰색을 사용했습니다. 흑백영화에서는 그 녹색 소파를 절대 사용하지 못했을 거예요. 어둡고 추했을 겁니다.

〈갈루아인 페르스발〉의 경우 네스토르 알멘드로스와 세트 디자이너 사이에 전혀 협의가 없었어요. 서로 만나지 않았죠. 세트디자이너는 정말 흥미로운 생각을 갖고 있었지만 그다지 속을 털어놓는 편이 아니었고, 자기 생각을 제대로 이야기한 적이 없었어요. 아주 이상했죠. 한편 알멘드로스는 "촬영에 있어서 의상 선택이 조명보다 더 중요하다"라고 말하곤 했죠. 정말 그게 중요하다고 생각했어요. 나는 종종 촬영감독에게 이런저런 색에 대해 어떻게 생각하느냐고 물어요. 그러나 전체적인 색조, 색의 유형 선택에 있어서는 나 자신이 매우 구체적인 생각을 갖고 있죠. 특히 동시대 영화들에서 그래요. 일례로 〈비행사의 아내〉는 파랑, 초록, 노랑 세 가지 색에 토대를 둡니다. 초록은 마리 리비에르의 방 벽지에서 출발해요. 빌려준 사람이 "그런데 이 벽지는 끔찍해요!"라고 말했지만 내게는 정반대로 그 초록이 아주 포토제닉했어요. 그리고 뷔트쇼몽의 그 모든 초록색도 있었죠. 영화 안에서 다른 소녀는 이런 초록색들과 아주 잘 어울리는 옅은 파란색 점퍼를 입고 있었습니다. 그리고 노란색 안감의 우비도 있었는데 때때로 속의 노랑이 조금씩 드러났습니다. 그리고 동종요법에서 사용하는 용량만큼 빨강이 있었어요. 소녀가 작은 빨간 목걸이를 하고 있었죠. 이 모든 색들은 내가 골랐습니다.

또한 〈내 여자친구의 남자친구〉를 찍고 있을 무렵에는 오렌

에릭 로메르

지, 초록 등 아주 밝은색들이 유행이었고……. 배우들이 그런 색들을 입고 있었는데 뉴타운과 아주 잘 어울렸습니다. 〈녹색 광선〉에서 마리 리비에르는 이 다큐멘터리 스타일의 영화에 일정한 통일성을 부여하는 동시에 바다의 색들과 대비되는 빨간 재킷을 입었어요. 마찬가지로 〈아름다운 결혼〉에서는 가을 색조들이 발견됩니다. 빛바랜 분홍색들과 갈색들……. 반면 〈만월의 밤〉에는 다시 매우 활기찬 색들이 보이며 벽에는 기본색인 빨강, 파랑, 초록으로 그려진 몬드리안의 작품 복제본이 걸려 있습니다……. 내게는 아주 흥미로운 사안들이에요.

한편 역사영화들에서는 혼자 작업하지 않습니다. 세트디자이너와 의상감독이 존재해요. 종종 의상디자이너가 세트디자이너보다 중요하다는 점을 짚고 넘어가야겠습니다. 영상에서 의상이 더 많은 공간을 차지하기 때문이죠. 그리고 가끔 의상디자이너가 더 아이디어가 많을 때가 있어요. 〈O 후작부인〉에서는 세트디자이너가 없었어요. 담당자와 내가 사이가 틀어졌죠. 전혀 앞뒤가 맞지 않는 어리석은 생각들을 하고 있었어요. 그는 그 시대의 양식에 대해 전혀 몰랐고, 그것은 아주 심각했죠. 한편 의상디자이너 무아델 비켈은 무대에 쓸 커튼을 찾는 것을 도와줬어요. 아주 평범한 디자인이었고, 우리는 벽에 그 당시의 그림들을 걸어서 빈 면들을 덮었어요. 그녀에게는 커튼에 관한 정말 좋은 아이디어들이 몇 가지 있었습니다.

〈영국 여인과 공작〉에서는 모든 것이 의상에서부터 출발했습니다. 무대장치감독이 의상의 색에서 벽들의 색을 선택했는데, 배우들과 맞으면서도 그 시대를 대변하는 색들이어야 했어요. 그러나 의상이 우선이었습니다.

한편 〈삼중 스파이〉에서는 같은 사람이 의상을 고르고 공간을 구성했으며, 의상들은 벽지에 맞도록 디자인됐죠……. 어떤 시대이든 인테리어와 의상 간의 융합이 존재하기 때문에 그렇게 어색하지는 않았습니다. 이 영화에서도 나는 몇 가지를 직접 선택했어요. 의상디자이너가 내 마음에 들지 않는 색들을 제안해서—여배우에게도 더 잘 어울리는—다른 색들을 골랐죠.

영화는 현실적 토대를 가진다고 생각해요. 인공성이 느껴져서는 안 되며, 연극에서와는 달리 색들이 지나치게 조화롭거나 장식적으로 보여서는 안 됩니다. 오히려 불협화음, 서로 어울리지 않는 색들이 어느 정도 존재해야 해요. 특히 길거리에서 촬영할 때 그렇습니다. 상당한 겸손함이 필요한 작업인 이유가, 가끔은 화가들에게 아이디어를 얻기 때문이기도 하죠. 일례로 〈해변의 폴린느〉에는 마티스에 대한 참조가 들어 있어요. 그런데 내가 그 생각이 난 것은 모든 준비가 이미 끝났을 때였습니다. 그림 복사본들을 파는 가게 앞을 지나가다가 마티스의 복사본을 보고 생각했죠. "이런, 오늘 바닷가에서 누군가 저 색들을 입을 수 있겠는데……." 그러고는 그 색들을 사용했죠.

다른 예를 들어보죠. 파스칼 그레고리는 검정으로 차려입으려고 했는데 나는 반대했고, 검정을 없애버려야 한다고 생각했어요. 그래서 그에게 마린룩의 줄무늬 상의를 입을 것을 제안했죠. 바다라는 개념과 영화의 분위기와 정말 잘 어울렸어요⋯⋯. 이렇게 가끔 내가 색들을 골랐어요.

〈봄 이야기〉에서는 모든 소녀들이 꽃 장식을 달았습니다. 나로서는 예외적인 선택이었지만, 그 영화에서는 면밀하게 그렇게 했어요. 〈겨울 이야기〉에서는 배우들이 갈색과 적갈색 같은 칙칙한 색들을 입었죠. 〈여름 이야기〉에서는 소녀들 각자 자신에게 어울리는 색을 입어서 상당히 다채롭습니다⋯⋯. 완전한 미학적 통일성은 원치 않지만, 한편으로는 산만해 보일 수 있는 지나치게 두드러진 색들도 원하지 않는 것이죠. 어떤 색들은 위험해요. 빨강처럼⋯⋯.

**하지만 빨강을 많이 쓰시잖아요.**

네, 그럼에도 조심스럽게 사용해야만 하는 색입니다. 〈삼중 스파이〉에서는 부드러운 색들을 사용했어요. 함께 잘 어우러져서 관객들의 주의를 산만하게 하지 않을 쉬운 색들이었죠. 파리가 아닌 곳에서는 상황이 더 복잡했어요. 나는 꽃을 원했는데 내가 꽃을 고를 수가 없어서 다소 화가 났었고, 소품 구매 담당은 내 마음에 안 드는 색의 꽃들을 사 가지고 왔죠. 꽃은 아주 중요한데 말이죠! 불그스름한 오렌지색의 꽃들이었어요. 빨강은 불안정한 색이며 최종 인화본에서는 현실에서와 다르게 보일 수 있기에 조심해야 합니다. 영화에서 어느 순간 하얀 꽃들이 나오는데 정말 마음에 들어요. 방금 말한 빨간 꽃들은 다소 내 의지에 반하여 사용한 것입니다…… 그다지 마음에 들지 않아요. 그 장면에서 지나치게 강렬하다고 생각합니다. 흰 꽃이었으면 더 좋았을 거예요!

보통 나는 소품 구매 담당자들을 고용하지 않아요. 영화에서는 모든 아이템들이 중요하기 때문에 주문에 따라 아이템들을 만들어낼 소품 구매 담당이 필요하지만 꽃의 경우에는 미리 알 수가 없는 법이죠. 〈하오의 연정〉에서는 소품 구매 담당자가 있었고 그에게 녹색 샤워커튼을 찾아달라고 했습니다. 녹색이 많은 영화였어요. 그는 아주 강렬한 녹색의 샤워커튼을 가져왔죠. 내가 어떻게 했느냐고요? 다음 날 아침 조금 일찍 일어나서 BHV프랑스 가정용품 전문 백화점에 갔습니다. 네, 녹색들은 모두 추했어요. 그러나 반투명의 샤워커튼을 찾아냈고 그거면 되겠다고 생각해서 결국 그걸로 했죠. 당신이 누군가에게 부탁했는데 그 사람이 녹색보다 반투명이 낫다면서 선택하지는 않겠죠……. 그러나 나는 내가 무엇을 원하는지 알고, 마음을 바꿀 수 있답니다.

소파를 고를 때도 비슷한 일이 생겼습니다. 정말 보기 싫

에릭 로메르

은 소파를 덮을 뭔가를 원했지만 천을 찾을 수가 없었어요. 그래서 결국 베이지 대신 파랑이나 회색을 골랐는데, 괜찮았죠……. 이런 이유로 스스로 모든 것을 관리해야만 하는 것입니다. 상황이 복잡해지는 것은 누군가에게 위임을 하면서예요. 〈비행사의 아내〉에서 나는 침실에 수조를 놨고, 금붕어를 몇 마리 넣고 싶었어요. '레 필름 뒤 로상주' 사무실에서 일하는 누군가 자기가 가서 한 마리를 사 오겠다고 자처했는데 금붕어 색을 잘못 골라 가져왔어요. 너무 창백했어요! 나는 정말 빨간 물고기를 원했지만 나가서 사 올 시간이 없었죠.

**날씨에도 의지를 많이 하십니다. 스튜디오에서 작업하는 데 대해 "나는 날씨와 싸우면서 시간적 여유를 갖는 것을 선호한다"라고 말씀하셨어요.**

네, 아마 그렇게 말했을 겁니다. 그러나 현재는 스튜디오에서 촬영하고 있어요. 삶의 어떤 시기였는가 그리고 어떤 영화들이었는가에 따라 다릅니다. 물론 야외촬영을 할 때는 우발적인 일들이 벌어질 확률이 아주 높지만 상관 안 해요. 내가 마르셀 카르네였다면 어떻게 했을까 묻게 됩니다. 카르네는 전쟁 직후 아누크 에메가 주연을 맡기로 한 영화를 준비중이었어요. 그가 벨일Belle ile에 갔는데 날씨가 안 좋아서 촬영을 못했죠. 그 당시 흑백필름에서는 그다지 만족스럽지 않았을 수 있지만, 오늘날 컬러필름이라면 안개 속에서 영화를 찍는 게 가능할 거예요……. 그리고 안개가 뭔가를 더해줬을 수도 있었을 겁니다.

그와 비슷한 일이 〈봄 이야기〉에서 내게도 발생했죠. 소녀가 "퐁텐블로 숲에는 아마존인 것처럼 느껴지는 장소가 있어. 바위로 올라가면 숲 전체가 보여"라고 말하는 부분입니다. 그들은 바위로 올라가지만 안개가 자욱하죠. 그러자 그녀가 외칩니다. "와, 안개가 끼니까 더 좋네." 마찬가지로, 비가 오는 모든 장면에 있어서 그것을 일부러 추구했던 것은 아니지만, 비가 오면 활용해요. 나는 인공 비를 싫어해요. 어찌나 가짜로 보이는지 마치 목욕탕에서 누군가 샤워하는 것 같죠!

〈레네트와 미라벨의 네 가지 모험〉에서도 깜짝 비가 내렸습니다. 소녀 중 한 명이 농부에게 비가 올 것 같느냐고 물을 때죠. "아뇨, 비가 오지 않을 겁니다"라고 그는 답하죠. 그들이 떠나자 비가 오기 시작해요. 정말 재미있죠.

〈비행사의 아내〉에서도 마찬가지였습니다. 막 촬영을 끝낸 참이었거나 아니면 아마 점심을 먹는 중이었던 것 같은데, 아무튼 하늘에 구름이 끼기 시작했어요. 나는 "비가 내릴 때 촬영합시다"라고 말했고, 막 비가 내리기 시작할 때 촬영할 수 있었는데 아주 성공적이었습니다. 스태프의 규모가 워낙 작은 데다 모두 한 번에 동원될 수 있었기 때문에 가능했어요. 스태프 수가 더 많았다면 훨씬 더 복잡했을 것입니다. 나는 정확하게 시간순으로, 콘티뉴이티를 따라 촬영하고, 그래서 바로 그날 아침 비행사 역을 맡은 마티외 카리에르에게 마리 리비에르가 날씨가 좋을지를 묻자 그가 대답하죠. "네, 늦은 오후의 소나기만 빼고는 화창할 거예요." 그 대사대로 할 수 있었는데, 바로 직전에 그 장면을 찍어둔 덕이었어요. 그런 상황을 예견한 것은 아니에요. 모든 것을 예측할 수는 없는 법이죠.

**하지만 거기에도 어느 정도 한계가 있습니다. 연속성이 있어야 하고 숏들을 잘 맞춰야 하죠. 그래서 예를 들어 〈클레르의 무릎〉에서 네스토르 알멘드로스는 계속 그늘에서 촬영하길 원했지만 해가 움직였기 때문에 그림자를 막으려고 방수 시트를 사용해야만 했어요……. 볕이나 그늘을 유지하기 위한 작업은 힘이 듭니다…….**

네, 힘든 점들이 있긴 하지만 드문 편입니다. 나는 보통 그런 제약을 극복할 수 있을 만큼 충분히 유연해요……. 하지만, 맞아요, 때로는 조치를 해야만 하죠. 〈하오의 연정〉에서 카페 장면이 기억나는데, 해가 들기 시작해서 촬영을 멈춰야 했어요. 신경 쓰였거든요. 〈만월의 밤〉에서도 마찬가지였습니다. 겨울에 촬영 중이었는데, 겨울 태양은 아주 강렬할 때가 있어요. 집안으로 강렬한 햇빛이 들어서 촬영을 중단해야 했죠. 사실 흐린 날씨보다는 해가 실내에서나 야외에서나 더 말썽이랍니다. 오늘 촬영을 한다고 상상해보세요. 구름이 없다면 조명을 완전히 바꿔야 할 겁니다. 회색 배경이 갑자기 빛나게 될 테니까.

**제작 과정의 어느 단계에서 촬영감독을 결정하세요?**

다소 늦게 정하는 편이에요. 어차피 촬영감독들은 자유로울 때가 없고 항상 바빠요. 때로는 촬영감독과 함께 일부 사전 제작을 진행하기도 합니다. 영화에 따라 다르죠. '희극과 격언'에서는 내가 직접 배우들과 함께 촬영이 진행될 예정인 현장에 갔습니다. 8밀리 카메라를 들고. 그러고 나서 촬영감독에게 내가 찍은 것을 보여줬죠. 〈겨울 이야기〉의 경우에는 디지털이 아닌 비디오카메라로 몇 가지 작은 테스트들을 했지만 그때는 촬영감독이 함께 있었어요. 〈여름 이야기〉의 경우에는 디안 바라티에와 함께 브리타니에 갔고. 〈삼중 스파이〉는 모든 게 사무실과 샤를로트 베리의 집에서 촬영됐습니다. 영화에 나오는 집이 실제 그녀의 집이에요. 그러고 나서 디안 바라티에에게 현장들을 비디오로 보여줬는데, 그녀는 그것들이 촬영된 방식, 편집을 진정으로 마음에 들어했어요……. 배우들과 함께 모든 것에 대한 리허설을 거쳤습니다. 〈곡선〉의 경우에는 몸이 안 좋아서 반은 현장에 없었어요. 그런 경우는 그때뿐이었죠. 그러나 디안 바라티에에게 내가 테스트한 것과 현장 답사 결과물들을 전달했고 그녀는 그것을 정확하게 따라갔죠.

**이 인터뷰 초반에서, 때로는 직접 조명을 설치한다고 말씀하셨습니다.**

네, 예를 들어 〈나무, 시장, 메디아테크〉에서 나는 조명 설치

에릭 로메르

를 도왔습니다. 반사판, 조명에 도움이 되는 판지를 들고 있기도 했죠. 내가 조명을 설치하는 것은 보통 슈퍼 8밀리나 16밀리로 촬영한 영화들에서예요. 최근 찍은 단편에서는 조명이 단지 하나밖에 없었고, 카메라 위에 다른 작은 조명을 하나 추가해서 그림자 없이 얼굴들을 촬영할 수 있었죠. 그럼에도 촬영감독은 스스로 모든 것을 책임질 수 있어야만 합니다. 그것은 그들 몫의 일이고, 나보다 그들이 더 잘할 거예요. 순전히 기술적인 작업의 경우에는 내가 개입하는 경우가 아주 드물어요. 어떻게 조치해야 할지에 대한 아이디어는 있지만 아주 특별한 상황에서만 개입하죠.

# 촬영 포맷

**노엘 에르프·시릴 네라 ── 2004**

지난 몇 년간 극장에 간 적이 별로 없습니다. 비디오카세트, 그리고 지금은 DVD에 익숙해졌어요⋯⋯. 이렇게 고백한 적이 자주 있지는 않아요. 영화를 사랑하는 사람들에게 충격을 줄 수 있으리라고 생각하기 때문이죠⋯⋯. 이에 대해 내가 수구적이라고 말할 수는 없을 겁니다. 오히려 아방가르드적이라고 말할 수 있어요! 비디오는 이제 점점 더 중요해지고 있어요. 비디오 포맷은 영상의 가로세로 비율 덕에 영화 포맷보다 내 영화들의 원래 시야에 더 충실해요. 나는 1.33 포맷으로 촬영하지만 영사는 1.66으로 이루어지죠. 이제는 1.33 포맷으로 영사할 수

---

『로메르와 다른 감독들』201~204쪽. 허가를 받아 옮겨 수록함. 인터뷰의 원제는 다음과 같다. 「La vidéo prend de l'importance」

있는 스크린들이 더 이상 남아 있지 않습니다.

**그렇다면 왜 애초에 1.33 포맷으로 찍으시는 건가요?**

아주 단순한 이유인데, 1.33 포맷에서 더 공간이 여유롭기 때문입니다. 사람들은 빅스크린이라고들 말하지만 사실은 좁은 스크린이라고 해야 맞아요! 카메라를 통해 보이는 영상이 그대로 와이드스크린상에 나타나려면 프레임의 위와 아래를 잘라내야만 합니다. 그런데 내게는 그 부분들이 필요하거든요. 나는 늘 사람들의 머리 위에 무엇이 있는지 보여주기를 원했고, 손을 보여주는 것도 좋아해요. 배우들에게 손을 올리라고 지시하는 것을 좋아하지 않죠. 완전히 부자연스럽거든요. 테이블을 보여주는 것도 좋아합니다……. 보여주고 싶은 것은 너무나 많은데 현재의 포맷 때문에 그럴 수가 없지 뭡니까! 1.85나 시네마스코프처럼 더 넓은 포맷들도 불편하고요……. 시네마스코프가 처음 등장했을 때1950년대─원주 나는 〈카이에 뒤 시네마〉의 동료들 대부분과 함께 그 포맷을 옹호했습니다.

그러나 최근 나는 직사각형 스크린이 아니라 4/3이나 1.33 포맷 같은 가로세로비를 옹호하면서, 〈카이에 뒤 시네마〉에 썼던 그 글을 반박했어요. 왜냐하면 너무 넓은 스크린은 젊은 영화감독들의 게으름을 부추기고 창조적인 숏 구도를 막거든요. 와이드스크린에는 단조로움이 있고, 보다 전통적인 스크린 포맷에는 훨씬 더 많은 자원들이 들어 있죠.

**텔레비전에서의 경험이, 한정된 스크린상에서 작업하고 싶은 이런 욕망에 영향을 미쳤나요?**

네, 많이요. 자료의 특정 부분을 선별해내기 위해 스탠드로 받친 로스트럼 카메라를 썼는데, 그 결과 프레이밍에 대해 많이 생각해보게 됐었죠. 촬영 대상이 자료였기 때문에 다양한 움직임을 만들어내야 했고, 그것은 내게 정말 유용한 연습이었어요. 내가 상당히 수월하게 정확한 프레임을 찾아낼 수 있는 것은 촬영감독들의 도움 덕분입니다. 네스토르 알멘드로스나 지금 같이 일하는 디안 바라티에 혹은 그사이에 같이 일했던 사람들이죠……. 또한 나는 촬영감독들이 프레이밍과 조명을 다 담당하는 것을 좋아해요. 상당히 부담스럽고 굉장한 몰입을 요하는 일로, 촬영감독들은 많이 쉴 수 없게 돼요. 그러나 네스토르 알멘드로스는 그것을 좋아했고 디안 바라티에도 좋아하고, 나도 좋아합니다!

요즘에는 콤보라고 불리는 새로운 장비가 등장했는데 그걸로 작은 비디오 스크린상의 영상을 볼 수가 있어서 프레이밍을 정확하게 확인할 수 있습니다. 특히 요즘 들어 걷는 것이 그다지 쉽지 않고 앉아 있어야 하다 보니 주로 이 콤보 옆에 내 자리를 정하게 돼요. 모든 걸 수월하게 해주는 장치죠. '내가 이걸 제대로 프레이밍했나? 괜찮을까?' 불안했는데 더 이상 그런 불안감 없이 어디로 가고 있는지 알 수 있어요.

**배우들에게서도 멀리 떨어져 있으신데요.**

촬영 중에는 배우들과 떨어져 있지만, 그렇다고 좋은 위치에 있지 않다는 뜻은 아닙니다. 정확히 카메라가 있는 곳에 있기 때문이죠! 반면 이전에는 더 힘들었던 것이, 카메라 뒤에 있어야 하다 보니 많은 사람들을 방해할 위험이 있었어요……. 배우들과 가까이 있는 게 그다지 유용하지는 않습니다. 리허설 때 가까이하는 것을 더 선호해요.

**테이크를 얼마나 찍으시나요?**

테이크에는 여러 종류가 있습니다. 더 잘할 수 있다고 생각하기 때문에 내가 다시 하자고 요청하는 테이크들이 있고, 촬영감독이 다시 찍자고 요청하는 경우 그리고 배우가 다시 해보길 원하는 경우가 있어요……. 〈삼중 스파이〉의 배우들은 스스로 노력을 많이 하는 타입이어서 내가 아주 좋다고 생각한 장면들을 다시 찍길 원했어요!

촬영감독들과 관련된 경우는 보다 난처하고 종종 기술적인 문제입니다. 나는 절대로 테이크를 많이 찍지 않고, 대체로 첫 번째 테이크가 제일 나아요. 당시에는 잘 알 수가 없는데, 힘든 일이거든요. 셀룰로이드로 촬영했을 때는 돈을 절약하기 위해 숏을 하나만 현상했어요. 이제는 비디오상으로 모든 것을 관찰할 수 있어서 모든 테이크를 다 볼 수 있습니다.

〈삼중 스파이〉의 경우, 최고라고 생각했던 테이크들을 선택한 후 다시 비디오상으로 봤는데, 옆으로 제쳐뒀던 첫 테이크들이 결국 가장 성공적이라는 것을 깨달았죠⋯⋯. 그 점에 있어서는 내가 맞다는 것이 확실해요! 그래서 편집 때 그 당시에는 선택하지 않았던 일부 테이크들을 현상했죠. 이 모든 이야기는 첫 테이크가 대개 최고라는 것을 말하기 위해서예요. 그리고 그건 배우들이 얼마나 경력이 있는지와는 무관합니다. 그러나 항상 그런 건 아니고, 그렇기 때문에 한 테이크 이상 찍는 게 필요한 거죠. 그러나 첫 테이크를 무시하면 안 돼요! 대체로 그게 최고입니다.


**배우들이 말을 더듬거나 중얼거릴까 봐, 혹은 모든 대사를 곧이곧대로 존중할까 봐 걱정하시나요?**

가끔 편집할 때 그런 더듬거림을 수정하는데, 알아볼 수조차 없는 정도입니다⋯⋯. 대사만 두고 본다면 여러 부류의 배우들이 있는데, 철저하게 그대로 따르는 부류와 계속 변화시키는 부류입니다. 나는 둘 다 받아들여요⋯⋯. 현대 영화에서 배우들은 종종 단어의 순서를 바꿔서 '그거 흥미롭다' 같은 문장이

'흥미롭다 그거'가 되죠. 정말 뭐가 차이인가요? 그들은 '아' 나 '글쎄' 등을 추가하기도 해요. 나는 그대로 내버려두죠, 대사에 생기를 불어넣으니까! 정말 동의 안 할 때에만 개입합니다.

그러나 〈삼중 스파이〉에서는 배우들이 쓰인 그대로 대사를 말했어요. 여배우에게 있어서 프랑스어는 외국어였고, 즉흥적으로 프랑스어를 할 수는 없었습니다. 남자 배우의 경우도 특정한 억양을 요하는 미리 준비됐던 대사이기에 마찬가지였어요.

**리허설을 할 때 특정한 문장의 발음에 집중하세요, 아니면 더 전반적인 지도를 하세요?**

가끔 특정한 요구를 할 때도 있지만, 원칙적으로 나는 배우들을 적극적으로 지도하는 사람은 아닙니다. 우리가 대본 읽는 시간을 가지는 경우—이 영화의 경우에는 카테리나 디다스칼루가 촬영 바로 전날에야 도착했기에 상대적으로 드물었죠—에는 발음에 굉장히 주의를 기울입니다. 내가 쓴 대사이기에 사람들이 잘 알아들을 수 있기를 원해요…….

때로 일부 감독들이 대사에 신경을 쓰지 않는다는 느낌이 드는데, 그들은 대사를 음악으로 대신하거나 아니면 음량을 줄인 나머지 한숨을 쉬거나 조잘대는 것에 더 가깝게 말하죠! 나는 사람들이 명확하게 발음하는 것을 좋아합니다. 그리고 그게 당연해요. 왜냐하면 배우들이 서로에게서 떨어져 배치되기 때문에, 낮은 목소리로 말할 이유가 없거든요.

〈삼중 스파이〉의 호텔 침실에서조차 그는 그녀에게서 멀리 떨어져 있습니다. 내가 테이크를 멈추고 다시 시작하는 경우는 보통 알아듣기 힘든 단어 하나 때문이에요. 특히 예를 들자면 사람 이름처럼 중요한데도 종종 다소 우물거리듯이 발음되는 단어들이 있습니다. 나는 때로 그런 이유로 테이크를 다시 가자고 한 적이 있죠.

그러나 촬영 전에 장면(신) 전체나 심지어 시퀀스 전체를 DV로 촬영합니다. 나나 촬영감독이 카메라로 찍어요……. 배우들에게 아무 말도 하지 않고 그저 "어서 대사를 해보세요"라고만 합니다. 잘 안 되고 있다는 생각이 들면 멈추게 하지만, 대체로 썩 좋아요. 예를 들어 〈삼중 스파이〉에서 그가 "나는 삼중 스파이입니다"라고 인정하는 그 멋진 온실 장면, 그 장면은 배우들에게 어떤 설명도 하지 않은 채 찍었어요. 단지 어떻게 한곳에서 출발해서 다른 곳으로 도착할지를 제안하면서 어디로 이동할지―한 명은 여기, 다른 한 명은 저기―만 말해줬죠. 그녀를 보살피기 위해 남자가 러시아행을 결심하는 장면도 마찬가지예요. 약간 더 복잡하긴 했지만 디지털카메라로 아주 구체적으로 촬영됐고, 그다음 어떻게 장면을 끝낼지 정확하게 알았죠.

에릭 로메르

**그러니까 디지털 촬영은 편집에 있어서나 관객에게 공간을 어떻게 전달할지를 파악하는 데 도움이 되는 셈인가요?**

편집을 직접 하지 않습니다. 그럼에도 단편 몇 편을 무명으로 찍던 당시 정말 편집이 즐거웠죠……. 또한 숏의 구도를 내가 결정한다는 데 자부심을 느껴요. 편집하지 않은 채 배우들에게 일단 연기하라고 시킨 후에, 촬영 중간에 촬영감독과 함께 정확한 앵글들을 찾아냅니다. 그런 작업이 어려웠던 적은 전혀 없고 항상 아주 자연스럽게 이루어졌어요.

**디지털 이전에는 그런 작업을 비디오카메라로 하셨나요?**

네, 나로서는 정말 똑같아요……. 〈갈루아인 페르스발〉에서 〈겨울 이야기〉에 이르기까지 슈퍼 8밀리 카메라로 찍을 때도 그렇게 했습니다. 그 후 비디오를 사용하기 시작했고, 이어서 〈가을 이야기〉 때부터 디지털이 도래했죠.

**배우들의 발성을 동시에 체크하신다고 했는데, 슈퍼 8밀리를 사용할 때 어떻게 사운드를 녹음했나요?**

발성을 체크한다기보다는 시퀀스를 어떻게 클로징할지 계획하고, 어디에 배우들을 위치시킬지 시퀀스를 조직하는 문제였습니다.

**촬영 들어가기 전에 하는 리허설들을 촬영하신 적이 있나요?**

영화에 따라 달랐어요. 세트 현장에서 리허설을 할 경우에는 그런 종류의 세밀한 계획들을 실행할 수 있었습니다. 예를 들어 〈가을 이야기〉의 경우 촬영이 시작되기 3개월 전, 봄이 끝나갈 때쯤 현장에 갔어요. 배우 없이 다른 사람들과 심지어 나 자신까지 프레임에 넣어봤어요. 단지 어떤 그림이 나올지 보기 위해서였죠. 그러나 다른 한편으로 〈삼중 스파이〉의 경우에는 여배우가 마지막 순간에 도착했고, 촬영 직전의 리허설만을 촬영했습니다. 결국 이 영화에서는 조금 일찍 일정이 끝나면 다음 날 촬영분에 대한 리허설을 하곤 했어요.

**시나리오들을 출간할 경우 편집을 하세요?**

보통 내 시나리오들에는 미장센이나 촬영에 관한 어떤 종류의 지시 사항도 들어 있지 않아요……. 종종 대사로 국한될 정도죠……. 아마 CNC의 사전 지원에서 탈락한 이유 중 하나일 겁니다! 이런 시나리오가 훨씬 읽기에 좋다고 생각해요. 나는 번호와 지문이 많은 것을 좋아하지 않고…… 플롯보다 미장센에 속하는 사안을 써넣는 경우가 드물죠. '어떤 어떤 시간에 거기에 갈게, 안녕, 잘 가' 따위요. 아주 특별한 방식으로 발화되는 경우가 아니라면 말입니다. 예를 들어 〈삼중 스파이〉에서 누군가 "안녕하세요, 표트르 알렉산드로비치입니다"라는 대사를 말하면 영화 속의 러시아인을 제시하는 것이기 때문에 이런 경우에는 대사를 굵은 글씨로 써놓죠.

**역사로의 회귀―〈삼중 스파이〉의 경우에는 감독님의 시대에 발생한 역사적 사건입니다―라는 선택은 동시대에 대해 이야기할 수 있는 역량이 다했다는 느낌 때문인가요?**

살아오면서 두 번 그런 경우가 있었어요. '도덕 이야기' 연작 이후 〈O 후작부인〉과 〈갈루아인 페르스발〉을 만들었을 때, 그리고 '희극과 격언' 및 '사계절 이야기' 연작 이후의 〈영국 여인과 공작〉〈삼중 스파이〉가 그에 해당해요……. 이런 계통으로 계속 나아갈 것인가 아니면 더 동시대적인 소재로 돌아갈 것인가? 잘 모르겠습니다. 내 나이에는 무슨 일이 벌어질지 알 수가 없어요!

그렇긴 해도, 요즘 들어 육체적으로 다소 쇠잔해져서 예전에 찍던 방식―파리의 길거리들, 산속, 바닷가 촬영―보다 스튜디오에서 촬영하는 게 더 수월해요……. 여하튼 두 가지 접근 방식 모두 각기 어려움이 따릅니다. 많은 스태프들을 거느리고 일하는 것―〈삼중 스파이〉가 이에 해당했는데, 〈영국 여인과 공작〉보다는 분명히 적었죠―을 좋아하지 않지만, 단지 세 명만 데리고 영화를 찍을 만한 능력은 더 이상 갖고 있지 않아요. 상당히 지치거든요.

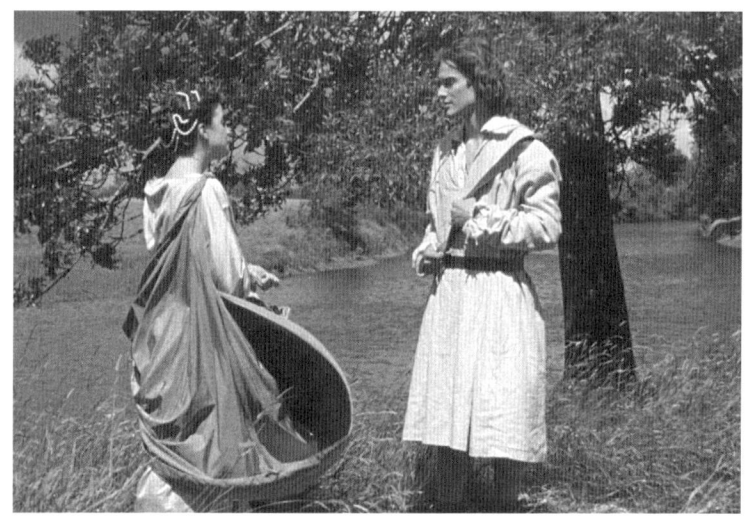

아스트레와 셀라동의 사랑

2007

# 시네아스트

**필리프 포벨·노엘 에르프 — 2007**

**『아스트레』는 어떻게 발견하셨나요?**

대개 스스로 그런 것들을 찾아냅니다. 『페르스발』을 영화화할 생각은 열세 살의 학생들을 가르칠 때 떠올랐고, 『O 후작부인』을 발견한 것은 심지어 프랑스어로 번역되지도 않았던 클라이스트의 노벨라(소설)를 가르치면서였어요. 중학교에서 프랑스어를 가르칠 때 『아스트레』는 슈발리에와 오디아가 집필한 교과서(라가르드와 미샤르 교과서의 전신)에 두 쪽 나와 있었죠. 특별히 흥미롭지는 않았어요! 더구나 이제는 쪼개진 형태가 아니면 더 이상 그 책을 찾아볼 수도 없어요. 그런데 피에르 쥐카라는 영화감독—그의 영화들을 아주 좋아해요—이 느슨하게 『아

〈포지티프〉 2007년 9월 호. 허가를 받아 옮겨 수록함(인터뷰는 2007년 3월 27일에 이뤄짐).

스트레』를 토대로 쓴 시나리오를 우연히 내 제작사인 '레 필름 뒤 로상주'에 제출했습니다. 원작을 꽤 많이 수정했고, 아다마스 같은 몇몇 인물들은 생략했더군요. 원작의 정신과는 차이가 있었습니다.

**현대 영화였나요?**

아뇨, 시대극이었습니다. 그는 내가 본 것과 같은 판본에서부터 영감을 받았었어요. 그것이 정말 제대로 된 유일한 판본(미셸 라스네)인데 내게 그것을 보여줬죠. 그는 레 필름 뒤 로상주에 자신의 기획안을 소개했습니다. 제작자인 마르가레트 메네고즈는 그 프로젝트를 실현하기 위한 자금을 구할 수 없을 것이라고 말한 후 다니엘 토스캉 뒤 플랑티에프랑스 유명 제작자에게 보냈는데 그도 돈이 없다고 했어요. 그쯤 해서 피에르 쥐카가 사망했습니다. 나는 그 영화가 만들어지지 못한 것은 유감이라고 생각했고 소재에 관심도 있었기에, 그의 아내에게 내가 그 영화를 찍을 수 있을지도 모르겠다고 말했어요.

그러나 두 가지 이유로 불가능했죠. 첫째, 이미 시나리오가 완성돼 있었기 때문에 그가 제작자를 찾기는 힘들었을 것입니다. 둘째, 비록 쥐카만큼이나 내가 존경하는 사람일지라도, 다른 누군가 시나리오로 완성한 이야기를 촬영하는 나 자신의 모습은 상상하기가 힘들어요. 무엇보다도 나는 오노레 뒤르페『아스트레』의 작가가 가볍고 우스꽝스럽거나 구식이 아니라 위대한 작가라는 것을 발견했습니다. 세비네 부인에서부터 루소에 이르기까지 전 세대에 걸쳐 읽혀온 사람이었고, 심지어 루소는 그에 대한 칭찬도 많이 했어요! 또한 작품이 영화적이에요. 책을 펼치면 문단이 나뉘어 있지 않기 때문에 대사가 없는 것 같아 보이지만, 사실 대사가 훌륭하고 정말 생생해요.

그래서 나는 쥐카의 각색을 쓰지 않은 채 『아스트레』를 찍고 싶었습니다. 그의 각색과 내 각색 사이에는 연관성이 없어요. 유일하게 공통되는 문장은 "다시는 내 눈에 띄지 않도록 확실히 하세요. 내가 당신에게 명령을 내리지 않는 한"으로, 원작에서 따온 부분이죠. 그 외에는 그가 책에서 따온 문장이 없어요.

**그런데 감독님께서는 모든 것을 아스트레와 셀라동의 연애를 중심으로 묶음으로써 아주 특별한 구성을 취하셨습니다.**

네, 그런 이유로 영화 제목이 〈아스트레와 셀라동의 사랑〉입니다. 원작 『아스트레』와 똑같다고 주장하지는 않았어요. 책은 훨씬 더 방대한 작품이죠. 2절판으로 된 6권으로 구성되어 있어요. 영화에 전념하고 싶었기 때문에 책에서 길을 잃고 싶지 않았습니다. 몇 가지 지엽적인 에피소드 외에는 아스트레와 셀라동과 관련된 부분을 그저 모두 읽었어요. 영화를 만들게 될지 아닐지 몰라서 4000프랑짜리 헐값의 스위스 출판본을 사지 않았죠! 샀더라도 어디에 둘지 몰랐을 거예요. 도서관에 가서 아스트레와 셀라동에 관련된 모든 것을 복사했고, 그로부터 영화가 만들어졌습니다.

**또한 일라스가 언쟁을 벌이는 부분처럼 어떤 에피소드들은 이동시키셨어요.**

상당히 중요한 부분들을 바꿨기 때문에 뒤르페의 찬미자 중에는 나를 비난하는 이들이 있을지 모르고, 뒤르페는 무덤에서 돌아누울지도 몰라요! 그러나 그런 변화는 영화적 필요에 따른 것이었어요. 재정적 필요―그래서 인물의 수가 줄었죠―, 그리고 특히 소설이 아주 길 때 보통 그런데, 소설과는 다른 영화적 균형의 문제죠.

아스트레와 셀라동의 연애와 관련하여 원작 초반에 리시다스, 그리고 나중에는 실베스트르가 흥미로운 이야기를 합니다. 그러나 실베스트르를 그대로 넣었다면 복잡해지고 영화가 길어졌을 것이고, 실베스트르의 플라토닉한 연인―흥미롭긴 하나 상당히 부차적인―디안이라는 다른 인물을 넣어야 했을 거예요. 그래서 나는 원작의 실베스트르가 말하는 부분을 리시다스가 말하도록 했어요. 이는 또한 훌륭한 배우가 연기한 리시다스를 정말로 잃고 싶지 않았기 때문이기도 해요. 게다가 일라스가 사랑에 관해 이야기할 때 필리스를 예로 드는데, 필리

에릭 로메르

스는 리시다스의 연인이자 아스트레의 친구죠. 논리적으로 그녀는 리시다스를 동반해야 하게 되고, 그럼으로써 그는 무대 뒤로 사라질 수 없게 되는 것이죠. 이런 이유로 원작을 그렇게 배신하는 것입니다. 리시다스가 실베스트르의 대사들을 떠맡은 것이죠.

**마지막도 바꾸셨습니다.**

그 점은 양심의 가책이 전혀 없어요. 뒤르페는 아예 결말을 쓰지 않았거든요. 정말 흥미롭게 여겨지는 바로, 책에는 특별한 결론이 없어요. 원작에서 소녀로 변장한 셀라동이 소녀들의 침실에서 자는 장면은 이틀 밤에 걸쳐 연이어집니다. 알렉시스가 사실은 자신이 셀라동임을 자백하려는 순간 하인이 들어오고, 다른 에피소드로 넘어가면서 모든 게 달라지죠. 나는 아스트레가 변론에서 발휘하는 힘을 대변하는 그녀의 문장으로 끝을 맺고 싶었어요. "모습을 드러내길 명령한다, 셀라동!" 이건 내가 생각해낸 대사로, 추정을 좀 해봤죠.

**크레디트 시퀀스에는 포레즈 지역을 과거의 모습대로 추정해서 재구성하는 것이 얼마나 불가능한 일이었는지 설명이 나옵니다.**

네, 로케이션을 찾는 데 꼬박 3년이 걸렸어요. 리뇽강이 부분적으로 메말라서 포레즈 지역에서는 촬영이 불가능했거든요. 훼손되지 않은 야생의 강이 필요했죠. 이제는 내가 답사를 다니는 것이 힘겨워졌고, 제작자인 프랑수아즈 에체가레가 술$^{Soule}$ 계곡을 찾아냈어요. 그곳에서는 모든 게 여전히 어느 정도 야생으로 남아 있죠. 도로는 아득히 멀리 떨어져 있고 현대적인 건 아무것도 없어요. 그래서 나는 두 개의 강과 연결해 이야기를 두 개로 구분했어요. 먼저 리농 강과 주변 협곡들이 있는데, 뒤르페가 언급하지는 않고 있으나 촬영이 이루어진 장소는 정말 아름다웠죠. 그곳을 보여주는 게 중요했습니다. 처음에는 셀라동이 물로 뛰어드는 모습을 보여주려고 생각했으나 그럴 수 있을 만한 강을 찾아내지 못했어요. 수심이 깊으면 정체되어 있었고, 내가 아는 아르데슈처럼 물살이 거세면 수면 바로 아래 바위들이 있곤했죠. 물살의 소용돌이에 휩쓸려가다가 바위에 머리를 부딪칠 수는 있겠지만, 그런 환경에서 차마 의도적으로 물에 뛰어들어 빠져 죽으려고 하지는 못했을 거예요! 그래서 수면 위에 그의 모자가 떠다니는 것을 발견하는 설정이 그가 물로 뛰어드는 것만큼이나 위력이 있으리라고 생각했습니다.

님프들의 성은 술 계곡이 아니라 쇼몽쉬르루아르에서 찾아냈어요. 성의 큐레이터인 장폴 피자를 아는데, 그가 촬영할 수 있도록 도와줬습니다―또한 푸제르쉬르비에브르에 있는 주변 성에서도 촬영할 수 있었는데, 영화에서는 아다마스의 소유로 나오는 성이에요. "그쪽에는 어떤 강이 있나요?"라고 나는 어떤 선주에게 물으면서 내 생각을 설명했어요. 섬과 루아르 강둑 사이에 위치한 장소를 원하고 있으며, 거기에는 작은 강으로 느껴질 만한 물이 좀 있을 것이라고 설명한 거죠. "그냥 단순히 강이면 안 되나요?" 그가 물었습니다. "아는 데가 없어서요." "뵈브롱 강이 있잖소. 쇼몽 동쪽으로 몇 킬로미터 가서 바다로 흘러듭니다." 아무도 그 생각을 하지 못했었죠! 그런데 그 강을 쭉 따라 희미한 길이 나 있었어요. 19세기에 생겨났을 게 틀림없는 양떼가 다니던 길로, 물푸레나무들이 길 양쪽에 늘어서 있는 매우 아름다운 오솔길이었어요. 바로 그곳에서 님프들이 셀라동을 발견하게 됩니다. 그리고 영화가 얼마나 많은 속임수를 쓸 수 있는지 보여주는 예를 들자면―비록 나는 그런 속임수를 그다지 좋아하지 않긴 하지만―, 셀라동이 몸을 씻는 것은 이 강둑이 아니라 루아르강의 아주 아름다운 모래밭이랍니다.

**이와 같은 장소의 다양성이 시간의 다양성과 만나면서 고대 갈리아에 있다가 르네상스 말기로 넘어가기도 합니다.**

시대극의 경우 나는 역사적 신빙성에 매우 신경을 써요. 그러나 내가 한 것 이상으로 더 진짜가 될 수는 없을 거예요. 왜냐하면 『아스트레』를 묘사하는 판본들을 보면 고대의 사람들이 르네상스 시대의 성 앞에 있기 때문이죠! 그래서 나도 그렇게 한 것입니다. 비록 시작할 때 17세기 의상을 입고―그 부분에서는 고대의 의상을 상상하는 것 자체가 힘들었죠—그 시대의 음악에 맞춰 '부레bourrée'로 알려진 프랑스 민속춤을 추긴 하지만요. 책에서도 17세기의 춤 잔치였습니다—나는 단순히 저자의 방향대로 간 거예요.

**노래는 어땠나요?**

나의 오랜 협력자인 장루이 발레로가 작곡했는데, 여느 때보다 그에게 많은 것을 요구했죠. 몇 가지 시구들에 음악을 더하도록 했습니다. 예를 들어 "여기 나의 아름다운 태양이 지는구나……". 크레디트 시퀀스의 음악도 그가 작곡했어요. 그 시대의 음악을 쓰기가 힘들고 상당히 양식화되고 형식적이어서 나는 새로운 곡조들을 만들어달라고 했습니다. 그러나 그 시대에 몬테베르디라는 위대한 음악가가 존재하는 것은 사실이며, 나는 장루이 발레로에게 그 당시의 정신에 따라 작곡해달라고 요청했죠.

**사료 조사를 많이 하셨나요?**

〈갈루아인 페르스발〉의 중세 시대 혹은 〈O 후작부인〉의 독일 신고전주의보다는 덜했습니다. 고백하기에 약간 부끄럽지만, 국립도서관에서 훑어본 박사 논문을 제외하면 관련 자료를 많이 읽지 않았어요. 너무 많이 읽으면 시나리오 구상이 바뀔

에릭 로메르

까 봐 우려해서였죠. 내게는 시나리오 구성이 잘된 것 같았고 그 자체로 충분해 보였어요. 나는 역사가가 아니라 영화감독입니다. 내 방식대로, 조언자 없이, 역사를 해석할 수 있는 재량을 갖고 싶었어요. 그러니까 디테일을 뺀다면 내가 작업하는 방식은 이와 같습니다. 각색을 할 때는 원작가와 나, 크레티앵 드 트루아와 나, 클라이스트와 나, 뒤르페와 나 사이의 문제예요. 남들이 나무랄지도 모르지만, 난 다른 누구도 원치 않아요.

**그렇지만 감독님은 모든 '역사'영화에서 의상디자이너와 협력하셨습니다.**

동시대를 배경으로 한 영화들에는 의상디자이너가 없어요. 나 스스로 할 수 있다고 느끼기 때문이죠. 보통 배우들과 같이 가서 옷을 사고 드레스 길이를 재보고 그래요……. 그러나 이 영화의 경우는 달랐습니다. 내 역량으로는 안 돼서 피에르장 라로크에게 도움을 구했어요. 그는 이미 〈영국 여인과 공작〉과 〈삼중 스파이〉에서 작업했었습니다. 나는 리본을 특별한 상징성의 도구로 삼았어요. 원작에서는 셀라동이 아스트레와 이별할 때 추억으로 그녀의 리본 하나를 얻어서 그걸 지닌 채 물에 빠집니다. 그러나 그건 좀 복잡해서, 나는 같은 장면에서 님프들이 리본을 갖고 놀도록 함으로써 모티프를 이동시켰죠. 그 결과 그 장면이 아주 고상해졌죠.

**17세기의 전원풍 미술에서 영감을 얻으셨나요?**

그렇기도 하고 아니기도 해요. 뵈브롱 강변을 선택했을때, 그 시대의 판화에 그려진 나무를 닮은 아름다운 물푸레나무들을 발견해서 기뻤죠. 포레즈 지역의 무수한 시골 현장을 거절했었어요. 왜냐하면 지금은 침엽수들이 아주 많지만 그 당시의 그림들에는 전혀 소나무들이 등장하지 않기 때문이에요. 오크나무나 밤나무를 닮아 잎이 무성한 나무들만 있죠. 우리가 촬영하던 곳에서는 그런 잎의 나무들을 찾기가 쉽지 않았습니다. 셀라동이 실신했다가 깨어나면서 보는 그림을 위해서는 시몽 부에의 화폭을 골랐고, 두 번째 그림은 부에의 것으로 추정되는 〈에로스와 푸시케〉예요. 이런 그림들은 뒤르페의 책에서는 인용되지 않는 것들이죠. 이야기에 결정적이지 않기 때문에 큰 상관이 없어요. 내 그림들이 이야기에 더 가까워요. 신전에 등장하는 다른 그림들은 특별히 제작해야 했습니다. 뒤르페가 서로 얽힌 활과 두 연인이라고 묘사하고 있는 것에 맞추려고 애쓰느라 힘들었죠. 화가의 도움으로 간신히 해냈는데, 그는 아이디어를 내서 아주 아름다운 그림을 만들어냈어요. 그는 또한 아스트레가 양과 함께 있는 모습도 그렸습니다. 〈파리스의 심판〉이 무엇을 대변하는지에 대한 아다마스의 해석을 그린 그림도 나와요. 원작에서는 아스트레가 이 에피소드에 대해 이야기합니다. 나는 이 부분의 경우 영화로 찍고 싶지 않았어요. 배우들의 나이 때문에 플래시백을 좋아하지 않기 때문이죠. 성인들이 보는 그림을 통해 암시하는 것이 더 흥미롭다고 생각해요. 그건 어느 정도 알려진 자크 블랑샤르라는 화가의 작품으로, 루벤스의 〈파리스의 심판〉을 모사한 것입니다.

**그림에 대한 인용은 〈O 후작부인〉이나 〈갈루아인 페르스발〉에서 더 명백했고, 이 영화에서는 보다 더 분산적으로 나타납니다.**

네, 그림보다는 그 시대의 판화들에서 더 영감을 얻었어요. 의상디자이너가 자신의 취향과 배우들의 취향에 의거하여 라스네Michel Lasne, 1590~1667, 『아스트레』의 판화가, 삽화가를 모델로 삼았죠. 그러나 특별히 모방하려는 욕망은 없었어요. 내가 유일하게 보존한 것은 언어, 글, 문체였습니다. 인물들이 말하는 대사는 뒤르페가 쓴 부분입니다. 〈O 후작부인〉과 〈갈루아인 페르스발〉의 원작 이야기는 한 시대에 맞춰져 있습니다. 그러나 〈아스트레〉의 경우는 원작에 충실하기가 더 어려웠어요. 무엇에 충실해야 하는 것일까요? 고대 그 자체? 아니면 17세기가 보는 고대? 더 자유롭게 가야 했죠.

**동시녹음을 했나요?**

일반적으로 시대극 영화에서는 후시녹음을 사용하는데, 나는 별로 좋아하지 않습니다. 비록 내가 가장 좋아하는 영화 중

하나인 〈수집가〉는 완전히 후시녹음됐지만요. 나는 항상 동시 녹음을 선호해왔어요. 〈아스트레와 셀라동의 사랑〉에서 그렇게 힘겹게 해낸 것이 자랑스러워요.

**목소리에 내밀함과 따뜻함이 배어 있어요.**

좋은 사운드와 나쁜 사운드를 어떻게 구별할 수 있느냐, 내 영화를 제외하고는 모든 영화에서 사운드가 나쁘다고 생각합니다! 내가 매우 엄격하다고 말해두죠. 내게는 단점이자 장점이 있는데, 부뉴엘의 경우와 같아요. 그는 정말 귀가 먹었었는데, 그의 영화에서는 사람들이 말하는 게 정말 잘 들려요. 나도 청각이 둔화되고 있어서 배우들이 명확하게 발음해야만 해요. 그리고 그 시대에는 언어가 요즘보다 분명하게 발화됐어요.

**배우들에게 명확한 조음을 강조하시는 거군요.**

네, 대사를 많이 리허설합니다. 배우들을 캐스팅할 때 라신, 코르네유, 몰리에르 같은 고전 희곡을 읽어보라고 시킨 후 들어보죠. 운문만큼이나 산문을 읽을 때도 배우들이 세심하기를 원합니다. "자연스러워야 해요, 과장하지 마세요!"라고 말하는 드라마 선생들과는 반대죠. 정보가 많을 때는 명사와 동사들을 강조해야 합니다.

에릭 로메르

**배우들은 당연히 편했겠죠?**

몇몇 배우들은 프랑스인이 아니었습니다. 스테파니 크레앵쿠르는 벨기에인으로 현대 프랑스어를 말하는 사람들의 단점을 갖고 있지 않아요. 앙드레 질레는 파리 출신이 아니고, 베로니크 레몽은 스위스인입니다. 그들의 프랑스어는 파리인들의 프랑스어보다 더 아름다워요.

〈아스트레와 셀라동의 사랑〉의 배우들은 회화적인 몸짓을 했고, 프레임의 위치에 대해 동일한 감각을 갖고 있었어요. 나는 배우들에게 절대 어떤 몸짓을 하라고 지시하지 않아요. 그저 자연스럽게 나오죠. 배우들은 자신만의 연기를 발견하는 데 관심이 많아요. 젊을수록 더 그런데, 새롭고 놀라운 것들을 찾아냅니다.

배우들은 장소를 어떻게 활용할지 알았어요. 일례로 셀라동이 아다마스와 함께 오두막 앞에 있을 때 그는 돌에 발이 부딪치자 몸을 기울이고 땅을 가볍게 칩니다. 배우 스스로 만들어낸 동작인데, 내가 그렇게 하라고 시켰다면 인위적으로 보였을 거예요.

**이 영화의 제작상의 문제점에는 어떤 것들이 있었나요?**

내가 제작자였다면 이 영화를 안 했을 거예요! 프랑수아즈 에체가레는 정말 이 영화를 믿었고 레조사의 제작자들도 시나리오를 읽은 후 믿어졌습니다. 내가 항상 가장 회의적이었고 지금도 여전히 그래요. 가장 최근작 〈삼중 스파이〉는 대중에게 어필하지 못했어요. 어려운 소재라는 것을 알고 있었죠. 특히 액션영화라고 생각했던 사람들에게는. 정말 아니었거든요……. 아무튼 상관없어요. 〈아스트레와 셀라동의 사랑〉을 만드는 게 즐거웠습니다.

**이런 러브스토리가 오늘날의 젊은이들에게 여전히 어필할 수 있으리라고 생각하세요?**

그것은 일종의 안내서로서, 17세기와 18세기 당시 젊은이들의 넋을 잃게 만들었습니다. 그러나 그 속의 아이디어들은 더 이상 유효하지 않아요. 이제 사람들은 더 그럴듯함을 추구합니다. 셀라동이 물에 빠진 후 발견되고 깨어나는 것은 아마 현대 의학의 관점에서는 그다지 신빙성이 없을지도 몰라요. 그와 같은 사랑, 아스트레의 요청을 존중하려는 그런 결단이 오늘날 같은지도 잘 모르겠어요.

그리고 인물들의 관계에 성적인 것이 들어갔는지 아니면 순결한지—내가 관심을 갖는 부분이죠—잘 알 수가 없습니다. 현대 영화에서는 관객들이 인물들의 관계가 더 명확한 것을 선호한다는 생각이 들어요. 아스트레와 셀라동 사이에는 아무 일도 일어나지 않지만 그렇다고 그들의 관계가 순결한 것도 아닙니다. 기

에릭 로메르

사도의 전통 속에는 우리 눈에 이상해 보이는 것들이 존재해요. 예를 들어 크레티앵 드 트루아의『페르스발』에서 페르스발은 블랑슈플뢰르와 같은 침대에서 옷을 벗은 채 자면서 서로를 꼭 껴안지만, 아무 일도 일어나지 않죠. 게다가 뒤르페의 작품에는 동성애가 존재하지 않는데도, 소녀들은 서로 매우 관능적인 애무를 합니다. 그런 묘사들을 그대로 유지하는 것이 내게 굉장히 중요했기 때문에, 그 부분들이 대사를 통해 발화되게끔 했죠. 나보다는 뒤르페에게서 연원한다는 것을 입증하기 위해서였죠. 그런 모든 해설을 생략할 수도 있었겠지만, 나는 대사와 영상의 대립을 좋아해요. 영상과 대사가 동등해야 한다고 생각하지 않고, 대사가 영상을 북돋워줘야 한다고 봅니다.

**첫 음성은 셀라동이 님프들의 거처에서 깨어나는 순간에 들립니다.**

네, 왜냐하면 인물의 안으로 들어가서 그의 시점에서 사물들을 바라보기 때문입니다. 나는 뒤르페가 빛의 효과에 민감하다는 것을 발견했어요. 이는 어떤 면에서 그가 영화감독이라는 명칭이 존재하기 전에 이미 영화감독이었다는 것을 보여주죠! 셀라동이 빛에 눈부셔하는 순간은 영화감독에게 신나는 부분이에요. 빛에 눈부셔하는 순간이 또 한 번 있지만 동일한 방식으로 그 순간을 보여주지는 않았습니다. 아스트레가 숲에서 자고 있고 그가 그녀에게 키스하기 위해 몸을 그녀 쪽으로 굽힐 때죠. 그녀는 일어나 앉고 해를 등지고 있는 그를 보고는 눈부셔해요. 나는 단순히 그 효과만 암시했습니다. 촬영이 이루어지던 장소를 감안했을 때, 지나치게 강한 윤곽선을 만들어내지 않으려면 그러는 게 더 낫겠다고 생각했죠.

**조금 전에 영화적이라고 묘사하신 원작의 모든 것이 언어를 통해 전달됩니다.**

그렇기도 하고 아니기도 합니다. 뒤르페는 돈키호테가 발표된 당시에 살았던 인물이며, 그 시대에는 언어도 중요했지만 이미지 또한 중요했어요. 돈키호테는 이중의 삶을 살았어요. 책 속의 삶과 상상 속의 삶. 나는 이런 생각을 다룬 학생용 TV 프로그램을 만든 적이 있습니다. 돈키호테와 산초 판자가 귀스타브 도레, 도미에에서부터 피카소와 달리에 이르기까지, 세기별로 어떻게 캐릭터화됐는지를 보여주는 프로그램이었어요. 『아스트레』는 후대에 그 정도의 영향력을 미치지는 못했습니다. 스위스 판본에 있는 18세기의 이미지들은 따분하고 무미건조해요. 나는 『아스트레』의 활기를 재건할 영화를 원했습니다.

그런데 나를 정말 놀라게 한 것은 형식의 비중, 그리고 수학, 숫자, 형상이라고 부를 만한 것들이었어요. 평론가 시절, 나는 형식을 창조해내며 작품에서 수학적 형상들이 식별되는 감독들을 열렬히 숭배했습니다. 무르나우, 히치콕, 그리고 그들보다 내가 덜 언급했지만 역시나 존경하는 랑을 들 수가 있어요.

『아스트레』의 수학적 패턴 중에는 그대로 유지하지 않은 것들이 있어요. 일부 인물들을 생략한 결과로, 영화에서는 소설에 나온 것과 똑같은 형상들이 사용되지는 않았죠. 원작과 상통하는 일관성들이 존재하긴 해요. 예를 들어 '선'을 의미하는 리뇽강을 사용한 것, 영화에는 비록 원작과 다르게 리뇽강이 두 개 존재하지만 드루이드를 찾아가기 위해 강을 따라 위아래를 오가며 움직이는 것 등을 들 수 있죠. 그 시대의 빈번한 형상 중 다른 하나를 들자면 미로가 있는데, 이 영화에서는 소용돌이 형태의 정원을 통해 환기되고 있어요. 그리고 원이 있는데, 이는 신전에 해당해요. 삼각형은 세 명의 님프와 영화의 다른 삼각형적 요소들과 관련됩니다.

이런 형상을 통해 뭔가를 구축하려고 시도했다는 것이 아니라, 그것들이 그곳에 있었을 뿐이며 종종 편집하면서야 발견해내곤 했다는 거죠. 마법이라고 말하실 텐데, 네, 그래요 영화의 마법이라고 말하겠습니다! 모든 것을 지배하려고 하면 잘 안돼요. 어느 정도 우연의 개입을 받아들여야 하며, 어떤 소재는 우연을 받아들이고 스스로 구성되죠. 영화를 만들면 만들수록 이 점에 대해 더욱 확신이 서요.

**현실적인 수단을 사용하여 비현실적인 상황들을 연출하셨습니다. 예를**

들면 아스트레는 여자 옷을 입은 셸라동을 알아보지 못하죠.

대체로 내 영화는 꽤 사실주의적입니다. 그런데 이 영화에서는 위험을 감수한 셈이어서 확신이 없었어요. 그런 이유에서 아스트레와 셸라동이 비슷한 사이즈이기를 원했죠. 휨플whimple. 중세 여성들의 머리와 목을 감싸던 가리개로 그를 덜 알아보게끔 변장시켰고 가능한 한 그의 턱을 숨기려고 애썼죠.

**셸라동의 목소리를 여성스럽게 만들기 위해 디지털 효과를 쓰셨는데, 감독님께는 아주 예외적인 경우입니다.**

다른 해결 방법들이 있었어요. 우선 배우가 목소리를 높이는 방법이 있는데, 이게 어려운 데다 우스꽝스럽게 들릴 우려가 있었습니다. 두 번째 방법은 여자 목소리로 더빙하는 것이었고, 처음에 내가 생각했던 것이 바로 이 방법이었어요. 세 번째가 이르캄IRCAM연구소와 작업하는 것이었습니다. 문제는 목소리의 톤을 변화시키면 속도 또한 변한다는 데 있어요. 단지 목소리 톤만 변화시키는 것은 매우 어려워요. 아주 복잡해서, 몇 개의 낮은 주파수를 떼어내야만 하는데 그 과정에서 만약 목소리 톤이 C장조면 속도를 변화시키지 않는 한 그것을 D장조로 만들 수는 없습니다.

**이중노출을 사용한 시퀀스도 발견됩니다. 셸라동이 노래하면서 걷는 장**

면이죠.

보통 나는 이중노출이나 심지어 디졸브도 사용하지 않습니다. 그러나 디지털 편집을 하게 되면 아주 쉬워요. 그래서 〈영국 여인과 공작〉의 겉모습을 구상했던 방식과 동일하게 이중노출을 사용했습니다. 약간은 상업적인 이유로 아스트레와 셀라동이 사랑에 빠져 있는 모습을 보여주길 원했어요. 안 그러면 그들이 싸우는 장면과 셀라동이 여자로 변장한 장면 외에는 둘이 함께 있는 영상이 하나도 없었을 겁니다.

**『아스트레』는 도대체 뭔가요? 플라토닉, 기독교, 기사도, 바로크, 민족주의?**

그 모든 것입니다. 바로크 시대의 작품이면서 환영이라는 테마를 통해 셰익스피어와 세르반테스와도 연결되며, 이는 코르네유의 『희극적 환상』에서도 발견되는 요소죠. 뒤르페의 기독교 정신의 경우에는 단정하기가 힘들어요. 그는 단지 신실한 가톨릭 신도에 그친 것이 아니라, 가톨릭연맹Ligue Catholique 회원으로서 앙리 4세의 권위를 인정하고 싶지 않아 프로테스탄트들과 대항해 싸운 사람이지요. 동시에, 이런 기독교는 이교도와 드루이드교와 혼합되어 있었습니다. 어떻게 이교도와 기독교가 당시에는 물론 루벤스와 더불어 18세기까지 공존했을까요? 여하튼 이교도적 관능성과 기독교적 영성이 있는 그대로 내 영화에 등장하지는 않아요. 쥐카의 시나리오를 보면서 내가 느낀 문제점은 이드라스와 실방드르—내 영화에서는 리시다스가 됐죠—간의 대립이 영화의 배경으로 깔려 있다는 것이었습니다. 그의 시나리오에서 이드라스와 실방드르는 육체와 정신 사이의 투쟁을 대변해요. 그런데 나는 그보다는 신의와 변덕에 관한 것으로 봐요. 문제는 셀라동의 정절로, 그는 모든 것에도 불구하고 아스트레에게 충실하죠. 육체적 사랑은 결코 문제 되지 않아요. 비록 우리는 이 인물들이 현재로서는 결혼했다기보다 약혼한 사이라서 순결하다고 생각하긴 하지만요. 이 책에는 금욕주의가 존재하지 않고 아마 그래서 그렇게 성공했을지 모릅니다. 그런 금욕주의는 향후 얀세니즘과 더불어 회귀하게 되지만, 그 당시에는 부재하며 회화에서도 마찬가지였죠.

**이 세계에 원죄란 존재하지 않는 건가요?**

도대체 어디에 죄가 있을지 모르겠네요. 이별이 있다면 그것은 오해 때문입니다. 『오이디푸스 왕』에서와 같은 비극적 오해.

**플라톤과의 공명이 있다고 말할 수 있을까요?**

실방드르라는 인물은 플라톤의 계보하에 있는 철학자 마르실 피생의 추종자입니다. 그에게는 저속한 리시다스보다 무언가 더 금욕적인 게 있어요. 영화에서 나는 그 둘을 조합했어요.

에릭 로메르

그리고 가장 생동감 있는 인물들, 즉 셀라동, 아스트레 그리고 리시다스를 남겨뒀죠.

**감독님이 정말 관심을 갖는 역사적 시기는 특정한 가치 체계가 끝나가는 때인 것으로 보입니다. 기사도의 종말, 앙시앙레짐의 종말, 그리고 이 영화의 경우 전기독교적 기사도의 이상향의 종말입니다.**

그것은 끝나가고 있으면서도 새로 시작되는 세계이기도 합니다. 실제로 종말이라는 게 정말 존재할까요? 셀라동의 아찔한 사랑에는 로맨틱한 무엇이 있어요. 최초의 위대한 로맨틱 배역은 괴테의 베르테르로, 그는 자살했습니다. 어떤 면에서, 아스트레를 찾아나서기보다는 그녀가 그에게로 돌아오기를 기다리면서, 셀라동은 페르스발의 기사도적 이상향을 연장하고 있습니다. 그는 또한 어머니의 조언(말하지 말라는)을 따르겠다고 한 약속에 충실하길 원하는데, 이런 신의로 인해 실수—그는 말을 했어야 했죠—를 하게 됩니다. 『아스트레』를 읽으면서 그런 고집스러운 기다림이 내 마음에 드는 측면이라는 것을 알았어요. 그것은 또한 파스칼의 내기와도 유사하죠. 만약 셀라동이 아스트레에게 접근하면 그는 사랑을 잃게 될 수 있어요. 한편 그녀에게 다가가지 않으면 불행의 우려가 있죠. 그러나 그녀가 그에게 다가온다면 그것은 굉장한 일이 되는 겁니다.

**감독님은 한 시대를 상기시킨다기보다는 그 시대를 재현─시대가 스스로를 재현하는 것을 포함하여─하고 있다고 주장하시는데요.**

한 시대의 진실을 제시하기는 불가능해요. 내가 할 수 있는 것은, 어떤 영화감독이나 허구를 쓰는 작가라도 마찬가지겠지만, 시대가 어떻게 스스로를 재현했는가를 보여주거나─개인적으로 이런 접근을 선호해요─혹은 해석과 추론을 통해 수를 놓듯 우리가 그 시대를 스스로에게 어떻게 재현하고 있는가를 보여주는 것입니다. 결코 역사를 현대화하려고 시도한 적은 없어요.

**당분간 역사를 그만하고 싶으신 건가요?**

한 장소에서 다른 장소로 물리적으로 이동하는 측면에서만 본다면, 나는 예전만큼 민첩하지 못해요. 당분간은 또 다른 영화를 준비할 만한 육체적 힘을 갖고 있지 않습니다. 정말 중단했어요. 그러나 최근 며칠 동안 작은 단편 하나를 즐겁게 만들었죠. 그것은 내 이름이 안 들어가게 될 옴니버스 영화의 일부로, 공동 영화의 성격으로 구상된 것이죠……. 그러나 다른 주제를 찾게 될지는 확실하지 않습니다.

**소설 『엘리자베트』를 출간하면서 문학으로 회귀하시기도 했잖아요.**

사실을 말씀드리면, 갈리마르 출판사에서 출간하겠느냐고 연락이 왔지만 특별히 관심이 없었습니다. 그러고 나서 한 독일 출판사에서 똑같이 물어봤는데, 독일어로 번역되면 어떨지 보고 싶어서 허락을 했어요. 그런데 그 후 내 허락 없이 이탈리아어로도 출간됐어요. 그래서 갈리마르가 다시 내게 물어왔고, 수락했죠.

그 작품의 경우 일부 장면들이 정말 마음에 들었습니다. 예를 들어 〈클레르의 무릎〉에서보다 이 책에서 나는 비를 더 잘 보여줍니다. 영화에서는 비를 보지만 책에서는 더 강렬하게 비를 느껴요. 어떤 경우에는 문학이 영화보다 현실을 더 잘 떠올리게 할 수 있습니다. 나는 영화를 사랑해요! 그러나 문학이 아주 구체적일 수 있는 부분이 영화에서는 추상적일 수 있어요. 영화에서 비는 상당 부분 이야기의 일부이지만, 책에서는 그 자체로서 존재하죠. 특히 소녀가 나무 아래에서 비를 피하는 장면이 그래요. 영화에서보다 더 자유로워요. 영화에서는 종종 비 내리는 장면들이 뉘앙스 없이 보여져 실패하는 반면, 글로 쓸 때는 보다 섬세하게 비를 묘사할 수 있습니다. 당시에는 내 영화들과의 이런—사운드, 시간, 날씨에 대한 감성을 포함한—관련성을 인지하지 못했었죠.

'도덕 이야기'는 그와는 아주 다른, 묘사가 완전히 부재하고 훨씬 더 느낌들과 내면을 바탕으로 한 단편소설들에서 영감을 받았었거든요. 이 소설은 외양은 영화적이었지만 내게 전혀 영감을 주지 못했습니다. 어차피 나는 소설가보다는 영화감독이 맞아요. 이 책은 내가 영화에서 열지 못했던 문을 열어줬지만 문학 전체로 봐서는 유용하지 않은 작품이죠.

**왜 도스토옙스키나 발자크 같이 선호하시는 작가들을 단 한 번도 각색하지 않았나요? 〈사회의 게임〉이라는 TV 프로그램 에피소드는 빼고요.**

내가 각색했던 『베아트릭스』의 장면은 전혀 극적이지 않고, 인용들로만 구성됐죠. 발자크의 소설들에서 가장 흥미로운 요소들은 바로 영화에서 보여줄 수 없는 부분입니다. 인물들의 생각과 당시 사회학에 대한 그 모든 성찰들 말이죠. 그 텍스트들은 스크린상에 담기는 어떤 것보다도 늘 우월할 것입니다. 도스토옙스키는 대사를 더 많이 활용하니 그의 작품 중 몇몇은 영화적일 수 있어요. 그럼에도, 너무 느리기 때문에 그 또한 매우 어렵습니다. 모파상의 경우 각색이 가장 쉬운 작가일 수 있습니다. 최근 다시 본 영화가 있는데 원작과는 동떨어진 서정성을 담고 있었어요. 개봉 당시에 매력을 느끼긴 했지만 어느 정도 의구심을 갖고 있었죠. 지금은 전적으로 좋아해요. 바로 알렉상드르 아스트뤼크가 만든 〈여자의 일생〉입니다.

발자크로 다시 돌아가서, 그는 모두에게 보편적인 작가로 읽히는 반면 『아스트레』는 잊힌 작품이에요. 『페르스발』도 마찬가지로 아주 짧은 부분들만 알려져 있죠. 내 구상은 『아스트레』를 좋아해마지 않았던 세대들이 느꼈던 작품의 매력을 현대화하지 않고도, 요즘 사람들이 그대로 느낄 수 있게끔 하는 것이었어요. 사운드 엔지니어에게 인물들이 말하는 바가 현대 관객들에게 이해될 수 있겠느냐고 물었더니 그는 그렇다고, 글로 쓰인 것을 읽을 때보다 귀로 듣는 것이 더 이해가 쉽다고 말했죠. 그것이 바로 내 관심사였습니다. 그 책을 영화로 말하고 연기하는 것은 오늘날 관객들이 책에 더 쉽게 접근할 수 있게끔 하는 것이죠.

# 누벨바그의 아버지

**칼럼 아프타브** — 2008

 

에릭 로메르는 늘 가장 눈에 띄지 않는 영화감독이었다. 그의 동시대 감독들이 한 영화제에서 다른 영화제로 초대받아 다니거나 영화와 삶에 대한 자신들의 시각을 내뱉는 인터뷰들을 하느라 시간을 보내는 동안 로메르는 대체로 집에 머무는 것을 택했다. 신비에 싸인 그의 성격은 1946년 '질베르 코르디에'라는 가명으로 자신의 소설 『엘리자베트』를 출간하기로 했을 때 처음 암시되었다. 심지어 에릭 로메르라는 이름조차 가명이다. 그는 1920년 장마리 모리스 셰레로 태어났다.

그가 자신의 필명—배우이자 감독이었던 에리히 폰 스트로하임과 19세기 영국 소설가 색스 로머에 대한 오마주로 조합된

---

〈인디펜던트Independent〉 2008년 3월 21일 자. 허가를 받아 옮겨 수록함.

에릭 로메르

작가명프랑스식으로 '에리히'는 '에릭', '로머'는 '로메르'로 발음됨—을 떠올리게 된 것은, 그의 주장에 따르면, 일가 친척 한 명이 가족 구성원이 영화를 생계 수단으로 삼는 것을 곤란해했기 때문이라고 한다.

사실이든 아니든, 이 이야기는 전후 프랑스에서 영화평론가로 출발하고 있던 로메르가 가졌던 목표, 즉 영화는 '제7의 예술'로서 미술과 문학과 마찬가지로 가치 있는 예술적 추구로 인정받아야 한다는 목표와 완벽하게 맞아들어간다. 로메르가 영화에서 봤던 고전주의는 그의 최근작 〈아스트레와 셀라동의 사랑〉에서 확실히 명확하게 드러난다. 이 영화는 오노레 뒤르페의 17세기 소설 『아스트레』에서 영감을 받았다.

파리 주택가의 한 건물에 위치한 로메르의 사무실 문을 두드리면서 무엇을 기대할 수 있을지 거의 알지 못했다. 감독의 건강 상태에 따라 인터뷰가 취소될 수도 있다는 조건하에 방문했기 때문이었다. 괜한 걱정이었다. 야위어 뼈가 앙상하게 드러났지만 그의 건강 상태는 양호했다. 넥타이를 매고 파란 풀오버를 입은 그는 전형적인 프랑스 예술가처럼 보였다. 그는 나를 자신의 주된 사무실로 안내했다. 60년도 넘는 세월이 남긴 방대한 작업들의 파편이 도처에 흩어져 있는 것 같았다. 서류철, 책, 종이 그리고 신문들이 온 천지에 가득 차 있었고, 우리가 자리를 잡은, 직사각형 방의 창문에서 떨어져 위치한 그의 작은 나무

책상의 양쪽만 예외였다.

책상 너머로 그를 바라봤을 때, 나는 문득 젊은 장뤽 고다르와 프랑수아 트뤼포가 돈 몇 푼을 얻기 위해 공손하게 로메르를 찾았을 때 어떠했을지를 감지할 수 있었다. 전직 문학 교사인 그는 누벨바그라는 기치하에 영화를 만들기 전 〈카이에 뒤 시네마〉에 글을 쓴 영화평론가 중 가장 나이가 많은 맏형뻘이었다. 영화의 얼굴을 바꾼 그 감독 집단에서 그들의 철학적 뿌리에 가장 가까이 머물렀던 것은 로메르다.

그는 농담조로 말한다. "글쎄, 더 이상 '누벨바그'가 아니죠. 우리 모두는 이제 늙었어요." "주지하다시피 트뤼포는 죽었지만, 클로드 샤브롤과 자크 리베트는 최근에 영화를 내놨고, 내가 알기로 고다르는 영화를 새로 준비하는 중이에요. 우리의 영화가 예전과 동일한지 아니면 우리가 변했는지는 내가 말할 바가 아닙니다."

"고다르가 영화감독으로서 훨씬 더 성장한 것은 사실이지만 동시에 대중과 멀어졌습니다. 반면 샤브롤은 더 대중적이 됐어요. 나는 우리 모두가, 당시 공유했던 원칙들에 어느 정도 충실하다고 생각합니다."

"나 자신이 그때와 동일한 영화 개념을 유지하고 있으며 동시에 나만의 작은 규모로, 너무 큰 비용이 들지 않는 영화들을 항상 만들고 있습니다. 심지어 스튜디오에 있을 때조차 자연을

에릭 로메르

촬영하기를 좋아하며, 촬영의 시정詩情에 중요성을 부여해요. 나의 초기 평론들에서 상술한 이론을 여전히 아주 많이 따르고 있는 셈이죠."

작가라는 것을 폄하하는 많은 이들은 로메르가 같은 이야기를 같은 스타일로 반복해서 이야기한다고 주장할 것이다. 플롯이라고 할 만한 것이 크게 없고 인물들의 동기를 해독하는 것이 어렵다.

로메르는 그의 영화들 간의 유사성을 옹호한다. "내 모든 영화들을 컬렉션으로서 보는 것이 나아요. 현재 프랑스 텔레비전에서 '사계절 이야기'를 매주 한 편씩 상영하고 있는데, 완벽해요. 모든 영화들은 서로 연관되어 있고, 바로 그런 점이 흥미롭죠."

"내 영화들을 좋다고 생각하든 나쁘다고 생각하든, 그것들은 서로 가치를 주고받습니다. 그런 점이 영화를 이해하게 돕죠. 대중은 종종 내가 서로 닮은 영화들을 만든다고 말하는데 그 말은 옳아요. 그러나 이는 내가 완전한 작가이기 때문에 정상적입니다. 작가란 영화를 창작하고 소재를 바라보는 사람이에요. 동시에 나는 영상을 만들어내는 사람이기도 합니다."

〈아스트레와 셀라동의 사랑〉은 15세기 프랑스의 님프와 드루이드의 세계를 배경으로 한다. 양치기 셀라동은 그가 바람을 피웠다고 잘못 믿고 있는 아스트레의 마음을 다시 얻기 위해 노력한다. 셀라동은 시종 아름다운 님프의 유혹에 저항한다.

로메르는 그의 각색에 대해 다음과 같이 말한다. "그 책은 17세기에 크게 성공했습니다. 현대의 관객이 이해할 수 있는 프랑스어로 쓰인 첫 작품 중 하나예요. 매우 명확하고 잘 쓰였으며 오늘날에도 적용될 수 있는 대사들이죠. 현대 관객들이 인물들을 알아볼 수도 있겠지만 즉시는 아닐 거예요. 이는 보통 내 영화들에 관객이 많이 들지 않으며, 내 영화들이 특정한 문학적 성향이 있는 관객들에게 더 재미를 주는 이유이기도 합니다."

"19세기 영국 소설에는 내가 다루는 상황들 중 많은 것들이 나옵니다. 나는 19세기 작가들—조지프 콘래드, 로버트 루이스 스티븐슨, 헨리 제임스—를 많이 읽었고 이 작가들은 내게 깊이 각인되었어요."

그는 영화 시작 부분에 웃기는 중간 자막을 사용하여, 목가적인 시골이 콘크리트 정글로 대체되는 바람에 촬영이 소설에서 묘사된 사건들의 발생 장소와는 동떨어진 현장에서 이루어졌다는 사실을 재미있게 설명하고 있다. 이 감독은 한 번도 차를 소유한 적이 없으며 택시도 거의 타지 않는다. 비록 이것이 이미 인상 깊은 그의 환경주의를 밀어붙이는 시도라기보다는 자신이 만드는 영화들의 유형과 관련이 있다고 강조하긴 하지만. "내가 그러는 이유는 일상과 접촉하기 위해서입니다. 택시 안에 숨으면 현실과의 접촉이 없어요. 그리고 나는 영화에서, 특히 동시대를 배경으로 한 영화들에서 사실적인 상황에 있는

에릭 로메르

사람들을 보여주려고 노력해요. 거대한 호텔에 머물면서 대중에게서 숨는다면 그렇게 할 수 없겠죠. 그런 이유로 미디어에 자주 얼굴을 보이지 않는 거예요. 사람들이 나를 알아보지 못하니까 대중교통을 탈 수 있어요. 또한 영화를 만들 때도 도움이 됩니다. 현장에서 작업할 수 있게 되는 거죠. 사람들이 나나 배우들을 알아보지 못하기에 촬영을 할 수 있는 거예요."

소규모 스태프로 이루어지는 촬영과 최신 장비 사용은 87세의 노장 감독에게 전형적인 상황이다. "나는 항상 신기술에 관심이 있었습니다"라고 그는 주장한다. "심지어 〈카이에 뒤 시네마〉 이전에 쓴 나의 첫 평론은 '르뷔 뒤 시네마'라는 매거진을 위한 것이었는데 흑백 대신 컬러를 사용하는 것에 관한 글이었어요. 당시에는 사람들이 흑백을 선호했지만, 나는 컬러와 현장 동시녹음도 좋아했죠."

언급하기 슬프지만 그는 〈아스트레와 셀라동의 사랑〉이 자신의 마지막 작품이 될 것 같다고 넌지시 암시한다. "다른 영화를 만들 계획은 없습니다. 이제 영화를 만드는 것은 내게 쉬운 일이 아니에요. 요즘 들어서는 젊었을 때보다 영화를 준비하는 데 훨씬 더 시간이 많이 들어요."

만약 이것이 그의 마지막 영화가 된다면, 지난 반세기의 누구보다 더 위대한 고전 예술가 중 한 명의 작업이 막을 내리는 셈이 될 것이다.

# 구상의 기억

필리프 포벨·노엘 에르프 — 2010

**1955년에 발표하신 일련의 평론들('셀룰로이드와 대리석'이라는 제하에 발표)에서 미술이 단연 20세기의 위대한 예술이라고 주장하셨습니다. 왜 미술의 이런 예술적 확장을 특별하다고 보시죠?**

미술은 19세기 후반과 20세기 초반의 위대한 예술이었어요. 그 시기의 다른 어떤 예술 분야와도 비교할 수 없을 정도로 완전히 재생의 기운으로 넘쳤기 때문이죠.

시는—데카당하지는 않았지만—다소 얄팍해지고 말았어요! 19세기에 들어서면서 시는 빛을 잃었고, 스스로 의미를 찾으려 했지만 그 안에서 맴도는 경향이 있었던 것 같아요. 그리고 시간이 갈수록 영감을 잃고 있죠. 새로운 형식들을 찾아내

---

〈포지티프〉 2010년 4월 호. 허가를 받아 옮겨 수록함.

에릭 로메르

기는 했으나 그것들을 온전히 활용하는 데 실패했습니다.

음악의 경우 대중음악과 엘리트 음악으로 점점 더 양분되고 있어요. 녹음이 가능해진 덕택에 누구나—악보를 못 읽거나 악기를 다루지 못하는 사람들조차—음악을 향유할 수 있다는 것은 분명한 발전입니다. 그러나 동시대 음악은 점점 더 밀폐된 세계로 향하고 있어요.

그래요, 20세기에 대중을 지속적으로 끌어당긴 것은 미술이었다고 생각합니다. 비록 미술이 어려운 데다 사실주의적 재현과는 별도로 성장했음에도 말이죠. 그리고 대중은 여전히 미술에 매력을 느끼고 있어요! 이런 이유로 미술이 20세기의 예술인 것입니다.


**또 다른 개념도 옹호하셨습니다. '추상의 비중이 늘어나면서 미술은 현실을 다른 방식으로 발견, 즉 재발견할 수 있게 해준다'라는 개념 말이죠.**

역설이에요! 내가 여전히 그렇게 생각하는지는 잘 모르겠습니다. 미술은 인상파, 야수파 그리고 심지어 입체파의 시기에도 그런 힘을 가졌을 거예요. 그러나 그 후로 미술은 그런 종류의 역할에서 벗어났습니다. 일례로 나는 칸딘스키 같은 추상화가들이 우리가 보통 지각하는 것처럼 실제 세계의 면면들을 보여주는지, 그들이 우리 앞의 세계와 깊은 연관을 맺고 있는지 잘 모르겠습니다. 이제 당시의 내 주장을 더 이상 그렇게까지 밀어붙이리라고는 생각하지 않아요.

**현대미술을 어떻게 발견하셨나요?**

복제품들을 통해 발견했습니다. 독일 군대의 입성을 피해 파리 시민들이 피난 간 남프랑스의 한 마을에서였어요. 상황이 너무나 압도적이었기에, 그런 시기에는 사람들이 단지 당시의 눈앞의 문제들에만 관심을 가질 것이라고 당연히 생각했을 거예요! 나는 우연히 콕토의 드로잉이 전시되어 있던 서점 앞을 지나고 있었어요. 재미있는 작품이라고 생각했죠. 콕토가 그 지역에 와 있어서 멀리에서 그를 본 적이 있었습니다. 하지만 그는 진정한 화가는 아니에요…….

그런데 내가 이름을 들어서 알고 있는 다른 화가의 작품집도 그곳에 있었습니다. 그때까지는 그 작품집을 훑어볼 기회가 없었고 사기엔 너무 비쌌죠. 그 화가가 바로 반 고흐였고, 정말 기뻤죠! 잠시 후 다른 마을의 서점을 뒤적이다가 평론가 장 카수가 서문을 쓴 피카소 작품집을 발견했습니다. 한 구절을 읽었는데 정말 충격적이었어요. "피카소는 우리 시대에 있어서 가장 위대한 형식의 창조자다." 그 문장은 히치콕에 대해 쓴 책에서 내가 사용한 문장이었어요. "히치콕은 영화에 있어서 가장 위대한 형식의 창조자다." 오늘날 그때만큼 내가 피카소에 넋을 잃게 될지는 모르겠습니다. 그러나 당시에는 매우 격렬한 감동이었죠! 고전적인 미술보다 더 마음에 들었습니다. 고전 미술을 많이 존경했었죠. 렘브란트나 라파엘로의 수채화들을 모방하려고 노력했는데, 아주 볼품없었습니다. 격자를 썼는데, 그러면 어느 정도 정확하게 그릴 수 있었어요. 그러나 피카소에게서 받은 영향은 전혀 달랐어요! 나중에 다시 같은 마을의 서점에서—전쟁 중에는 미술책들이 상당히 많았었죠—마티스 말기 작품들의 복제본들을 봤습니다. 놀라운 느낌을 받았어요. 피카소를 더 좋아하는지 마티스를 더 좋아하는지 자문해봤죠. 결국 둘 모두를 좋아할 수 있으리라는 생각이 들었어요. 어쨌든 둘은 서로 알고 지냈고 서로를 존중했어요. 그들의 그림은 너무나 달랐지만요.

**아이들은 마티스의 '파피에 콜레'**직역하면 풀을 바른 종이라는 뜻. 장식적이거나 프린트된 종잇조각들을 캔버스에 붙여 만든 콜라주의 일종이다. 마티스가 말년에 자신의 작품에 종이를 오려 붙여 제작한 작품이 한 예다─원주 **테크닉을 제대로 평가할 수 없을 것이라고 쓰셨는데요……**.

좋아할 수는 있겠지만 그 가치까지 깊이 있게 평가할 수는 없습니다. 그래서 나는 피카소미술관에 아이들을 데려가는 데 동의하지 않아요. 네, 아이들은 그것을 좋아하지만, 미술교육을 전혀 받지 않아서 단지 피상적으로만 감상할 뿐이에요. 피카소에게 정당성을 부여하는 것은 라파엘로입니다. 화가의 첫 번째 소임은 사진적 모방이에요. 물론 미술에는 사진 이외의 무엇인가 존재합니다. 그러나 예술이 만약 르네상스 시대에 성취된 그런 사진적 복제의 극한—라파엘로, 베로네세, 티치아노 같은 위대한 이탈리아 화가들, 그 후는 렘브란트와 루벤스의 작품들을 통해 이미 현실을 변형하고 있었던 17세기에 나타났고, 이어서 18세기 매너리즘 화가들이 뒤를 이었으며, 들라크루아와 더불어 다시 태어난 후 마네의 등장과 함께했고, 현대미술에서 보이는 화가들—까지 가보지 않았더라면, 만약 그 위대한 미술 운동이 존재하지 않았더라면, 피카소는 결코 그런 생각을 할 수 없었을 것입니다. 15세 때 했던 것처럼 고도로 사실주의적인 그림들—다른 한편으로 그 그림들은 비록 전혀 독창적이지는 않아도 아주 아름다워요—을 계속 그리고 있었겠죠.

**그런데 피카소의 가치를 알려면 그 모든 교양이 정말 필요한가요?**

교양이 없다면 어떻게 피카소를 제대로 평가할 수 있을지 나는 모르겠어요. 피카소는 늘 무식한 사람들—그러니까 부르주아라고 해도 되겠죠—의 증오 대상이었습니다. 그들은 표현주의는 인정했지만 피카소는 도리를 벗어났다고 봤어요! 그의 그림에는 평범한 사람들을 불편하게 하는 무엇이 존재합니다.

한편 라파엘로는 오늘날 다소 평판을 잃었지만, 19세기가 시작될 무렵 위대한 화가였어요. 일반적인 관점에서 모든 미술에

에릭 로메르

는 가치가 있고, 심지어 원시파에 속하는 반에이크나 멤링도 마찬가지예요. 이들이 그림을 그리는 법을 알았다는 것은 사실입니다! 이제는 라파엘로처럼 그림을 그리는 게 더 이상 불가능하며, 티치아노, 틴토레토 혹은 렘브란트처럼 그리는 것은 더더욱 불가능해요……. 우리가 경탄하는 대상은 바로 그 점, 즉 그들이 구사했던 기교가 아니라 그 재능이에요. 피카소에 대해 사람들은 "나도 저렇게 할 수 있었을 거야"라고 말하지만, 그렇게 쉽지 않습니다.

개인적으로 내가 그의 작품에서 좋아하는 것은 구도에 대한 거의 고전적인 감각, 조화로움 그리고 음악성입니다. 프랑스에서는 물론 해외에서도 나는 현대미술의 끔찍한 예들을 봤어요. 프라하의 한 미술관을 방문한 기억이 나는데 그곳에는 끔찍함밖에 없었죠. 그런데 그 끔찍함의 한복판에 세잔이 그린 초상화가 한 점 있었어요. 그것은 숭고했고, 그게 바로 미술이에요! 나머지 그림들은 아무것도 아니었죠.


**입체파에도 애정을 갖고 계시다고요.**

입체파는 하나의 유행, 순간, 과정이었죠……. 입체파로 영원히 남지 않은 데 대해 신께 얼마나 감사한지! 내가 흥미롭게 여기는 것은 입체파가 세잔에게서, 즉 그의 기하학적 형태들을 이용한 공간의 구분에서 탄생했다는 사실입니다. 그러므로 아마

세잔을 좋아하기 위해서는 입체파를 알아야 할지도 모르죠. 세잔의 위대함은 틴토레토나 엘 그레코 같은 르네상스 말기의 위대한 화가들에게 빚진 바 있지만, 그의 후대 화가들 덕분이기도 합니다. 현학적으로 들릴지 모르겠지만, 나는 역사가가 되지 않고서는, 즉 과거나 미래의 작품들과 비교하면서 판단하지 않고서는 오늘날 예술을 사랑할 수 없다고 생각해요.

**하지만 구상의 전통을 따르는 미술에 그다지 관심이 없으시잖아요. 그것이 기존의 미술과는 다른 초현실주의 미술이라 할지라도 말이죠.**

초현실주의는 그저 재미예요. 그림이 아니라 데생인 경우가 잦아요. 마그리트처럼 몇몇 재능 있는 화가들이 있긴 하지만 매우 제한적이에요. 다른 이들은, 막스 에른스트처럼, 그저 내 관심 밖이에요. 달리는 지적인 사람이었고 매우 창의적이었습니다. 그는 머리가 좋았지만 위대한 화가는 아니었어요. 샤갈은—비록 초현실주의와 단지 관계만 맺었지만—귀엽죠……. 그 이상 할 말은 없어요. 그렇긴 해도 초현실주의 문학에 비하면—내가 좋아하는 엘뤼아르 그리고 어떤 경우에는 아라공을 제외하면—미술은 덜 비판하려고 해요. 그래요, 초현실주의는 정말 내 취향이 아닙니다.

**드스타엘이나 폴록 같은 비구상파를 좋아하세요?**

에릭 로메르

니콜라 드스타엘은 마지막 화가였습니다. 그 이후에는 더 이상 미술이 존재하지 않죠. 내게는 그렇게 보여요. 그는 감동적입니다. 그러나 폴록은 아니에요―그리고 나는 미국 회화를 좋아하지 않아요. 호퍼는 예외지만요. 미국회화는 아주 미미하죠.

**〈수집가〉의 실내는 데이비드 호크니와 비교된 바 있습니다…….**

그러지 못할 이유는 없잖아요? 어떤 화가와 비슷하다고 보는 것은 늘 가능하죠. 데크플레이트 같은 근대적인 요소들 때문에 〈해변의 폴린느〉도 호크니와 비교될 수 있을 거예요. 수영장을 촬영하면 자동적으로 호크니를 떠올리게 되죠. 그가 수영장을 많이 그렸으니까요. 그러나 마티스나 피카소의 그림들만큼 중요한 그림은 아니라고 생각해요.

내가 좋아하던 또 다른 화가이자 예술에 대해 흥미로운 글을 쓴 사람이 파울 클레입니다. 그럼에도, 방금 언급한 다른 화가들과는 반대로 그의 그림들은 딱 한 번 보는 것으로 족해요. 그 그림들과 함께 살 수는 없어요. 그것들은 나와 좀 더 거리감이 있어요―'이방의 것foreign'은 아니고 '거리감distant'이라고 하겠어요.

**프랜시스 베이컨은요?**

프랜시스 베이컨은 혐오감을 느끼게 합니다. 그리고 혐오감을 일으키는 것에는 흥미를 느끼지 못합니다. 끔찍해요. 어떻게 사람들이 베이컨을 좋아할 수 있는지 이해가 안 가요. 아마 내 마음이 좁은 것일 수도 있겠지만, 최소한 솔직히 말하는 거예요.

**고야에 대해서도 똑같이 말할 수 있을 것입니다. 둘 다 추함을 그렸어요.**

네, 그러나 고야는 추함에서부터 꽃들을 이끌어내죠. 다음과 같이 보들레르가 썼던 것처럼……. '고야, 낯선 것들로 가득한 악몽/ 마녀들이 잔치판에서 삶는 태아들이며/ 거울 보는 늙은 여인들과 악마를 유혹하려고/ 스타킹을 추어올리는 벌거숭이 소녀들'보들레르의『악의 꽃』중「등대들」의 일부. 고야에게는 위대한 아름다움이 있고, 그것은 아름다운 추함입니다.

반면 베이컨에게서는 그런 아름다움을 찾아내지 못했어요. 아마 그를 나중에야 만났기 때문인지도 모릅니다. 이미 그때는 애초에 혐오감을 일으키는 것들에 예민하게 반응하는 게 더 어려워졌죠. 그러나 아무리 노력한다 해도 내가 베이컨을 좋아할 수 있으리라고 생각하지는 않아요. 불구들을 보는 것만큼이나 소름이 돋아요. 자비심이 없는 탓이겠지만, 얼굴에 뭔가 빠지면 엄청나게 불편해져요.

**감독님께 회화적 아름다움이란 우선적으로 모델에게서 나옵니다.**

미술은 현실을 모방하고자 하는 욕망, 모델에 대한 찬미에서

에릭 로메르

부터 탄생했습니다. 나는 피카소가 위대한 초상화가였다는 것이 여전히 맞다고 생각해요. 그는 그림은 물론 데생으로도 고전적이고 찬탄할 만한 초상들을 남겼습니다. 마티스의 작품들에도, 훨씬 사진적인 면이 떨어지긴 해도, 유사성의 감각이 어느 정도 존재합니다. 클레, 칸딘스키 혹은 몬드리안의 경우, 그들이 순수한 추상에 몰입한 것은 구상미술을 해본 후 자신들이 바로 직전의 선구자들보다 더 현대적이라고 할 만한 그 어떤 것도 하고 있지 않다고 깨달은 후였습니다.

유서 깊은 조형미술학교들에서 가르치는 것처럼 구상적인 그림을 그릴 능력이 없다면 추상에 착수할 수 있으리라고 생각지 않아요. 추상에는 항상 구상의 기억이 존재합니다. 그렇지 않으면 그것은 순전한 장식일 뿐이에요. 그림이 현실과 어떤 접촉도 없으면 그것은 더 이상 존재하지 않아요. 그리고 그런 상황이 일어난 것이죠. 벽 위에서든 화폭에서든 미술은 사라져버렸습니다. 이제는 설치물들이 존재하죠. 그것들은 단지 현실과 관련이 없을 뿐만 아니라 그들 자신이 현실입니다.

평범한 일상을 향한

거장의 깊이 있는 시선

에릭 로메르를 내가 자주 접하게 된 것은 2000년대 초, 파리에서였던 것 같다. 그에 대해 뚜렷하게 인식하게 된 때가 그쯤이었을 것이다. 당시 영화를 공부하던 나는 프랑스가 자랑하는 1950년대 말 영화 운동 '누벨바그'에 뿌리를 둔 로메르의 세계적인 위상을 피부로 느낄 만한 환경에 둘러싸여 있었다. 도서관에 빼곡한 영화 관련 책들, 시네마테크 프랑세즈와 라탱 구역에 포진한 예술영화 전용관들에서 정기 상영되는 로메르의 영화들, 다양한 영화 전문지에 실리는 기사와 특집 등. 로메르는 이미 영화사에 한 획을 그은 거장으로 등극해 있었고, 초짜 영화학도로서 당연히 우러러볼 수밖에 없는 저 높은 영화의 판테온에 자리 잡고 있었다. 게다가 노익장을 과시하며 꾸준히 신작을 내놓기까지 했으니, 살아 있는 신화였던 셈이다.

국내에서도 로메르는 생전에 이미 영화사에 큰 족적을 남긴 시네아스트로서 소개됐다. 서울아트시네마를 위시한 국내 시네마테크들이 일찍이 그의 연작 '도덕 이야기'나 '사계절 이야기' 등을 특별전이나 회고전 형식으로 보여주었고, 타고난 이야기꾼이자 소규모 독립 제작 방식을 고수해온 그의 예술가다운 면모를 전파했다. 내가 다른 거장 감독들보다 특별히 로메르를 더 깊이 존경했다고 말할 수는 없겠지만, 2010년 90세의 나이로 그가 현장을 떠났을 때 가슴 한쪽이 시려오는 듯 느껴진 것은 사실이다. 그것은 아마도 영화가 삶이었던 노장 감독의 영면과 더불어 막을 내릴 영화의 한 시대가 벌써부터 그리워지기 시작했기 때문일 것이다. 이제 누벨바그로부터 갈라져 나온 감독 가운데 생존한 사람은 고다르뿐이다.

에릭 로메르를 소개할 때 자연스럽게 뒤따르는 수식어로 〈카이에 뒤 시네마〉(이하 〈카이에〉)와 '누벨바그'를 들 수 있다. 〈카이에〉의 평론가들이 누벨바그를 창시했기에 둘은 동체로 출발했다. 로메르는 장뤽 고다르, 프랑수아 트뤼포, 자크 리베트, 클로드 샤브롤 등과 함께 〈카이에〉의 초기 편집진에 속했고, 또래였던 앙드레 바쟁의 사망 후에는 편집장 자리를 이어받아 1957~1963년 이 유서 깊은 영화 월간지를 이끄는 중대한 역할을 수행한 바 있다. 그 시절 로메르가 〈카이에〉에서 겪은 '고난'은 그의 성정과 향후 작품 경향을 예견케 한다. 고다르나 트뤼포처럼, 함께 〈카이에〉 평론가로서 출발한 동료들이 감독으로 데뷔한 후 칸영화제 등에 소개되면서 두각을 나타내고 세계 영화계에 누벨바그와 영화의 혁신을 전파할 무렵, 로메르는 상대적으로 빛을 보지 못한 채 문학에 뿌리를 둔 격식 있고 보수적인, 그리고 저항보다는 예술로서의 영화에 대한 미적 취향이 반영된 글쓰기를 고집스럽게 이어갔다. 이를테면 이 책에서도 언급된 「셀룰로이드와 대리석」이라는 다섯 편의 글은 영화와 타 예술의 관계를 다룬 평론으로, 로메르의 학구적이고 예술 지향적인 성향에 대한 반증이다. 결국 로메르는 정치 운동으로서 영화를 부르짖던 동료들의 비판 속에 1963년 쫓겨나듯 리베트에게 편집장 자리를 내주게 되지만, 영화의 예술성에 천착한 그의 뚝심만은 세월이 흐르면서 작품을 통해 인정받았다.

〈카이에〉와 '누벨바그'가 로메르라는 세계로 안내하는 첫 관문으로서 손색이 없긴 하나, 그의 영화 세계를 깊이 이해하는 데는 역부족이다. 로메르는 〈사자자리〉 등 초기 몇 편을 제외하면 누벨바그의 틀로 한정되지 않는 연작 형식의 영화들을 만들었고, 심지어 〈갈루아인 페르스발〉이나 〈영국 여인과 공작〉 같이 문학에 토대를 둔 시대극도 연출했다. 물론 이 책의 인터뷰들에서 '막간'으로 규정되는 다소 예외적인 시대극들을 제외한다면, 연작을 비롯한 그의 작품 상당수를 관통하는 관심사는 남녀 간의 삼각관계이다.

특히 두 여자 사이에서 방황하는 한 남자라는 설정이 반복되면서도 다양한 변주의 리듬을 타는데, 이런 설정은 한 여자가 두 남자를 오가며 고민하는 상황으로 전환되기도 한다. 이러한 반복과 변주의 남녀삼각형을 접하면서 나는 홍상수 감독을 떠올린 적이 종종 있다. 아마 나 말고도 이 두 감독 간의 연결 고리를 가늠하는 이들이 더 있으리라고 본다. 로메르 영화에 등장하는 여성들의 반감을 살 만한 프랑스 남자들과, 그에 절대 뒤지지 않을 홍상수 영화의 괴로워하는 한국 남자들은 얼핏 하나의 교집합으로 묶일 수 있을 듯하다. 이 책에 드러난 영화 안 인물들의 방황과 최종 선택을 둘러싼 로메르의 속내는 그런 점에서 참으로 흥미롭다. 로메르는 인터뷰를 통해 자신의 남자 주인공이 독립적이고 자유로운 '새로운 여자'의 유혹에서 벗어나 결국 처음의 지점, 즉 애초의 여자(아내 혹은 약혼녀)에게로 회귀하는 것의 의미에 대해 말하고 있으니 관심 있는 이들은 꼭 한번 찾아볼 일이다. 광활한 태평양을 사이에 두고 있는 프랑스와 한국의 두 감독이 서로를 알았는지는 모를 일이지만, 남녀의 삼각관계라는 보편적 문제의식을 공유하고 그것을 자기 영화에서 처절하게 파고든다는 점에서 둘은 조우한다. 또한 같은 스타일로 같은 이야기를 반복한다는 점과 저예산으로 독립영화를 찍는 '가벼운' 제작 방식이 두 감독을 닮은꼴로 빚어냈다는 것은 물론 여전히 유효하다. 그럼에도 그들의 남자 주인공은 출발점과 종착점에 있어서 약간 차이가 있다는 것이 당분간 내가 간직할 결론이다. 방황이 어떤 모티프에서 시작되는지와 선택이 결말에 개입하는지에 있어서 두 감독의 인물은 나뉘는 듯 보이기 때문이다.

『에릭 로메르』에 실린 인터뷰들은 로메르의 영화에 이미 매료된 이들에게는 그의 작품에 한층 가까이 다가갈 수 있는 문을 열어주는 열쇠와도 같을 것이다. 독자들은 배우나 촬영감독과의 협업과 각자의 역할, 시나리오 작업 및 음악과 색의 사용, 현장의 우연성에 대처하는 자세 등 좋아하는 감독의 창작의 비밀을 달콤한 사탕을 조금씩 핥아 먹듯 알아가는 재미가 쏠쏠할 것이다. 또한 영화를 여전히 예술로 존중하는 많은 이들에게 이 인터뷰는 한 세기를 풍미한 시네아스트의 삶과 생각을 접하며 영화와 인생을 다시금 반추할 수 있는 기회를 제공하는 보편적 가치를 지닌다.

고백건대 에릭 로메르는 내가 열렬히 추종하는 감독은 아니었다. 장르에 경도됐던 내게는 애초부터 그가 고다르나 트뤼포 같은 여타의 누벨바그 감독들보다 덜 매력적으로 여겨졌다. 그것은 그의 많은 영화들이 특별한 형식적 기교, 시각적 쾌락을 제공하는 비주얼이나 파격적인 화면구도보다는 대사 중심의 일상성과 문학성을 구축하기 때문일 것이다. 번역이 끝나고 책의 출간을 앞둔 지금, 나는 이 책을 이런 예전의 나와 비슷한 생각을 품은 이들에게 가장 먼저 권하고 싶다. 『에릭 로메르』는 평범해 보이는 일상과 뻔한 듯한 남녀 문제의 이면에 깔린 내면의 깊이, 이를 받쳐주는 영화 제작의 절실함으로 우리를 인도하기 때문이다. 개인적으로 로메르의 영화에 있어서 날씨와 풍경의 중요성, 그리고 "자연에 대한 사랑으로 이끈 예술이 영화"라는 그의 언급이 가장 인상적으로 남는다.

『에릭 로메르』가 드디어 국내 독자들과 만나게 된다니 반갑다. 국내에 이 거장에 대한 실속 있는 자료가 희귀한 실정이라 더욱 그렇다. 이 책은 영어와 프랑스어로 행해진 인터뷰들을 한데 모은 영어본을 토대로 번역한 데다, 구어 텍스트이다 보니 맥락상의 애매함을 띠는 부분들이 있다. 번역상 미비한 점들이 발견된다면 독자의 넓은 아량에 기댈 수밖에 없을 것 같다. 그저 생생하게 느껴지는 현장감과 따라가며 읽는 재미로써 덮어 주시길 바랄 뿐이다. 이 책이 나오게 되기까지 많은 분들의 노고가 있었다. 특별히, 부족한 역자에게 소중한 책의 번역을 맡겨주신 마음산책에 감사의 말을 전한다. 마지막으로 이 책이 내게 그랬던 것처럼 많은 이들을 로메르의 영화를 보고, 다시 보고 싶은 강렬한 욕구로 이끌 수 있기를 희망한다.

2017년 3월

이수원

# 주요 인터뷰

에릭 로메르는 인터뷰에 자주 응하는 편이었고 자신의 영화가 개봉될 무렵 프랑스에서 주요 언론과 종종 인터뷰했다. 이 책에는 〈해변의 폴린느〉 개봉에 맞춰 이뤄진 〈리베라시옹〉과의 인터뷰가 들어 있다. 아래 목록은 주요 영화 전문 저널들과 프랑스어로 행해진 인터뷰들, 책과 텔레비전을 통해 행해진 몇몇 인터뷰들 및 영어로 이루어진 가장 중요한 인터뷰들이다. 밑줄로 표시한 것은 이 책에 수록된 인터뷰들이다. 한국어판에서는 몇몇 기사의 제목을 수정했기에 아래 해외 인터뷰 기사의 제목과 일치하지 않는 경우도 있다.


## 프랑스어 인터뷰

영역본이 있는 경우 관련 정보를 제공하였다.


### 〈카이에 뒤 시네마〉 인터뷰

**172(1965)**       장클로드 비에트·자크 봉탕·장루이 코몰리, 「에릭 로메르와의 인터뷰 : 오래된 것과 새것」

**219(1970)**       파스칼 보니체·장루이 코몰리·세르주 다네·장 나르보니, 「에릭 로메르와의 새 인터뷰」 *영역본 제목 New Interview with Eric Rohmer, in *Senses of Cinema* no.54(2010), translated by Daniel Fairfax

**323-324(1981)**  파스칼 보니체·세르주 다네, 「에릭 로메르와의 인터뷰」

**346(1983)**       파스칼 보니체·미셸 시옹, 「에릭 로메르와의 인터뷰」

**357(1984)**       장 나르보니, 「에릭 로메르와의 인터뷰 : 비평의 시간」 *영역본 제목 The Critical Years : Interview with Eric Rohmer, in Eric Rohmer, *The Taste for Beauty*(Cambridge University Press : 1989), pp.1-18,

# 주요 인터뷰

translated by Carol Volk

# 주요 인터뷰

653(2010)    노엘 에르프·필리프 포벨, 「나무, 로메르, 도서관 : 간행되지
             않은 에릭 로메르와의 인터뷰」 *653호(2010년 2월)는 로메르에
             대한 특별 헌정판으로 'Rohmer Forever'라는 제하에 로메르의
             영화제작 파트너들의 인터뷰 또한 일부 실었다.

## 〈시네마테크〉 인터뷰

67(1981)     필리프 카르카손·자크 피에스키, 「에릭 로메르와의 인터뷰」

73(1981)     필리프 카르카손·자크 피에스키, 「에릭 로메르 : 〈부드러운
             여인〉에서 발췌한 두 부분」

122(1986)    뱅상 오스트리아, 「즉흥적으로」

## 〈포지티프〉 인터뷰

309(1986)    제라르 르그랑·위베르 니오그레·프랑수아 라마스, 「녹색 광선,
             레네트와 미라벨의 네 가지 모험」

350(1990)    제라르 르그랑·프랑수아 토마, 「사계절 이야기의 시작」

372(1992)    올리비에 퀴르쇼, 「우연」

424(1996)    뱅상 아미엘·노엘 에르프, 「에릭 로메르와의 인터뷰 : 중요한 그
             무엇도 일어나지 않는 순간」

452(1998)    뱅상 아미엘·클레르 바세, 「에릭 로메르와의 인터뷰 : 데생에
             가까운 몸짓」 *영역본 제목 Eric Rohmer : Conte d'ete, translated
             by Pierre Hodgson in Walter Donohue and John Boorman, eds.,
             *Projections 9 : French Filmmakers on Filmmaking*(Faber and Faber : 1999),
             pp.13−21

# 주요 인터뷰

**518(2004)**      스테판 구데, 「에릭 로메르와의 인터뷰 : 소문 혹은
외화면영역<sup>hors-champ</sup>의 역사」

**523(2004)**      노엘 에르프, 「에릭 로메르와의 인터뷰 : 우리는 여전히 이미지
속에 있다」

**559(2007)**      필리프 포벨·노엘 에르프, 「시네아스트」

**590(2010)**      필리프 포벨·노엘 에르프, 「구상의 기억」[〈포지티프〉는 '로메
르, 자연스러움의 예술'이라는 제하로 로메르에 대한 기획자료
를 포함한 기념판을 제작했다(599호, 2011년 1월). 여기에는 로메르
와의 인터뷰는 없지만 그의 영화제작 파트너들과 한 여러 인터
뷰들이 들어 있다.]

## 기타 매체에 수록된, 프랑스어로 행해진 주요 인터뷰

**(1967)**      필리프 필라르, 「에릭 로메르와의 인터뷰」, 〈르뷔 뒤 시네마〉
210호

**(1973)**      J-R. 에티에, 「인터뷰 : 에릭 로메르가 말하는 그의 도덕
이야기들」, 〈세캉스〉 71호

**(1974)**      클로드 베일리, 「에릭 로메르 프로그램」, 〈에크랑〉 24호

**(1976)**      기 브로쿠르, 「에릭 로메르와의 인터뷰」, 〈에크랑〉 47호

**(1979)**      조엘 마니·도미니크 라부르댕, 「에릭 로메르와의 인터뷰」,
〈시네마 84〉 301호

**(1985)**      클로드 베일리·알랭 카르보니에, 「셀룰로이드와 스톤」, 〈아방센
시네마〉 336호

**(1986)**      앙드레 세아이, 「에릭 로메르와의 인터뷰」, 〈에튀드

# 주요 인터뷰

〈시네마토그라피크〉 146~148호

(1990) 다니엘 파라, 「에릭 로메르와의 인터뷰 : 도덕으로의 회귀」,
〈르뷔 뒤 시네마〉 459호

(1994) 클로드마리 트레무아, 「시네아스트, 도시, 건축가」, 〈텔레라마〉
2300호

(1996) 뱅상 레미·프랑수아 고랭, 「로메르 : 가장 젊은 프랑스
시네아스트」, 〈텔레라마〉 2421호

(2004) 프리스카 모리세, 「에릭 로메르와의 인터뷰」, 『역사와
시네아스트 : 두 에크리튀르의 만남』(Paris: L'Harmattan)

(2004) 노엘 에르프·시릴 네라, 「나는 곡언법 litote 을 믿는다 : 에릭
로메르와의 인터뷰」, 〈버티고〉 25호

(2006) 마리노엘 트랑샹, 「시네아스트의 시선 : 에릭 로메르와의
인터뷰」, 〈누벨 르뷔 디스투아르〉 23호

(2007) 프리스카 모리세, 「촬영의 예술적 기능」, 『로메르와 다른 감독들』,
Noël Herpe, ed.(Rennes: Presses Universitaires de Rennes), pp.185-200

(2007) 노엘 에르프·시릴 네라, 「촬영 포맷」, 『로메르와 다른 감독들』,
Noël Herpe, ed.(Rennes: Presses Universitaires de Rennes), pp.201-204

(2010) 세르주 다네·루엘라 앵테림, 「지나치게 개입하지 않고 사물의
자연스러운 움직임을 믿는 것」, 〈리베라시옹〉, 1월12일 (「로메르,
이야기의 결말」이라는 제목의 〈리베라시옹〉 기념판에 1983년의 인터뷰를
축소해서 실은 것. 로메르의 영화제작 파트너들과 행해진 다수 인터뷰가
포함됨)

# 주요 인터뷰

1993년, 오랜 설득 끝에 에릭 로메르는 장 두셰가 진행하는 텔레비전 인터
뷰에 응했다. 그 결과물은 이듬해인 1994년 '아르테' 채널에서 '우리 시대의 시
네아스트'(앙드레 S. 라바르트 연출)의 〈에릭 로메르 편―증거를 뒷받침하여〉에
방영되었다. 115분짜리 프로그램이었으며 로메르의 작업 방식에 대한 꼼꼼한
조사를 훌륭하게 해냈다.

## 주요 영어 인터뷰

**(1971)**       루이 노게이라, 「선택과 운」, 〈사이트 앤드 사운드〉 40호, p.3

**(1971)**       그레이엄 페트리, 「누벨바그, 시작」, 〈필름 쿼털리〉 24호, p.4

**(1973)**       비벌리 워커, 「도덕 이야기」, 〈위민 앤 필름〉 1호, pp.3-4

**(1976)**       개빈 밀러, 「아레나 : 에릭 로메르」, 10월 20일 BBC2에서 방영

**(1978)**       길버트 어데어, 「로메르의 페르스발」, 〈사이트 앤드 사운드〉 47호,
                 p.4

**(1982)**       파브리스 지올코브스키, 「희극과 격언」, 〈와이드 앵글〉 5호, p.1

**(1982)**       로베르 아몽, 장피에르 팔리아노, 「시나리오 및 영화 계획」, 〈리
                 터러처/필름 쿼털리〉 10호, p.4

**(2001)**       오렐리앵 페렌지, 「영국 여인과 공작」, 〈센시스 오브 시네마〉
                 16호

**(2008)**       버트 카둘로, 「사계절의 작가 : 에릭 로메르와의 인터뷰」,
                 〈프렌치 포럼〉 33호, p.3, 이 인터뷰는 페트리와의 인터뷰(1971)
                 및 페렌지와의 인터뷰(2001)를 재출간한 것이다.

# 연보

| | |
|---|---|
| 1920 | 4월 4일(종종 1920년 3월 21일로 알려지기도 함), 프랑스 튈Tull(종종 프랑스 낭시로 알려지기도 함) 출생. 어머니 마틸드 셰레, 아버지 뤼시앵 셰레 사이에서 장마리 모리스 셰레(본명)로 태어남. 남동생 르네는 1922년생으로 후에 철학자가 됨. |
| 1942~50 | 프랑스 낭시의 학교에서 문학을 가르침. |
| 1946 | 질 코르디에라는 가명으로 소설『엘리자베트』(Paris: Gallimard, 1946) 출간. |
| 1948 | 〈르뷔 뒤 시네마〉〈레 탕 모데른〉〈콩바〉〈오페라〉에 글이 실리기 시작함. |
| 1950 | 첫 번째 단편영화〈범죄자의 일기〉발표. 파리로 가서 자크 리베트, 장뤽 고다르와 함께〈가제트 뒤 시네마〉의 초대 편집장이 됨. |
| 1951 | 〈카이에 뒤 시네마〉에 평론과 리뷰를 쓰기 시작함. 〈샤를로트와 스테이크〉. |
| 1952 | 〈모범 소녀들〉촬영 시작. 미완성으로 남음. |
| 1954 | 〈베레니스〉. |
| 1956 | 〈크루이체르 소나타〉 |
| 1957~63 | 〈카이에 뒤 시네마〉수석 편집장을 역임함. |
| 1957 | 클로드 샤브롤과 공저로『히치콕』(Paris, Éditions Universitaires, 1957) 출간. *이 책은 1980년과 1986년에 스탠리 호슈만의 영역으로 『히치콕 : 초기 영화 44편』(Ungar, 1979)으로 재출간됨. |
| 1957 | 테레즈 바르베와 결혼, 향후 슬하에 아들 둘을 두게 됨. |
| 1958 | 〈베로니크와 그녀의 욕심〉. |

# 연보

# 연보

1976    〈O 후작부인〉 칸영화제 심사위원대상.

1977    『무르나우의 〈파우스트〉 공간 구성』로메르의 박사학위 논문—

        원주(Paris : UGE, 1977) 출간.

1979    〈갈루아인 페르스발〉 멜리에스상.

        가을 축제의 일환으로 낭테르의 테아트르데 자망디에Theatre des

        Amandiers 극장에서 클라이스트의 『하일브론의 케트헨』을 무대에

        올림. 파스칼 오지에와 파스칼 그레고리 주연. 1980년 8월 6일

        TV 방영됨.

1981    '희극과 격언' 〈비행사의 아내〉.

1982    '희극과 격언' 〈아름다운 결혼〉 세자르상

        최우수창작시나리오상 노미네이트.

1983    '희극과 격언' 〈해변의 폴린느〉 1983년 베를린국제영화제

        국제영화비평가연맹상FIPRESCI, 감독상(은곰상),

        보스턴영화평론가협회 최우수시나리오상, 멜리에스상.

1984    '희극과 격언' 〈만월의 밤〉 세자르상 감독상, 작품상,

        시나리오상 노미네이트, 멜리에스상.

        영화평론집 『아름다움의 취향』(Paris: Éditions de l'Étoile, 1984)

        출간. *영역본: The Taste for Beauty, 캐럴 볼크Carol Volk, Cambridge

        University Press, 1990

1986    '희극과 격언' 〈녹색 광선〉 베니스영화제

        국제영화비평가연맹상, 황금사자상.

        장루이 발레로의 「커피를 마셔라」의 팝뮤직비디오 연출(주연 :

        로제트, 파스칼 그레고리).

# 연보

| | |
|---|---|
| **1987** | 〈레네트와 미라벨의 네 가지 모험〉. |
| | '희극과 격언' 〈내 여자친구의 남자친구〉 세자르상 |
| | 시나리오상(창작/각색) 노미네이트. 〈내 여자친구의 남자친구〉의 |
| | 경쟁 부문 상영을 계기로 몬트리올영화제에서 '희극과 격언' |
| | 연작에 대한 특별상 수상. |
| | 파스칼 그레고리와 제시카 포드 주연으로 자신의 희곡『피아노 |
| | 3중주Le trio en mi bémol』를 테아트르 르노바로 극장에서 연출. |
| | 툴루즈의 스튜디오에서 연극이 녹화되어 1988년 5월 11일 |
| | TV에서 방영됨. |
| **1988** | 『피아노 3중주』(Arles : Actes Sud, 1988) 출간. |
| **1990** | '사계절 이야기' 〈봄 이야기〉. |
| **1992** | '사계절 이야기' 〈겨울 이야기〉 1992년 베를린영화제 |
| | 국제영화비평가연맹상 및 에큐메니컬 심사위원상 특별 언급, |
| | 베를린영화제 황금곰상 노미네이트. |
| | 발자크의『라 라부이외즈』(Paris : POL, 1992)의 개정판 서문을 씀. |
| **1993** | 〈나무, 시장, 메디아테크〉 몬트리올영화제 |
| | 국제영화비평가연맹상 특별상(비경쟁부문 상영). |
| **1995** | 〈파리의 랑데부〉. |
| **1996** | '사계절 이야기' 〈여름 이야기〉. |
| | 『모차르트에서 베토벤 : 음악에서 깊이의 개념에 대한 |
| | 에세이』(Arles/Paris : Actes Sud, 1996) 출간. |
| **1996-98** | TV 시리즈물 '생일Anniversaires'의 다수 프로그램 연출. |
| **1998** | '사계절 이야기' 〈가을 이야기〉 시카고영화평론가협회 |

최우수외국어영화상 노미네이트, 전미비평가협회 National Society of Film Critics Awards 최우수외국어영화상. 베니스영화제 황금사자상 노미네이트, 최우수창작시나리오상 및 세르지오 트라사티상 특별 언급

'사계절 이야기 Contes des quatre saisons'라는 제하에 시나리오집(Paris : Éditions de l'Étoile, 1998) 출간.

**1999** '희극과 격언' 시나리오집 1, 2권(Paris : Éditions de l'Étoile, 1998) 출간.

**1998-2004** TV 시리즈물 '모델'의 다수 프로그램 연출.

**2001** 〈영국 여인과 공작〉 유럽영화상 European Film Awards 감독상 노미네이트, 베니스영화제 평생공로상.

그레이스 엘리엇의 『프랑스 대혁명기 나의 일생기 Journal de ma vie durant la Révolution française 』(Paris : Éditions de Paris, 2001) 서문 집필.

**2004** 〈삼중 스파이〉 베를린영화제 황금곰상 노미네이트.

〈삼중 스파이〉의 시나리오(Paris : Éditions de l'Étoile, 2004) 출간.

파리 시네마테크프랑세즈에서 에릭 로메르 전작 회고전 개최.

**2007** 〈아스트레와 셀라동의 사랑〉 베니스영화제 황금사자상 노미네이트.

**2010** 1월 11일 파리에서 사망, 몽파르나스 묘지에 안장. 2월 8일 시네마테크 프랑세즈에서 〈클레르의 무릎〉 및 그를 추모하며 제작된 장뤽 고다르의 단편영화를 상영하는 행사가 개최됨.

# 필모그래피

이 필모그래피에는 장편영화와 단편영화(공동 연출작의 한 에피소드를 포함)를 구분하여 표시했다. 그래서 예를 들어 첫 두 편이 단편영화인 '도덕 이야기'는 연이어 소개되지 못했다. 에릭 로메르가 작업한 텔레비전 프로그램들은 포함되지 않았다. 〈녹색 광선〉은 극장 개봉 사흘 전에 페이TV 채널을 통해 개봉되었기에 법적으로 텔레비전 영화로 분류되나, 그럼에도 장편 극영화로 포함시켰다. 영어 제목은 영국이나 미국에서 개봉된 경우에 원제 옆에 병기했다. 영국 개봉 제목과 미국 개봉 제목이 다르면 둘 다 표기하되, 영국에서 개봉한 제목을 앞에 배치했다. 연도는 제작 연도보다 처음으로 일반 개봉된 연도를 표기했는데, 그것이 더 적절하다고 판단했기 때문이다.

영화별로 스태프 리스트를 디테일하게 열거함으로써 1980년대 중반 설립된 에릭 로메르의 제작사가 만든 영화들의 소규모 스태프 규모와 〈영국 여인과 공작〉이나 〈삼중 스파이〉 같은 보다 더 대규모인 스태프 규모의 차이를 강조하였다. 이 필모그래피는 〈카이에 뒤 시네마〉 〈사이트 앤드 사운드〉 그리고 노엘 에르프의 저서 『로메르와 다른 감독들』에 실린 필리프 포벨의 훌륭한 작업에서 얻은 정보를 통해 구축되었다.

용어에 대해서도 한 가지 언급한다면, 에릭 로메르는 '촬영cinematography'보다 '영상image'이라는 말을 선호했고(프리스카 모리세의 2004년 인터뷰 「촬영의 예술적 기능」에서 언급된 내용을 볼 것), 나는 그가 선호하는 표기 스타일을 따랐다 촬영감독을 표시할 때 아래 필모그래피에서는 한국어 관습에 따라 '촬영'으로 표시하되 원서에 'image'로 영역된 부분은 '촬영(영상)'으로 병기함.

# 필모그래피

## 장편영화

### 1952

**〈모범 소녀들Les Petites Filles Modèles〉**

감독: 에릭 로메르

시나리오: 에릭 로메르 *세귀르
　백작부인의 원작 소설을 토대로
　함.

기술 자문: 피에르 길보

촬영감독: 장이브 티에르스 *영상
　보조: 기 들라트르, 앙드레
　틱사도르

콘티: 실베트 보드로

음향: 베르나르 클라랑스 *음향 보조:
　앙드레 솔레르

녹음(리코더): 캉카드Cancade

편집: 장 미트리

제작: 파리영화제작콘소시엄, 기 드
　레(제작부장), 조세프 케케(보조)

출연: 마리엘렌 무니에(소피 팽시니),
　마르틴 레즈네(카미 드 플뢰르빌),
　안나 미종진느혹은 미슈즈 혹은
　미숑즈(마들렌 드 플뢰르빌), 카트린

클레망(마르그리트 드 로스부르),
조세트 생클레르(드 플뢰르빌
부인), 조제 두세(로스부르 부인),
올가 켄(팽시니 부인), 장이브
티에르스(위렌, 정육점 주인)

상영 시간: 미상(영화가 미완성작임)

촬영 포맷: 35밀리, 흑백, 1,33

### 1962

**〈사자자리Le Signe du Lion〉**

감독: 에릭 로메르 *보조: 장샤를
　라뇨, 필리프 콜랭

각본: 에릭 로메르 *대사 협력: 폴 제고프

촬영: 니콜라 아에르 *보조: 피에르
　롬, 알랭 르방, 로베르 카리스탕

콘티: 엘리 스테리앙

현장 제작: 장 라비

현장 사진: 앙드레 디노

사운드: 장 라뷔시에르 *보조: 르네
　부르디에

녹음(리코더): 크리스티앙 쿠르므

편집: 안마리 코트레 *보조: 모니크
　가야르, 모니크 테세르

# 필모그래피

음악: 루이 사게르

제작: 클로드 샤브롤(아짐 필름스), 장
코테(제작부장), 롤랑 노냉(보조),
이본 베네제크(행정 지원)

출연: 제스 한(피에르 웨셀랭), 미셸
지라르동(도미니크 로랑), 반
두드(장프랑수아 상퇴이), 폴
비실리아(윌리), 질베르 에다르(미셸
카롱), 크리스티앙 알레르(필리프),
폴 크로셰(프레드), 질
올리비에(카티), 소피 페로(크리스),
스테판 오드랑(집주인), 장 르
풀랭(부랑자), 말카 리보프스카(두
아이의 엄마), 마샤 메릴(7월
14일의 금발 소녀), 프랑수아즈
프레보(엘렌), 장뤽 고다르(음악
애호가), 장 도마르키, 엔리코
풀시뇨니, 페레둔 오베다, 조제
바렐라, 우타 태게르, 다니엘
크로엄, 베라 발몽, 얀 그로엘,
장마리 아르누, 가브리엘 블롱데

상영 시간: 100분

촬영 포맷: 35밀리, 흑백, 1,33

## 1967

〈수집가La Collectionneuse〉(여섯 개의
'도덕 이야기' 4)

감독: 에릭 로메르 *보조: 라즐로
벤코, 파트리스 드 바이앵쿠르

각본: 에릭 로메르 *대사 협력:
파트리크 보쇼, 에데 폴리토프,
다니엘 폼프뢰유

기술 자문: 프랑수아 보가르

촬영: 네스토르 알멘드로스

편집: 자클린 레날 *보조: 안 뒤보

음악: 블로섬 토즈, 조르지오 고메슬키

제작: 바벳 슈뢰더(레 필름 뒤 로상주),
조르주 드 보르가르(로마-파리
필름즈)

출연: 파트리크 보쇼(아드리앵),
에데 폴리토프(에데), 다니엘
폼프뢰유(다니엘), 알랭 주프루아(작가),
미자누 바르도(미자누), 아니크
모리스(아니크), 세이무르
헤르츠베르그 또는 외젠
아르셰(샴), 브리앙 벨쇼(에데의
애인), 파트리스 드 바이앵쿠르와

428

피에르리샤르 브레(자동차
안의 에데의 친구들), 도날드
카멜(생트로페의 소년), 알프레드
드 그라아프(길 잃은 관광객), 드니
바리(샤를리)

상영 시간: 90분

촬영 포맷: 35밀리, 컬러, 1.33

## 1969

### 〈모드 집에서의 하룻밤Ma Nuit chez Maud〉(여섯 개의 '도덕 이야기' 3)

감독 및 각본: 에릭 로메르 *알프레드
드 그라아프의 오리지널
아이디어를 각색함

촬영: 네스토르 알멘드로스 *보조:
엠마뉘엘 마슈엘

전기 및 카메라: 장클로드 가셰,
필리프 루슬로

미술감독: 니콜 라슐린

음향: 장피에르 뤼 *보조: 알랭 상페

편집: 세실 드퀴지 *보조: 크리스틴
르쿠베트

음향믹싱: 자크 모몽

음악: 모차르트

제작: 바벳 슈로더, 피에르 코트렐(레
필름 뒤 로상주), 알프레드 드
그라아프 / 피에르 그랭베르, FFP,
지마르 필름즈, 레 필름 뒤 카로스,
레 프로뒥시옹 드 라 게빌, 렌
프로덕션, 레 필름 드 라 플레야드,
레 필름 데 되 몽드

출연: 장루이 트랭티냥(화자),
프랑수아즈 파비앵(모드), 앙투안
비테즈(비달), 마리크리스틴
바로(프랑수아즈), 레오니드
코강(바이올린 연주자), 기 레제
신부(신부), 안 뒤보(금발머리 친구),
마리 베케르(마리), 마리클로드
로지에(학생), 클레르몽페랑의
미슐랭 공장 기술자들

상영 시간: 107분

촬영 포맷: 35밀리, 흑백, 1.33

## 1970

### 〈클레르의 무릎Le Genou de Claire〉(여섯 개의 '도덕 이야기' 5)

# 필모그래피

감독: 에릭 로메르 *보조: 클로드
베르트랑, 클로딘 귀유맹, 로렌
상토니

각본: 에릭 로메르 *알프레드 드
그라아프의 오리지널 아이디어를
각색함

촬영: 네스토르 알멘드로스 *보조:
장클로드 리비에르, 필리프 루슬로

전기 및 카메라: 장클로드 가셰, 루이
발타자르

콘티: 미셸 플뢰리

현장 제작: 알프레드 드 그라아프

현장 사진: 베르나르 프림

사운드: 장피에르 뤼 *보조: 미셸 로랑

편집: 세실 드쿼지 *보조: 마르틴 칼퐁

제작: 피에르 코트렐, 바벳 슈로더(레
필름 뒤 로상주)

출연: 장클로드 브리알리(제롬),
오로라 코르뉘(오로라),
베아트리스 로망(로라), 로랑스 드
모나강(클레르), 미셸 몽텔(발테르
부인), 제라르 팔코네티(질),
파브리스 루키니(뱅상), 산드로

프랑시나(춤추는 장면의 이탈리아인),
이자벨 퐁스(뤼생드)

상영 시간: 105분

촬영 포맷: 35밀리, 컬러, 1.33

## 1972

〈하오의 연정L'Amour l'après-midi〉(여섯
개의 '도덕 이야기' 6)

감독: 에릭 로메르 *보조: 클로드
베르트랑, 클로딘 귀유맹, 로렌
상토니

각본: 에릭 로메르

촬영: 네스토르 알멘드로스 *보조:
장클로드 리비에르, 필리프 루슬로

전기 및 카메라: 알베르 바쇠르,
페르낭 코케

미술감독: 니콜 라슐린

의상감독: 다니엘 엑토르보그

헤어 및 메이크업: 칼 무아상

현장 사진: 베르나르 프림

사운드: 장피에르 뤼 *보조: 미셸 로랑

편집: 세실 드쿼지 *보조: 마르틴 칼퐁

사운드믹싱: 자크 카레르

# 필모그래피

음악: 아리에 드지에를라크타

제작: 피에르 코트렐, 바벳 슈로더(레 필름 뒤 로상주), 콜롬비아

출연: 베르나르 베를레(프레데리크), 주주(클로에), 프랑수아즈 베를레(엘렌), 다니엘 세칼디(제라르), 맘비나 페(파비엔), 바베트 페리에(마르틴), 프레데리크 앙데르(M. 부인), 클로드장 필리프 쉬즈 랑달(유모), 티나 미셸리노(여행객), 장루이 리비(친구), 피에르 눈지(상점주인), 이렌 스코블린(상점주인), 실비아 바데스쿠(학생), 클로드 베랑(학생), 프랑수아즈 파비앵, 마리크리스틴 바로, 에데 폴리토프, 오로라 코르뉘, 로렁스 드 모니강, 베아트리스 로망(프레데리크의 꿈 속 여자들)

상영 시간: 98분

촬영 포맷: 35밀리, 컬러, 1.33

## 1976

〈O 후작부인The Marquise of O〉

감독: 에릭 로메르

각본: 에릭 로메르 *하인리히 폰 클라이스트의 소설을 각색함

역사 자료 수집: 에르베 그랑사르

촬영: 네스토르 알멘드로스 *보조: 장클로드 리비에르, 도미니크 르 리골뢰르, 베르나르 오루, 로즈위타 에케

전기 및 카메라: 장클로드 가셰, 조르주 크레티앵, 앙젤로 리지, 앙드레 트리엘리

미술 및 드레스: 로저 폰 묄렌도르프, 롤프 카덴, 헬로 거쉬와거, 베른하르트 프레이

콘티: 마리옹 뮐레르

현장 사진: 로즈위타 에케

사운드: 장피에르 뤼, 루이 지멜 *보조: 미셸 로랑

편집: 세실 드퀴지 *보조: 아니 르콩트

사운드믹싱: 알렉스 프론트

음악: 로제 델모트

# 필모그래피

제작: 클라우스 헬위크(야누스
 필름 프로덕션), 바벳 슈로더(레
 필름 뒤 로상주), 마르가레트
 메네고즈(제작부장), 조셸 지르시와
 아랄 보젤, 그외 아르테미스, HR,
 고몽
출연: 에디트 클레베르(쥘리에트
 후작부인), 브루노 강즈(백작),
 피터 뤼르(후작부인의 아버지),
 에다 세펠(후작부인의 어머니),
 오토 샌더(후작부인의 형제), 루트
 드렉셀(산파), 에소 위베르(짐꾼),
 베른하르트 프레이(레오나르도),
 에릭 로메르와 리샤르 로네(러시아
 장교들), 프란츠 피콜라와
 테오 드 마알(시민들), 토마스
 스트라우스(전령, 배달원 등),
 폴커 프라첼(신부), 마리옹
 뮐러와 하이디 뮐러(하인),
 페트라 마이어와 마누엘라
 마이어(후작부인의 딸들)
상영 시간: 100분
촬영 포맷: 35밀리, 컬러, 1.33

## 1978

⟨**갈루아인 페르스발**Perceval le
 Gallois⟩(Perceval)

감독: 에릭 로메르 *보조: 기 샬로
각본: 에릭 로메르 *크레티앙 드
 트루아의 원작을 각색함
촬영: 네스토르 알멘드로스 *보조:
 장클로드 리비에르, 플로랑 바쟁
전기 및 카메라: 장클로드 가셰,
 조르주 크레티앙
미술: 장피에르 코위스벨코 *보조:
 피에르 뒤케스네, 엠마뉘엘 페두지
헤어: 다니엘 무르그
무기 전문 담당: 클로드 카를리에즈
말 훈련 및 관리: 프랑수아 나달
현장 사진: 베르나르 프림
사운드: 장피에르 뤼 *보조: 자크
 피바로, 루이 지멜
편집: 세실 드퀴지 *보조: 질 렉스
사운드믹싱: 도미니크 엔캥
사운드효과: 조나단 리블링
음악: 기 로베르
제작: 바벳 슈로더(레 필름 뒤 로상주),

# 필모그래피

마르가레트 메네고즈(제작부장), 그
외 FR3, ARD, SSR, RAI TV, 고몽
출연: 파브리스 루키니(페르스발),
앙드레 뒤솔리에(가웨인), 솔랑주
불랑제(노래, 기타, 하녀, 귀부인
등), 카트린 슈로더(노래, 리베크),
프랑시스코 오로즈 쿠(노래, 뤼트,
중세 호른), 데보라 나탄(플루트),
장폴 라카동(노래, 중세 기록보관인,
무기 관련 기사, 하인 등), 알랭
세르베(노래, 중세 기록보관인,
광대, 대머리 신사, 하인, 기사 등),
다니엘 타타르(노래, 나무꾼,
이보네, 가랭, 신하, 순례자 등),
파스칼 오지에(노래, 하녀, 귀부인),
니콜라이 아루텐(노래, 하인, 기사),
마리 리비에르와 파스칼 제르베
드 라퐁(하녀들, 여자들, 가랭의
딸들), 파스칼 드 부아송(과부),
클레망틴 아무루(천막 속의
하녀), 자크 르 카르팡티에(거만한
남자), 앙투안 보(진홍의 기사),
조슬린 부아소(웃는 처녀),

마르크 에이토(아서왕), 제라르
팔코네티(케), 라울 빌르레(고르느몽
드 구르), 아리엘 동발(블랑슈플뢰르),
실뱅 르비냐크(안갱게롱), 클로드
재제르(탱타구엘의 티에보), 미셸
에체베리(성배 보관인), 프레데리크
세르보네(티에보의 장녀), 안로르
뫼리(짧은 소매 차림의 처녀),
프레데리크 노르베르(에스카발론의
왕), 크리스틴 리에토(왕의 누이),
위벨 지그누(은둔자), 장클로드
브리소, 리자 에레디아(장인들)
상영 시간: 138분
촬영 포맷: 35밀리, 컬러, 1.33

## 1981

〈비행사의 아내La Femme de
l'Aviateur〉('희극과 격언')
감독 및 각본: 에릭 로메르
촬영: 베르나르 뤼티크 *보조: 로맹
윈딩
현장 제작: 에르베 그랑사르
사운드믹싱: 도미니크 엔캥

# 필모그래피

음악: 장루이 발레로

제작: 마르가레트 메네고즈(레 필름 뒤 로상주)

출연: 필리프 마를로(프랑수아), 마리 리비에르(안), 안로르 뫼리(뤼시), 마티외 카리에르(크리스티앙), 필리프 카루아(친구), 코랄리 클레망(동료), 리자 에레디아(친구), 에데 카이오(금발 여자), 마리 스테판과 닐 샨(관광객들), 로제트(관리인), 파브리스 루키니(메르시야)

상영 시간: 104분

촬영 포맷: 16밀리를 35밀리로 블로업, 컬러, 1.33

## 1982

⟨아름다운 결혼Le Beau Mariage⟩('희극과 격언')

감독 및 각본: 에릭 로메르

촬영: 베르나르 뤼티크 *보조: 로맹 윈딩, 니콜라 브뤼네

그림: 알베르토 발리

그림이 그려진 실크: 제라르 델리뉴

골동품: 엘렌 로시뇰

현장 제작: 마리 부틀루, 에르베 그랑사르

사운드: 조르주 프라트 *보조: 제라르 르카

편집: 세실 드퀴지 *보조: 리자 에레디아

음악: 로낭 지르, 시몽 데 지노상

제작: 마르가레트 메네고즈(레 필름 뒤 로상주), 레 필름 뒤 카로스

출연: 베아트리스 로망(사빈), 앙드레 뒤솔리에(에두아르), 아리엘 동발(클라리스), 페오도르 아트킨(시몽), 위게트 파지에(골동품 상인), 타밀라 메즈바(사빈의 어머니), 소피 르누아르(리즈), 에르베 뒤아멜(프레데리크), 파스칼 그레고리(니콜라), 비르지니 테브네(신부), 드니즈 바일리(백작부인), 뱅상 코티에(클로드), 안 메르시에(비서), 카트린 레티(고객), 파트리크 랑베르(기차의 남자)

434

# 필모그래피

상영 시간: 97분

촬영 포맷: 35밀리, 컬러, 1.33

## 1983

**〈해변의 폴린느Pauline à la plage〉('희극과 격언')**

감독 및 각본: 에릭 로메르

촬영: 네스토르 알멘드로스 \*보조: 플로랑 바쟁, 장 쿠지

사운드: 조르주 프라트 \*보조: 제라르 르카

편집: 세실 드퀴지 \*보조: 카롤린 티벨

현장 제작: 마리 부틀루, 에르베 그랑사르 \*보조: 미셸 페리

사운드믹싱: 도미니크 엔캥

음악: 장루이 발레로

제작: 마르가레트 메네고스(레 필름 뒤 로상주), 레 필름 아리안

출연: 아망다 랑글레(폴린느), 아리엘 동발(마리옹), 파스칼 그레고리(피에르), 페오도르 아트킨(앙리), 시몽 드 라 부루스(실뱅), 로제트(루이제트),

마리 부틀루(마리), 미셸 페리(실뱅의 형제)

상영 시간: 94분

촬영 포맷: 35밀리, 컬러, 1.33

## 1984

**〈만월의 밤Les Nuits de la Pleine Lune〉('희극과 격언')**

감독 및 각본: 에릭 로메르

촬영(영상): 레나토 베라 \*보조: 장폴 토라이, 질 아르노

미술감독: 파스칼 오지에

가구: 뤼카스 일랭

의상: 도로테 비스(파스칼 오지에 의상 담당), 마리 벨트라미(비르지니 테브네 의상 담당), 미셸 카데스탱, 미셸 토라이

메이크업: 준비에브 페를라드

현장 제작: 장마르크 데샹 \*보조: 필리프 들레스트

사운드: 조르주 프라트 \*보조: 제라르 르카

편집: 세실 드퀴지 \*보조: 리자 에레디아

# 필모그래피

사운드믹싱: 도미니크 엔캥

음악: 엘리와 자크노, 폴 델메, 샤를 팔로

제작: 마르가레트 메네고즈(레 필름 뒤
　로상주), 레 필름 아리안

출연: 파스칼 오지에(루이즈),
　체키 카리오(레미), 파브리스
　루키니(올리비에), 비르지니
　테브네(카미유), 크리스티앙
　바댕(바스티앵), 라즐로 서보(카페의
　화가), 리자 가르네리(티나),
　마티외 쉬프만(루이즈의 동반자),
　안세브린 리요타르(마리안),
　에르베 그랑사르(베르트랑), 노엘
　코프만(스타니슬라스)

상영 시간: 102분

촬영 포맷: 35밀리, 컬러, 1.33

## 1986

### 〈녹색 광선Le Rayon Vert〉('희극과 격언')

감독: 에릭 로메르

각본: 에릭 로메르 *대사 협력: 마리
　리비에르

촬영(영상): 소피 맹티뇌

현장 제작: 프랑수아즈 에체가레

사운드: 클로딘 누가레

편집: 마리 루이자 가르시아(리자 에레디아)

특수효과: 필리프 드마르

사운드믹싱: 도미니크 엔캥

음악: 장루이 발레로

제작: 마르가레트 메네고즈(레 필름 뒤
　로상주) *지원: 문화부, 우정공보부,
　피에르 샤타르, 제라르 로몽

출연: 마리 리비에르(델핀)

　*파리 캐스트: 아미라
　셰마키와 실비 리셰(비서들),
　리자 에레디아(마누엘라),
　바질 제르베즈(하숙생),
　비르지니 제르베즈와
　르네 에르낭데즈(친구들),
　도미니크 리비에르(도미니크),
　클로드 쥘리앵(클로드),
　알라리크 쥘리앵(알라리크),
　레티시아 리비에르(비비시),
　이자벨 리비에르(이자벨),
　베아트리스 로망(베아트리스),
　로제트(프랑수아즈), 마르첼로

436

페추토(소녀들과 수다 떠는 남자),
이렌 스코블린(이렌) *셰르부르
캐스트: 에릭 암(에두아르),
제라르 케레, 쥘리 케레,
브리지트 풀랭, 제라르 를뢰,
릴리안 를뢰, 바네사 를뢰, 위제
푸트(프랑수아즈의 가족과 친구들)
*스키장 캐스트: 미셸 라부르(미셸),
파울로(파울로) *비아리츠
캐스트: 마리아쿠토팔라스, 이자
보네, 이브 두아이앵부르(수다
떠는 여자들), 프레데리크
귄터 크리슬랭(교수), 폴레트
크리스트랭(교수의 아내),
카리타(레나), 마크 비바스(피에로),
조엘 코마를로(조엘), 뱅상
고티에(역의 이방인)
상영 시간: 98분
촬영 포맷: 16밀리를 35밀리로 블로업,
컬러, 1.33

**1987**
**〈레네트와 미라벨의 네 가지 모험**Quatre

Aventures de Reinette et Mirabelle〉
감독 및 각본: 에릭 로메르
촬영(영상): 소피 맹티뇨
그림 준비: 조엘 미켈
사운드: 파스칼 리비에 *'블루 아워'
부분은 피에르 카뮈
편집: 마리 루이자 가르시아(리자 에레디아)
사운드믹싱: 폴 베르토
음악: 로낭 지르, 장루이 발레로
제작: 프랑수아즈 에체가레(CER),
마르가레트 메네고즈(레 필름 뒤
로상주)
출연: 조엘 미켈(레네트), 제시카
포드(미라벨) *'블루 아워' 캐스트:
우소 부부(이웃) * '카페의 소년들'
캐스트: 필리프 로덴바흐(웨이터),
프랑수아마리 바니에와 장클로드
브리소(행인들) *'거지, 도벽자,
사기꾼' 캐스트: 제라르 쿠랑과
베아트리스 로망(형사들), 야스민
오리(도벽광), 마리 리비에르(사기꾼),
에데 카이오(자비를 베푸는 부인),
데이비드 록세비지(영국 관광객),

# 필모그래피

자크 오프레(거지) *'그림의 판매'
캐스트: 파브리스 루키니(화랑
주인), 프랑수아즈 발리에와 마리
부틀루(방문객들)
상영 시간: 97분
촬영 포맷: 16밀리를 35밀리로 블로업,
컬러, 1.33

## 1987

⟨내 여자친구의 남자친구 L'Ami de
Mon Amie⟩ (My Girlfriend's Boyfriend /
Girlfriends and Boyfriends, '희극과 격언')
감독 및 각본: 에릭 로메르
촬영(영상): 베르나르 뤼티크 *보조:
사빈 랑슬랭, 소피 맹티뇌
현장 제작: 프랑수아즈 에체가레
사운드: 조르주 프라트 *보조: 파스칼
리비에
편집: 마리 루이자 가르시아(리자
에레디아) *보조: 안 물라엠, 아니크
위르스트
사운드믹싱: 도미니크 엔캥
음악: 장루이 발레로

제작: 마르가레트 메네고즈(레 필름 뒤
로상주) *앵베스티마주 참여
출연: 엠마뉘엘 숄레(블랑슈),
소피 르누아르(레아),
안로르 뫼리(아드리엔), 에릭
베이아르(파비앵), 프랑수아에릭
장드롱(알렉상드르)
상영 시간: 103분
촬영 포맷: 35밀리, 컬러, 1.33

## 1990

⟨봄 이야기 Conte de Printemps⟩(A Tale of
Springtime, '사계절 이야기')
감독 및 각본: 에릭 로메르
촬영(영상): 뤼크 파제스 *보조: 필리프
르노, 브뤼노 뒤몽
사운드: 파스칼 리비에 *보조:
뤼도비크 에노
편집: 마리 루이자 가르시아(리자
에레디아) *보조: 프랑수아즈 콩브
사운드믹싱: 장피에르 라포르스
더빙: 질 바스트, 파스칼
바스티앵쿨롱

# 필모그래피

음악: 베토벤, 슈만, 장루이 발레로

제작: 마르가레트 메네고즈(레
 필름 뒤 로상주), 프랑수아즈
 에체가레(제작부장) *에두아르
 지라르데(앵베스티마주) 참여

출연: 안 테세드르(잔), 위그
 케스테르(이고르), 플로랑스
 다렐(나타샤), 엘로이즈
 베네트(이브), 소피 로뱅(가엘), 마크
 를루, 프랑수아 라모르

상영 시간: 106분

촬영 포맷: 35밀리, 106분, 1,66

## 1992

〈겨울 이야기 Conte d'Hiver〉(A Tale of
 Winter, '사계절 이야기')

감독 및 각본: 에릭 로메르

촬영(영상): 뤼크 파제스 *보조: 필리프
 르노. 셰익스피어 연극 장면은
 모리스 지라르

셰익스피어 연극 장면의 의상:
 피에르장 라로크

사운드: 파스칼 리비에 *보조:

뤼도비크 에노

편집: 마리 스테판

사운드믹싱: 장피에르 라포르스

음악: 세바스티앵 에르므(에릭 로메르,
 마리 스테판)

제작: 마르가레트 메네고즈(레
 필름 뒤 로상주), 프랑수아즈
 에체가레(제작부장) *보조: 장뤽
 르볼(앵베스티마주-소피아르프),
 카날플뤼스

출연: 샤를로트 베리(펠리시),
 프레데리크 반 데르 드레시(샤를),
 미셸 볼레티(막상스), 에르베
 퓌뤼크(로이크), 아바 로라시(엘리스),
 크리스티안 데부아(펠리시의
 엄마), 로제트(펠리시의 누이),
 깅뤽 르볼(펜리시의 이복형제),
 에데 카이오(에드위지), 장클로드
 비에트(캉탱), 마리 리비에르(도라),
 클로딘 파랭고(고객) *셰익스피어
 연극 출연: 로제 뒤마(레옹테스),
 다니엘 르브랑(폴리나), 디안
 르프브리에(에르미온), 에드위지

# 필모그래피

나바로(페르디타), 프랑수아
로셰(플로리젤), 다니엘
타라르(폴리젠), 에릭 와플레르와
가스통 리샤르(귀족들), 마리아
쿠앵(플루트 연주자)

상영 시간: 112분

촬영 포맷: 슈퍼 16밀리를 35밀리로
블로업, 컬러, 1.66

## 1993

〈**나무, 시장, 메디아테크**L'Arbre , le
Maire et la Médiathèque〉혹은〈**7개의**
**우연**Les Sept Hasards〉(The Tree , the
Mayor and the Mediatheque)

감독 및 각본: 에릭 로메르

촬영(영상): 디안 바라티에

사운드: 파스칼 리비에

편집: 마리 스테판

음악: 세바스티앵 에르므(에릭 로메르,
    마리 스테판)

제작: 프랑수아즈 에체가레(CEF)

출연: 파스칼 그레고리(쥘리앵 드 숌),
    아리엘 동발(베레니스 보리바주),

파브리스 루키니(마크 로시뇰),
클레망틴 아무루(블랑딘 르누아르),
프랑수아마리 바니에(레지스르브랑
블롱데), 미셸 자우앵(앙투안
페르골라), 장 파르빌레스코(장
왈테르), 갈락시 바르부트(조에
로시뇰), 제시카 슈잉(베가 드 숌),
레몽드 파튀(비서), 마누엘라
에세(보모 일을 하며 집안일을 돕는
여자), 프랑수아즈 에체가레(로시뇰
부인), 솔랑주 블랑셰(시장의
비서), 마테 피요(양치기), 이자벨
프레보와 미셸 티소(예술가들),
자키 브뤼네(지방 유지), 마르탱
드 쿠르셀(철학자), 장클로드
퓌베르(학생), 쉬잔 토니(가게
주인), 가비 오쟁(은퇴한 여자), 미셸
베르나르(농부), 레미 루소(종치기)

상영 시간: 108분

촬영 포맷: 16밀리를 35밀리로 블로업,
    컬러, 1.33

# 필모그래피

---

## 1995

〈**파리의 랑데부**Les Rendez-Vous de
Paris〉(Rendezvous in Paris)

감독 및 각본: 에릭 로메르

촬영(영상): 디안 바라티에

그림들: 피에르 드 슈빌리

사운드: 파스칼 리비에

편집: 마리 스테판

음악: 세바스티앵 에르므(에릭 로메르,
마리 스테판)

제작: 프랑수아즈 에체가레(CEF)

출연: *'7시의 랑데부' 캐스트:
클라라 벨라(에스테르), 앙투안
바슬레르(오라스), 마티아스
메가르(소녀들과 수다 떠는
남자), 쥐디트 샹셀(아리시),
말콤 콘라트(펠릭스), 세실
파레스(에르미온), 올리비에
퓌졸(웨이터.) *'파리의 벤치들'
캐스트: 오로르 혹은 플로랑스
로셰(그녀), 세르주 렌코(그)
*'엄마와 아이, 1907년' 출연:
미카엘 크라프트(화가), 베네딕트

루아이앵(젊은 여자), 베로니카
요한손(스웨덴 사람)

상영 시간: 100분

촬영 포맷: 16밀리를 35밀리로 블로업,
컬러, 1.33

## 1996

〈**여름 이야기**Conte d'Été〉(A Summer's Tale,
'사계절 이야기')

감독 및 각본: 에릭 로메르

촬영(영상): 디안 바라티에 *보조:
자비에 토브롱

사운드: 파스칼 리비에 *보조:
프레데리크 드 라비냥

편집: 마리 스테판

음악: 필리프 에델, 세바스티앵
에르브(에릭 로메르, 마리 스테판)

제작: 마르가레트 메네고즈(레
필름 뒤 로상주), 프랑수아즈
에체가레(제작부장) *보조: 프랑크
부바와 바트사베 드레퓌스, 라
세트 시네마 *지원: 카날플뤼스,
소필름카

# 필모그래피

출연: 멜빌 푸포(가스파르), 아만다
랑글레(마고), 그웨나엘
시몽(솔렌), 오렐리아 놀랭(레나),
애메 르페브르(뉴펀들랜드섬의
사람), 알랭 갤로프(알랑 삼촌),
에블린 레아나(마이웬 숙모), 이브
게랭(아코디언 연주자), 프랑크
카보(레나의 사촌)

상영 시간: 112분

촬영 포맷: 35밀리, 컬러, 1.66

## 1998

⟨가을 이야기Conte d'Automne⟩(An
Autumn Tale, '사계절 이야기')

감독 및 각본: 에릭 로메르

영상(촬영): 디안 바라티에 *보조:
티에리 포르, 프랑크 부바,
베트사베 드레퓌스, 제롬
뤼크모제

사운드: 파스칼 리비에 *보조:
프레데리크 드 라비냑, 나탈리
비달

편집: 마리 스테판

음악: 클로드 마티, 제라르 판사넬,
피에르 페라, 앙토넬로 살리스

제작: 마르가레트 메네고즈(레
필름 뒤 로샹르), 프랑수아즈
에체가레(제작부장) *보조:
플로랑스 로셰, 라 세트 시네마
*지원: 카날플뤼스, 소필름카,
론알프 시네마

출연: 마리 리비에르(이자벨),
베아트리스 로망(마갈리),
알랭 리볼트(제라르), 디디에
상드르(에티엔), 알렉시아
포르탈(로진), 스테판 다르몽(레오),
오렐리아 알카이스(에밀리아),
마티외 다베트(그레구아르),
이브 알카이스(장자크), 클레르
마튀랭(오귀스탱)

상영 시간: 110분

촬영 포맷: 35밀리, 컬러, 1.33,
스테레오사운드

## 2001

⟨영국 여인과 공작L'Anglaise et le

# 필모그래피

Duc)(The Lady and the Duke)

감독 및 각본: 에릭 로메르 \*그레이스
  엘리엇의 회고록을 각색함

역사 자료 수집: 에르베 그랑사르

촬영(영상): 디안 바라티에 \*보조:
  플로랑 바쟁, 로맹 바일리,
  마티아스 페송

전기 및 카메라: 크리스티앙 에로,
  마크 밀레로, 파트리크 바송,
  스테판 로셰라, 로베르 보쉬,
  리오넬 바일리, 올리비에 마르탱,
  장 트랭시, 티에리 주앙장,
  세드리크 리우

무대: 레자틀리에 드 베르시, 에릭
  패브르, 도미니크 코르뱅 \*비디오:
  프레데리크 비타디에

세트: 앙투안 퐁텐 \*건축: 제롬
  푸바레, 위베르 드 포르카드,
  알리냐 사다콤 \*그림: 자비에
  모랑주, 레지스 르부르, 브누아
  마니, 오드레 뷔옹, 아만다 퐁사,
  마갈리 뮈소트, 자비에 파스쿠알,
  에스크리바와 클레망틴 마르샹

\*목공: 자비에 플랑숑 \*가구:
  장자크 르세르, 라 브로캉트 뒤
  무테 \*초상화: 브리지트 쿠쿠뢰,
  에디트 뒤포, 실비 미토

야외 세트(그림): 장밥티스트 마로
  \*보조: 다미앵 로렌스, 도로테
  마로, 매트 이베르

소품: 뤼시앵 에마르, 니콜라 베트랑,
  알렉상드르 니콜, 카텔 포스티크

의상: 장피에르 라로크, 나탈리
  셰스네, 질 보뒤르무안, 피에르
  브툴, 마릿자 레츠만, 레자틀리에
  뒤 코스튐, 다니엘 부타르, 망티
  앤 솜브레로, 제랄딘 앵그르노,
  레미 트랑블르, 발레리 당사에르,
  세브린 가르니에, 마르게리트
  파르블레스쿠, 이브 리마, 달리아
  아베드

가발: '레 마랑디노' \*구두: '폼페이
  하이어' \*의상 총괄: 베로니크
  포르트부아, 쥘리앵 레뉴, 질
  누아르, 제르맨 리벨

헤어: 안니 망다랭, 베로니크 에베

# 필모그래피

메이크업: 자크 '파이에트' 매스트르,
　마리 뤼제트
사무: 쥘리앵 사부르댕, 장피에르 드
　올리베라, 장밥티스트 빌셰즈
보조(어시스턴스): 마리옹 투이투,
　르노 곤잘레즈, 플로랑스 로셰,
　베트사베 드레퓌스, 필리프
　파파도풀로스
세트 스틸 사진: 파트리크 메시나
사운드: 파스칼 리비에 *보조:
　프레데리크 드 라비냥, 나탈리
　비달
편집: 마리 스테판
특수효과: BUF 컴퍼니, 올리비에 뒤몽,
　장필리프 르클레르크, 파트리시아
　볼로뉴, 스테파니 프리부르,
　프란체스코 그리시, 안그로 라패주,
　윌프레드 장블랑, 조나탄 라가슈,
　알림 네가디, 에르베 투망
사운드믹싱: 파스칼 리비에
더빙: 조나탄 리블랭 *보조: 파비앵
　아들랭
음악: 베쿠르, 클로드 발바스트르,

장루이 발레로
제작: 프랑수아 이베르넬,
　로맹 르그랑, 레오나르
　글로윈스키(이그제큐티브 프로듀서,
　파테 이미지), 프랑수아즈
　에체가레(CER), 앙투안
　보(제작부장), 프랑스3 시네마, KC
　메디엔 AG, 롤랑 펠리그리노,
　디테르 메이에르, 카날플뤼스,
　피에르 리생, 피에르 코트렐(협력
　프로듀서)
출연: 루시 러셀(그레이스 엘리엇),
　장클로드 드레퓌스(오를레앙 공),
　프랑수아 마르투레(뒤무리에),
　레오나르 코비앙(상스네츠), 카롤린
　모랭(나농), 알랭 리볼트(비롱 공),
　엘레나 뒤비엘(메일레 부인), 로랑
　르 두아이앵, 조르주 브누아,
　세르주 올프스페르제(미로메닐
　섹션), 다니엘 타라르(저스틴,
　짐꾼), 샤를로트 베리(풀케리아,
　요리사), 로제트(프랑셰트),
　마리 리비에르(로랑 부인),

# 필모그래피

미셸 드미에르(샤보), 세르주
렌코(베르지노), 크리스티앙
아메리(구아데), 에릭
베이아르(오슬랭), 프랑수아마리
바니에(로베스피에르), 앙리
앙베르(뫼동의 장교), 샤를
보르, 클로드 코네, 장폴
루브레(보지라르의 세 장교), 악셀
콜롱벨, 제라르 마르탱(카르므
수도원의 보행객), 제라르
봄(생마르탱 대로의 남자), 조엘
탕플로리(베르사유 순찰 장교),
브루노 플랑데와 티에르
부아(군인들), 윌리엄 다를랭(술
취한 군인), 안마리 자브로(그라몽
부인), 이자벨 오루아(드 샤틀레
부인), 장루이 발레로(가수), 미셸
뒤프레(랑크리가의 짐꾼), 파스칼
리비에(군인), 엠마 르 두아이앵,
안토니 뒤낭, 엘리자베트 모라,
마크 리고디앵, 마리아 다
실베이라, 뤼크앙투안 살몽, 알랭
위겡, 프랑수아 로셰, 에드위지

샤키, 앙투안 보, 제롬 보데, 자크
뫼니에, 피에르 상베르, 뤼세트
라브뢰이, 기 다장스, 마르틴
아트리스

상영 시간: 126분

촬영 포맷: 베타캠 디지털을 35밀리로
전환, 컬러, 1.77, 스테레오사운드

## 2004
### 〈삼중 스파이 Triple Agent〉

감독 및 각본: 에릭 로메르

역사 자료 수집: 이렌 스코블린

번역: 피에르 레옹

촬영(영상): 디안 바라티에 *보조:
다비드 그랭베르(인턴: 세바스티앵
뷔스타망트)

전기 및 카메라: 크리스티앙 에로
*보조: 마크 뮐레로와 톰 미토,
미셸 스트라세 *보조: 마크 카시,
자크 르메이에르, 클라랑스 보몽,
기욤 디엘, 캉탱 레스티엔

세트: 앙투안 퐁텐 *보조: 오드레
뷔옹과 세실 들뢰 *건축: 제롬

# 필모그래피

푸바레와 위베르 드 포르카드
*그림: 브누아 마니, 레지스 르부르,
자비에 모랑주, 마티외 르마리,
아만다 퐁사, 실비안 리브르몽,
로랑스 라펠, 필리프 비나르,
라파엘 콩트, 쥘리앵 로제 *목공:
프랑크 테브농, 에릭 테브농,
니콜라 에르티에, 알리냐 사다콤,
프랑수아 애사, 파트리스 마시다
*잠금장치: 오귀스트 퐁텐, 사뮈엘
기유 *깃발과 문장: 발랑티나 라
로카
소품: 베르나르 뒤크로크
그림 및 데생: 파스칼 부알로,
샤를로트 베리
태피스트리: 프레데리크 드비에
의상: 장피에르 라로크 *보조: 질
보뒤르무안, 마리차 레츠만
헤어: 안니 마랑댕
메이크업: 자크 매스트르
무기: 마라티에
차량: 레트로모빌
콘티: 베트사베 드레퓌스

현장 제작: 시빌 니콜라 *보조: 니콜라
르클레르(견습: 토마 두이노)
현장 사진: 니콜라 르클레르,
장클로드 무아로
사운드: 파스칼 리비에 *보조: 로랑
샤르보니에
편집: 마리 스테판 *디지털 보정:
크리스티앙 르베르
사운드믹싱: 파스칼 리비에
더빙: 조나탕 리블링
음악: 드미트리 쇼스타코비치
제작: 필리프 리에구아, 장미셸
레(레조 프로덕션), 프랑수아즈
에체가레(CER), 피에르
왈롱(제작부장) *지원: 프랑스2
시네마, 발레리오 드 파올리스(빔
디스트리뷰션스), 엔리케
곤잘레스 마코(알타 프로덕션즈),
제라르도 에레로, 마리엘라
브수이엡스키(토르나솔 필름즈),
타키스 베테미스(스트라다
프로덕션스), 이반 솔로보브(멘토
시네마 컴퍼니), 로랑

다니엘루(어소시에이트 프로듀서),
유리마주, 코피마주15,
카날플뤼스, 시네시네마

출연: 카테리나 디다사칼루(아리조네),
세르주 렌코(피오도르), 아만다
랑글레(자닌), 엠마뉘엘
살랭제(앙드레), 잔 랑뷔르(다니),
시리엘 클레르(마기), 그리고리
마누크노프(보리스), 디미트리
라팔스키(도브린스키 장군),
나탈리아 크루글리(장군), 비탈리
슈르메(알렉시스 체르프닌),
베르나르 페이송(의사), 로랑
르 두아이앵(기자), 에밀리
푸리에(바느질 조수), 알렉산드르
콜차크(플랑통), 블라디미르
레옹(셰르노프), 알렉산느르
체르카소프(갈리닌 제독),
알렉산드르 쿰판(말린스키
장군), 외르크 샤스(독일 경찰),
조르주 브누아(프랑스 경찰)

*무도회 장면: 장클로드
체브레크지안(제1바이올린),

질베르토 코르테스
알카야가(제2바이올린), 아르노
리모네르(비올라 연주자), 샤안
디나니앙(첼로 연주자), 마크
골드페데(피아노 연주자), 피에르
쉬디바르, 다니엘 레지구이에,
앙투안 퐁텐, 니콜라 르클레르,
알렉상드르 루쉬크, 피에르장
라로크, 엘레나 리바스, 레옹
콜라사, 다니엘 부타르, 모리스
랭페르, 페트르 카플리첸코,
다니엘 뒤마르탱, 조반니
포르틴카사, 로타르 올셉스키, 토마
세쿨라, 이스트반 반 헤우베르쿤,
마리 안 게랭

상영 시간: 112분

촬영 포맷: 35밀리, 컬러, 1.33,
스테레오사운드


**2007**

〈아스트레와 셀라동의 사랑Les Amours
d'Astrée et de Céladon〉(The Romance of
Astrea and Celadon)

# 필모그래피

감독: 에릭 로메르 *보조: 아드리앵
　비셰
각본: 에릭 로메르 *오노레 뒤르페의
　원작 소설을 각색함
촬영(영상): 디안 바라티에
사운드: 파스칼 리비에 *보조: 아르멜
　뒤라시에
더빙: 조나탄 리블링
카메라 및 전기: 프랑수아즈
　에체가레, 다비드 그랭베르
편집: 마리 스테판 *보조: 니콜라
　크리키, 트리스탕 뫼니에, 필리프
　레노도, 아니타 리베롤
현장 제작: 아드리앵 비셰 *보조:
　크리스티앙 팔미에, 얀 주아니크
음악: 장루이 발레로
프로덕션 디자인: 마리 도스 산타스,
　제롬 푸바레
의상감독: 피에르장 라로크 *보조:
　푸라이
헤어 및 메이크업: 밀루 사네
콘티: 베트사베 드레퓌스
제작: 발레리오 드 파올리스,

프랑수아즈 에체가레, 엔리케
곤잘레스 마코, 필리프 리에구아,
장미셸 레
출연: 앙드레 질레(셀라동), 스테파니
　크레앵쿠르(아스트레), 세실
　카살(레오니드), 베로니크
　레몽(갈라테), 로제트(실비),
　조슬린 키브랭(리시다스),
　마틸드 모니에(필리스), 로돌프
　폴리(일라스), 세르주 렌코(아다마스),
　아르튀르 뒤퐁(스미르), 프리실라
　갈랑(아밍트), 올리비에
　블롱(양치기), 알렉상드르
　에베레스트(양치기), 파니
　방바카(여자 양치기), 카롤린
　블로티에르(여자 양치기), 마리
　리비에르(셀라동의 어머니), 알랭
　리볼트(화자)
상영 시간: 109분
촬영 포맷: 16밀리를 35밀리로 블로업,
　109분, 1.37

448

# 필모그래피

## 단편영화

### 1950

〈범죄자의 일기 Journal d'un Scélérat〉

감독, 각본, 편집: 에릭 로메르

출연: 폴 제고프

상영 시간. 30분(예상 길이)

촬영 포맷: 16밀리, 흑백, 무성

### 1951

〈프레젠테이션 Présentation〉혹은
〈샤를로트와 스테이크 Charlotte et Son
Steak〉

('샤를로트와 베로니크' 시리즈)

감독 및 각본: 에릭 로메르

편집: 아네스 귀유모(1960)

음악: 모리스 르 루(1960)

제작: 기 드 레

출연: 장뤽 고다르(왈테르), 안
쿠드레(*스테판 오드랑의 더빙.
샤를로트[1951년, 알리스]), 앙드레
베르트랑(*안나 카리나[클라라]의
더빙)

상영 시간: 10분

촬영 포맷: 16밀리를 35밀리로
블로업(1960), 흑백

### 1954

〈베레니스 Bérénice〉

감독 및 각본: 에릭 로메르 *에드거
앨런 포의 원작에서 영감을 얻음

촬영(영상): 자크 리베트

편집: 에릭 로메르, 자크 리베트

출연: 테레사 그라티아(베레니스), 에릭
로메르(에가외스)

상영 시간: 15분(예상 길이)

촬영 포맷: 16밀리, 흑백

### 1956

〈크로이체르 소나타 Sonate à Kreutzer〉

감독 및 각본: 에릭 로메르
*톨스토이의 원작 소설을 토대로
함

편집: 에릭 로메르, 자크 리베트

제작: 장뤽 고다르

출연: 에릭 로메르(남편), 프랑수아즈

# 필모그래피

마르티넬리(아내), 장클로드
브리알리(바이올린 연주자)

상영 시간: 45분(예상 길이)

촬영 포맷: 16밀리, 흑백

## 1958

### 〈베로니크와 그녀의 욕심Véronique et son Cancre〉

감독 및 각본: 에릭 로메르

촬영(영상): 샤를 비슈 *보조: 알랑
르방

편집: 자크 가야르 *보조: 지젤 셰조

제작: 장 라비, 클로드 샤브롤(아짐 필름즈)

출연: 니콜 베르제(베로니크), 알랭
델리외(장크리스토프), 스텔라
다사스(어머니)

상영 시간: 18분

촬영 포맷: 35밀리, 흑백

## 1962

### 〈몽소 빵집의 소녀La Boulangère de Monceau〉(The girl at the Monceau bakery, 여섯 개의 '도덕 이야기' 1)

감독: 에릭 로메르 *보조: 장루이
코몰리

각본: 에릭 로메르

촬영(영상): 장미셸 뫼리스, 브루노
바테

편집: 에릭 로메르

제작: 조르주 드로클(스튜디오스
아프리카), 바벳 슈로더(레 필름 뒤
로상주)

출연: 바벳 슈로더(베르트랑
타베르니에의 더빙), 클로딘
수브리에(자클린), 미셸
지라르동(실비), 프레드 쥉크(슈밋),
미셸 마도르(빵집 손님)

상영 시간: 22분

촬영 포맷: 16밀리, 흑백, 1.33

## 1963

### 〈수잔느의 경력La Carrière de Suzanne〉 (여섯 개의 '도덕 이야기' 2)

감독: 에릭 로메르 *보조: 장루이
코몰리, 바벳 슈로더

각본: 에릭 로메르

# 필모그래피

촬영(영상): 다니엘 라캉브르

음악: 모차르트

제작: 바벳 슈로더(레 필름 뒤 로상주)

출연: 카트린 세(쉬잔 오클로),

 필리프 뵈젠(베르트랑),

 크리스티앙 샤리에르(기욤

 훠시느뒤퐁), 디안 윌킨슨(스피),

 장클로드 비에트(장루이),

 파트리크 바쇼(프랑크), 피에르

 코트렐(수집가), 장루이 코몰리

상영 시간: 53분

촬영 포맷: 16밀리, 흑백, 1.33

1964

〈파리의 나자 Nadja à Paris〉

감독: 에릭 로메르 *보조:

 피에르리샤르 브레

대사: 나자 테시쉬

촬영(영상): 네스토르 알멘드로스

콘티: 파트리시아 푸레스카를르

사운드: 베르나르 오르티옹

편집: 자클린 레날

제작: 바벳 슈로더(레 필름 뒤 로상주)

출연: 나자 테시쉬(그녀 자신)

상영 시간: 13분

촬영 포맷: 16밀리, 흑백, 1.33

1964

〈에투알 광장 Place de l''Étoile.〉

 (스케치 영화 '……가 본 파리'의 일부)

감독 및 각본: 에릭 로메르

촬영(영상): 알랭 르방, 네스토르

 알멘드로스

편집: 자클린 레날

제작: 바벳 슈로더(레 필름 뒤 로상주)

 *보조: 피에르 코트렐

출연: 장미셸 루지에르(장마크),

 마르셀 갈랑(행인), 장 두셰와

 필리프 솔레르스(두 고객),

 마야 조스(지하철의 여자), 사라

 조르주피코, 조르주 베즈

상영 시간: 15분

촬영 포맷: 16밀리를 35밀리로 블로업,

 흑백, 1.33

# 필모그래피

## 1966

**〈현대의 여대생**Une Étudiante d'Aujourd'hui〉

감독 및 각본: 에릭 로메르 *드니즈
바드방의 오리지널 아이디어를
토대로 함

촬영(영상): 네스토르 알멘드로스

편집: 자클린 레날

제작: 피에르 코트렐(레 필름 뒤 로상주)

출연: 드니즈 바드방(그녀 자신),
앙투안 비테즈의 음성

상영 시간: 12분

촬영 포맷: 16밀리, 흑백, 1.33

## 1968

**〈몽포콩의 소작인**Fermière à
Montfaucon〉

감독: 에릭 로메르

대사: 드니즈 바드방

제작: 바벳 슈로더(레 필름 뒤 로상주)
*지원: 농수산부

출연: 모니크 셍드롱(그녀 자신),
몽포콩 주민들

상영 시간: 13분

촬영 포맷: 16밀리, 흑백, 1.33

## 1996

**〈맛과 색**Des Goûts et des Couleures〉
('생일' 시리즈)

감독 및 각본: 안소피 루빌루아, 에릭
로메르

촬영(영상): 디안 바라티에 *보조:
세바스티앵 르클레르크

드레스: 마그리트 파르뷜레스코

사운드: 파스칼 리비에

편집: 마리 스테판

음악: 콘라드 막스 쿤츠

제작: 프랑수아즈 에체가레

출연: 로르 마르사크, 에릭 비엘라르

상영 시간: 20분

촬영 포맷: 16밀리, 컬러

## 1997

**〈다양한 충돌**Heurts Divers〉
('생일' 시리즈)

감독 및 각본: 프랑수아/플로랑스

# 필모그래피

---

로셰, 에릭 로메르

촬영(영상): 디안 바라티에 *보조:
    티에리 포르

사운드: 파스칼 리비에 *보조: 로랑
    라프랑, 장폴 뮈젤

편집: 마리 스테판

음악: 마크 브르넬, 나티외 디베트

제작: 프랑수아즈 에체가레(CER)

출연: 프랑수아 로셰(형제), 플로랑스
    로셰(자매), 쥘리 드바자크(소피),
    로랑 르 두아이엥(기자),
    장클로드 발라르(아버지),
    파스칼린 다르강(어린 소녀),
    로랑 루케(운전수), 마티외
    다베트(사이클리스트), 베트사베
    드레퓌스(사이클리스트) *르 랄레의
    바: 시몽과 노르베

상영 시간: 24분

촬영 포맷: 16밀리, 컬러


**1998**

**〈니농의 친구들**Les Amis de
    Ninon〉**('생일' 시리즈)**

감독 및 각본: 로제트, 에릭 로메르

촬영(영상): 디안 바라티에 *보조:
    세바스티앵 르클레르크

헤어: 장자크 암브로시

사운드: 파스칼 리비에

편집: 마리 스테판

유악: 로낭 지르, 장루이 발레로

제작: 프랑수아 에체가레(CER)

출연: 로제트(니농), 쥘리 제제켈(마리),
    필리프 카루아(밥티스트),
    미카엘 크라프트(프레데리크),
    도미니크 리옹(자비에), 파스칼
    그레고리(니콜라), 아리엘
    동발(고객), 이질드 르 베스코(피피),
    베트사베 드레퓌스(나타샤), 모드
    뷔케(자지), 쥘리 레보위츠(쥘리),
    토마 레냑(토마), 올리비에
    우마나르(올리비에), 장미셸
    사비(프랑크), 에릭 카스테츠(젊은
    남자)

상영 시간: 25분

촬영 포맷: 16밀리, 컬러

1998

〈모범적인 치과의사Un Dentiste
   Exemplaire〉('모범' 시리즈)

감독 및 각본: 오렐리아 알카이즈,
   에데 카이오, 스테판 피오페, 에릭
   로메르

촬영(영상): 디안 바라티에 *보조:
   티에리 포르

사운드: 파스칼 리비에

편집: 마리 스테판

음악: 세바스티앵 에르크(에릭 로메르,
   마리 스테판)

제작: 프랑수아즈 에체가레(CER)

출연: 오렐리아 알카이즈(멜라니),
   로라 파벨리(알렉상드르),
   스테판 피오페(치과의사), 장루
   시에프(사진사), 조엘 바르부스(고객)

상영 시간: 12분

촬영 포맷: 16밀리, 컬러

1999

〈그리는 이야기Une Histoire Qui Se
   Dessine〉('모범' 시리즈)

감독 및 각본: 로제트, 에릭 로메르

촬영(영상): 디안 바라티에

사운드: 파스칼 리비에

편집: 마리 스테판

음악: 마크 브르델, 마티외 다베트

제작: 프랑수아즈 에체가레(CER)

   *보조: 플로랑스 로셰

출연: 로제트(니농), 엠마뉘엘
   살랭제(뱅상), 뱅상 디외트르(피에르
   비달), 미치코 사토(일본 여자),
   마시로 미야타(일본 남자)

상영 시간: 10분

촬영 포맷: DV, 컬러, 스테레오사운드

1999

〈곡선La Cambrure〉('모범' 시리즈)

감독 및 각본: 에드위지, 에릭 로메르

촬영(영상): 디안 바라티에

사운드: 파스칼 리비에

편집: 마리 스테판

음악: 드뷔시

제작: 프랑수아즈 에체가레(CER)

출연: 에드위지 샤키(에바),

프랑수아 로셰(로맹), 앙드레 델

데비오(조각가)

상영 시간: 16분

촬영 포맷: DV, 컬러, 스테레오사운드

**2004**

〈**붉은 소파** Le Canapé Rouge〉 ('모범'

시리즈)

감독 및 각본: 마리 리비에르, 에릭

로메르

촬영(영상): 디안 바라티에

그림: 샤를로트 베리

사운드: 파스칼 리비에

음악: 슈만

제작: 프랑수아즈 에체가례(CER)

*지원: 베트사베 드레퓌스

출연: 마리 리비에르(뤼시), 샤를로트

베리(에바), 필리프 마낭(알랭)

상영 시간: 32분

촬영 포맷: 베타 디지털, 컬러,

스테레오사운드

# 찾아보기

# 찾아보기

# 찾아보기

# 찾아보기

# 찾아보기

# 찾아보기